신라, 소국에서 대국으로

■ 저자소개

김희만金羲滿
동국대 대학원 사학과 졸업(문학박사)
성화대 교양과 한국사 교수 역임
서강대 디지털역사연구소 연구교수

저서 및 논문
『신라사의 재구성』(2019, 경인문화사)
『신라의 왕권과 관료제』(2019, 경인문화사)
「『연경재전집』의 지리류(地理類)와 한국고대 영토 인식」(『동북아역사논총』 77, 2022)
「『연경재전집』의 변변·발첩·필기류筆記類를 통해 본 한국고대사의 신자료 발굴」
　　(『국학연구』 52, 2023)
「『연경재전집』의 史論과 韓中 고대 인물 비교 분석(『서강인문논총』 72, 2025) 외

신라, 소국에서 대국으로

초판 인쇄　2025년 6월 20일
초판 발행　2025년 6월 30일

저　자　김희만
펴낸이　신학태
펴낸곳　도서출판 온샘

등　록　제2018-000042호
주　소　서울시 용산구 한강대로62다길 30, 204호
전　화　(02) 6338-1608　팩　스　(02) 6455-1601
이메일　book1608@naver.com

ISBN 979-11-92062-53-2 93910
값 35,000원
ⓒ2025, Onsaem, Printed in Korea
* 잘못 만들어진 책은 구입하신 서점에서 교환해 드립니다.

신라, 소국에서 대국으로

김 희 만

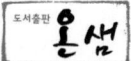

책을 내면서

　인류의 위대한 文明은 인간만이 가지고 있는 창의력 덕분에 탄생하였다. 이 문명이 국가와 사회라는 공동체로 발전하기 위해서는 그에 상응하는 制度와 그 제도를 실현할 수 있는 시스템이 필요하다. 제도를 만들어 내고 시스템이 작동할 수 있도록 하는 일이 바로 政治다. 정치는 국가를 구조화하고 구성원들을 움직여 역동적인 사회를 만들어 낸다. 저자는 고대 신라의 구조와 사회의 역동성을 탐구하기 위한 첫걸음으로 신라의 정치에 주목하였다.

　고대 신라 사회는 소수 구성원에 의해 운영되었다. 정치 지도자들의 역할은 사회의 질서를 바로잡고, 구성원의 안위를 보장하면서도 자신들의 입지를 유지하는 데 있다. 문화를 발전시키며 그것의 계승에도 주력해야 하며, 국토의 안전과 영역을 확장하는 것도 위정자들의 몫이다. 제1장 '신라 국가의 발전'에서는 이러한 문제에 관심을 두었다.
　따라서 여기서는 사회의 발전과정을 기록하여 전달하기 위한 문자의 사용, 국민의 생산력을 지원해 주고 삶을 영위하기 위해 추진되었던 재해 대책, 정권의 안정과 사회의 혁신을 가져온 왕위 계승과 정변의 문제, 신라의 안전을 보장하려는 외교정책, 국민의 안정적 기반을 위한 행정적 절차와 영역의 확립 문제를 살펴보았다.

　제2장에서는 신라사 연구의 본질적인 문제라고 할 수 있는 사료에 접근하였다. 한국 고대사 연구는 늘 사료 부족을 핑계로 메워지지 않은 퍼즐이 남아있는 것을 당연시해 왔다. 여전히 맞추지 못한 퍼즐이 남아있는 것이 사실이지만, 기왕의 사료를 재점검하여 '새로운 시각'을 제시해야 한다. 저자는 '신라 문화의 발달'이라는 주제에서 『삼국사기』와 『삼국유사』 그리고 중국 『通典』의 내용까지도 살펴보았다. 더 나아가 과거의 사료를 현재의 디지털로는 어떻게 활용하고 있는가 하는 점에 관해서도 파악해 보았다.

역사는 항상 '새로운 시각'에 의해서만 다시 쓰여질 수 있다. 현재에도 많은 신라사 연구자는 다양한 방법론을 통해서 새로운 연구 성과를 발표하고 있다. 저자 또한 미력하나마 분발해 왔으나, 아직 신라사 전반을 관통하는 '신라 통사', 나아가 '한국 고대 통사'의 출현 소식은 들리지 않는다. 고구려, 백제, 신라라는 키워드로 한국 고대사를 관통한 金富軾이나, 一然의 입장을 충분히 활용한 통사의 출현을 기대해 보는 것은 과욕이 아닐 것이다.

저자는 본래 이 책에서 신라의 국가 발전과 문화의 발달을 다루고자 하였다. 그 가운데 신라의 정치·사회적 발전과 성숙이라는 과정을 살펴 신라의 국가 역량과 성장이라고 하는 문제에 접근하고자 하였으며, 다른 한편으로는 신라사 연구 사료의 새로운 활용을 통한 문화 방면의 문제에 다가가고자 하였다. 비록 커다란 두 주제에 국한하고 있지만 이를 토대로 더 큰 역사상이 마련되었으면 하는 바람을 지니고 있다.

이 책을 출간하면서 많은 분에게 감사의 인사를 드리고 싶다. 우선 신라사를 공부하게끔 지도해 주신 이기동 선생님께 감사드린다. 항상 부족한 글을 쓰면서 면목이 없지만, 보다 나은 글을 쓰려고 매번 다짐해 본다. 또한 신라사 관련 논문을 발표하고 토론할 수 있도록 자리를 제공해 주신 학회 관계자분께도 감사드린다. 특히, 김창겸·박남수·조범환 선생님은 여러 면에서 도움을 주었다. 또한 일일이 거명할 수는 없지만, 많은 선생님 덕분에 이 책을 출간할 수 있었다. 앞으로도 신라사, 더 나아가 한국 고대사 연구에 보탬이 될 수 있는 글을 쓰면서 고마움에 보답하고자 한다. 그리고 상품성이 없어 보이는 이 책의 출판을 선뜻 결정해 주신 도서출판 온샘 신학태 대표에게도 감사한 마음을 전하고 싶다.

2025년 6월 15일
서강대학교 정하상관 905호에서

차 례

책을 내면서

제1부 신라 국가의 발전

한자의 전래와 수용과정 ··· 3
  1. 머리말 ·· 3
  2. 대외 通交와 한자의 전래 ·· 5
  3. 한자 수용과 신라인의 표기 양상 ······························ 23
  4. 맺음말 ·· 45

가뭄과 홍수 그리고 국가의 대응 전략 ··························· 47
  1. 머리말 ·· 47
  2. '水旱之災'의 발생 양상 ·· 50
  3. 국가의 대응 전략 ·· 65
  4. 맺음말 ·· 87

上代의 왕위계승과 政變 ··· 89
  1. 머리말 ·· 89
  2. 上古의 왕위계승과 정변 ·· 90
  3. 中古의 왕위계승과 정변 ·· 105
  4. 맺음말 ·· 121

사회통합과 외교전략의 리더, 태종무열왕 ····················· 123
  1. 머리말 ·· 123
  2. 김춘추의 혼인과 사회통합 ····································· 125
  3. 외교전략의 변화와 리더십 ····································· 136
  4. 맺음말 - 김춘추에서 태종무열왕으로 - ················· 150

고대 청송 지역의 역사적 변천과 領域 ·················· 153
　1. 머리말 ··· 153
　2. 辰韓 12국의 판도와 청송 지역 ································ 154
　3. 『삼국사기』 지리지의 '本高句麗郡縣'과 청송 지역 ········· 165
　4. 『삼국사기』 직관지의 '伊火兮停'과 청송 지역 ··············· 174
　5. 『삼국사기』·『고려사』 지리지의 甫城府와 청송 지역 ········ 189
　6. 맺음말 ··· 203

제2부 신라 문화의 발달

『삼국사기』 직관지 武官條와 신라의 군사 조직 ············· 207
　1. 머리말 - 문제 제기 ··· 207
　2. 武官條의 구조와 내용 ·· 209
　3. 武官條를 통해 본 신라의 군사 조직 ······························ 236
　5. 맺음말 ··· 246

『삼국유사』와 최치원 ··· 249
　1. 머리말 ··· 249
　2. 『삼국유사』 속의 최치원 관계기사 검토 ························· 251
　3. 一然의 최치원 자료 활용과 그 인식 ······························ 266
　4. 맺음말 ··· 276

『삼국유사』의 편목과 一然의 신라 불교 인식 ················· 279
　1. 머리말 ··· 279
　2. 『삼국유사』 속의 『승전』과 『고승전』 ······························ 282
　3. 『삼국유사』의 편목 구성 ·· 287
　4. 『삼국유사』의 편목 구성을 통해 본 일연의 신라 불교 인식 ······ 299
　5. 맺음말 ··· 314

차 례

『통전』 변방 신라조의 구성과 찬술자의 신라 인식 ·················317
  1. 머리말 ··· 317
  2. 신라 條의 구성과 내용 ·· 321
  3. 찬술자의 신라 인식 ··· 332
  4. 맺음말 ··· 342

한국사 디지털 자료의 활용 현황과 과제 ·················345
  1. 머리말 ··· 345
  2. 한국사 자료의 디지털화 推移 ····························· 347
  3. 한국사 디지털 자료의 활용 現況 ························ 352
  4. 한국사 디지털 자료의 확장을 위한 提言 ············ 359
  5. 맺음말 ··· 368

참고문헌   371
초출일람   391
찾아보기   393

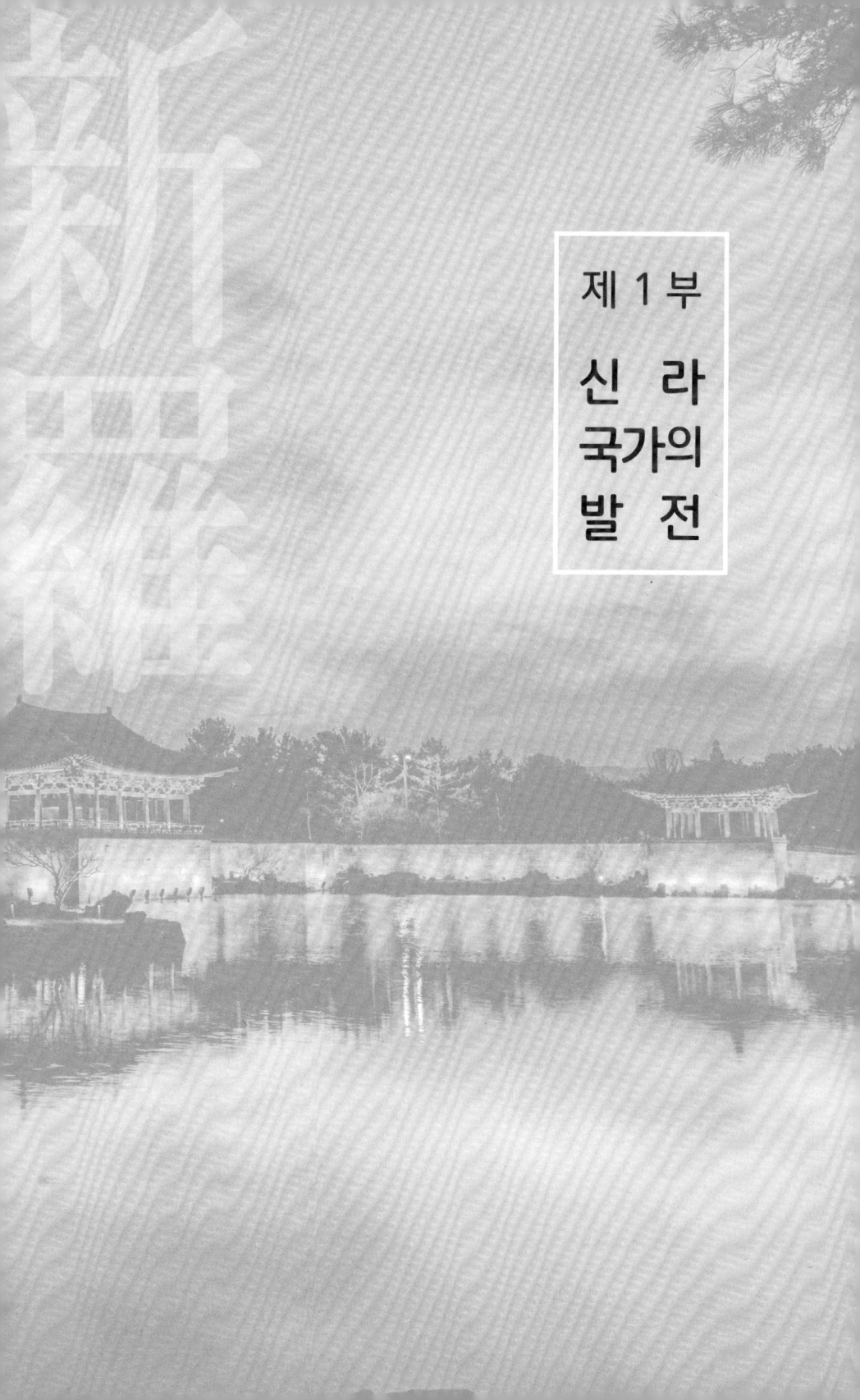

제 1 부

신라 국가의 발전

한자의 전래와 수용과정

1. 머리말

한자는 오랫동안 동아시아에서 소통과 교류의 도구였다. 중국을 비롯한 동아시아 사회의 유일한 문자였으며, 이로 인해 국제 통교 또는 학문을 전달하는 수단으로 공유해왔다. 중국의 한자가 주변의 한자문화권으로 확대되어 가는 과정은 명확히 밝힐 수 없다. 이 과정이 의도적인 傳受의 과정이었기보다는 우연과 필요에 의한 전래, 그리고 수용의 과정이었기 때문일 것이다. 그러나 문자로서의 한자를 수용하여 기록을 하고 그 기록을 전수하고, 기록을 관리하는 단계에 들어간 사회가 어떻게 발전하였는지는 상상해 볼 수 있다. 이 논문은 바로 그러한 점에 착안하여 신라 사회에 문자로서의 한자가 전래하고, 그 수용을 통해 신라 사회가 발전하였던 모습을 역추적하여, 한자 전래·수용의 과정을 재구성하여 보고자 한다.

신라의 한자 전래와 수용에 대해서는 그동안 여러 연구가 진행되었다.[1]

---

1) 신라의 한자 전래와 수용에 한정해서 살펴보면, 이기백·이기동 공저, 1982,『한국사강좌』-고대편-, 일조각 ; 이기문, 1998,『신정판 국어사개설』, 태학사 ; 주보돈, 2001,「신라에서의 한문자 정착과정과 불교수용」『영남학』창간호 ; 송기호, 2002,「고대의 문자생활」『한국고대사강좌』5권 ; 이성규, 2003,「한국 고대 국가의 형성과 한자 수용」『한국고대사연구』32 ; 정광, 2003,「한반도에서 한자의 수용과 차자표기의 변천」『구결연구』11 ; 주보돈, 2009,「職名·官等·人名을 통해 본 6세기 신라의 한문자 정착」『한국고대사연구의 현단계』, 주류성 ; 윤선태, 2011,「백제와 신라의 한자·한문 수용과 변용」『고대 동아시아의 문자교류와 소통』, 동북아역사재단 등이 참고된다.

그에 관한 성과는 적지 않았지만, 여전히 모호한 부분이 많다. 그것은 일차적으로 사료의 부족 때문이고, 또한 남아 있는 사료도 그 紀年에 대한 의혹이 많기 때문이다. 이 글에서는 한자가 신라에 어떠한 경로로 전래하였는지, 또 전래한 한자가 어떻게 신라인에게 수용되었는지를 알아보려고 한다. 중국의 문자인 한자는 외부와의 통교를 통해서 신라로 유입되었음은 자명한 사실이다. 신라 초기의 대외 통교 상황은 한자가 유입되는 과정에 대한 궁금증을 어느 정도 밝혀줄 수 있을 것으로 생각한다.

먼저, 신라의 대외 通交[2]를 중심으로 신라의 한자 전래과정을 살펴보고자 한다. 그 첫 번째 단계로 신라 초기에 중국으로부터 유입된 이주민의 상황에 주목하고자 한다. 두 번째 단계로는 고구려와의 통교 관계 기사를 중심으로 대고구려 외교를 통한 전래과정을 추적해 보고자 한다. 세 번째로는 백제를 통한 대중국 외교의 정황과 아울러 중국의 남북조 국가와 통교한 사실에 주목하고자 한다.

다음으로, 신라로 전래한 한자가 신라 사회에서는 실제 어떻게 수용되었는지를 살펴보고자 한다. 이를 위해서 첫째로「광개토왕비」에 주목하려고 한다. 「광개토왕비」는 비록 신라인에 의한 기록은 아니지만, 신라에 대해서 기록한 최초의 금석문으로 한자가 신라에 전래할 수 있는 중요한 지점을 보여줄 것이다. 신라로의 한자 전래와 그 표기 양상에 영향을 주었을 것으로 생각되기 때문이다. 이와 아울러 『삼국사기』 지리지에 '高句麗故地'라는 신라 영토의 일부 지명을 확인할 수 있는데, 그를 통해서 한자 수용과정의 한 사용례를 보여주고자 한다.

둘째로, 『삼국사기』 신라본기의 '定京都坊里名'이라는 기사에 주목해 보려고 한다. 당시의 방리명에 대한 구체적인 정보는 알 수 없지만, 그 가

---

2) 이 글에서 사용하려는 通交라는 단어는 "국가 또는 개인이 서로 사이좋게 지냄"이라고 사전적으로 정의하고 있다. 교류와 교섭이라는 단어보다는 다소 단순한 형태의 의미로서, 통교라는 용어를 잠정적으로 사용하고자 한다.

운데 보이는 35리가 『삼국유사』 紀異에 보이는 '35金入宅'과 무관치 않다고 생각한다. 『삼국유사』의 해당 기사에는 금입택의 명칭이 나오는데, 이를 신라 초기 즉, 진한 시기 표기의 또 하나의 사용례로 확인해 보려는 것이다.

셋째로, 6세기 전후 신라인들이 작성한 금석문을 검토해 보고자 한다. 이들 금석문은 신라인 스스로에 의해 작성된 최초의 기록이므로, 한자 수용의 양상을 파악할 수 있는 가장 중요한 자료이다. 특히, '喙' 자에 주목해서 살펴볼 것이다. 문자는 형태, 발음, 뜻[形·音·義]의 세 가지 요소를 공유해야 문자로서의 의미를 지닌다. '喙' 자는 형태와 발음 그리고 뜻이라는 세 가지 요소가 불확실한 형편이며, 따라서 '喙' 자의 실체를 밝히는 일은 그 자체로 큰 의미가 있을 뿐만 아니라, 신라의 한자 수용과정을 살펴보려는 필사의 논시 전개에도 도움을 줄 수 있을 것이다.

이상에서 언급한 몇 가지 자료를 시간 순서에 따라 고찰해 보면서, 신라 사회의 발전과정과 견주어 본다면, 신라의 한자 전래와 수용에 대한 작은 鳥瞰圖를 그려볼 수 있을 것이다. 그 과정에서 신라 사회가 변화·발전하면서, 고대국가로 성장하고 독자적인 신라인의 한자 문화를 창출해가는 모습도 엿볼 수 있게 될 것이다. 비록 본 논문에서는 몇 가지 사용례만으로 논지를 전개하고 있지만, 추후 이를 기반으로 다양한 시각에서의 접근을 통해 해당 연구가 더욱 활성화되기를 기대한다.

2. 대외 通交와 한자의 전래

1) 한자 전래와 사회의 변모

문자 기록은 인류 세계를 통치하는 비밀을 간직한 것으로서, 인류는 기록과 정보전달에 유리한 문자를 발명함으로써 하늘과 땅이 서로 교통하는

데 중요한 매개체[3]로 활용되었다. 또한 언어는 인간이 만물에 名을 부여함으로써 자연과 사물을 통제, 지배하는 수단이지만, 언어의 문자화는 그 지배의 안정과 지속을 보장[4]하였다. 이렇듯 문자의 사용은 사회가 발전하는 데 필수적인 요소였다.

한국 고대사에서 문자라고 하는 것은 한자를 빼놓고는 달리 언급할 수가 없다. 주지하듯이, 신라는 한반도의 서남방에 치우쳐 있었다. 신라의 지정학적 위치는 중국의 한자가 전래하는데 불리한 조건이었다. 따라서 한자가 신라에 언제 어떻게 전래하였는지를 직접적으로 알려주는 자료를 찾을 수 없다.[5] 고대 한국의 각 국가에 한자가 전래하고 이를 수용하는 과정은 오랜 시간에 걸쳐 진행되었으며, 많은 시행착오가 있었을 것임을 짐작할 수 있다.

한자의 傳來는 신라가 주체이기보다는 객체로서의 모습을 말하는 것이고, 受容은 신라가 이를 수도적, 또는 주체적으로 받아들여 사용하였던 단계를 말한다. 즉, 신라 사회 내부에서 한자의 필요성을 인지하고 수용하였음을 말하는 것이다.[6] 물론 그 시기를 획일적, 일률적으로 구분할 수는 없겠지만, 크게 보아 신라의 4~6세기를 전후한 시기를 중심으로 논지를 전개해 보고자 한다.

한반도에 한자가 본격적으로 들어온 계기는[7] 아마도 한사군 설치와 관

---

3) 張光直, 1983, 1988 ; 이철 옮김, 1990, 『신화 미술 제사』, 동문선, 134쪽.
4) 이성규, 2014, 「역사서술의 권력, 권력의 서술」『국가 권력과 역사서술』, 24쪽.
5) 김형규, 1962, 『국어사연구』, 일조각, 265쪽에서, "국어의 변천 사실을 그리 많이 찾아볼 수 없는 것은 단순히 그 사료와 연구의 부족에만 돌릴 것이 아니라, 또 고대로 올라갈수록 이민족과의 접촉도 적고 사회의 변천도 완만하여 언어 변천도 역시 그러함을 아울러 생각해야 되겠다"라는 견해도 있다.
6) 이기백, 1986, 「삼국시대 불교 수용과 그 사회적 의의」『신라사상사연구』, 일조각, 7쪽에서, "外來思想의 수용은 그것을 받아들이는 편에서의 준비가 필요하며, 사회적인 문화적인 발전이 그럴 만한 단계에 도달해야만 비로소 新思想의 수용은 가능"하다고 하였는데, 이를 이해하는 데 참고된다.
7) 이기백·이기동 공저, 1982, 앞의 책, 243쪽에서는 B.C. 2세기경에 辰國이 漢에 대

계가 있을 것으로 생각한다. 특히 낙랑군의 존재가[8] 주목되는데, 낙랑군을 통해 한자가 수용되는 과정을 보여주는 자료 또한 발견되지 않았다. 낙랑지역에서는 기원전 1세기 중반으로 추정되는 유교의 경전이 발견되거나, 縣의 문서가 발견되어 이 지역에 이미 한자가 전래하였음을 알 수 있다.[9] 그러나 문자의 사용자가 어떤 인물이었는지에 대해서는 알 수 없으므로 이 사실을 곧바로 한반도 원주민의 한자 사용 증거로 연결할 수는 없다. 다만 낙랑지역에 한자 문화가 유입되어 있었다면, 한반도의 고대 삼국 중에서는 역사적·지리적으로 고구려가 한자 사용에 가장 유리하였을 것이며, 점차 백제와[10] 신라에도 전파될 수 있었을 것으로 추측해 볼 수 있다.[11]

필자는 신라에 한자가 들어올 수 있었던 첫 번째 경로로 중국으로부터

하여 직접 通交를 희망한 國書를 보낸 점으로 보아 당시에 이미 外交文書를 작성할 수 있을 만큼 漢字가 사용되고 있었을 것으로 보고 있다.

8) 김병준은 고대 한반도에 있어서 낙랑군의 역할을 강조하면서, 한국의 학계에서는 한자 수용과정에서 낙랑의 역할을 인정하지 않는다고 비판하고, 낙랑군의 한자 사용을 언급하지 않거나, 언급하더라도 매우 소극적으로 평가해왔다고 지적(김병준, 2011, 「낙랑군의 한자 사용과 변용」 『고대 동아시아의 문자교류와 소통』, 동북아역사재단, 40쪽) 하였다. 그러나 필자는 이 견해가 과연 합리적인지는 의문이다. 왜냐하면 그 시기에 과연 한자가 각국에 수월하게 전래하였을까 하는 점에 대해서도 진지한 고민이 필요하다고 보기 때문이다. 특히, 신라의 경우 그 영향력이 얼마나 미쳤을까 하는 의문이 제기되는 것도 사실이다.

9) 이성시·윤용구·김경호, 2009, 「평양 정백동 364호분 출토 죽간 『논어』에 대하여」 『목간과 문자』 4 ; 윤용구, 2019, 「낙랑군 호구부」 연구의 동향」 『역사문화연구』 72 등이 참고된다.

10) 이고구려와 신라의 官階組織이 족장세력을 편제하는 양상을 같이 하면서 성립되었던 반면, 백제는 낙랑문화의 영향으로 토착 부족세력이 해체되면서 부족연맹을 거치지 않고 고대국가가 성립된 것으로 본 견해(김철준, 1990, 「한국고대국가 발달사」 『한국고대사연구』, 서울대학교 출판부, 48쪽)도 있다.

11) 이와 관련하여 한문 정착의 시기로 각국의 국사 편찬, 즉 고구려의 유기와 신집, 백제의 서기 편찬, 신라의 국사 편찬을 통해서 한문이 매우 일찍부터 사용되었(이기문, 1998, 『신정판 국어사개설』, 태학사, 57쪽)을 것으로 보기도 한다. 따라서 국사 편찬 이전에 이미 한자의 전래와 수용이 이루어졌다고 본다.

들어온 이주민에 의해 전래하였을 가능성에 대해서 생각해 보았다. 『삼국사기』와 『삼국유사』에는 중국계 유이민의 移住 관계 기사가 기록되어 있다. 두 사서에는 "조선의 유민이 산골짜기 사이에 나누어 살면서 6촌을 이루었다"[12]라는 기사와, "秦의 망명자들이 한국으로 와서 마한이 동쪽 지역의 땅을 떼어 주었다"[13]라는 기사가 보인다.

이를 알려주는 기사가 『후한서』 및 『삼국지』에서 찾아진다. 이에 관해서 여러 연구가 진행되었지만, 여기서는 그 언어와 한자 표기에 한정해서 주목해 보고자 한다.

> A-a. 辰韓은 그 노인들이 스스로 말하되, 秦에서 亡命한 사람들로서 苦役을 피하여 韓國에 오자, 마한이 그들의 동쪽 지역을 나누어서 주었다고 한다. 그들은 國을 邦이라 부르며, 弓은 弧라 하고, 賊은 寇라 하며, 行酒를 行觴이라 하고, 서로 부르는 것을 徒라 하여, 秦의 말과 흡사해서 혹 秦韓이라고도 부른다.[14]
>
> b. 辰韓은 (중략) [辰韓의] 노인들은 代代로 傳하여 말하기를, "옛날의 망명인으로 秦의 苦役를 피하여 韓國으로 왔는데, 馬韓이 그들의 동쪽 땅을 나누어서 우리에게 주었다"고 하였다. 그곳에는 城柵이 있다. 그들의 말은 馬韓과 달라서 國을 邦이라 하고, 弓을 弧라 하고, 賊을 寇라 하고, 行酒를 行觴이라 한다. 서로 부르는 것을 모두 徒라 하여 秦의 사람들과 흡사하니, 단지 燕·齊의 명칭만은 아니었다.[15]

위의 기사를 보면, 秦에서 亡命한 사람들이 사용한 그들의 언어를 표기하면서 그 차이에 관해서 서술하고 있다. 이는 중국에서 망명한 사람들이

---

12) 『삼국사기』 권1, 신라본기, 시조 혁거세 거서간 1년 4월 조.
13) 『삼국유사』 권1, 기이, 진한 조.
14) 『후한서』 권85, 東夷列傳 75, 한 조.
15) 『삼국지』 위서 30, 東夷傳, 진한 조.

韓에 정착해 살면서 원주민들이 인식한 내용을 기록한 것으로, 그에 따르면 중국에서 이주한 망명인들은 언어가 달랐음은 물론이고, 문자의 사용에서도 나라를 邦으로 표기하고, 활을 弧로 표기하는 등 다르게 표현하였다고 하였다.

國과 邦, 弓과 弧, 賊과 寇는 같은 의미로 통용되지만, 엄밀히 따지자면 하나하나가 다른 문자이다. 國은 성곽으로 둘러싸인 도읍 중심의 정치체를 말하지만, 邦은 경계를 구분한 영역을 가리킨다. 弓과 弧는 모두 활을 가리키지만, 弧는 나무 특히, 대나무로 만든 활을 말한다. 賊과 寇는 秦의 율령에 따르면 賊은 질서 문란 죄에 가깝고, 寇는 도적 죄에 해당한다. 이처럼 이주민들이 邦, 弧, 寇 등을 사용하였다는 것은 그들이 가져온 秦의 문자였음을 보여주는 것이며, 단지 燕·齊만의 명칭은 아니라는 것이다.[16]

두 번째 경로는 고구려와의 통교를 통해서 확인할 수 있다. 비록 단편적이지만, 신라에 한자가 전래하는 과정을 고구려와의 통교 기사에서 찾아볼 수 있다. 고구려와의 첫 통교를 전하는 기사를 살펴보기로 하자.

B-a. (첨해왕 2년) 2월에 사신을 고구려에 보내어 화친을 맺었다.
  b. 5년 봄 정월에 처음으로 南堂에서 정사를 보았다.
  c. 한기부의 夫道는 가난했으나, 아첨하지 않고 글쓰기와 산술을 잘해서 [工書算] 당시에 유명하였다. 왕이 그를 불러 阿飡에 임명하고 物藏庫의 사무를 맡도록 하였다.[17]

위의 사료 B-a의 기사는 신라와 고구려와의 첫 대외 통교를 보여주고

---

16) 여기서 연·제·진은 중원의 지역 구분인 지금의 하북·산동·산서 등이며, 그 方言이 전하고 있다. 원문은 『辭書集成』 1, 1993, 團結出版社에 수록되어 있으며, 연구서로는 劉君惠·楊鋼·李恕豪·華學誠, 1992, 『揚雄方言研究』, 巴蜀書社 ; 동북아역사재단 북방사연구소 편, 2018, 『고조선의 언어계통 연구』가 참고된다.
17) 『삼국사기』 권2, 신라본기 첨해이사금 5년 1월 조.

있다.[18] 첨해왕 2년(248)에 사신을 고구려에 보낸 것은, 전왕인 조분왕 16년(245)에 고구려가 변경을 침략하자 于老가 이를 저지한 뒤에[19] 이루어진 화친이었다. 『삼국유사』 王曆에서는 이를 '始與高麗通聘'[20]이라고 하여, 고구려와의 통교가 시작되었음을 알려주고 있다. 이를 통해 확인할 수 있는 것은 고구려와의 첫 대외 통교가 신라의 요청으로 이루어지고 있다는 점이다.

그리고 사료 B-b의 기사는 첨해왕 5년(251)에 南堂에서 정사를 보았다고 하며, 또한 B-c의 기사에서는 '工書算'이라고 기록하고 있다. '工書算'은 어떤 의미를 담고 있는 것일까. 이에 대해서 工藝·書道·算術로 해석한[21] 경우가 있으나, 이보다는 '工'을 동사로 취급하는 것이 타당하다고 본다. 다시 말해, 글쓰기와 산술을 잘해서 物藏庫의 사무를 맡겼다는 기사이다. 필자는 이 기사를 사로국에서 신라로의 발전단계를 말하여 주는 자료로서 주목해 보려고 한다. 특히, 한기부의 夫道와 관련된 기사가 첨해왕이 南堂에서 정사를 보았다는 기사와 함께 서술되고 있다는 점 때문이다. 더욱이 夫道가 가난하였지만 아첨하지 않았고, 글쓰기나 셈에 능했다는 것은 그의 능력이 관리가 될 수 있는 중요한 덕목이었다는 점도 보여준다.

다시 말해, 物藏庫를 담당할 관리의 조건이 글쓰기와 산술을 잘하였기 때문이라는 대목은 이미 당시 사회에서 관리가 되기 위한 조건으로 문자의

---

18) 신라와 고구려와의 대외 통교에 대해서, "斯盧 혹은 신라의 중앙과 고구려 사이에 벌어진 직접적인 사실을 나타내기보다는 뒷날 신라에 편입된 동해안 방면의 어떤 정치체의 역사적 경험이 뒷날 이 방면에서 많은 활동을 한 영웅 于老와 연관지어"(주보돈, 2006, 「5~6세기 중엽 고구려와 신라의 관계 - 신라의 한강유역 진출과 관련하여 -」『북방사논총』 11)서 이해하고 있다. 그리고 신라와 고구려와의 교섭을 처음 튼 시점의 하한을 377년으로 언급(「신라에서의 한문자 정착과정과 불교수용」『영남학』 창간호, 2001, 198쪽)하고 있다.
19) 『삼국사기』 권2, 신라본기 조분이사금 16년 10월 조.
20) 『삼국유사』 왕력 12, 理解尼叱今 조.
21) 井上秀雄, 1974, 『新羅史基礎研究』, 東出版, 434쪽.

습득이 필수적이었음을 보여주는 대목이라고 생각한다. 더욱이 앞뒤의 맥락으로 보아 이 기사는 B-a의 기사에 보이는 고구려와 무관치 않아 보인다. 이 기사가 고구려와의 통교 3년 후의 기록이라는 점에서 주목되는데, 고구려와의 통교 때에 신라가 國書를 보냈는지 어떤지는 알 수 없지만, 통상 외교라는 것이 口頭로 행해지지는 않았을 것임을 생각해 보면, 이미 신라인의 한자 사용이 상당히 진행되었던 것은 아닐까 한다. 통교 3년 뒤에 기록된 物藏庫 관리의 조건에서 보이듯이, 단순 창고관리를 담당할 관리에게도 문자의 사용이 필수 조건이 되었다면, 귀족들은 당연히 문자를 사용하고 있었고, 그 문자는 한자였음이 틀림없기 때문이다.

또한 '物藏庫의 사무를 맡겼다'라는 점은 국가의 물자관리가 엄밀해지고 있다는 점을 보여준다. 이는 분명 그 이전의 사회발전 단계와는 다른 시스템이 작용하고 있었다고 볼 수 있다. 곧, 진한 12국의 사로국 단계에서 운영하던 물류 시스템을 확대 적용할 필요성이 제기된 상황으로 보고 싶다. 기존의 사로국 체제에서 더욱 발전된 신라로의 전환기, 즉, 급격한 사회변화를 담고 있는 기사로 보인다.

물론 이 기사가 쓰인 시기를 여전히 삼한 사회단계로 파악한 견해[22]도 있다. 기존 연구의 이러한 시각은 필자가 이 시기를 진한 12국의 하나인 사로국이 신라로 발전하는 과정을 보여준다고 설명하기에 주저되는 점이다. 이 이후에도 신라의 사회발전을 입증할 사료적 증거는 보이지 않으므로 단언할 수는 없지만, 사로국이 신라라는 고대 국가로 발전하였던 계기는 사로국 내부에서 찾아야 하지 않을까. 이러한 점에서 사로국에 전래한 한자는 문자의 기록을 통한 정보의 전달과 사회의 통제, 관리를 가능하게 하였을 것이며, 나아가 사로국이 신라로 전환될 수 있었던 사회발전의 원동력이 되었을 것이다. 곧, 고구려와의 첫 번째 통교는 신라의 한자 전래의 통로를 열었다는 점이다.

---

22) 주보돈, 2001, 앞의 논문, 199쪽.

세 번째의 경로는 중국과의 통교에 의해서다. 신라가 西晉의 武帝에게 사신을 직접 보냄으로써 성립되었는데, 여기에 보이는 기사의 시점은, 앞의 기사와 연관하여 하나의 시사점을 제공할 수 있다고 본다.

C. [西晉] 武帝 太康 元年(280, 味鄒王 19)에 [진한]왕이 사신을 보내어 方物을 바쳤다.
　　[太康] 2년(281, 味鄒王 20)에 다시 와서 조공하였으며,
　　[太康] 7년(286, 儒禮王 3)에도 또 왔다.[23]

위의 C의 기사는 280년 무렵의 미추왕과 유례왕 대의 통교 내용으로, 사로국이 진한지역의 맹주로 부상하는[24] 기사로 볼 수 있다. 따라서 이 기록을 신빙한다면, 사로국에서 신라로의 전환 시기를 나름 설정할 수 있다. 여기서 이를 뒷받침해 줄 만한 내용이 찾아지기 때문이다.

D-a. 10년(307)에 나라 이름을 다시 '新羅'로 하였다.[25]
　　b. 정묘년에 국호를 新羅라 하였다. 新 자는 덕업이 날로 새로워진다는 뜻이고, 羅 자는 사방의 백성을 망라한다는 뜻이다. 혹은 智證·法興의 대라고도 한다.[26]

위의 두 기사는 新羅라는 국호에 대한 인식을 새롭게 해 주는 자료이다. 『삼국사기』에서는 '復國号新羅'라고 하여, 그 이전에 마치 신라라는 국호를 사용한 것처럼 기록하고 있다. 박혁거세 즉위 때 나오는 徐羅伐, 또는

---

23) 『晉書』 四夷列傳, 진한 조.
24) 문경현, 1983, 『신라사연구』, 경북대학교 출판부, 80쪽 ; 전덕재, 1996, 『신라육부체제연구』, 일조각, 33~34쪽.
25) 『삼국사기』 권2, 신라본기 2, 기림이사금 10년 조.
26) 『삼국유사』 권1, 왕력, 기림이질금 조.

『삼국사기』잡지의 "국호는 徐耶伐이라 하였는데, 혹은 斯羅 혹은 斯盧 혹은 新羅라고 하였다"[27]라는 기사를 근거로 '復國号新羅'라는 사실을 용인하고 있지만, 이는 다분히 『삼국사기』편찬자에 의한 追記로 보인다.

이에 반해, 『삼국유사』에서는 '丁卯年是國号曰新羅'라고 하여, 국호를 신라라고 하였으나, 이에 대해서 '혹은 智證·法興의 代'라는 단서를 달고 있다. '사로', '서라벌', '신라'라는 국호는 유사한 발음으로 신라인들의 언어를 한자로 음역한 결과였을 것이다. 이것은 당시의 신라 사회가 한자 사용에서 상당한 정도로 성숙하고 있었다는 사실을 보여주는 것이다.

계속해서 고구려를 통한 중국과의 대외 통교 상황을 전해주는 기사도 주목해 볼 만하다.

> E-a. (太元二年, 377)) 春, 高句麗·新羅·西南夷皆遣使入貢于秦. 新羅, 弁韓苗裔也, 居漢樂浪地.
> b. (太元五年, 380) 二月) 分遣使者徵兵於鮮卑·烏桓·高句麗·百濟·新羅·休忍諸國, 遣兵三萬助北海公重戍薊.
> c. (太元六年, 381)) 二月, 東夷·西域六十二國入貢于秦.[28]

사료 E의 기사는 『자치통감』에 보이는 내용으로, 그 시기는 377년, 380년, 381년 등이다. 이 가운데 E-a의 기록은 『삼국사기』 고구려본기에 '遣使入符秦朝貢'[29]라 하였으나, 신라본기에서는 찾을 수 없는 내용이다. 그런데 E-c의 기사는 『삼국사기』 고구려본기에는 보이지 않으나, 신라본기에서는 찾아진다. 이러한 기사는 신라에서 연차적으로 고구려에 사신을 보냈다는 하나의 방증으로 부족하지 않다. 이 세 기사 가운데 두 개의 기사가

---

27) 『삼국사기』 권34, 잡지 3, 지리 1, 신라 疆界 조.
28) 『자치통감』 권104, 晉紀 26, 烈宗孝武皇帝上之中 조.
29) 『삼국사기』 권18, 고구려본기 6, 소수림왕 7년 조.

『삼국사기』에 기록되어 있는 만큼, 그 기사를 부정할 이유는 없어 보인다. 신라 또한 이 기회에 중국과의 직접적인 통교를 시작하게 되었다고 본다.

『자치통감』의 E-c 기사의 내용은 『삼국사기』에 좀 더 자세히 기록되어 있다. 377년에는 고구려가 주도적으로 朝貢하는 위치에 있었으나, 381년에는 신라도 '貢方物' 즉, 토산물을 바칠 수 있는 관계로 정립이 되고 있다는 점이다. 여기서 궁금한 것은 신라가 왜 고구려 사신단의 일원으로 前秦에 두 차례나 동행[30]하였는지 하는 점이다. 신라는 고구려 이외에도 백제와의 관계가 중요하였을 텐데 굳이 고구려와의 관계를 중요시한 이유가 무엇이었을까.

이를 알려주는 자료가 몇 가지 찾아지는데 이를 상세히 논의해 보고자 한다.

F-a. 2년(372) 여름 6월에 秦王 符堅이 사신과 승려 順道를 보내 불상과 經文을 주었다.
　　　왕이 사신을 보내 사례하고 토산물을 바쳤다.
　b. 太學을 세워 자제들을 교육하였다.
　c. 3년(373)에 처음 律令을 반포하였다.
　d. 4년(374)에 승려 阿道가 왔다.
　e. 5년(375) 봄 2월에 처음에 肖門寺를 창건하고 순도를 두었다.
　　또 伊弗蘭寺를 창건하고 阿道를 두었다. 이것이 해동 불교의 시작이었다.[31]

이들 F의 기록은 372년부터 375년 사이에 고구려에서 일어난 사례를 나열한 것인데, 前秦과의 교류를 통해서 고구려는 다양한 선진 문물을 전

---

30) 조범환, 2017, 「신라 나물왕대 전진과의 교섭과 그 정치적 배경」 『신라사학보』 41, 20쪽에서 "신라의 왕권 강화와 권위를 더욱 드러내는 방법"으로 이해하고 있다.
31) 『삼국사기』 권18, 고구려본기 6, 소수림왕 5년 조.

수하고 있음을 확인할 수 있다. 승려 順道를 통한 불상과 經文, 태학과 자제 교육, 율령의 반포, 승려 阿道를 통한 초문사와 이불란사의 창건 등은 고구려의 문화 발전에 지대한 공헌을 하였다고 생각한다.

고구려의 다양한 변화를 目睹한 신라가 새로운 변화를 모색하게 되었을 것은 당연하다고 하겠다. 그 방편의 하나로 고구려를 통한 前秦과의 교섭에 적극적으로 참여한 것이다. 그리고 이를 실현하기 위해서 고구려와의 통교가 필요하였을 것이다. 특히, 당시 고구려는 백제와의 전투에서 고국원왕이 사망함으로써 신라와의 통교가 백제를 견제하기에 유리하다고 판단하였다. 신라 또한 고구려와의 통교는 백제를 견제함과 동시에 선진 문물을 수입할 수 있는 일거양득의 외교전략이 될 수 있었다. 그리고 이어서 즉위한 소수림왕은 왕 2년부터 前秦과의 적극적인 교섭을 시작함으로써, 고구려가 비약적으로 발전할 수 있는 토대를 마련하게 된다.

이러한 고구려의 변화를 직접 바라보면서 신라에서는 나름 그 원인과 방법을 모색하였을 것이며, 앞에서 살펴본 고구려와 前秦과의 교섭에서 나타난 일련의 문화교류는 신라를 자극하게 되었을 것이다. 신라에서는 고구려를 통한 前秦과의 교섭에 나서게 되었으며, 그 결과 신라 사회가 새로운 문화에 접촉하게 되면서 사회변화를 촉진하는 계기로 작용하였다고 보고 싶다. 곧, 고구려를 통한 중국과의 통교는 신라 사회에 한자의 필요성이 대두하였다는 점이다.

한편, 고구려는 새로운 국면을 맞이하게 된다. 그것은 바로 고구려 고국양왕의 사망과 이어진 광개토왕의 즉위였다. 이 시기에 대해서는 史書의 기년과 「광개토왕비」의 그것에 차이가 있으므로 논란의 여지가 있다. 그런데 이 시기와 관련하여 고구려와 신라와의 관계를 살필 수 있는 자료가 있어 주목된다. 고구려에서 신라로 보내온 명문이 새겨진 銀盒과 壺杅가 그것이다. 이 유물에는 몇 글자의 명문이 보이는데, 이 명문이 갖는 의미를 되새겨 볼 만하다. 당시의 이 명문은 고구려식 한자였기 때문이다.

고구려식 한자가 들어온 실질적 사례의 하나로, 경주의 瑞鳳塚에서 발견된 銀盒에 새겨진 명문을 사용례로 들 수 있다. 서봉총의 은합은 蓋內面과 外底面으로 구성되어 있다. 여기에 보이는 延壽 원년과 신묘년이라는 연대에 대해서 이미 다양한 해석이 제출되었다.[32]

 G-a. (蓋內)
   延壽元年太歲在卯三月中
   太王敎造合杅用三斤六兩
 b. (外底)
   □壽元年太歲在辛
   三月□太王敎造合杅
   三斤

 필자는 이 은합의 신묘년은 391년이며, 그것은 고국양왕의 죽음과 무관치 않다는 점을 지적하고자 한다. 실제 이 은합이 신라의 서봉총에서 발견될 수 있었던 것은 고국양왕의 조문단을 통해 들어온 것으로 보이며, 그것이 언제, 어떠한 경로를 통해서 신라로 유입되었는지 잘 알 수는 없다. 다만, 은합에 새겨진 고구려의 연호로 보이는 延壽 원년이나 고구려의 왕을 지칭하는 太王이라는 수식어를 통해서 짐작해 볼 수 있다.[33] 여기에 보이

---

32) 박광열, 1999, 「신라 서봉총과 호우총의 절대연대」『한국고고학보』41 ; 신정훈, 2014, 「신라 서봉총의 은합 연대와 서봉총 축조시기에 대한 신 검토」『국학연구논총』13 등이 참고된다.

33) 이와 관련하여, 고구려 태왕릉 부근에서 발견된 것으로 전해지는 청동방울이 주목된다. 여기에는 '辛卯年 好太王△造鈴 九十六'이라는 명문이 새겨져 있다. 이 방울은 2003년 태왕릉 남쪽 오른쪽 모서리 2번째 護石 주변 돌 밑에서 청동제 부뚜막에 30여 점의 유물이 일괄 매장된 상태로 수습된 것 중의 하나(고광의, 2007, 「고구려의 금석문과 서체」『고구려의 문화와 사상』, 동북아역사재단, 443쪽 ; 정호섭, 2017, 『고구려 비문의 비밀』, 살림, 31~32쪽)라고 한다. 물론 이 유물은 신라와 직접적으로 관계된 것은 아니지만, 신묘년과 태왕(호태왕)에 주목한다면, 서봉총의 내용을 이해하는 데 참고가 될 것이다.

는 한자의 사용으로 인해 신라 사회에 작은 파장이 일었을 것인데, 그것은 연호와 왕호의 사용이다.

다음으로, 고구려식 한자가 들어온 두 번째 실질적 사례는, 경주의 壺杅塚에서 발견된 壺杅의 명문이다. 즉, '乙卯年國罡上廣開土地好太王壺杅十'으로, 여기에 보이는 '乙卯年'은 415년에 해당한다. 위에서 언급한 청동방울에는 '好太王'이라고 하였으나, 여기서는 '國罡上廣開土地好太王'이라 하여 그 서술 내용이 많아지고 있다. 특히, 청동방울의 끝부분에 붙여진 '九十六'과 '壺杅十'에 사용된 '十'이라는 글자는 해당 시기의 고구려의 용기에서 사용된 일정한 양식을 찾아볼 수 있을 것이다.

그동안 '壺杅十'에 대해서는 다양한 연구 성과가 제기되었는데,[34] 태왕릉 부근에서 발견된 청동방울 명문인 '九十六'의 출현으로 그 실마리가 풀리지 않을까 한다. 다시 말해, 은합이나 청동방울 그리고 호우의 무게를 나타내는 표기로 볼 수 있을 것이다. 그것은 '太王教造合杅用三斤六兩', '造合杅三斤', '造鈴九十六', '壺杅十' 등으로 볼 때 모두 같은 형식을 보여주므로 그럴 개연성이 높기 때문이다. 따라서 '太王教造合杅用三斤六兩'이라는 명문에서 3근 6량은 이를 제조하는 데 사용된 무게를 가리키는 것이라 하겠다.

이처럼 고구려에서 제작된 명문 기물이 신라에 전해진 사실은 고구려와 신라의 통교 사실을 입증해 줄 뿐 아니라, 고구려식 한자 표기와 그런 문화가 신라에 전파된 증거를 보여주기에 충분하다. 이를 통해 볼 때 이후 신라 사회에서는 이와 같은 용기를 제작하게 됨으로써, 그 안에 담긴 고구려의 한자 사용방식 또한 신라에도 그대로 전래하게 되었을 것으로 볼 수

---

34) 十의 의미에 대해서는, 공백을 메우기 위한 의미 없는 표시로 보는 설, 열 개를 鑄造하였음을 나타낸다고 보는 설, 불교사상에 의한 圓滿·無盡함을 나타내는 뜻으로 보는 설, 什器의 什의 略體로 보는 설, 일본의 「隅田八幡神社人物畫象鏡」에 보이는 '十'과 연관하여 終止符로 보는 설, 吉祥의 뜻으로 보는 설 등 다양한 견해가 제기되었다.

있을 것이다.

다음으로, 『삼국유사』에 전하는 불교 관계 기사도 한자의 전래와 관련하여 좋은 자료가 될 것이다.

> H-a. 제19대 눌지왕 때 沙門 묵호자가 고려[고구려]로부터 一善郡에 이르렀다. (중략) 그때 梁에서 사신을 보내 의복과 香을 전해왔다. 君臣은 그 향의 이름과 용도를 몰라서 사람을 시켜 향을 싸 들고 전국을 다니면서 묻게 하였다. 묵호자가 그것을 보고 말하기를, "이것은 향이라고 한다"라고 하였다.
> b. 아도가 분부를 받들고 계림에 와서 왕성의 서쪽 마을에 거처하였는데, (곧) 지금의 嚴莊寺이고, 때는 미추왕 즉위 2년 癸未(263년)였다. (중략) 그때 사람들은 僧이라는 명칭을 몰라서 阿頭三麽라고 하였다. 삼마란 鄕言으로 승을 가리키는 말이니, 沙彌라고 말하는 것과 같다"라고 하였다.[35]

위의 기사 H-a에 보이는 눌지왕(417~457) 때의 사실과 梁(502~557)에 대한 기록과의 시기적 일치나 取信 여부로 여러 의견이 있지만, 그 당시 불경과 불상이 들어왔으리라는 정황은 어느 정도 믿을 만하다. 이때 "君臣은 그 향의 이름과 용도를 몰라서 사람을 시켜 향을 싸 들고 전국을 다니면서 묻게 하였다"라는 것으로 보아, 당시까지 일반 사물에 대한 한자 지식은 그다지 일반화되지 않았음을 보여주는데, b의 기사가 이에 해당한다. 따라서 위의 기사에 보이는 내용 가운데 한자의 전래를 알 수 있는 佛經 관련 내용은 역시 주목해도 좋다고 본다.

요컨대, 신라가 고구려와의 통교를 시작할 시기에는 고구려에서 한자가 전래하였을 것이다. 고구려 또한 한자 문화와 관련해서는 역시 본류라 할 수 없으므로, 이 시기에 신라로 전래한 한자는 고구려에 수용된 한자의 再

---

35) 『삼국유사』 권3, 흥법, 阿道基羅 조.

傳來 과정이었다. 그러나 신라의 한자 전래는 대외 통교를 기반으로 신라 사회를 점차 변모시켰으며, 이후 다양한 한자 문화를 수용하면서 신라 사회는 새롭게 변화해 나갔을 것이다.

2) 多面 외교와 사회의 다변화

5세기에 들어와 신라의 대외 통교 대상은 고구려 외에도 백제나 중국의 남북조 국가 등으로 확대된다. 더욱이 그동안 친선관계였던 고구려와 적대 관계로 전환되자, 백제와는 화친으로 전략을 바꾸었다. 그리고 이때부터 신라는 多面 외교를 시작하게 된다.

먼저, 눌지왕 대의 상황을 전하는 기사부터 살펴보자.

I-a. 〔17년(433)〕 가을 7월에 백제가 사신을 보내 화친을 청하므로 이에 따랐다.
 b. 18년(434) 봄 2월에 백제왕이 좋은 말 2필을 보냈다.
 c. 〔18년(434)〕 가을 9월에 〔백제왕이〕 또 흰 매를 보냈다.
 d. 겨울 10월에 왕이 황금과 빛이 나는 진주를 백제에 예물로 보내 보답하였다.[36]

J-a. 34년(450) 가을 7월에 고구려의 변방 장수가 悉直의 들판에서 사냥하였는데, 何瑟羅城 城主 三直이 군사를 내어 갑자기 공격하여 그를 죽였다. 고구려왕이 … 군사를 일으켜 서쪽 변경을 침범하였다. 왕이 겸허한 말로 사과하자 곧 물러갔다.
 b. 〔38년(454)〕 8월에 고구려가 북쪽 변경을 침범하였다.
 c. 39년(455) 겨울 10월에 고구려가 백제를 침범하니 왕이 군사를 보내 구원하였다.[37]

---

36) 『삼국사기』 권3, 신라본기, 눌지마립간 18년 조.

위의 두 기사를 살펴보면, 하나는 백제와의 화친 관계 기사이고, 다른 하나는 고구려의 신라 변경 침략 기사이다. 이로써 보면 신라의 눌지왕 대에 대외관계 축이 완전히 달라지고 있음을 엿볼 수 있다. 이러한 관계 변화는 물론 고구려 장수왕의 남진 정책과 무관치 않다. 이어서 자비왕 대의 상황도 고구려의 침략에 따른 신라의 방비책이 보인다. 계속해서 소지왕 대에도 고구려(말갈)가 신라의 북쪽 변경을 침략함으로써 이제 신라와 고구려의 관계는 정상적인 외교관계로 회복될 수 없는 지경이 되었다. 특히, 신라의 소지왕 7년과 15년에는 백제의 동성왕이 예물을 보내오고, 또 혼인에 의한 외교관계가 성립하였고, 16년과 17년에는 백제와의 군사적 연대도 이루어졌다. 이처럼 신라와 고구려와의 관계가 파탄이 난 시점에, 신라는 백제라는 새로운 동맹국을 맞이하게 되었다.

이런 와중에 소지왕 10년 기사에는 특이한 일이 기록되어 있는데, '東陽獻六眼龜, 腹下有文字'라고 하여, 東陽에서 헌상한 육안구의 배에 문자가 있었다는 것이다. 여기서 말하는 東陽이 어디인지 알 수는 없지만,[38] '文字'의 실체가 다양하였음을 보여준다. 따라서 이 기사는 당시 신라 사회에 식자층이 어느 정도 존재하였다고 볼 수 있다. 그리고 동왕 12년에는 시장을 통한 재화의 유통을 보여주고 있으며, 18년에는 가야국과의 교섭, 19년에는 薦擧制를 통한 관리의 등용 내용도 알려주고 있다. 이러한 변화는 한자의 전래와 무관치 않으며, 신라 사회의 변화를 파악하는 데 도움이 된다.

한편, 지증왕 대의 대외관계에서 北朝와의 관계도 주목해 보고자 한다. 당시의 동아시아 정세는 신라에서는 지증왕이 500년에 즉위하였으며, 백

---

37) 『삼국사기』 권3, 신라본기, 눌지마립간 39년 조.
38) 東陽이라는 한자를 文面 그대로 보아 동해안의 볕이 잘 드는 해안가를 가리키는 것으로 볼 수도 있다. 더욱이 거북이를 헌상하였다는 것으로 보아 해안가의 어느 마을이었으리라는 짐작이 가능하다. 이에 대해서『송서』符瑞志의 태시 2년 기사를 옮겨 운문(김기흥, 2005, 「『삼국사기』 신라 소지마립간본기 6眼龜 기사의 검토」『역사학보』 188)한 것으로 보기도 한다.

제에서는 무령왕이 501년에 즉위하였고, 南朝는 梁의 무제가 502년에 즉위하였으며, 北朝는 北魏의 선무제가 499년에 즉위하는 등 일련의 변화가 나타나고 있었다. 이처럼 500년을 전후한 시기의 국내외 정세는 각국의 통치자가 새롭게 등장하는 시점이었으므로, 매우 긴장된 상태였을 것이며, 각국의 이해관계 또한 다양한 셈법이 작용하였으리라 본다.

이러한 가운데 이 시기 신라의 대외 통교는 특별히 주목해도 좋을 것이다. 지증왕이 새로운 대외관계를 시도하고 있기 때문이다. 그것은 다름 아닌 지증왕 3년(502)과 왕 9년(508)의 기사에서 찾아지는 北朝의 북위에 사신을 파견하였다는 기사이다.[39]

K-a. (景明三年(502)) 是歲, 疏勒·罽賓·婆羅捺·烏萇· 阿喩陁·羅婆· 不崙· 陁拔羅·弗波女提·斯羅·嚈舍·伏耆奚那太·羅槃·烏稽·悉萬斤·朱居槃·訶盤陁·撥斤·厭味·朱沴洛·南天竺·持沙那斯頭諸國並遣使朝貢.[40]

b. (永平元年(508)) 三月己亥, 斯羅·阿陁·比羅·阿夷义多·婆那伽·伽師達·于闐諸國並遣使朝獻.[41]

c. (502년) 十一年, 秋八月, 蝗. 冬十月, 地震. 民屋倒墮, 有死者. 梁高祖卽位. 夏四月, 進王爲車騎大將軍. 冬十一月, 百濟犯境. 十二月, 遣使入魏朝貢."[42]

위의 K-a, b의 기사에서는 新羅가 아닌 斯羅로 표기된 내용이 보인다. 이에 대해서는 그 비정에 있어서 각기 다른 견해[43]가 제기되고 있기도

---

39) 이에 대해서는, 서영교, 2015, 「『삼국지』 『위략』의 '사라국'과 『위서』의 '사라'」 『역사학연구』 59 ; 조범환, 2016, 「신라 지증왕대 北魏에 사신 파견과 목적」 『서강인문논총』 46 등이 있어 참고된다.
40) 『魏書』 권8, 世宗紀 8, 경명 3년 조.
41) 『魏書』 권8, 世宗紀 8, 영평 원년 조.
42) 『삼국사기』 권19, 고구려본기, 문자명왕 11년 조.
43) 李成市, 1999, 「加耶의 国際環境과 外交 - 新羅関係를 中心으로 -」 『加耶의 対外交渉』 ; 井上直樹, 2000, 「高句麗의 對北魏外交와 朝鮮半島의 情勢」 『朝鮮史研究會

하지만, 이를 신라의 다른 표기인 斯羅로 볼 수도 있을 것이다. 다시 말해, 北朝의 북위에 사신을 파견하였다는 것이다.

이어서 법흥왕 대에는 南朝의 梁과도 통교하고 있다.

L- a. 8년(521)에 梁에 사신을 보내 토산물[方物]을 바쳤다.[44]
    b. 新羅者 (중략) 無文字, 刻木爲信. 語言待百濟而後通焉.[45]
    c. 百濟 (중략) 旁小國有叛波·卓·多羅·前羅·斯羅·止迷·麻連·上己文·下枕羅 等附之. 言語衣服畧同高麗. 行不張拱, 拜不申足. 以帽爲冠, 襦曰複衫, 袴曰褌. 其言參諸夏, 亦秦韓之遺俗.[46]

위의 L- a 에는 梁에 사신을 파견하였으며, b 에는 『양서』 신라전에 '無文字 刻木爲信 語言待百濟而後通焉'라는 내용이, c 에는 「양직공도」의 내용이 보인다. 이를 보면 신라와 백제에 관한 문화 차이가 내재하고 있어서, 이를 근거로 다양한 해석이 제기되고 있다.[47] 그러나 신라는 이미 北魏와 梁에 사신을 파견하여 다면적인 외교전략을 구사하고 있으며, 동 시기의 신라 비문에서 한자 사용례를 다수 확인할 수 있다.

4~6세기 신라의 多面 외교는 국제정세의 변화에 능동적으로 대처한 결과이다. 고구려 일변도의 대외 통교 또는 고구려를 통한 중국과의 접촉만을 기대할 수는 없는 상황으로 급변하였기 때문이다. 따라서 이 시기의 신

    論文集』 38 등이 있다.
44) 『삼국사기』 권4, 신라본기, 법흥왕 8년 조.
45) 『梁書』 卷54, 列傳 48 諸夷, 新羅 條.
46) 『梁職貢圖』 百濟國使 條.
47) 이 문구를 문자가 없는 사회에 대한 일반적인 상용구로 볼 수도 있고, 백제 사신이 梁 측에 신라를 단순히 폄하한 표현으로 볼 수도 있을 것이다. 또한 각목과 그에 부수된 '口頭'를 사용한 명령 전달 시스템이 6세기 직전까지도 장기간 지속되고 있었던 사실의 반영(윤선태, 2011, 「백제와 신라의 한자·한문 수용과 변용」 『고대 동아시아의 문자교류와 소통』, 동북아역사재단, 156쪽)으로 보기도 한다.

라는 그 통교 대상을 백제 또는 백제를 통한 중국 南北朝와의 외교로 전환하였다. 고구려 또는 고구려를 통한 중국왕조와의 통교라는 좁은 시야에서 벗어나, 백제를 새로운 대상으로 삼음과 동시에 백제를 통한 외교라는 또 하나의 통로를 개척하게 된 것이다. 신라는 더 많은 중국문화를 직접 접촉하는 기회를 확보하게 되었고, 그만큼 한자 문화에 노출되는 기회도 많아졌을 것이다. 신라인에게 한자는 선진문화를 전달해주는 도구일 뿐만 아니라, 자신들의 생각을 기록하고 전달할 수 있는 중요한 도구로 자리 잡기에 충분하였다.

요컨대, 신라의 한자 전래는 중국 이주민으로부터 시작되었을 것으로 추정된다. 이후 고구려와 백제 및 중국의 南北朝를 망라하면서, 신라는 다각적인 외교 노선을 채택하면서 한자 문화를 활용하여 국정을 운영하였다고 보인다. 이러한 多面 외교를 통하여 신라의 국내 질서와 대외 팽창을 준비할 수 있는 여건이 형성되었다. 다시 말해, 신라의 한자 전래는 대외 통교의 확대 과정을 통해서 점진적으로 변화·발전하였으며, 특히, 신라 지배층의 한자 문화는 국가 질서 확립과 지배권력의 확충을 시도·전개하는 데 필수적인 지침으로 작용하였다.

3. 한자 수용과 신라인의 표기 양상

앞 장에서 살펴본 바와 같이, 신라의 한자 전래는 주변국인 중국과 고구려·백제와의 다양한 접촉을 통해서 이루어졌다. 고구려의 한자 문화는 5세기 전반경 고구려에 강하게 예속하고 있던 신라뿐 아니라 가야나 백제, 일본열도의 倭에도 많은 영향을 미쳤을 것으로 추정[48]하고 있다.[49] 중국에서

---

48) 여호규, 2011, 「고구려의 한자문화 수용과 변용」 『고대 동아시아의 문자교류와 소통』, 동북아역사재단, 101쪽.

건너온 한자는 중국 각 왕조의 흥망성쇠나 한반도의 수용 지역에 따라 한자어의 사용이나 개념에 차이가 있었을 것이며, 그 의미 또한 多岐하였을 것이다. 그러나 신라 사회에서 한자를 사용한 실례를 보여주는 자료가 많지는 않다. 본 장에서는 그러한 몇 가지 사용례를 통해서 그 일단을 추정해 보고자 한다.

1) 「광개토왕비」의 '新羅'·'寐錦'과 '高句麗故地'

먼저 「광개토왕비」에 주목해 보았다. 「광개토왕비」가 비록 신라인에 의해서 작성된 비는 아니지만, 고구려로부터 신라로 전래한 한자의 원형을 보여주는 기록이 있기 때문이다. 즉, '新羅'와 '寐錦'의 사용례가 그것이다. 이미 살펴보았듯이, 신라로 한자가 전래할 수 있었던 본격적인 계기는 고구려와의 통교였다. 「광개토왕비」에 기록된 '新羅'와 '寐錦'이라는 용어는 그 사실을 입증해 준다.

신라의 국명에 대해서 살펴보자. 『삼국지』에는 斯盧國, 『수서』와 『북사』에는 新羅와 斯盧가 함께 보인다. 그리고 『양직공도』에는 斯羅라고 기록되어 있다. 이는 『양서』에 보이는 '魏 때는 新盧라 불렀고, 宋 때는 新羅 또는 斯羅라 하였다'라는 기사를 참고하면, 그 국명이 다르게 표기되고 있음을 확인할 수 있다.[50] 필자는 고구려 「광개토왕비」 가운데 지금까지 소홀하게 취급하였던 내용을 찾아서, 신라 관련 자료를 추출해 보고자 한다.

「광개토왕비」에는 신라와 관련된 용어가 다수 찾아진다. 그 가운데 新

---

49) 이기백, 1986, 「유교 수용의 초기형태」 『신라사상사연구』, 일조각, 194쪽에서, "文化에 있어서는 접촉이 반드시 수용을 뜻하는 것이 아니며, 일정한 사회적 기능을 발휘해야만 비로소 수용이라고 말할 수가 있는 것이다"라는 언급은 참고해도 좋다고 본다. 따라서 그 시기를 설정하는 문제가 남아 있는 것이다.
50) 문경현, 1970, 「신라 국호의 연구」 『대구사학』 2 ; 채미하, 2016, 「신라 국호의 양상과 '계림'」 『신라사학보』 37 등이 참고된다.

羅, 新羅寐錦, 寐錦 등의 용어는 이 당시의 상황을 이해하는 중요한 실마리를 제공한다. 지금까지 중국의 여러 史書에서는 신라 및 이와 유사한 국호가 사용된 바 있으나, 흔히 제1차 사료라고 하는 金石文에서는 이 비문에서의 사용이 처음이다.

다음의 자료는 소위 庚子 조 기사인데, 이 자료에서 보듯이 제2면과 제3면의 외곽이 심하게 마멸되어 그 글자를 제대로 판독할 수 없는 상황이다. 따라서 이에 대해서는 그것이 모두 광개토왕 10년 경자년 기사로만 이해해 왔다.

M. 十年庚子敎遣步騎五萬往救新羅從男居城至新羅城倭滿其中官軍方至倭賊退
　□侵背急追至任那加羅從拔城城即歸服安羅人戍兵□新羅城□城倭□倭潰城大
　　　　　　□□盡更□□安羅人戍兵滿□□□□其□⊔⊔□□□□言
(第三面)
　□□□□倭□□□□□□□□□興□□□□□□□□□辭□□□□□□□□
　□□□□潰
　□□□□安羅人戍兵昔新羅寐錦未有身來論事□國罡上廣開土境好太王□□□
　□寐錦□□僕勾
　□□□□朝貢

이 내용은 「광개토왕비」의 제2면과 제3면에 보이는 광개토왕 영락 10년(400) 庚子 조에 해당하는 부분이다. 이 부분에는 신라, 신라매금, 매금 등의 용어가 찾아진다. 그런데 이 기사에는 광개토왕의 영토 확장을 가장 길게 서술한 것으로 인식해 왔다. 그러나 문제는 제2면과 제3면 부분에 판독할 수 없는 글자가 매우 많은데도 불구하고, 전체를 10년 조 기사로 단순화하거나 도외시해 왔다.

필자는 이 부분이 신라와 관련된 중요한 내용이 담긴 것으로 생각해서 좀 더 자세히 살펴보고자 한다. 먼저, 위의 내용이 과연 '十年庚子'로만 구성된 것일까 궁금해서다. 그것은 그 전후에 보이는 '八年戊戌', '九年己亥'와, '十四年甲辰', '十七年丁未' 등의 기사를 둘러봐도 이 기사만큼 많은 분량을 차지하지 않는다. 물론 고구려와 신라의 동맹관계와 백제와 任那加羅와 安羅加耶가 倭와 손잡고 있는 내용이라 해서, 그 중요성을 강조할 수도 있을 것이다.

그런데 여기서 '昔新羅寐錦未有身來論事□國罡上廣開土境好太王□□□□寐錦□□僕勾□□□□朝貢'라고 한 부분은, 경자년 기사와는 다른 내용이 삽입되어 있다고 볼 수 있다. 즉, 경자년 기사는 신라에 倭가 침략하여 이를 격퇴하는 내용이 서술된 가운데, 갑자기 위의 내용이 삽입된 것은 앞뒤의 맥락으로 보아 그 연결에 의문이 생긴다.

이 경자년 기사는 광개토왕 10년이며, 동왕 12년(402)에 나물왕이 죽자, 실성이 왕위에 오른 해이기도 하다. 그런데 『삼국사기』에는 고구려의 質子로 가 있던 실성이 나물왕이 죽기 한 해 전에 돌아오고 있다.[51] 이와 관련하여 주목되는 것은 '昔新羅寐錦未有身來論事'와 '寐錦□□僕勾□□□□朝貢'에서 '論事'와 '朝貢'이라는 용어가 주목된다. 곧, 그 이전의 나물왕 때는 '論事'조차 없었는데, 여기에는 난국이 수습되고 일찍이 없었던 新羅寐錦의 '身來論事' 혹은 그에 해당하는 조처가 실현되고, 또한 신라의 고구려에 대한 朝貢도 실행되게 된다[52]라고 이해하고 있기 때문이다.

비문 자체로만 보면, 그 이전까지는 '身來論事'도 하지 않았는데, 물론 경자년의 도움으로 '朝貢'하였다고도 볼 수도 있다. 그러나 이를 조금 다른 각도에서 보면, '身來論事'와 '朝貢'에 대한 이해가 어렵지 않다. 그것은 이 文面의 '昔新羅寐錦未有身來論事'를 前置文으로 본다면 가능할 것이다. 그것이 어느 문장까지 걸릴 것인지에 대해서는 비문의 마모로 인해 단언하기

---

51) 『삼국사기』 권3, 신라본기, 나물이사금 46년 조.
52) 이용현, 2013, 「광개토왕비문의 고구려와 가야」 『광개토왕비의 재조명』, 동북아역사재단, 271쪽.

가 어렵다. 다시 말해, □□□□朝貢에 해당하는 내용 중에, 여기에서는 판독할 수 없는 다른 내용이 빠졌다고 볼 수 있는 여지가 있다고 생각한다.[53] 이를 이해하기 위해서 해당 시기의 관계 기사를 참고해 보자.

 N. 원년(402) 3월에 왜국과 우호 관계를 맺고, 나물왕의 아들 未斯欣을 볼모로 삼았다.[54]

 이 기록을 보면, 실성왕이 즉위하면서 왜국과는 우호 관계를 맺으면서도, 고구려에는 미사흔을 볼모로 보내는 과정을 보여주고 있다. 여기서 볼모를 보내는 상황은 고구려와의 관계를 돈독히 하려는 처사였을 것이다. 이는 실성왕과 고구려와의 관계를 보여주는 내용이다. 특히, "[45년(400)] 겨울 10월에 왕이 타던 대궐 안 외양간의 말이 무릎을 꿇고 눈물을 흘리면서 슬피 울었다"라는 기사와, "[46년(401)] 가을 7월에 고구려에 볼모로 갔던 실성이 돌아왔다"라고 하는 기사는 단순히 왕이 타던 말의 이상 징후라거나,[55] 고구려의 볼모 해제라기보다는 실성을 통해 고구려의 영향력이 신라에 작용하게 만드는 과정의 일환이었다고 볼 수 있다. 이로써 실성에 의한 朝貢의 가능성을 더욱 상정해 볼 수 있다. 다시 말해,「광개토왕비」에 보이는 신라의 '朝貢' 관련 기사는 실성을 전제로 가능한 것이었다. 따라서 이 부분은 광개토왕 12년(402)에 나물왕이 죽자, 실성이 왕위에 오른 이후의 내용이 반영된 것으로 본다.
 이와 연관하여「충주고구려비」에 보이는 '新羅'와 '寐錦' 관계 내용도

---

53) 이와 관련하여 末松保和, 1954,『新羅史の諸問題』, 東洋文庫, 140쪽에서, "내가 가만히 의심하는 것은, 다음 장에서 문제로 하려는 신라의 質子에 관한 것이 여기에 기록되어 있었던 것이 아닐까 하는 것이다"라고 서술하고 있어 참고된다.
54)『삼국사기』권3, 신라본기, 실성이사금 원년 조.
55) 이에 대해서 "내물왕에게 어떠한 변고가 있었던 것"(선석열, 2015,『신라 왕위계승 원리 연구』, 혜안, 108쪽)으로 보기도 한다.

주목된다. 사실 「충주고구려비」의 내용연대와 건립연대를 어떻게 이해하느냐에 따라, 고구려와 신라의 관계는 물론 5~6세기 삼국 관계를 바라보는 관점의 차이로 나타날 수 있는 중요한 문제[56]이다. 비문의 내용으로는 각종 인명, 용어, 지명 등이 다양하게 보이며, 그를 통해 비의 건립연대, 건립 목적과 성격 등 해명해야 할 부분이 많다고 본다.

이처럼 다양한 목소리가 들리고 있는 「충주고구려비」에 접근하는 것 자체가 어려운 상황이지만, 여기서는 '新羅'와 '寐錦' 관련 내용에 한정하여 언급해 보고자 한다. 이해를 돕기 위하여 해당 내용을 잠시 살펴보고자 한다.

O. 五月中高麗大王相　　新羅寐錦世世爲願如兄如弟
　上下相和守天東來之寐錦忌太子共前部大使者多于桓
　奴主簿　　　　　　　到至跪官大太子共口
　向壁上共看節賜太霍鄒教食丐　賜寐錦之衣服建立處
　用者賜之　　　奴客　勲口位賜上下　服教東
　夷寐錦　還來　教賜　　　　　　　國土
　　位　位上下衣服　受教跪官　十二月廿三　甲寅東
　夷寐錦上下至于伐城教來前部大使者多于桓奴主簿看
　　　境　募人三百新羅土內幢主下部　位使者端奴
　　　　盖盧共　募人新羅土內衆人拜動口

이 판독문을 통해서 보면 '新羅'와 '寐錦'에 대한 사항이 여러 곳에서 찾아진다. 이는 앞에서 살펴본 「광개토왕비」보다 많다. 물론 비의 성격상 「광개토왕비」에는 신라 관계 기사가 한정될 수 있으나, 「충주고구려비」에는 '如兄如弟'라는 기록에서 알 수 있듯이 양국의 관계를 보여주기 위해

---

56) 장창은, 2006, 「중원고구려비의 연구동향과 주요 쟁점」 『역사학보』 189 ; 2014, 『고구려 남방 진출사』, 경인문화사, 362쪽.

기록되었을 개연성이 높다.

　이들 비문에서 '新羅'와 '寐錦'을 중심으로 새로운 해석이 가능하지 않을까 한다. 지금까지 막연하게 '新羅'와 '寐錦'이라는 사실을, 용어를 통한 후대의 관점에서 파악하였다면, 이들 비문에 보이는 현상만으로 본다면 서로의 존재를 인정하고 있음을 알 수 있다. 다시 말해, 新羅寐錦과 東夷寐錦, 新羅土內幢主와 新羅土內衆人 등의 기사가 곧바로 신라가 고구려에 예속되어 있었음을 입증해 주는 증거가 될 수는 없다고 본다.

　여기서 「광개토왕비」와 연계하여 이해해야 하는 또 하나의 자료가 「울진봉평리신라비」이다. 두 비에 공통으로 보이는 '新羅'와 '寐錦'이라는 표기가 주목된다. '新羅六部'와 '喙部牟卽智寐錦王'이라는 표기가 그것이다. 곧, 이 비의 건립 시기가 법흥왕 11년(524)이므로, 그 이전 지증왕 4년(503)에 국호와 왕호를 新羅와 新羅國王으로 표명한 사실과 일정한 거리가 있어 보인다. 이는 사서와 금석문의 괴리를 보여주는 하나의 실례로서 관심의 대상이 되었다.

　특히, '寐錦'이라는 표기는 이미 「광개토왕비」와 「충주고구려비」에서 그 실체를 확인하였기 때문에 이에 대한 논의가 있었다. 고구려의 비문에 표기되었던 '新羅'라는 국호와 '寐錦'이라는 왕호가 신라인 스스로 작성한 「울진봉평리신라비」에 그대로 사용되었다는 사실은 신라와 고구려의 한자 문화가 연계되어 있음을 보여주는 증거로 보아도 좋을 것이다. 「울진봉평리신라비」에 이를 기재함으로써 고구려의 영향력 아래 있었던 울진 지역민에게 이제는 단순히 寐錦이 아니라 명실상부 寐錦王, 곧 매금+왕이라는 자신감을 표출한 것으로 보인다. 다시 말해, 기존처럼 고구려의 영향력에서 벗어나지 못한 것이라기보다는,[57] 거꾸로 매금+왕이라는 왕호를 자

---

57) 고구려의 지배자를 '태왕'이라 칭하는 것에 반해, 신라식 용어를 그대로 드러냄으로써 신라의 열등성을 보여주기 위한 차별적인 표현(임기환, 2011, 「울진 봉평리 신라비와 광개토왕비, 중원고구려비」 『울진 봉평리 신라비와 한국 고대 금석문』, 주류성, 276쪽)은 그 실례라 할 것이다.

신 있게 드러냄으로써 신라 영토 의식을 확인하는 내용으로 볼 수 있다.

더 나아가 「울진봉평리신라비」에는 매금+왕으로 표기됨으로써 고구려식 한자 수용이 변화되어 가는 과정도 보여준다. '寐錦'이 고구려식 신라 왕호의 표기였다면, 신라인들은 스스로 '王'이라는 문자를 더함으로써, 한자에 대한 이해가 한층 성숙하였음을 보여준다고 생각한다. '王'이라는 문자는 명실공히 王道政治를 실현하는 君主에 붙여지는 중국식 군주의 칭호이기 때문이다. 물론 왕호의 사용이 반드시 유교 정치이념을 반영하는 것으로 볼 수 있을지는 의문이지만, 당시 신라 사회의 발전단계에서는 그럴 개연성이 높다고 본다.

한편, 『삼국사기』 지리지에 보이는 '高句麗故地'라는 표기가 한자의 수용이라는 이해에 어느 정도 도움이 될 것이다. 다시 말해, 신라의 행정구역 이전에 '高句麗故地'라고 표기한 것은 그 지역이 옛 고구려의 영토였음을 반영하는 것이다. 당시 고구려의 각 지역 명칭은 한자로 표기하였으며, 각 지역의 책임자는 이러한 한자 명칭이 그 지역을 표시하는 문자로 이해할 수 있었을 것이다. 지역의 명칭을 통해서 한자는 주변부로부터 새로이 인식되기 시작하였을 것이며, 중심부에서도 그러한 변화에 편승해 나갔을 것이다. 기왕의 지배계층에 전래한 한자와 더불어 '高句麗故地'에서 활용된 한자는 신라 사회에 변화를 촉진하였을 것이다.

물론, '高句麗故地' 기사에 대해서는 연구자마다 고구려가 신라를 지배했던 기간과 지배의 형태, 곧 영역지배인지 아닌지에 관해 견해가 다를 뿐만 아니라, '高句麗故地'에 대한 개념 또한 각기 다르게 정의하고 있다. 여기서는 '高句麗故地'에 대한 자세한 검토보다는 그 '故地'에 주목하여 고구려식 한자명과 신라식 한자명을 파악해서 그것이 가지는 의미를 밝혀보려고 한다. 다시 말해, 신라에서 한자를 수용하는 과정을 '高句麗故地' 사례에서 찾아보려는 것이다.

이를 위해, 옛 신라지역에 해당하는 '高句麗故地'의 지명을 발췌하여 분석해 보고자 한다. 우선 이해를 돕기 위하여 「창녕신라진흥왕척경비」에 보이는 해당 내용을 살펴보자.

> P. 四方軍主, 比子伐軍主沙喙登☒☒智沙尺干, 漢城軍主喙竹夫智沙尺干, 碑利城軍主喙福登智沙尺干, 甘文軍主沙喙心麥夫智及尺干. 上州行使大等, 沙喙宿欣智及尺干, 喙次叱智奈末. 下州行使大等, 沙喙春夫智大奈末, 喙就舜智大舍. 于抽悉☒☒西阿郡使大等, 喙北尸智大奈末, 沙喙須汀夫智奈☒. ☒爲人, 喙德文兄奈末. 比子伐停助人, 喙覓薩智大奈末. 書人沙喙導智大舍. 村主奕聰智述干, 麻叱智述干.[58]

위의 자료는 신라 진흥왕 22년(561)에 건립된 것으로, 그 가운데 '于抽悉☒☒西阿郡使大等'에서 ☒☒는 支河로 이해하여 '于抽悉支河西阿郡'으로 판독하고 있다. 여기에 보이는 지명은 울진, 삼척, 강릉으로 비정함으로써 동해안 연안에 해당한다. 이와 연관하여 『삼국사기』 지리지에 보이는 해당 내용을 제시하면 다음과 같다.

> Q-a. 蔚珍郡은 본래 고구려 于珍也縣이었는데 경덕왕이 이름을 고쳤다.
> b. 三陟郡은 본래 悉直國이었는데 파사왕 대에 항복해왔다.
> c. 溟州는 본래 고구려의 河西良인데 후에는 신라에 속하였다.

이를 살펴보면, 울진은 于珍也, 삼척은 悉直, 강릉(명주)은 河西良으로 기재되어 있으므로 그 내용이 비문의 내용과 유사하다고 볼 수 있다. 즉, '于抽悉支河西阿郡'과 비교해 보면 대동소이함을 확인할 수가 있다. 비록 '高句麗故地'의 지명을 어느 시기의 기사로 인식하느냐에 따라 차이가 있겠지만, 약 100여 년이 흐른 뒤에도, 신라인은 고구려식 한자를 단순하게 표기하면서 사용한 것으로 이해할 수 있다. 이것은 신라인이 고구려식 한

---

58) 「昌寧新羅眞興王拓境碑」

자 표기를 거의 그대로 사용하다가, 경덕왕 대에 신라식 한자 표기로 변환하였기 때문이 아닐까 생각한다.

2) 『삼국유사』의 '35金入宅'과 『삼국사기』의 '定京都坊里名'

『삼국사기』와 『삼국유사』의 기록에서 신라 사회의 변화를 엿볼 수 있는 기사가 보인다. 그것은 『삼국유사』의 '35금입택'과 『삼국사기』의 '定京都坊里名'이다. 먼저, 『삼국유사』의 '35금입택'에 주목해 보고자 한다.

R- a. 今按, 新羅始祖赫居世, 前漢五鳳元年甲子開國. 王都, 長三千七十五步, 廣三千一十八步, 三十五里·六部. 國號曰徐耶伐, 或云斯羅, 或云斯盧, 或云新羅.[59)]

　　b. 辰韓. (중략) 新羅全盛之時, 京中十七萬八千九百三十六戶, 一千三百六十坊, 五十五里. 三十五金入宅, 又四節遊宅[60)]

위의 R- a에는 35리가, b에는 55리가 각기 다른 자료에 소개되어 있다. 이는 아마도 35리에서 55리로 확장된 사실을 보여주는 자료일 것이다. 그런데 두 기사 가운데 뒤의 기사에는 55리 다음에 '35금입택'과 '又四節遊宅'[61)]이라는 내용이 더해지고 있다. 지금까지 이에 대해서는 '新羅全盛之時'에 중점을 두어 이를 전체적인 맥락에서 이해해 왔다. 앞의 a의 기사를 살펴보면 35리와 6부 그리고 국호로 그치고 있다. 필자는 이와 같은 정황에서 b의 기사도 55리에서 끊어서 보려고 한다. b의 기사가 辰韓을 설명하는 내용이기 때문이다. 결과적으로 이 기사의 내용을 진한과 신라를 따로 구분하지 않고, 신라라는 맥락에서 이해한 데 문제[62)]가 있다고 할 수 있다.

---

59) 『삼국사기』 권34, 잡지 3, 지리 1, 신라 疆界 조.
60) 『삼국유사』 권1, 기이, 진한 조.
61) 이 '又四節遊宅'에 대해서는 다른 기회에 자세히 언급하고자 한다.

필자는 '坊里名' 가운데 '里名'에 국한해서 좀 더 언급해 보고자 한다. 그것은 '坊名'보다는 '里名' 관련 자료에 주목하기 때문이다. 또한 '35금입택'은 『삼국유사』의 진한 조에 실려 있다는 점을 우선 고려해야 한다.[63] 이에 대해서 이미 해당 시기에 대해서 의문을 제기[64]한 바가 있는데, 이에 대해서 어떻게 접근하는 것이 바람직할까. 이 기록에 보이는 '35금입택'의 용례를 통해서 신라 통일기 진골 귀족들의 막대한 부력과 호사한 생활을 반영하는 상징적 존재[65]로 이해해 왔다. 이는 『삼국유사』에 서술된 내용

---

62) 주보돈은, "35금입택에 포함된 집안은 진한 시절부터 출현하기 시작해 오랜 과정을 거쳐 신라 말기에 최종적으로 도달한 결과의 전체 모습을 종합해서 그려놓는다는 뜻에서 굳이 출발기라 할 진한조에다 의도적으로 배치해 둔 것이 아닐까 싶다"(주보돈, 2015, 「신라 금입택과 재매정택」 『신라문화』 46, 100쪽)라고 하였는데, 이는 경청할 만하다.

63) 김영태, 1979, 「삼국유사의 체재와 성격」 『삼국유사 소전의 신라불교사상연구』, 신흥출판사, 11쪽에서, "그 다음의 '新羅全盛之時'에서부터 '又四節遊宅'의 全文까지가 계속되어 있는 하나의 항목에 속한 것"으로 보고, "'진한' 조와 '사절유택' 조를 따로 나누어 '사절유택' 조부터를 신라 관계의 사실로 쳤지만, 실제는 '진한' 조 속의 "新羅全盛之時"부터를 신라의 사항으로 보아야 옳은 것"이라고 하였다. 그러나 이기백, 1987, 『불교와 제과학』, 동국대 출판부 ; 2004, 『한국고전연구』, 일조각, 22~23쪽에서, "일연은 최치원이 주장한 바와 같이 마한을 고구려, 변한을 백제, 진한을 신라로 생각하고 있다. 그러므로 진한 조에 신라에 관한 기사가 포함되는 것은 아무런 부자연스러움이 없는 것이다"라고 하였다. 문제는 진한 조의 구성을 자세히 살펴보아야 할 필요성이다. 다시 말해, 이 기사에서 마한과 고구려, 변한과 백제, 진한과 신라의 관계를 전후 맥락에서 제대로 파악하지 못하고 있다.

64) "신라 말기의 사정을 전하면서도 하필이면 진한조에 들어가 있다는 점도 매우 의아스럽게 여겨지는 대목이다. 진한이라면 그 자체는 신라가 아니라 그 모태인 斯盧國을 맹주로 한 연맹체(혹은 국가연합체)"였음을 지적(주보돈, 2015, 앞의 논문, 100쪽)한 것이다. 그리고 이에 대해서 "거기에 담긴 내용이 일시에 성립한 것이 아니라 오랜 기간을 거쳤지만, 그 시원적 뿌리가 진한에까지 소급될 수 있다는 생각에서였을지도 모르겠다"라고 하였다. 이는 '35금입택'이 『삼국유사』 진한 조에 실려 있는 까닭에 관심을 표명한 것으로, 공감하기에 충분하다. 필자는 여기에서 더 나아가 '35금입택'의 그 개개의 명칭에 주목해 보려는 것이다.

65) 이기동, 1978, 「신라 금입택고」 『진단학보』 45 ; 1980, 1984, 『신라 골품제사회와

그 자체로 볼 때 당연한 현상이다.

그러나 원래 이 항목이 신라 조가 아닌 진한 조에 수록되어 있으며, 그 숫자가 35里와 같은 점에 着眼하여, 이 문제를 검토해 보고자 한다. 먼저, 『삼국유사』에 수록된 '35금입택'의 내용을 분류해서, 이를 알기 쉽게 표로 만들어 보면 다음과 같다.

〈표 1〉『삼국유사』에 수록된 '35금입택'의 분류

분류	部名	自然條件	方位名	本文 / 細註	비고
1	本彼宅	池上宅	南宅	池上宅 / 本彼部	
2	梁宅	長沙宅	北宅	財買井宅 / 庾信公祖宗	
3	漢歧宅	上櫻宅	北維宅	南維宅 / 反香寺 下坊	下坊
4	沙梁宅	下櫻宅	南維宅	賓支宅 / 反香寺 犯	犯
5		水望宅	上櫻宅	楊上宅 / 梁 南	
6		泉宅	下櫻宅	漢歧宅 / 法流寺 南	
7		楊上宅	衙南宅	鼻穴宅 / 同上	
8		曲水宅	寺下宅	板積宅 / 芬皇寺 上坊	上坊
9		柳也宅	井上宅	別敎宅 / 川北	
10		井上宅	里南宅	金楊宗宅 / 梁官寺 南	
11		池宅	寺上宅	曲水宅 / 川北	
12		林上宅	林上宅	里南宅 / 亏所宅	亏比所宅
13		井下宅	橋南宅	寺上宅 / 大宿宅	
14			樓上宅	林上宅 / 靑龍之寺 東方有池	
15			里上宅	巷叱宅 / 本彼部	
16			楡南宅		
17			井下宅		

위의 표를 보면, 몇 가지로 분류할 수 있다. 우선 部名이 4개가 보이는데, 6부 가운데 牟梁部와 習比部가 보이지 않는다.[66] 사실 모량부와 습비부

화랑도』, 한국연구원, 일조각, 207쪽.
66) 이 4개 부에 대해서, "35금입택이라 하면서도 실제 그보다 4택이 많은 39택을 列記하게 된 사유가 이해"(이기동, 위의 책, 192쪽) 된다고 하였다. 그것이 바로 6부

의 위치에 대해서는 그 위치 비정이나 범주에 대해서 다양하게 정의하고 있으므로, 여기서는 단정하지 않으려고 한다. 그보다 주요한 것은 진한 당시 2부의 위치나 그 범위를 가정해본다면, '35금입택' 당시의 王都에서 모량부와 습비부 지역이 빠져 있는 상태의 왕도를 상정해 볼 수가 있다.

또한 "금입택의 택호 가운데 池, 泉, 井 등 물과 관계가 있는 문자가 많이 보이는 것이 특징"[67]으로 지적되고 있다. 이는 경주의 금입택이 조성되는 과정에서 중요하게 고려된 것이 바로 자연조건이었다는 점에서 연유한 것으로도 보인다. 그리고 방위명은 기존 자연조건이나 본문에 서술된 내용보다는 후대에 행정구역 단위로 편제된 사정을 반영한 것으로 볼 수 있다. 이는 『삼국유사』를 찬술할 당시 一然이 '35금입택' 주변에 사찰이 많이 건립되었다는 사실을 細註를 통해서 전달해주고 있으며, 또한 '坊里名'의 행정구역에 대한 일부 내용을 보여주는 귀중한 자료이기 때문이다.

필사가 이 '35금입택'의 분류에서 가장 주목하고 싶은 부분은 細註로서, 곧 본문과 細註에서 다양한 내용을 전해주고 있기 때문이다. 이는 분명 『삼국유사』를 찬술할 당시의 자료나 상황을 반영한 것이라 여겨지며,[68] 특히 사찰(反香寺, 法流寺, 芬皇寺, 梁官寺, 靑龍之寺)과 관련된 것이나, 행정구역의 하나인 坊(芬皇寺 上坊, 反香寺 下坊)과 里(里南宅, 里上宅)에 대한 자료도 알려주고 있다.

위의 표에 정리된 '35금입택'의 명칭은 몇 개의 경향이 보인다. 우선, 池, 泉, 井 등 물과 관계가 있는 문자를 사용하였다는 점이다. 이것은 지형의 특징으로 공간을 이해하였던 신라인의 공간인식을 반영한 것으로 생각

와 관련된 것이라 보았기 때문이다. 따라서 실제 이 4부를 뺀다면 '35금입택'에 해당한다. 이에 관해서는 추후 연구가 필요할 듯하다.
67) 이기동, 앞의 책, 200쪽.
68) 그 가운데 財買井宅이나 金楊宗宅 등은 이 금입택의 시기를 이해하는 기준으로 설정해 왔으나, 진한 조라는 기준으로 볼 때, 그 시원적 뿌리는 전대에서부터 성립하여 후대에까지 지속하여 유지된 遺迹으로 보는 것이 타당하다.

한다. 다음으로는 上下나 南北과 같은 방향을 나타내는 문자를 사용하였다는 점이다. 地形과 地物뿐만 아니라 상하나 남북과 같은 방향을 설정하게 되면 그 위치를 정확히 표시할 수 있다. 이와 같은 규칙에 따라서 '35금입택'의 명칭이 정해졌다고 보이는데, 이러한 표기 방식은 매우 초보적이고 단순한, 그러나 매우 효과적인 한자 사용례가 아닌가 생각한다.

결과적으로 필자는 '35금입택'에 사용된 한자들이 모두 단순화 또는 초기적 성격을 지니고 있다고 파악하고 싶다. 다시 말해, 『삼국유사』의 진한조에 해당하는 '35금입택'의 개별 단어 또는 각각의 명사는 한자가 전래한 시기의 표기라고 본다. 특히, 35(택)와는 별도로 金入宅은 『삼국유사』를 찬술할 당시의 사정이 반영된 것으로 보인다. 그것은 "三十五金入宅"에 이어 기재된 '言富潤大宅也'라는 細註의 내용으로 볼 때, 이는 고려 시대의 관점에서 이를 찬술자가 追記한 것이다. 따라서 이 기사는 "三十五"와 "金入宅"을 나누어서 이해할 필요성이 있다. 그것이 바로 35(택)와 35리가 연계될 수 있는 이유이다.

한편, '35금입택'의 기록과 상호 연관해서 『삼국사기』의 '定京都坊里名'의 내용을 신라의 한자 수용과 그 의미라는 측면에서 검토해 보려고 한다. 먼저, 자비왕 대의 해당 기사를 살펴보기로 하자.

S. 12년(469) 봄 정월에 京都의 坊·里의 이름을 정하였다.[69]

이 기사에 대해서는 왕경의 도시계획의 시작[70]으로 보거나, 왕도의 행정구역 정비[71]로 보거나, 방·리에 대한 의미를 부여하거나[72] 월성 해자 목

---

69) 『삼국사기』 권3, 신라본기, 자비마립간 12년 조.
70) 민덕식, 1986, 「신라 왕경의 도시계획과 운영에 관한 고찰」 『백산학보』 33 ; 오영훈, 1992, 「신라 왕경에 대한 고찰」 『경주사학』 11 ; 박방룡, 2001, 「황룡사와 신라 왕경의 조성」 『신라문화제학술발표회논문집』 22.
71) 하일식, 2006, 『신라 집권 관료제 연구』, 혜안, 102쪽.

간에 나타난 방·리명에 대한 접근[73])을 시도하기도 하였다. 그리고 방과 리 모두에 이름을 정했던 것이 아니라 里制에 국한하였으며, 통일 이후 왕경을 재편하면서 坊制를 시행하였다고 보기도 한다.[74])

이때 방·리의 이름을 정했다는 것은 里의 제도를 도입하였다고 보는 것이 일반적이다. 즉, 6부 아래의 里라는 행정구역을 두었다는 것이다. 또한 월성 해자에서 출토된 목간 중에서 부별로 리와 리가 아닌 하위 행정구역을 나열한 문서가 확인되기도 하였다. 여기에는 모량부에 소속된 新里, 上里, 仲里, 下里 등의 명칭이 나타나 있다. 이것은 기존의 취락에 이름을 붙인 것이라고 보기는 어려우며, 새로운 도시 구획을 의미할 가능성[75])이 제기되고 있다.

필자는 '定京都坊里名'의 해당 기사 가운데 '里名'에 해당하는 내용을 좀 다른 시각에서 접근해 보고자 한다.[76]) 가장 주목되는 자료가 『일본서기』의 내용이다.

T. 8년 봄 2월 身狹村主靑과 檜隈民使博德을 吳國에 사신으로 보냈다. 천황이 즉위한 때부터 이 해에 이르기까지 신라국은 천황의 명을 듣지 않고 마음대로 하며 공물을 보내지 않았는데, 지금 8년째가 된다. 그리고는 '中國'의 마음을 몹시 두려워하여 高麗와 우호를 맺었다. 이로 말미암아 고려왕이 날랜 병사 100명을 보내어 신라를 지켜 주었다. (중략) 신라왕은 밤에 고려군이 사방에서 노래하고 춤추는 소리를 듣고 적군이 모두 신라 땅에 들어왔음을 알았다. 이에 사람을 시켜 任那王에게 "고려왕이 우리나라를 정벌합니

---

72) 전덕재, 2009, 『신라 왕경의 역사』, 새문사
73) 박성현, 2018, 「월성 해자 목간으로 본 신라의 왕경」, 『목간과 문자』 20
74) 신형석, 2000, 「신라 자비왕대 방리명의 설정과 그 의미」 『경북사학』 23.
75) 박성현, 앞의 논문, 266~268쪽.
76) 사서에 보이는 里 관계 자료를 분석(전덕재, 2009, 앞의 책, 125~132쪽)하고 있어서 참고된다.

다. (중략) 엎드려 바라건대, 日本府行軍元帥에게 구원을 청해 주십시오"라고 하였다. (중략) 두나라의 원한은 이로부터 생겼다 두 나라라는 것은 高麗와 新羅를 말한다. 膳臣 등이 신라에게 "너희는 매우 약한데 매우 강한 나라와 부닥쳤다. 官軍이 구해주지 않았다면 반드시 업신여김을 당하는 바가 되었을 것이다. 장차 다른 사람의 영토가 되었다면 이는 아마 이번 전쟁에 의해서였을 것이다. 지금 이후로 어찌 天朝를 배반할 것인가"라고 말하였다.[77]

위의 기사를 살펴보면, 464년의 사정을 반영하는 자료로서, 처음에는 신라가 고(구)려와 우호 관계를 수립하면서 고구려왕이 날랜 병사 100명을 보내어 신라를 지켜 주는 관계였으나, 고구려가 신라를 공격하고 일본이 신라를 돕는 관계를 통해 고구려와 신라가 원한 관계로 변화하는 모습을 보여주고 있다. 즉, 신라는 그동안 고구려와 우호적인 관계로 지내다가, 고구려가 변심하여 공격해 오자 결국 任那王의 도움으로 그들을 물리쳤다는 것이다. 다시 말해, 新羅의 王都 주둔의 고구려군을 격멸하고 신라는 고구려의 예속에서 벗어나게 되었던[78] 것이다.[79] 신라 왕도에서의 고구려군 축출은 신라 사회에 있어 중요한 劃期로 자리하게 되었다고 볼 수 있다.

자비왕 12년(469)에 '定京都坊里名'을 시행하게 된 까닭은 무엇이었을까. 아마도 신라는 그동안 고구려의 영향력 아래 놓여 있었던 시간이 오래 지속되었으며, 또한 신라 사회에 고구려의 遺制가 많이 남아 있던 상황에서 이런 유제를 제거하고 혁신하려던 것은 아닐까. 즉, 고구려의 체제를 불식하고 신라의 독자적인 체제를 구축하려는 의도가 담겨 있었다고 본다. 그러나

---

77) 『일본서기』 권41, 雄略天皇 8년(464) 조.
78) 문경현, 1983, 앞의 책, 96쪽.
79) 이동주, 2019, 『신라 왕경 형성과정 연구』, 경인문화사, 31쪽에서는, "이는 고구려에 대한 결별이자 선전포고나 다름없었다"라고 하였으며, "고구려의 공격에 대비한 일종의 전시체제는 왕경의 운영에도 영향을 미쳤다"라고 하였으며, "방리명 제정을 왕경을 체계적으로 통제하여 수취의 균일성을 확보하고, 인민의 징발을 효율적으로 하려는 정부의 의지"로 이해하고 있다.

'定京都坊里名'이라는 간단한 기사에는 이를 구체적으로 설명해 주는 단서가 없다. 그렇지만 이를 신라의 한자 수용이라는 측면에서 살펴본다면, 이는 일대 혁신이 아닐 수 없다. 곧, 그 이전까지 어떠한 명칭을 사용해 왔는지 분명하지 않으나, 본래 '35금입택'에 사용한 한자가 '定京都坊里名'이라는 이 시기부터는 변화된 한자식 이름을 공식적으로 사용하였다고 본다. 비로소 신라 왕경 사회에 한자 문화가 정착하는 단계로 볼 수 있기 때문이다.

3) '喙'·'啄'을 통해 본 신라인의 표기 양상

본 절에서는 6세기 전후 신라인들이 작성한 금석문에 보이는 '喙' 자에 대해서 살펴볼 것이다. 이들 금석문은 신라인 스스로에 의해 작성된 최초의 기록이므로, 한자 수용의 양상을 파악할 수 있는 가장 중요한 자료이기도 하다. 특히, '喙'라는 글자에 대해서는 그 의미와 발음에 대해서 그동안 학계에서 여러 논의가 진행되었지만, 한자의 수용과정이라는 측면에서의 접근은 없었다.

〈표 2〉 6세기 신라 금석문의 글자 수와 '喙'의 사용례

분류	건립 시기	글자 수	喙의 사용례	비 고
포항중성리 신라비	辛巳 (501년 또는 441년)	203자 (추정)	喙(部), 沙喙 (牟旦伐喙 本波喙)	(牟旦伐喙 本波喙)
포항냉수리 신라비	癸未年(503년)	231자 앞면 152자 뒷면 59자 윗면 20자	喙 沙喙	本彼 斯彼
울진봉평리 신라비	甲辰年(524년)	약 400자 (추정)	喙部 沙喙部 岑喙部	(本波部)
창녕진흥왕 척경비	辛巳年(561년)	약 416자 (추정)	喙 沙喙	漢只 本波

〈표 2〉와 같이, 6세기 전후 신라인들이 작성한 금석문 자료에서 喙라는 글자가 많이 보인다. 이들 4개의 비문은 신라인 스스로가 작성한 가장 이른 시기의 금석문이다. 「광개토왕비」와 「충주고구려비」 건립 이후 약 100여 년이 지난 시점에서 제작된 것이지만, 신라인에 의한 한자 사용방식을 이해할 수 있는 매우 중요한 자료다. 특히, 4개의 비문을 시기적 순서에 따라 살펴보면 점차 글자 수가 많아지고 있다는 점도 주목되며, 이는 한자 사용이 빈번해지고, 익숙해진 결과를 반영하는 것으로 볼 수 있다.

다음에 제시하는 비문은 「포항중성리신라비」인데, 이 비의 건립 시기부터 그 내용 파악에 이르기까지 어려움을 겪고 있다. 그 가운데 하나가 바로 喙 자의 끊어 읽기에 해당하는 부분이다.

U. 辛巳▨▨中折盧▵▨…▨, 喙部習智阿干支, 沙喙斯德智阿干支敎. 沙喙尒抽智奈麻, 喙部卒智奈麻, 本牟子喙沙利, 夷斯利白. 爭人喙評公斯弥, 沙喙夷須, 牟旦伐喙斯利壹伐, 皮朱智, 本波喙柴干支, 弗乃壹伐, 金評▨干支, 祭智壹伐. 使人奈蘇毒只道使喙念牟智, 沙喙鄒須智, 世令于居伐壹斯利, 蘇豆古利村仇鄒列支干支, 沸竹休壹金知, 那音支村卜岳干支, 走斤壹金知, 珍伐壹昔云, 豆智沙干支宮, 日夫智宮奪尒, 今更還牟旦伐喙作民. 沙干支使人卑西牟利白口, 若後世更導人者与重罪. 典書与牟豆, 故記. 沙喙心刀哩▨.

위의 비문에는 크게 喙, 喙部와 沙喙가 보이며, 연구자에 따라서 牟旦伐喙와 本波喙[80]를 언급하기도 하며, 그 외에 喙評[81]과 金評[82] 등도 언급되고

---

80) 여기에 보이는 牟旦伐喙와 本波喙를 6부의 하나로 이해할 것인가 아니면 喙를 독립해서 읽을 것인가에 관해서는 다양한 의견이 제기되었다. 필자는 이를 독립해서 이해(김희만, 2009, 「포항 중성리신라비와 신라의 관등제」『동국사학』 47) 한 바 있다.
81) 이 喙評에 관해서는 『양서』 신라전에 보이는 喙評(六喙評)을 근거로 이 기록을 이해하고 있지만, 비문에 보이는 문맥상 '爭人喙評公斯弥'를 爭人, 喙, 評公, 斯弥로 읽는 것이 타당하다고 본다. 따라서 이를 근거로 喙評(六喙評)을 운위하는 것

있다. 이 비문의 건립 시기를 언제로 보느냐에 따라서 그에 따른 내용 파악이 달라질 수 있다고 본다. 그것은 441년과 501년이라는 시차도 그렇거니와, 당시의 시대 상황을 위해서라도 이 금석문의 내용은 중요한 사항이다. 그런데 신라의 금석문에는 喙라는 글자가 보이는 데 반해, 중국의 사서에는 이와는 다른 글자가 기록되어 있어서 일찍부터 주목을 받아 왔다.

   V-a. 其俗呼城曰健牟羅, 其邑在內曰啄評, 在外曰邑勒, 亦中國之言郡縣也. 國有六啄評, 五十二邑勒[83]
      b. 梁武帝普通二年(521), 王姓慕名秦, 始使人隨百濟獻方物. 其俗呼城曰健牟羅, 其邑在內曰喙評, 喙, 呼穢反. 在外曰邑勒, 亦中國之言郡縣也. 國有六喙評·五十二邑勒[84]

우선, V-a는 『梁書』, b는 『通典』의 내용이다. 이 기사에서는 '啄'·'喙'라고 해서 서로 다른 글자를 기재하고 있다. 그런데 지금까지 발견된 6세기를 전후한 신라의 금석문을 살펴보면, 거기에는 모두 喙라는 글자로 음각되어 있다. 이를 근거로 喙라는 글자의 현대 사전에 보이는 '부리 훼'라는 음을 취함으로써[85] 그 음과 훈이 어느덧 정착되고 있는 듯하다.[86] 그러나 6세기의 한자음을 단순히 현대 사전의 音價로 환산해서 이해하는 데는 문제가

    은 부적절하다고 본다.
82) 이 金評에 관해서도 『양서』 신라전에 보이는 啄評(六啄評)을 근거로, 이를 六啄評의 하나로 이해하려고 하지만, 金評에 대한 논의도 再考의 여지가 있다.
83) 『梁書』 卷54, 列傳 48, 諸夷 新羅 條.
84) 『通典』 卷 185, 邊防 東夷 上, 新羅國 條.
85) 필자가 확인한 바로는, 현대의 사전에서 喙 자를 '부리 훼'라는 음가로 표기한 것은, 최남선, 1915 ; 1928, 『新字典』, 朝鮮光文會 ; 新文館에서 발행된 내용이 가장 빠르며, 이후 이를 따른 것으로 보인다. 따라서 이 음가로 喙 자를 '부리 훼'로 이해하는 데는 한계가 없지 않다. 『說文解字』의 음가도 이와는 다르기 때문이다.
86) 전덕재, 1996, 앞의 책, 25쪽 ; 이기동 외, 2012, 『신라 최고의 금석문 포항 중성리비와 냉수리비』, 주류성.

없지 않다. 특히, 중고기 신라인이 部名을 표기할 때, 유독 喙 字만을 사용하였던 이유가, 喙 字가 바로 들(벌판)을 의미하는 부리의 뜻을 새긴 글자였기 때문[87]이라는 논지에 대해서도 의문이다. 과연 신라 중고기를 전후한 시기에 喙의 글자가 '부리'라는 의미로 사용하였을까 궁금해진다.

> W-a. 又崔致遠云 "辰韓本燕人避之者, 故取涿水之名稱所居之邑里云沙涿·漸涿 等." 羅人方言讀涿音爲道. 今或作沙梁, 梁亦讀道.[88]
> b. 辰韓之地古有六村 (中略) 二曰突山高墟村, 長曰蘇伐都利初降于兄山, 是 爲沙梁部 梁讀云道或作涿, 亦音道. 鄭氏祖. 今曰南山部, 仇良伐·麻等烏· 道北·迴德等南村属焉. 称今日者太祖所置也. 下例知. 三曰茂山大樹村, 長 曰俱 一作仇禮馬, 初降于伊山 一作皆比山是爲漸梁 一作涿部又牟梁部孫 氏之祖.[89]

여기서 또 하나 주목할 만한 내용이 위의 기사에서 찾아진다. 그것은 바로 신라인에 의해서 남겨진 내용을 다시 수습해서 찬술한 『삼국유사』의 기록이기 때문이다. 신라의 금석문에서는 喙 자가 사용되었으며, 중국의 사서에서는 啄과 喙로 다르게 수록해 놓았다. 『삼국유사』에서는 이를 涿 자로 표기하면서 그 근거로 '涿水之名'이라는 구체적인 내용을 서술하고 있다.

사실 지금까지는 6부 가운데 喙 자를 공통으로 사용하는 부는 喙部와 沙喙部, 岑(牟)喙部로 이해해 왔다. 그 가운데 喙 자는 梁이나 涿으로 표기 하였으므로, 그 의미나 성격에 대해서도 다양하게 파악하였다. 문제는 여기에 보이는 喙 자를 어떻게 읽느냐 하는 것이다. 사실 이 비문에서 확인되

---

87) 전덕재, 위의 책, 25쪽.
88) 『삼국유사』 권1, 기이, 진한 조.
89) 『삼국유사』 권1, 기이, 신라시조혁거세왕 조.

는 글자에 대해서는 일찍이 일본학자에 의해서 연구가 진행된 바가 있다. 그것은 啄評(六啄評)과 喙評(六喙評)에 대한 논의에서 시작되었으며, 특히, 評 자에 대한 일본 내에서의 논쟁이 다양하게 논의된 바 있다.

필자는 이 喙 자에 관심을 표명한[90] 이후, 여러 의견을 검토한 결과, 喙 자는 바로 啄 자의 異體字라는 사실[91]을 확인할 수 있었다. 이러한 전제가 수용될 수 있다면, 지금까지 喙와 啄 자에 대한 논의는 다시 정리할 필요가 있다. 사실 『양서』 신라전에 보이는 "其俗呼城曰健牟羅, 其邑在內曰啄評, 在外曰邑勒, 亦中國之言郡縣也"라는 기사에서 啄評이 사용되고 있고, 『통전』에서는 이를 喙評으로 기재하고 있어서, 그동안 이에 대한 의문이 촉발한 것도 사실이다.[92]

한편, 신라인이 6세기의 여러 비문에서 啄 자가 아닌 異體字인 喙 자를 줄곧 사용한 이유에 대해서도 살펴볼 필요성이 제기되는데, 이에 대한 구

---

90) 김희만, 2014, 「포항중성리신라비에 보이는 '喙部'와 6부의 성격」 『한국고대사탐구』 16.
91) 이에 대해서는, 邢澍·楊紹廉 原著, 北川博邦 閱·佐野光一 編, 1980, 『金石異體字典』, 雄山閣出版, 62쪽에서 "東魏中岳嵩陽寺碑" 飮喙相鳴案啄作喙"라고 하여, 啄과 喙 자가 이체자라는 사실을 알려주고 있다. 그런데 일본학계에서는 이미 이 부분에 대해서 일찍이 언급(宮崎道三郞, 1906, 「啄評の原義」 『史學雜誌』 第17編 第1號 ; 末松保和, 1955, 『新羅史の諸問題』, 東洋文庫, 525쪽) 하고 있다. 그 내용을 기재하면, 狩谷棭齋, 『日本靈異記考證』 上, 不喙 條에, "卽啄字 『新撰字鏡』 云 喙丁角反 食也 歠也 口也 久不 又 波牟 又 須不 「後魏中岳嵩陽寺碑」 云 異禽巡獸 飮喙相鳴 並啄字作喙 又 『素問』 「玉機眞藏論」 云 如鳥之喙 『新校正』 云 別本喙作啄 『難經』 如雀之啄 『素問新校正引』 作喙 『聖惠方』 同 盖古通用"라고 하였다. 이로써 볼 때 啄과 喙 자는 이체자이며, 그 음은 본 글자인 啄, 즉 탁의 音價가 타당하다고 하겠다.
92) 이러한 논쟁 가운데, 윤선태, 2012, 「〈포항 중성리 신라비〉가 보여주는 소리」 『신라 최고의 금석문포항 중성리비와 냉수리비』, 주류성, 153~184쪽의 내용과 전덕재의 토론문(185~191쪽)이 참고된다. 또한, 「포항중성리신라비」에는 爭訟의 評議를 담당한 爭人 집단에 '評公 斯弥'라는 인물이 등장하고 있으므로, 신라 사회에서 사용하였던 '評' 자에 대한 이해도 달리 생각해 보아야 할 것이다. 그것은 고구려에서 사용하였던 '評'의 내용과는 차이가 있기 때문이다.

체적인 근거나 그 내용은 잘 알 수가 없다. 필자는 당시 신라인이 왕실에서 자신들의 신성성을 높이기 위해서 특별한 異體字 '喙' 자로 啄 자를 대체하여 사용한 것은 아닐까 생각한다.

그렇게 볼 수 있는 이유로는 첫째, 이 '喙' 자는 여러 비문에서 확인한 바와 같이, 6부 중에서도 왕실과 관련된 喙(部)·沙喙(部), 그리고 岑(牟)喙(部)의 명칭에서만 사용하고 있다는 점이다.[93] 앞에서 제시한 바와 같이, "辰韓本燕人避之者, 故取涿水之名稱所居之邑里云沙涿·漸涿等"라고 하는 점을 통해서 보아도, 이들의 同類 의식이 반영된 것으로 확인할 수가 있으며, 그러한 의식의 산물로서 '喙' 자를 사용한 것으로 본다. 둘째, 異體字를 적극적으로 사용하는 사례 가운데 "특별한 人名이나 地名에 특수한 관심을 가지고 중국에서는 별로 쓰이지 않는 字形을 일부러 採用한 것"[94]이라는 견해도 주목할 수 있다.

이제 啄과 喙라는 글자를 놓고서 더 이상의 논쟁은 불필요하다. 본래의 글자가 啄과 涿이라는 근거는 『양서』 신라전과 『삼국유사』 '崔致遠云'에서 입증되었기 때문이다. 이 啄과 涿 자를 신라인은 비문에 '喙' 자로 음각하였기 때문에, 혼란의 여지가 있었다. 신라인이 특별히 '喙' 자를 고집한 이유는 이 비문을 작성할 당시 곧, 6세기 전후의 신라 王權 또는 王族에 해당하는 세력들이 자신들의 권위를 내세우기 위해서, 중국에서도 희귀하였던 '喙' 자를 비문에 새김으로써, 한편으로는 동류의식, 한편으로는 신성성을 강조하기에 이르렀다고 보인다.

이러한 노력으로 신라 사회는 6세기를 기점으로 新羅라는 국호와 新羅國王이라는 왕호를 확정하였으며, 이후 또 다른 대외 통교를 확대해 가면서 율령의 반포, 불교의 공인, 국사의 편찬 등 국가체제 정비에 주력할 수

---

93) 이와 연관해서 "始祖나 그 父母名과 관련하여 異體字를 사용한 점을 중시"(井上秀雄, 1994, 「한국고대초기의 금석문자」『한일고대문화의 연계』, 서울프레스, 137쪽)한 연구는 참고된다.

94) 井上秀雄, 1994, 위의 논문, 133쪽.

있는 기반을 마련하였으며, 더불어 삼국통일이라는 한국 고대사의 한 전환기를 만들어나갈 수 있었다. 이런 일련의 과정에서 중요하게 작용하였던 것이, 바로 한자의 전래와 수용이었으며, 이는 불가분의 관계였음을 확인할 수 있었다.

4. 맺음말

이상에서 신라의 한자 전래·수용과정과 신라인의 표기 양상에 대하여 살펴보았다. 신라는 지정학상으로 한반도 서남방에 치우쳐 있었으므로, 한자의 전래 자체가 중국과 고구려·백제를 경유하지 않고서는 진행되기가 어려웠다. 이러한 관계로 신라의 한자 문화는 대외 통교를 통해서 매우 중요한 소통 수단이 되었으며, 신라 사회의 발전에 주요한 계기로 작용하였다. 앞에서 언급한 내용을 요약·정리하는 것으로 맺음말에 대신하고자 한다.

먼저, 신라의 대외 通交를 중심으로 신라의 한자 전래과정을 살펴보고자 하였다. 첫째 신라 초기에 중국으로부터 유입된 이주민의 상황에 주목하였으며, 둘째 고구려와의 통교 관계 기사를 중심으로 대고구려 외교를 통한 전래과정을 살펴보았다. 셋째 백제를 통한 대중국 외교의 정황과 아울러 중국의 남북조 국가와 통교한 사실도 주목해서 검토하였다.

그 결과 신라의 한자 전래는 대외 통교의 확대 과정을 통해서 이루어졌으며, 신라 사회는 점진적으로 변화·발전하였다. 이후 시간적·공간적 통교는 그 사회에 한자 문화가 점차 확산하도록 하였으며, 이를 신라식으로 수용하면서 국가발전에도 이바지하였다. 특히, 신라 지배층의 한자 문화는 국가 질서 확립과 지배권력의 강화에 필수적인 요소로 작용하였다.

다음으로, 신라 사회에서 한자를 사용한 실례를 보여주는 자료가 많지는 않지만, 몇 가지 사용례를 통해서 그 일단을 점검해 보고자 하였다. 먼저, 「광개토왕비」에 보이는 '新羅'와 '寐錦'을 주목하였으며, 그로부터 약

100여 년이 지난 뒤「울진봉평리신라비」에서 '新羅六部'와 '寐錦王'이라는 표기와의 연관성을 확인하였다. 이를 통해서 고구려에 의한 신라의 한자 전래와 수용에 대한 사용례를 검토하였고, 또한 『삼국사기』 지리지 '高句麗故地'에 보이는 몇 개의 기사를 통해 신라 사회에 수용된 고구려의 요소를 살펴보았다.

다음으로, 『삼국사기』 자비왕 대의 기록에 '定京都坊里名'에 대한 기사가 보이는데, 필자는 『삼국유사』 紀異篇에 보이는 '35金入宅'에 주목해 보았으며, 이를 통해 그 기사가 辰韓 條에 수록된 사정과 그것이 35리와 연관되었다는 점을 언급하였다. 또한 '35금입택'에 사용된 한자들이 신라 초기의 모습이며, 모두 단순화 또는 초기적 성격을 지니고 있다고 파악하였다.

다음으로, 신라 6부 가운데 3부의 명칭에서 '喙' 자가 사용되고 있는 것에 주목하여, 신라 6세기 금석문에서 喙 자가 주로 사용된 연유, 啄과 涿 자가 다르게 표기되는 점을 고찰한 결과, 喙 자는 啄 자의 異體字였으며, 그 音價는 탁(啄·涿)이라는 사실을 검토할 수 있었다

결론적으로, 신라에 한자가 전래·수용되는 과정은 신라 사회의 발전과 그 맥락을 같이 하였음을 확인할 수 있었다. 특히 고구려의 영향에서 거의 백여 년이 흐른 뒤, 신라인에 의한 금석문이 다수 작성되었으며, 이를 통해 신라의 한자 수용이 중국의 한자 문화와 견줄 수 있는 수준으로 발전하고 있었음을 개략적으로 살펴보았다.

가뭄과 홍수 그리고 국가의 대응 전략

1. 머리말

　인간의 삶에 있어서 가뭄과 홍수는 예로부터 경계의 대상이었다. 가뭄이나 홍수와 같은 자연재해는 매우 다양한 양상으로 발생하며, 인간의 생활과 밀접한 관계를 갖는다. 따라서 한 사회의 재해 극복 과정, 즉 대응 전략은 그 국가의 성장과 발전과정을 이해하는 하나의 척도가 될 수 있다. 신라의 재해 상황에 대해서는 『삼국사기』 재해 관계 기사를 통해서 그러한 면모를 찾을 수 있다. 여기서는 자연재해 중, '水旱之災'에 한정하여 살펴볼 것인데, 그 개념과 발생 양상 및 대응 전략을 중심으로 검토해 보고자 한다. '수한지재'를 극복하는 과정을 분석하여 신라 사회의 발전과정을 추적해 볼 수 있을 것으로 기대한다.

　『삼국사기』 기록을 통해 보면, 신라인들은 '水旱之災'와 '邊鄙之警'을 동일선상에서 이해하고 있다. '水旱之災'의 중요성을 변방에서 적이 침입하는 경계 상황과 매한가지로 강조하고 있다.[1] 또한 왕의 즉위 때에도 "왕은 바람과 구름을 점쳐서 수재나 한재 및 그해의 풍흉을 미리 알 수 있었다"[2]라

---

1) 『삼국사기』 권1, 파사이사금 3년 춘정월 조, "三年 春正月 下令曰 "今倉廩空匱, 戎器頑鈍, 儻有水旱之災·邊鄙之警, 其何以禦之. 宜令有司, 勸農桑·練兵革, 以備不虞""
2) 『삼국사기』 권2, 벌휴이사금 원년 3월 조, "伐休尼師今立. 姓昔, 脫解王子仇鄒角干之子也. 母姓金氏, 只珍內禮夫人. 阿達羅薨, 無子, 國人立之. 王占風雲, 預知水旱及年之豐儉, 又知人邪正, 人謂之聖"

고 하여 수재와 한재를 예측하는 것이 왕의 중요한 임무였음을 보여준다. 그리고 祭祀를 구분하는 원인 가운데 "혹은 수재나 한재가 원인이 되어 행한 것들이다"[3]라고 하여 수재와 한재를 극복하기 위한 제사도 치러졌음을 알 수 있다.[4] "옛 夫餘의 풍속에 水旱이 고르지 못하고 오곡이 익지 않으면, 곧 허물을 왕에게 돌려 혹은 바꾸기도 하고 죽이기도 하였다"[5]라는 기사는 고대사회에서 '水旱之災'가 얼마나 치명적인 위기로 인식되었는지 보여준다.

물은 자연 생태계, 특히 인간에게 꼭 필요한 물질이다. 한편으로 인간의 생존에서 '水旱之災'는 주요한 자연재해의 하나로 취급되고 있다. 농사에 전적으로 의존하던 고대사회에서는 너무 많은 강우량도, 너무 적은 강우량도 모두 재해다. 실제 신라 사회에서는 천여 년의 세월 동안 수많은 자연재해가 발생하였고 이를 극복하기 위해서 대책과 시설을 마련하였다. 신라의 자연재해에 관해서는 꾸준히 연구되어왔다.[6]

---

3) 『삼국사기』 권32, 잡지1, 제사 조. "上件或因別制, 或因水旱, 而行之者也"
4) 『삼국유사』 권1, 기이, 第二南解王 조에는, "妃雲帝夫人 一作雲梯今迎日縣西有雲梯山聖母祈旱有應"라고 하여, 운제부인이 '영일현 서쪽에는 운제산 성모가 있어서 가물 때에 기도를 드리면 영험이 있다'라고 함으로써, '祈旱有應'을 강조하고 있다.
5) 『삼국지』 魏書 30, 東夷傳, "舊夫餘俗, 水旱不調, 五穀不熟, 輒歸咎於王, 或言當易, 或言當殺"
6) 이호영, 1971, 「한국 고대사회의 재해와 구빈책」 『사학지』 5 : 井上秀雄, 1978, 「王者の死と天災」 『古代朝鮮史序說』, 寧樂社 : 이희덕, 1980, 「삼국사기에 나타난 천재지변기사의 성격」 『동방학지』 23·24 : 신형식, 1981, 「천재지변기사의 개별적 검토」 『삼국사기 연구』, 일조각 : 이희덕, 1999, 「고대의 천재지변과 왕도정치」 『한국고대 자연관과 왕도정치』, 혜안 : 윤순옥·황상일, 2009, 「삼국사기를 통해 본 한국 고대의 자연재해와 가뭄주기」 『대한지리학회지』 44-4 : 강철성, 2011, 「고대 한국의 자연재해 분석」 『한국지형학회지』 18-4 : 강철성, 2012, 「통일 신라 왕조의 자연재해 인식」 『한국지형학회지』 19-4 : 이기봉, 2021, 「삼국유사』 재이 관련 기사의 기초적 검토」 『사림』 77 등이 있다. 이외에도 중국의 자연재해와 관련하여, 鄭肇經 著, 1966, 『中國水利史』, 臺灣商務印書館 : 顧頡剛 著, 小倉芳彦 外 共譯, 1978, 『中國古代の學術と政治』, 大修館書店 : 김석우, 2006, 『자연재해와 유교국가 - 漢代의 災害와 荒政 硏究』, 일조각 등이 참고된다.

특히 가뭄과 홍수에 관한 연구는 『삼국사기』의 本紀 내용에 나타난 전체 재해 기사를 통계적, 개별적 분석 및 검토한 연구와[7], 재해의 발생과 救貧策을 중심으로 분석한 연구[8]가 있다. 또한 삼국과 통일 신라 시대의 가뭄 발생 현황과 정부의 대책을 분석하거나[9], 자연재해와 민간의 대응을[10] 다룬 연구도 있다. 그리고 통일 신라 시대 재이와 정치·사회 변동을 다룬 연구도 제출되어 있다.[11] 이러한 연구 성과를 바탕으로 하면서 신라의 자연재해 가운데 '水災'와 '旱災'가 빈번하게 발생하였다는 점에 착안하여 '水災'와 '旱災'에 주목하게 되었다.

이 글에서는 『삼국사기』에 보이는 자연재해 가운데 가뭄과 홍수를 지칭하는 水災와 旱災의 기사를 통하여 그 용례를 추출하여 볼 것이다. 그 사례 분석을 활용하여 '水旱之災'의 발생 양상과 시기, 현황과 내용 그리고 구제 대책 등을 통해 신라인의 재해관과 대민정책을 검토해 보려고 한다.

다음으로, '水旱之災'에 대한 국가의 대응 전략을 대민정책의 시행과 재해 예방 전략을 통해서 모색해 보려고 한다. 대민정책의 시행에서는 '水旱之災'가 발생했을 당시 이에 관한 구제 대책을 검토하고, 아울러 다른 자연재해 기사와도 비교 분석해보고자 한다. 재해 예방 전략에서는 수리 시설의 확충과 권농 정책의 실제를 통해서 신라 사회가 어떻게 변화되었는지를 규명해 보고자 한다. 또한 재해 관리기구의 정비를 통한 예방 대책의 일면도 살펴보고자 한다.

---

7) 신형식, 1981, 『삼국사기 연구』, 일조각.
8) 이호영, 1971, 앞의 논문.
9) 전덕재, 2013, 「삼국과 통일신라 가뭄 발생 현황과 정부의 대책」 『한국사연구』 160 ; 井上秀雄, 1978, 「三國王朝の凶作對策」 『古代朝鮮史序說 - 王者と宗敎 - 』, 寧樂社.
10) 김영관, 2020, 「삼국 및 통일신라시대 자연재해와 민간의 대응」 『백산학보』 118.
11) 이기봉, 2016, 「통일신라시대 재이와 정치·사회 변동」, 충남대학교 국사학과 박사학위논문.

2. '水旱之災'의 발생 양상

신라의 자연재해 가운데 '水旱之災'는 다른 재해에 비해 발생 빈도가 압도적으로 높은 편이다. 사실 어떠한 사회조직도 기후의 불안정성과 그것으로 인한 흉작에 영향을 받지 않을 수 없다. 각각의 사회조직은 나름의 예비책을 가지고 피할 수 없는 긴급 상황에 대처하였으며, 만약 실패로 돌아갔을 경우 생산 잠재력의 회복책을 강구하였다.[12]

그런데 고대사회의 재해 문제를 다루면서 사서에 기록된 재해 발생의 수치만으로 해당 시기의 재해 상황을 평가하는 것은 상당히 위험한 일이라 할 수 있다. 史書에 남아 있는 대다수 재해 기사들은 발생 지역이 어디이며, 재해의 피해가 어느 정도 지속되었는지에 대하여 자세히 설명해 주지 않기 때문에, 재해의 발생 사실을 단순히 수치화하여 이해할 경우, 현상을 지나치게 단순하게 바라볼 가능성이 있다. 특히, 유관 사료가 많이 남아 있지 않은 고대 시기로 올라갈수록 그럴 위험성이 높다[13]라는 지적은 경청할 만하다. 이러한 사항을 염두에 두면서 '水旱之災'의 발생 양상을 규명해 보려고 한다.

먼저, 요즘 우리가 사용하는 가뭄과 홍수라는 현상을 고대사회에서는 어떠한 용어로 기록하였을까 궁금하다. 이를 알려주는 기록이 『삼국사기』에 그런대로 자세한 편이다. 필자가 『삼국사기』 기록을 검토한 결과, 첫째 홍수에 해당하는 '水災'라는 현상에 대해서는 크게 大水, 大雨, 久雨 등의 사례가 있으며, 둘째 가뭄에 해당하는 '旱災'라는 현상에 대해서는 크게 大旱, 旱, 不雨 등의 사례가 있음을 찾아낼 수가 있었다. 물론 일부 관계 기사는, 紀年의 신빙성 문제가 제기되기도 하겠지만, 이 또한 신라 사회의 변화

---

12) P.E. 빌 지음, 정철웅 옮김, 1995, 『18세기 중국의 관료제도와 자연재해』, 민음사, 18~19쪽.
13) 김석우, 2004, 「한대 황정사의 연구 현황과 과제」 『중국사연구』 30, 315쪽.

과정을 읽는데 하나의 지표가 될 수 있다. 이러한 기준에 근거하여 그에 따른 신라의 '水旱之災'의 발생 양상을 고찰해보고자 한다.

1) 수재의 발생 양상

水災에 대해서 살펴보면 모두 28개의 기사가 확인되는데, 大水[14]가 21개, 大雨가 6개, 久雨가 1개 보인다. 『삼국사기』에서는 수재를 大水, 大雨, 久雨라는 개념으로 분류하여 기록하였음을 알 수 있는데, 이를 알기 쉽게 정리하면 다음과 같다.

〈표 1〉 신라의 수재 발생 현황

구분	발생 시기	수재 현황과 내용	구제 대책	비고
1	유리이사금 11년 夏6월	京都地裂 泉湧 夏六月大水		34년
2	파사이사금 29년 夏5월	大水 民飢	發使十道 開食賑給	108년
3	지마이사금 3년 夏4월	春三月 雨雹 麥苗傷 夏四月 大水	慮囚 除死罪餘悉原之	114년
4	지마이사금 20년 夏5월	大雨 漂沒民戶		131년
5	벌휴이사금 9년 夏5월	三月 京都雪 深三尺 夏五月 大水 山崩十餘所		192년
6	나해이사금 3년 5월	國西大水	免遭水州縣一年租調 秋七月 遣使撫問	198년
7	나해이사금 17년 夏5월	大雨 漂毀民屋		212년
8	첨해이사금 14년 夏	大雨 山崩四十餘所		260년
9	유례이사금 7년 夏5월	大水 月城頹毀		290년

---

14) 大水의 의미에 대해서 이를 그냥 대수라고만 기록하고 피해 상황을 기재하지 않은 사료가 여럿 보이는데, 이것이 단순히 기상 '현상'을 기록한 것인지 아니면 자연 '재해'를 기록한 것인지 확신하기 어렵다(김석우, 2006, 앞의 책, 77쪽)고 한다. 그러나 『삼국사기』의 경우 大水에 대해서 발생 양상이 다양하게 기록되어 있다.
15) 극단적인 식량의 결핍으로 말미암아 음식물로서 부적절한 것을 먹는 경우는 매

구분	발생 시기	수재 현황과 내용	구제 대책	비고
10	흘해이사금 41년 夏4월	大雨浹旬 平地水三四尺 漂沒官私屋舍 山崩十三所		350년
11	나물이사금 11년 夏4월	大水 山崩十三所		366년
12	자비마립간 8년 夏4월	大水 山崩一十七所		465년
13	자비마립간 12년 夏4월	國西大水 漂毀民戶	秋七月王巡撫經水州郡	469년
14	소지마립간 4년 夏4월	久雨	命內外有司慮囚	483년
15	소지마립간 5년 夏4월	大水		483년
16	(소지마립간 5년) 秋7월	大水	冬十月 幸一善界 存問遭災百姓 賜穀有差	483년
17	소지마립간 16년 夏4월	大水		494년
18	소지마립간 18년 夏5월	大雨 關川水漲 漂沒二百餘家		496년
19	진평왕 11년 秋7월	國西大水 漂沒人戶 三萬三百六十 死者二百餘人	王發使賑恤之	589년
20	태종무열왕 4년 秋7월	一善郡 大水 溺死者三百餘人 東吐含山地燃 三年而滅 興輪寺門自壞△△ △北巖崩碎爲米 食之如陳倉米[15]	五年 春正月 中侍文忠改爲伊湌 文王爲中侍	657년
21	효소왕 7년 秋7월	京都大水		698년
22	성덕왕 2년	靈廟寺災 京都大水 溺死者衆	中侍元訓退 阿湌元文爲中侍	703년
23	성덕왕 19년 夏4월	大雨 山崩十三所		720년
24	원성왕 13년 秋9월	國東蝗害穀 大水山崩	侍中智原免 阿湌金三朝爲侍中	797년
25	헌덕왕 6년 夏5월	國西大水	發使撫問經水州郡人民 復一年租調	814년
26	문성왕 15년 夏6월	大水 秋八月 西南州郡蝗		853년
27	경문왕 7년 秋8월	大水 穀不登	冬十月 發使分道撫問	867년
28	경문왕 10년 秋7월	大水 冬無雪 國人多疫		870년

〈표 1〉을 통해서 수재의 발생 시기를 살펴보면, 신라의 왕대별 상황 파악이 가능하며 이어서 연중의 해당 시기를 확인해 볼 수 있다. 먼저, 신라의 왕대별 상황을 검토해 보면, 28개의 기사에서 신라 상대와 중대로 구분해 볼 때 그 숫자가 19개와 9개로 나누어진다. 상대를 다시 나물왕(356~402)을 기준으로 나눈다면 10개와 9개가 된다. 이를 정리해 보면 신라 상대는 나물왕을 전후로 하여 10개와 9개로 나뉘고, 다시 중대 이후의 기사는 9개로 구분할 수 있다. 이로써 신라의 수재 발생 기사는 상대에서 많이 발생했으며, 중대 이후는 그 비중이 줄어들고 있음을 검토할 수 있었다.[16] 특히, 소지왕 대에는 왕 4년과 5년의 3차례를 포함하여 모두 5차례에 걸쳐서 久雨, 大水, 大雨 등의 수재가 발행하였으며, 이를 구제하기 위해서 '命內外有司慮囚'하거나 '幸一善界 存問遭災百姓 賜穀有差'하기도 하였다.

다음으로, 연중의 해당 시기를 검토해 보면, 夏 4월이 9개, 夏 5월이 7개, 秋 7월이 5개, 夏 6월이 2개, 그리고 5월, 夏, 秋 8월, 秋 9월이 각 하나씩이며, 구체적으로 표시하지 않은 경우도 하나가 보인다. 이로써 夏 4, 5, 6월이 다수를 차지하며, 秋 7월도 발생 횟수가 적지 않다. 그리고 5월과 夏의 발생 시기를 위의 夏 4, 5, 6월에 포함할 수 있다면 夏에 해당하는 시기가 절대 수치를 차지하고 있음을 파악할 수 있게 된다.

그렇다면 당시 수재 현황과 내용은 어떠한 것이 있었을까 궁금하다. 이러한 내용을 분석해보면, 漂沒民戶, 漂毀民屋, 漂沒官私屋舍, 漂毀民戶, 漂沒二百餘家, 漂沒人戶 三萬三百六十 死者二百餘人, 溺死者三百餘人, 溺死者衆 등 漂沒民戶와 유사한 내용이 8개, 山崩十餘所와 비슷한 내용이 7개, 그리고 民飢, 月城頹毀, 西南州郡蝗, 穀不登, 冬無雪 國人多疫이 각 1개씩

우 흔하다고 한다. (P.E. 빌 지음, 정철웅 옮김, 1995, 앞의 책, 51쪽)
16) 신라 上代 기년의 신빙성 문제와 아울러 그 수치를 단순 비교하는 것에도 문제가 없지 않다. 그러나 上代의 기사가 史書에 기록된 것보다 더 많은 재해 발생 가능성이라는 기록의 不在를 고려하지 않은 채, 단순히 논의하는 데는 문제가 있다고 보기에, 이를 그대로 수용하여 서술하고자 한다.

이다. 피해 정도를 보여주는 위의 기록들을 보면 우선, 인명사고로 사망자가 200명 혹은 300명에 달하기도 하고, 가옥의 파괴, 관공서의 표류 등으로 인해 삶의 터전이 파괴되었을 뿐만 아니라, 곳곳에서 山崩이 발생하였음을 알 수 있다. 그리고 위의 民飢, 西南州郡蝗, 穀不登, 冬無雪 國人多疫 등을 민간의 피해와 결부시킬 수 있다면, 당시 민가의 피해가 절대적이었음을 확인할 수 있다. 이들 水災에서 주목되는 것은 大水와 大雨의 내용 중 '山崩 몇 개 所'가 7개나 확인되어[17] 당시 '山崩'이 많았음을 알려주며, 이는 민간의 피해 상황 기사와 비슷한 수치로 나타나고 있다는 점이 주목된다.

그 피해에 대한 구제 대책으로 특히, 大水의 경우 賑給·慮囚·免租調·巡撫·巡幸·賑恤·侍中 交替 등 다양한 정책이 시행되고 있다. 이에 반해 大雨의 경우는 특별한 조치 내용이 없을 뿐만 아니라 '漂沒民戶'·'漂毁民屋'·'山崩 몇 개 所' 등의 사례가 보일 뿐이다. 그리고 久雨의 경우는 하나의 사례에 그치며, '命內外有司慮囚'의 조치가 행해지고 있다. 이를 신라의 왕대별 상황으로 분류해 보면, 상대에는 賑給·慮囚·免稅·巡撫·巡幸·賑恤 등이, 중대 이후에는 侍中 交替가 3개, 免租調와 撫問이 각기 하나의 사례로 시행되고 있다. 이는 구제 대책에서도 상대가 중대 이후보다는 다양하게 시행되었다는 점을 확인할 수 있다.

신라의 수재 발생 양상을 이해하기 위해서는 삼국 시대에 해당하는 고구려나 백제의 경우와도 비교하여 그 실태를 파악할 필요가 있다. 이를 알기 쉽게 정리하면 다음과 같다.

---

17) 大水와 山崩을 어떻게 볼 것인지에 대해서 山崩을 地裂, 地動, 地陷 등과 연결해서 이해하려는 견해(김석우, 2006, 앞의 책, 104~105쪽)가 있다. 그런데 이를 지진과 연결해서 이해하기보다는 '大水山崩' 그 자체로 보는 것이 타당하다고 본다. 다시 말해, 비가 온 후 그 영향에 의한 산사태 정도로 해석하는 것이 가능하다. 이러한 사례로, '(흘해왕 41년) 大雨浹旬 平地水三四尺 漂沒官私屋舍 山崩十三所'의 기사가 그것이다. 이는 지진보다는 大水의 영향으로 보는 것이 합리적이기 때문이다.

〈표 2〉 고구려의 수재 발생 현황

구분	발생 시기	수재 현황과 내용	구제 대책	비고
1	민중왕 2년 夏5월	國東大水 民饑	發倉賑給	45년
2	모본왕 원년 秋8월	大水 山崩二十餘所	(2년) 秋八月 發使賑恤 國內饑民	48년
3	태조대왕 7년 秋7월	京都大水 漂沒民屋		59년
4	안원왕 5년 夏5월	國南大水 漂沒民屋 死者二百餘人	(6년) 春夏大旱 發使撫恤饑民	535년
5	평원왕 3년 6월	大水		561년

〈표 3〉 백제의 수재 발생 현황

구분	발생 시기	수재 현황과 내용	구제 대책	비고
1	기루왕 40년 6월	大雨浹旬 漢江水漲 漂毀民屋	命有司 補水損之田	116년
2	구수왕 8년 夏5월	國東大水 山崩四十餘所	(9년) 春二月 命有司 修隄防, 三月 下令勸農事	221년
3	동성왕 19년 夏6월	大雨 漂毀民屋		497년
4	무령왕 21년 夏5월	大水 秋八月 蝗害穀 民饑 亡入新羅者九百戶		521년
5	무왕 13년 5월	大水 漂沒人家		612년
6	의자왕 20년 6월	王興寺衆僧皆見 若有舡楫隨大水入寺門…"百濟亡, 百濟亡"		660년

〈표 1〉을 통해서 확인한 바와 같이, 신라 상대에 발생한 수재 기사는 19개인데, 〈표 2〉에 보이는 고구려는 5개, 백제는 6개의 기사가 있다. 이는 그 숫자를 단순 비교해 보더라도[18] 신라의 경우가 더욱 많았음을 알 수 있다. 고구려의 경우 5개 모두가 大水로 표현되어 있으며, 漂沒民屋이 2개,

---

18) 『삼국사기』에 기재된 고구려·백제의 재해 기록의 不在를 고려하지 않은 채, 단순히 숫자를 비교하는 데는 문제가 있다. 그러나 여기서는 다른 대안이 없으므로 편의상 기사 그대로 분석을 시도하였다.

山崩二十餘所가 1개이다. 이들에 대한 구제 대책으로 發倉賑給과 發使賑恤, 그리고 發使撫恤饑民이 시행되었다. 백제의 경우 大水가 4개, 大雨가 2개로 표현되어 있으며, 특이한 점은 '亡入新羅者六百餘家'와 '亡入新羅者九百戶'의 기사가 보인다는 것이다. 또한 비유적 표현이겠지만, 의자왕 20년(660)의 '百濟亡, 百濟亡'이라는 표현은 당시 백제의 수재 발생 양상과 연관하여 주목해도 좋은 기사라고 하겠다.

요컨대, 신라의 수재 발생 기사는 모두 28개였으며, 이는 大水가 21개, 大雨가 6개, 久雨가 1개이다. 『삼국사기』에서는 수재를 大水, 大雨, 久雨라는 개념으로 분류하여 기록하였으며, 大水와 大雨의 내용 중 '山崩 몇 개 所'가 7개나 확인되어 '山崩'이 많았음을 알려주며, 이는 민간의 피해 상황과 비슷한 수치로 나타나고 있다. 수재의 구제 대책으로 大水의 경우 다양한 정책이 시행되었으나, 大雨의 경우 특별한 조치 내용이 없었다. 또한 수재 발생 양상은 시기적으로 상대가 중대 이후보다 다양하게 나타난 점으로 보아 신라의 적절한 대책을 확인할 수 있었다.

2) 한재의 발생 양상

앞에서 살펴본 수재의 발생 기사는 모두 28개였으며, 이를 나누면 大水가 21개, 大雨가 6개, 久雨가 1개로 나타났다. 다음으로 旱災에 대해서 살펴보면 모두 67개의 기사가 확인되는데, 大旱이 10개, 旱이 47개, 不雨가 10개 보인다. 『삼국사기』에서는 大旱, 旱, 不雨라는 개념으로 분류되고 있었음을 알 수 있다. 이를 알기 쉽게 정리하면 다음과 같다.

〈표 4〉를 통해서 발생 시기를 살펴보면, 신라의 왕대별 상황 파악이 가능하며 이어서 연중의 해당 시기를 확인해 볼 수 있다. 먼저, 신라의 왕대별 상황을 검토해 보면, 57개의 기사에서 신라 상대와 중대를 구분해 볼 때, 상대에 33개와 중대에 24개로 나누어진다.

〈표 4〉 신라의 한재 발생 현황

구분	발생 시기	한재 현황과 내용	구제 대책	비고
1	남해차차웅 8년 春夏	旱		11년
2	남해차차웅 15년	京城旱 秋七月 蝗 民饑	發倉廩救之	18년
3	탈해이사금 19년	大旱 民饑	發倉賑給	75년
4	파사이사금 19년 夏4월	京都旱		98년
5	지마이사금 23년 春夏	旱		134년
6	일성이사금 12년 春夏	旱 南地最甚 民飢	移其粟賑給之	145년
7	아달라이사금 21년 2월	旱 井泉竭		174년
8	벌휴이사금 13년 3월	旱		196년
9	나해이사금 6년 3월	丁卯朔 日有食之 大旱	錄內外繫囚 原輕罪	201년
10	나해이사금 15년 春夏	旱	發使錄郡邑獄囚 除二死餘悉原之	210년
11	첨해이사금 13년 秋7월	旱·蝗 年荒 多盜		259년
12	미추이사금 19년 夏4월	旱	錄囚	280년
13	유례이사금 3년 3월	旱		286년
14	유례이사금 9년 秋7월	旱·蝗		292년
15	기림이사금 5년 春夏	旱		302년
16	흘해이사금 4년 秋7월	旱·蝗 民飢	發使救恤之 五年 春正月 拜阿湌急利爲伊 湌 二月 重修宮闕 不雨 乃止	313년
17	흘해이사금 8년 春夏	旱	王親錄囚 多原之	317년
18	흘해이사금 9년 春2월		下令 "向以旱災 年不順成 今 則土膏脉起 農事方始 凡所勞 民之事 皆停之"	318년
19	나물이사금 17년 春夏	大旱 年荒 民飢 多流亡	發使開倉廩賑之	372년
20	나물이사금 26년 春夏	旱 年荒 民飢		381년
21	나물이사금 42년 秋7월	北邊何瑟羅旱·蝗 年荒 民飢	曲赦囚徒 復一年租調	397년
22	나물이사금 46년 春夏	旱		401년

구분	발생 시기	한재 현황과 내용	구제 대책	비고
23	눌지마립간 4년 春夏	大旱 秋七月 隕霜殺穀 民飢 有賣子孫者	慮囚原罪	420년
24	눌지마립간 37년 春夏	旱		453년
25	소지마립간 2년 夏5월	京都旱 冬十月民飢	出倉穀賑給之	480년
26	소지마립간 14년 春夏	旱	王責己減常膳	492년
27	소지마립간 19년 秋7월	旱·蝗	命群官 擧才堪牧民者各一人	497년
28	지증마립간 7년 春夏	旱 民饑	發倉賑救	506년
29	진흥왕 36년 春夏	旱 皇龍寺丈六像 出淚至踵		575년
30	진평왕 7년 春3월	旱	王避正殿 減常饍 御南堂親錄囚	585년
31	진평왕 35년 春	旱		613년
32	진평왕 50년 夏	大旱 秋冬民飢 賣子女	移市 畫龍祈雨	628년
33	선덕왕 원년 夏5월	旱 至六月乃雨	冬十月 遣使撫問國內鰥寡孤 獨不能自存者 賑恤之	632년
34	효소왕 5년 夏4월	國西旱		696년
35	성덕왕 4년 夏5월	旱	秋八月 賜老人酒食, 九月 下 敎 禁殺生, 冬十月 國東州郡 饑 人多流亡 發使賑恤 五年 春正月 伊湌仁品爲上大 等 國內 饑 發倉廩賑之	705년
36	성덕왕 8년 夏5월	旱	秋八月 赦罪人	709년
37	성덕왕 13년 夏	旱 人多疾疫		714년
38	성덕왕 14년 6월	大旱	王召河西州龍鳴嶽居士理曉 祈雨於林泉寺池上 則雨浹旬	715년
39	성덕왕 15년 夏6월	旱	又召居士理曉祈禱則雨 赦罪 人	716년
40	경덕왕 4년 5월	夏四月 京都雹 大 如鷄子. 五月 旱	中侍惟正退 伊湌大正爲中侍	745년
41	경덕왕 6년 秋	旱 冬無雪 民饑 且疫	出使十道安撫	747년

가뭄과 홍수 그리고 국가의 대응 전략 59

구분	발생 시기	한재 현황과 내용	구제 대책	비고
42	경덕왕 12년 夏	大旱	詔入內殿講金光經以祈甘霆	753년
43	경덕왕 13년 8월	旱·蝗, 十四年 春 穀貴民饑	侍中朝良退. (14년) 秋七月 赦罪人 存問老疾鰥寡孤獨 賜穀有差	754년
44	혜공왕 5년 夏5월	蝗·旱	命百官各擧所知	769년
45	원성왕 2년 秋7월	旱	九月 王都民饑 出粟三萬三千二百四十石 以賑給之, 冬十月 又出粟三萬三千石 以給之	786년
46	원성왕 4년 秋	國西旱·蝗 多盜賊	王發使安撫之, (5년 1월) 漢山州民饑 出粟以賙之	788년
47	원성왕 6년 3월	大旱	五月 出粟賑漢山熊川二州饑民	790년
48	원성왕 11년 夏4월	旱, 秋八月隕霜害穀 十二年春 京都飢疫	親錄囚 至六月乃雨 王發倉廩賑恤之	795년
49	원성왕 14년 夏6월	旱		798년
50	애장왕 10년 秋7월	大旱		809년
51	헌덕왕 12년 春夏	旱 冬飢 十三年春民饑 賣子孫自活	夏四月 侍中金忠恭卒 伊飡永恭爲侍中	820년
52	흥덕왕 2년 秋8월	太白晝見 京都大旱	侍中永恭退. 三年 春正月 大阿飡金祐徵爲侍中	827년
53	흥덕왕 7년 春夏	旱 赤地	王避正殿 減常膳 赦內外獄囚 冬十月 王命使安撫之	832년
54	문성왕 10년 春夏	旱	侍中魏昕退 波珍飡金啓明爲侍中	848년
55	정강왕 원년	國西旱, 且荒	二年 春正月 設百座於皇龍寺 親幸聽講	886년
56	진성왕 2년 夏5월	旱		888년
57	경명왕 5년 秋8월	蝗·旱		921년

 이를 다시 나물왕을 기준으로 나눈다면 18개와 15개가 된다. 이를 정리해 보면 신라 상대는 나물왕을 기준으로 18개와 15개로 나뉘고, 다시 중대 이후의 기사는 24개 가운데 11개가 중대의 기사이며, 하대의 기사는 13개

로 구분할 수 있다. 이로써 신라의 한재 발생 기사는 상대에서 많이 발생했으며, 중대 이후에는 상대적으로 그 비중이 줄어들고 있음을 확인할 수 있었다.

다음으로, 연중의 해당 시기를 검토해 보면, 春夏가 17개, 秋 7월이 7개, 夏 5월이 6개, 3월이 4개, 夏와 夏 4월이 각 3개, 夏 6월과 秋와 秋 8월이 각 2개이다. 그리고 2월, 春, 春 2월, 春 3월, 夏 4월, 5월, 6월, 8월이 각 1개씩이며, 계절을 알 수 없는 것이 3개나 있다. 이로써 한재의 발생 시기는 대체로 春夏가 가장 많으며, 秋 7월과 夏 5월이 뒤를 잇는다. 전체적으로 볼 때 봄, 여름, 가을에 해당하는 시기에 한재의 피해가 컸으며, 이는 '民飢'라는 표현으로 알 수 있듯이 농업 생산에 직접적으로 피해를 주었음을 알 수 있다.

특히, 신라의 한재 발생 기사는 왕대별 상황이 집중되어 나타나고 있다. 상대에는 흘해왕 대에 3차례의 한재가 찾아지는데 '旱·蝗 民飢 發使救恤之'하거나 '王親錄囚 多原之'하였으며, 나물왕 대에는 4차례, 소지왕 대에는 3차례, 그리고 진평왕 대에는 3차례 등의 한재가 집중되었다. 중대에는 성덕왕 대에 5차례의 한재가 찾아지며, 경덕왕 대에는 4차례, 그리고 하대의 원성왕 대에는 5차례의 기사가 찾아진다. 이로써 신라 사회에 있어서 한재는 어느 시기를 특정할 수 없을 정도로 다양하게 자연재해가 발생하고 있음을 확인할 수 있다. 신라의 한재를 나타내는 大旱과 旱의 경우 그 발생 양상 면에서 특별한 차이를 발견할 수 없다. 다만 大旱과 旱을 나름 구분해 본다면 大旱의 경우 '民飢'와 함께 다양한 구제 대책이 수반되어 나오는 데 반해, 旱의 경우 그렇지 않은 경우가 많다. 한재의 구제 대책에 대해서는 다음 章에서 자세히 다루어보려고 한다.

신라의 한재 발생 양상을 이해하기 위해서는 삼국 시대에 해당하는 고구려나 백제의 경우와 비교하여 그 실태를 파악할 필요가 있다. 이를 알기 쉽게 정리하면 다음과 같다.

〈표 5〉 고구려의 한재 발생 현황

구분	발생 시기	한재 현황과 내용	구제 대책	비고
1	태조대왕 20년 夏4월	京都旱		72년
2	태조대왕 56년 春	大旱 至夏赤地 民饑	王發使賑恤	108년
3	서천왕 3년 6월	大旱 四年 秋七月 丁酉 朔 日有食之 民饑	發倉賑之	272년
4	소수림왕 8년	旱 民饑相食		378년
5	고국양왕 5년 夏4월	大旱 秋八月 蝗 六年 春 饑人相食	王發倉賑給	388년
6	광개토왕 15년 秋7월	蝗·旱		406년
7	문자왕 4년 春2월	大旱	秋七月 南巡狩 望海而還	495년
8	안장왕 5년 春	旱. 冬十月 饑	發倉賑救	523년
9	안원왕 6년 春夏	大旱	發使撫恤饑民 七年 春三月 民饑 王巡撫賑救	536년
10	평원왕 5년 夏	大旱	王減常膳 祈禱山川	563년
11	평원왕 13년 8월	重修宮室 蝗·旱罷役		571년
12	보장왕 6년 2월	前大駕親征 國人不得耕 種 所克之城 實收其穀 繼以旱災 民大半乏食		647년

〈표 6〉 백제의 한재 발생 현황

구분	발생 시기	한재 현황과 내용	구제 대책	비고
1	온조왕 4년 春夏	旱 饑疫		前15년
2	온조왕 33년 春夏	大旱 民饑相食 盜賊大起	王撫安之	15년
3	온조왕 37년 夏4월	旱 至六月乃雨 漢水東北部落 饑荒 亡入高句麗者一千餘戶 浿·帶之間 空無居人	三十八年 春二月 王巡 撫 東至走壤 北至浿河 五旬而返. 三月 發使勸 農桑 其以不急之事擾 民者 皆除之	19년
4	온조왕 45년 春夏	大旱 草木焦枯		27년

구분	발생 시기	한재 현황과 내용	구제 대책	비고
5	다루왕 28년 春夏	旱	慮囚 赦死罪	55년
6	기루왕 14년 春3월	大旱 無麥		90년
7	기루왕 32년 春夏	旱 年饑 民相食		108년
8	초고왕 43년 秋	蝗·旱, 穀不順成. 盜賊多起	王撫安之	208년
9	구수왕 14년 夏4월	大旱	王祈東明廟 乃雨	227년
10	고이왕 13년 夏	大旱 無麥		246년
11	고이왕 15년 春夏	旱 冬民饑	發倉賑恤 又復一年租調	248년
12	고이왕 24년 春正月	大旱 樹木皆枯		257년
13	비류왕 13년 春	旱 大星西流		316년
14	비류왕 28년 春夏	大旱 草木枯 江水竭 至秋七月乃雨 年饑 人相食		331년
15	아신왕 11년 夏	大旱 禾苗焦枯	王親祭橫岳 乃雨	402년
16	전지왕 13년 夏4월	旱 民饑		417년
17	비유왕 21년 秋7월	旱 穀不熟 民饑 流入新羅者多		447년
18	삼근왕 3년 春夏	大旱		479년
19	동성왕 21년 夏	大旱 民饑相食 盜賊多起	臣寮請發倉賑救 王不聽 漢山人亡入高句麗者二千	499년
20	동성왕 22년 5월	旱	王與左右宴臨流閣 終夜極歡	500년
21	법왕 2년	大旱	王幸漆岳寺 祈雨	600년
22	무왕 7년 夏4월	大旱 年饑		606년
23	무왕 31년 夏	旱	停泗沘之役	630년
24	무왕 37년 6월	旱		636년
25	의자왕 13년 春	大旱 民饑		653년
26	의자왕 17년 夏4월	大旱 赤地		657년

〈표 4〉를 통해서 살펴보면, 신라 상대에 해당하는 기사가 33개이며, 〈표 5〉에 보이는 고구려는 12개, 〈표 6〉에 보이는 백제는 26개의 기사가 찾아진다.

이는 그 숫자를 단순 비교해 보더라도 신라의 경우가 많았음을 알 수가 있다. 고구려의 경우 大旱이 6개이며, 특이한 점은 蝗·旱이 2차례 보인다는 것이다. 다른 지역의 경우 旱·蝗이 일반적인 데 비해 고구려는 그 점에서 차이가 있다. 또한 고구려와 백제의 사례를 단순 비교하더라도 고구려가 12개인데 반해, 백제는 26개로 두 배 이상의 한재 재해 기사가 찾아진다. 이는 고구려와 백제의 지형적·기후적 특색이 반영된 것으로 볼 수 있을 것이다.

이에 대한 구제 대책으로는 發使賑恤, 發倉賑給, 巡狩, 그리고 王減常膳 祈禱山川 등이 시행되었다. '王減常膳'이 고구려 평원왕 5년(563)에 시행되었으며, 신라의 경우 '(王)減常膳'으로 소지왕 14년(492)과 진평왕 7년(585)에 기사가 보임으로써 당시 유교 정치사상의 수용 시기를 대체로 인지할 수 있다.[19] 백제의 경우 大旱이 14개이며, 특이한 점은 '亡入高句麗者一千餘戶'와 '流入新羅者多'의 기사가 보인다는 것이다. 앞에서 수제의 발생 양상을 다루면서 비슷한 사례를 언급하였는데, 물론 이를 상투적인 표현으로 볼 수도 있겠지만, 백제의 대민정책에 문제가 많았음을 시사하고 있다고 본다. 이러한 기사는 당시 백제의 한재 발생 양상과 관련하여 주목해도 좋다고 본다.

한편, 한재를 나타내는 또 다른 기사로 '不雨'가 찾아진다. 이를 알기 쉽게 정리하면 다음 〈표 7〉과 같다.

〈표 7〉을 통해서 발생 시기를 살펴보면, 5월이 3개로 많으며, 정월, 2월, 春, 4월, 春夏, 夏 4월, 夏 5월이 각 1개씩이다. 그 기간은 대체로 3~5개월에 해당하는 것으로 기재되어 있다. 이로써 不雨의 경우는 '自五月至秋七月不雨'와 같이 가뭄의 기간을 주로 기재함으로써 위의 大旱과 旱의 사례와는 차별적으로 이해하고 있음을 알 수 있다.

---

19) 신라의 유교 정치사상의 수용은 대체로 고구려와의 소통과 무관치 않다고 보인다. 수용 시점은 신라 중고기를 전후한 시기로 보이며, 특히 眞平王 대의 다양한 대외 교류를 통해 유교 정치사상이 나름 정착했다고 여겨진다. 이를 형식적 수용이라고 한다면, 중대 이후, 즉 '侍中 交替'와 같은 기사에서 확인할 수 있듯이, 이를 전후한 시기를 실질적 수용 시기로 이해할 수 있을 것이다.

〈표 7〉 신라의 不雨 관계 기사

구분	시 기	내 용	비고
1	파사이사금 32년	自五月至秋七月不雨	111년
2	일성이사금 17년	自夏四月不雨, 至秋七月乃雨	150년
3	나해이사금 원년	是年 自正月至四月不雨 及王即位之日大雨 百姓歡慶	196년
4	나해이사금 31년 春	不雨 至秋七月乃雨 民飢 發倉廩賑給	226년
5	첨해이사금 7년	自五月至七月不雨 禱祀祖廟及名山 乃雨 年饑 多盜賊	253년
6	미추이사금 7년 春夏	不雨 會羣臣於南堂 親問政刑得失 又遣使五人 巡問百姓苦患	268년
7	흘해이사금 5년 2월	重修宮闕 不雨 乃止	314년
8	헌덕왕 9년 夏5월	不雨 遍祈山川 至秋七月乃雨	817년
9	문성왕 2년	自夏四月至六月不雨	840년
10	헌안왕 2년	自五月至秋七月不雨	858년

신라의 한재 발생 양상을 이해하기 위해서는 삼국 시대에 해당하는 고구려나 백제의 경우와 비교하여 그 실태를 파악할 필요성도 있다. 이를 알기 쉽게 정리하면 다음과 같다.

〈표 8〉 고구려·백제의 不雨 관계 기사

구분	시 기	내 용	비고
고구려	봉상왕 9년 春正月	地震 自二月至秋七月不雨 年饑 民相食	300년
백제	고이왕 6년 春正月	不雨 至夏五月乃雨	239년
백제	근구수왕 8년 春	不雨 至六月 民饑 至有鬻子者 王出官穀贖之	382년
백제	비유왕 7년 春夏	不雨	433년
백제	동성왕 23년 夏5월	不雨至秋	501년
백제	무령왕 6년	三月至五月不雨 川澤竭 民饑 發倉賑救	506년

〈표 7〉을 통해서 살펴보면, 신라 상대에 해당하는 기사가 7개이며, 〈표 8〉에 보이는 고구려는 1개 기사, 백제는 5개 기사가 찾아진다. 이는 그 숫자를 단순 비교해 보더라도 신라의 경우가 많았음을 알 수가 있다. 고구려의 경우 단 한 차례인데 2월부터 7월까지 비가 오지 않았으며, 백제의 경우 夏5월, 6월, 秋, 3월부터 5월까지로 기록하고 있다. 또한 한 차례 不雨라고 기록한 사례가 있지만, 나머지는 모두 그 기간을 명시하고 있음을 확인할 수 있다.

특히, 不雨의 기간이 봄에서 늦여름, 초가을까지 지속되고 있었음을 기록하고 있는데 물이 가장 필요한 농번기에 계속된 가뭄을 '不雨'라는 용어로 표현함으로써 그 폐해를 실감하게 한다. 지속적인 不雨로 굶어 죽는 백성이 속출하다 못해, 도적이 되기니 심지어 '民相食'하는 극한 상황까지 벌어졌다. '不雨'는 이러한 극한 旱災를 표현한 개념이었을 것으로 생각된다.

요컨대, 신라의 한재 발생 기사는 모두 67개였으며, 이는 大旱이 10개, 旱이 47개, 不雨가 1개이다. 『삼국사기』에서는 한재를 大旱, 旱, 不雨라는 개념으로 분류하여 기록하였으며, 大旱과 旱의 경우 그 발생 양상 면에서 특별한 차이를 발견할 수 없었다. 大旱과 旱을 구분한다면 大旱의 경우 '民飢'와 함께 다양한 구제 대책이 수반되어 나오는 데 반해, 旱의 경우 그렇지 않았다. 또한 한재 발생 양상은 시기적으로 상대에서 많이 발생했으며, 중대 이후에는 상대적으로 그 비중이 줄어들고 있는 점으로 보아 신라의 적절한 대책을 확인할 수 있었다.

3. 국가의 대응 전략

자연재해 중 天災인 日食・彗星 등과 地變인 지진, 蝗害・霜害 등은 그 상황이 매우 심각하지만, 이는 인간의 노력으로 극복하기 어려운, 즉 구체적으로 대응책을 마련할 수 없는 상황이다. 그러나 '水旱之災'는 일찍부터 水利 시설 등 인공적 시설의 설치를 통해서 극복하거나, 또는 그 피해를 줄이려는 노력, 곧 대책을 수립할 수 있는 재난이다.[20]

여기서는 '수한지재'에 대한 국가의 대응 전략을 수리 시설의 확충과 권농 정책, 그리고 재해 관리기구의 정비 등을 통해서 모색해 보려고 한다.[21] 이러한 내용을 검토함으로써 신라의 水災를 예방하거나 농업생산력을 提高하려는 일련의 과정을 살펴보고, 또한 旱災를 통해서 국가·사회적으로 시행된 다양한 정책의 역사적 의미와 성격을 구체적으로 파악해 보려고 한다.[22]

1) 대민정책의 시행

수재와 한재를 당했을 경우 이에 대한 적극적인 대응 전략이 필요했을 것이다. 그런데 수재는 한재와 비교해 볼 때 좀 더 신속한 대책이 필요하다고 한다. 이를 알려주는 것으로, 水災를 당한 지역의 상황은 가뭄으로 고통받는 지역의 상황과는 비교할 수 없다. 旱災의 결과는 예측할 수 있으며 이재민이 생길 경우, 이를 헤아려서 재해 발생 전에 그들 명단을 파악할

---

20) 중국의 경우 救荒에 대한 대책 수립을 크게 소극적 구제론과 적극적 예방론으로 나누어 살피고 있다(鄧雲特, 1970, 『中國救荒史』, 臺灣商務印書館, 4~5쪽). 이러한 구분법을 참고하여 신라 사회에도 적용해 보았다.
21) 재해에 대한 국가의 대응 노력은 통상 황정(荒政)이라는 말로 표현된다(김석우, 2006, 앞의 책, 18쪽)고 하는데, 이를 신라 사회에 적용하기 위해서는 세부적인 내용의 연구가 필요하다고 본다.
22) 이와 연관하여 중국의 水旱災를 다룬 다음의 글들은 참고가 된다. 佐藤武敏, 1981, 「春秋時代の水旱災」『大阪市立大學人文學紀要 人文研究』33-12 : 佐藤武敏, 1983, 「秦漢時代の水旱災」『大阪市立大學人文學紀要 人文研究』35-5 : 牧秀明, 1985, 「前漢時代の水旱災に對する救濟策について」『立命館史學』6 : 牧秀明, 1986, 「後漢時代の江淮地方に關する一試論-水旱對策をもとにして-」『立命館史學』7.

수 있는 충분한 시간적 여유를 가질 수 있다. 반면에 水災는 갑자기 발생하여 집이 떠내려가고 이재민들은 굶주림을 호소하기에 이른다. 그러므로 水災의 경우에는 지체 없는 대책을 마련해야 한다고 한다. 이는 비록 중국의 예지만, 그 가능성은 어느 지역이나 비슷하다고 본다.

旱災는 水災와는 달리 서서히 진행되는 재해라 할 수 있다. 비가 오지 않는 날이 계속됨에 따라 몇 가지 결정적인 단계를 거치면서 다음 단계의 제반 조치를 예견할 수 있다. 몇 달에 걸친 심각한 旱災가 발생할 수 있으며, 식량의 부족, 인구의 유랑, 가축과 종자의 상실과 같은 旱災의 피해는 부분적으로 水災와 같게 보이지만, 그 전개 과정은 훨씬 더 완만하다. 그러므로 행정당국은 피해 조사, 재해 지역과 그 심각성의 결정, 식량 부족 지역에 대한 식량의 공급, 즉 재해 상황에 대한 구체적인 대응을 위해 시간적 여유를 가질 수 있다.[23]

신라 사회의 대응 전략은 어떠한 것이 있었을까 궁금하다. 이를 알기 쉽게 정리하면 다음과 같다.

〈표 9〉 신라의 대민정책 내용

구분	수재의 내용과 대민정책	한재의 내용과 대민정책
1	大水, 民飢. 發使十道 開食賑給	大旱, 民饑, 發倉賑給
2	大水, 慮囚 除死罪餘悉原之	旱, 南地最甚. 民飢, 移其粟賑給之
3	國西大水, 免遭水州縣一年租調	大旱, 錄內外繫囚, 原輕罪
4	國西大水 漂沒人戶三萬三百六十, 死者二百餘人, 王發使賑恤之	旱, 發使錄郡邑獄囚, 除二死餘悉原之
5	大水山崩, 侍中智原免 阿湌金三朝為侍中	旱, 錄囚
6	國西大水, 發使撫問經水州郡人民, 復一年租調	旱·蝗, 民飢, 發使救恤之

---

23) P.E. 빌 지음, 정철웅 옮김, 1995, 앞의 책, 43쪽.

구분	수재의 내용과 대민정책	한재의 내용과 대민정책
7		旱, 王親錄囚, 多原之
8		大旱. 年荒民飢. 多流亡, 發使開倉廩賑之
9		北邊何瑟羅旱·蝗, 年荒民飢, 曲赦囚徒, 復一年租調
10		旱, 王責己減常膳
11		旱·蝗, 命羣官, 擧才堪牧民者各一人
12		旱, 民饑, 發倉賑救
13		旱, 王避正殿, 減常饍, 御南堂親錄囚
14		大旱, 移市, 畫龍祈雨
15		旱, 又召居士理曉祈禱則雨. 赦罪人
16		大旱, 詔入內殿講金光経以祈甘霆
17		國西旱·蝗, 多盜賊, 王發使安撫之
18		旱, 親錄囚, 至六月乃雨
19		京都大旱, 侍中永恭退
20		旱, 赤地, 王避正殿, 減常膳, 赦內外獄囚

위의 〈표 9〉 신라의 대민정책 시행 내용을 살펴보면, 수재의 경우 6개의 기사를 확인할 수 있는데, 이에 대해 '賑給', '慮囚', '免租調', '賑恤', '侍中 交替' 등의 조치가 취해졌음을 알 수 있다. 이는 수재의 경우 긴급한 구휼정책이 필요한 상황을 반영한 것이라 보이며, '慮囚', '侍中 交替' 등은 국왕의 정책적 판단이 작용하고 있음을 알 수가 있다.[24]

한재에 대한 대응은 20개의 기사가 찾아진다. 이를 자세히 살펴보면, '賑給', '救恤', '免租調', '錄囚', '減常膳', '薦擧', '避正殿', '移市', '講經' 등의 사례가 보인다. 여기에 보이는 내용 가운데 수재와 비교해 보면, 소지왕 14년(492) 이후의 '減常膳', '薦擧', '避正殿', '移市', '講經' 등에서 차이를 보인

---

24) 이와 관련하여 影山輝國, 1981, 「漢代における災異と政治 - 宰相の災異責任を中心に -」 『史學雜誌』 90-8은 참고된다.

다. 이는 '水旱之災'의 기본 구도에서 수재보다는 한재가 당시의 대민정책에서 국왕의 처신 또는 유교 정치사상과 밀접한 관계가 있었음을 시사해준다.

그런데 〈표 9〉에서도 확인할 수 있듯이, 수재와 한재에 대한 대응책을 비교해 보면 수재는 전체 28건이 발생한 데에 대해서 6건의 대민정책이 취해졌고, 한재는 전체 67건이 발생한 데에 대해서 20건의 대민정책이 시행되었다. 수재와 한재의 대민정책에서 약간의 차이가 보이는데 그 연유가 궁금해진다. 이는 水災가 일시적, 국지적, 계절적 영향이 큰 재해이므로 그 대책도 즉각적으로 마련하고 있음에 비해, 旱災는 비교적 장기적, 전국적으로 평균 3~5개월 정도 이어지고, 당장 올해 수확을 보장할 수 없으며, 다음 해의 재생산도 확보할 수 없는 지경에 이르기 때문에, 수재보다는 한재에 대한 대민정책에 비중이 두어졌다고 본다.

'水旱之災'의 대민정책에서 재해민 구제 대책은 재해 발생 때 국가의 가장 중요한 역할은 백성들에게 생을 유지할 수 있도록 식량을 공급하고 주거지를 마련해 주는 것이다. 〈표 9〉에서 보이는 '發倉賑給', '王發使賑恤之', '移其粟賑給之', '發使救恤之', '發倉賑救' 등의 조치는 1단계에 해당하는 직접적인 구제 대책에 해당할 것이다. '慮囚·錄囚'나 '復一年租調' 또한 억울한 조치를 살피거나, 손실된 노동력을 보완하고, 생산을 장려할 수 있다는 점에서 재해민의 생활을 보완할 수 있었던 직접적인 구제 대책이 되었을 것으로 생각된다.

이러한 기초적인 조치가 마련된 이후에 국가는 재해민의 마음을 위로하고, 국가도 그 고통을 함께한다는 점을 보여주고자 하였다. 따라서 〈표 9〉에 보이는 '減常膳' '避正殿', '擧才' 등의 조치는 재해민의 상황을 직접적으로 나아지게 할 수는 없었지만, 국가에서 재정을 긴축하고, 검약하는 생활을 보여줌으로써 군주 또한 고통을 함께하고 있음을 보여주는 효과적인 방법이었다. 또한 인재의 천거를 명하여 백성들에게 천거의 기회를 부여하였다. 이러한 조치들은 모두 군주의 '仁政' 정치를 드러내기 위한 표상이었다. 유교 정치사상에서는 왕도정치를 군주의 이상적 정치로 보았는데, 진실로 왕이 된 자의 정치는 '仁政'이 실현되며, '仁政'을 베푸는 왕이야말로 天命을 실천하는 군주라고 생각되었다.

그러므로 당시 신라 사회에서 실현된 '減常膳'(소지왕 14년, 492), '避正殿'(진평왕 7년, 585), '擧才'(소지왕 19년, 497) 등의 조치들은 天命을 받은 왕의 정치가 구현되고 있음을 보여주는 것이다. 재해라는 국가적 위기를 극복하면서도 한편으로는 유교 정치사상에 기반하여 왕의 지위를 확보하고 있었다. 더욱이 그 시기가 소지왕 14년, 19년 이후 등장하였다는 점에 주목해 보면, 이 시기를 전후하여 이미 신라 사회에 유교 정치사상의 진입이 성사되었던 것으로 추론해 볼 수 있다.[25]

중국 漢代의 유교 정치사상은 황제의 정치 권력을 天에 의지하여 확보하였으며, 이를 '天人感應說'로 설명하였다.[26] 천인감응설은 물론 군주의 권력이 天으로부터 나온 것으로 보아 군주권을 확보하면서도, 한편으로는 天의 견제를 받는다는 이중성을 지니고 있다. 그렇기에 災異說을 통해 天은 災異를 발생시켜 天의 의사를 보여주며, 이때 재이는 인간의 功過, 선악에 대한 天의 평가가 된다는 것이다. 그러므로 재이에 대한 일차적인 책임은 군주에게 묻게 되는 것이다. '減常膳' '避正殿' 등의 조치는 군주의 책임을 통감하여 고통을 분담하는 군주의 모습을 재현하는 것이며, 이러한 정책 자체가 '仁政'의 증거가 되는 것이다.[27]

---

25) 김희만, 2022, 「신라의 한자 전래·수용과정과 표기 양상」『한국고대사탐구』 40.
26) 『春秋繁露』「必仁且知」條, "凡災異之本, 盡生於國家之失. 國家之失乃始萌芽, 而天出災害以譴告之(모든 災異의 근본은 국가의 失政에서 생겨나는 것이다. 국가의 실정이 싹트려고 하면 하늘은 災害를 보내어 경고한다"라고 하여, 일찍부터 災異와 정치·사회적 변화를 연관해서 이해하고 있다.
27) 중국의 경우 '減膳' '避正殿', '擧才'등의 조치는 대표적인 왕도정치의 표상으로 간주하였다. 예를 들면, 후한 순제 영건 4년에는 순제가 詔를 내려 "海內에 재이가 빈번하게 발생하니, 조정의 정치를 바로 잡고, 太官은 減膳하고, 진기한 노리개를 들이지 않겠다"라고 하였다. 『후한서』 권6, 「順帝本紀」"夏五月壬辰, 詔曰：「海內頗有災異, 朝廷修政, 太官減膳, 珍玩不御. 而桂陽太守文礱, 桂陽太守文礱　按：集解引惠棟說, 謂袁宏紀作「漢陽都尉」. 不惟竭忠, 宣暢本朝, 而遠獻大珠, 以求幸

가뭄과 홍수 그리고 국가의 대응 전략 71

한편, 신라의 '水旱之災'는 국가의 위기에 해당하는 긴급한 상황이라는 점을 상기할 필요가 있다. 그렇다면 신라의 자연재해 가운데 이들 '水旱之災'가 대민정책에서 어떠한 비중을 차지하였는지에 대해서 상호 비교해 보고자 한다. 이를 위해서 자연재해 가운데 그 빈도수가 높다고 보이는 蝗, 霜, 雹, 地震의 사례를 대상으로 분석해보려고 한다. 이를 알기 쉽게 정리하면 다음과 같다.

〈표 10〉 자연재해(蝗, 霜, 雹, 地震) 기사의 내용

구분	蝗	霜	雹	地震
1	(남해왕 15년) 秋七月, 蝗, 民饑, 發倉廩救之	(지마왕 12년) 夏四月, 隕霜	(파사왕 21년) 秋七月, 雨雹, 飛鳥死	(탈해왕 8년) 十二月, 地震. 無雪
2	(남해왕 21년) 秋九月, 蝗.	(일성왕 6년) 秋七月, 隕霜殺菽	(지마왕 3년) 春三月, 雨雹, 麥苗傷	(파사왕 14년) 冬十月, 京都地震
3	(파사왕 30년) 秋七月, 蝗害穀. 王遍祭山川, 以祈禳之, 蝗滅, 有年	(아달라왕 3년) 夏四月, 隕霜	(일성왕 18년) 三月, 雨雹	(파사왕 21년) 冬十月, 京都地震, 倒民屋, 有死者
4	(지마왕 11년) 秋七月, 飛蝗害穀. 年饑, 多盜	(아달라왕 17년) 秋七月, 京師地震. 霜雹害穀	(아달라왕 17년) 秋七月, 京師地震. 霜雹害穀	(지마왕 17년) 冬十月, 國東地震
5	(아달라왕 8년) 秋七月, 蝗害穀. 海魚多出死	(나해왕 5년) 秋七月, 太白晝見, 隕霜殺草	(나해왕 10년) 秋七月, 霜雹殺穀, 太白犯月	(아달라왕 17년) 秋七月, 京師地震. 霜雹害穀
6	(조분왕 8년) 秋八月, 蝗害穀	(나해왕 10년) 秋七月, 霜雹殺穀, 太白犯月	(나해왕 27년) 夏四月, 雹傷菽麥. 南新縣人死, 歷月復活	(나해왕 34년) 秋九月, 地震

媚, 今封以還之."

구분	蝗	霜	雹	地震
7	(첨해왕 13년) 秋七月, 旱·蝗, 年荒, 多盜	(미추왕 11년) 秋七月, 霜雹害穀	(미추왕 11년) 秋七月, 霜雹害穀	(조분왕 17년) 十一月, 京都地震
8	(유례왕 9년) 秋七月, 旱·蝗	(흘해왕 28년) 夏四月, 隕霜	(흘해왕 28년) 三月, 雨雹	(기림왕 7년) 秋八月, 地震, 泉湧
9	(흘해왕 4년) 秋七月, 旱·蝗, 民飢, 發使救恤之	(눌지왕 4년) 秋七月, 隕霜殺穀, 民飢, 有賣子孫者. 慮囚原罪	(눌지왕 15년) 秋七月, 霜雹殺穀	(기림왕 7년) 九月, 京都地震, 壞民屋, 有死者
10	(나물왕 34년) 秋七月, 蝗, 穀不登	(눌지왕 15년) 秋七月, 霜雹殺穀	(눌지왕 20년) 夏四月, 雨雹. 慮囚	(나물왕 33년) 夏四月, 京都地震
11	(나물왕 42년) 秋七月, 北邊何瑟羅旱·蝗, 年荒民飢. 曲赦囚徒, 復一年租調	(눌지왕 38년) 秋七月, 霜雹害穀	(눌지왕22년) 夏四月, 牛頭郡山水暴至, 漂流五十餘家. 京都大風雨雹	(실성왕 5년) 冬十月, 京都地震
12	(나물왕 44년) 秋七月, 飛蝗蔽野	(눌지왕 41년) 夏四月, 隕霜傷麥	(눌지왕 38년) 秋七月, 霜雹害穀	(눌지왕42년) 春二月, 地震. 金城南門自毀
13	(실성왕 5년) 秋七月, 國西蝗害穀	(지증왕 10년)秋七月, 隕霜殺菽	(소지왕 6년) 三月, 土星犯月, 雨雹	(자비왕 21년) 冬十月, 京都地震
14	(자비왕 8년) 五月, 沙伐郡蝗	(진평왕 35년) 夏四月, 降霜	(선덕왕 3년) 三月, 雹大如栗	(지증왕11년) 夏五月, 地震, 壞人屋, 有死者
15	(소지왕 19년) 秋七月, 旱·蝗. 命羣官, 擧才堪牧民者各一人	(진평왕 49년) 八月, 隕霜殺穀	(성덕왕 19년) 夏四月, 大雨, 山崩十三所, 雨雹傷禾苗	(진흥왕 원년) 冬十月, 地震, 桃李華
16	(성덕왕 19년) 蝗蟲害穀	(원성왕 5년) 秋七月, 隕霜傷穀	(성덕왕 24년) 夏四月, 雹	(진평왕 37년) 冬十月, 地震
17	(경덕왕 13년) 八月, 旱·蝗	(원성왕 11년) 秋八月, 隕霜害穀	(경덕왕 4년) 夏四月, 京都雹, 大如鷄子	(선덕왕 2년) 二月, 京都地震

구분	蝗	霜	雹	地震
18	(혜공왕 5년) 夏五月, 蝗·旱	(흥덕왕 2년) 夏五月, 降霜	(경덕왕 13년) 夏四月, 京都雹, 大如雞卵	(문무왕 4년) 地震
19	(원성왕 3년) 秋七月, 蝗害穀	(문성왕 13년) 夏四月, 隕霜	(경덕왕 15년) 夏四月, 大雹	(문무왕 4년) 八月十四日, 地震, 壞民屋, 南方尤甚
20	(원성왕 4년) 秋, 國西旱·蝗, 多盜賊. 王發使安撫之	(헌안왕 2년) 夏四月, 降霜	(혜공왕 4년) 六月, 京都雷雹, 傷草木	(문무왕 6년) 春二月, 京都地震
21	(원성왕 13년) 秋九月, 國東蝗害穀	(효공왕 6년) 春三月, 降霜	(원성왕 2년) 夏四月, 國東雨雹, 桑麥皆傷	(문무왕10년) 十二月, 土星入月. 京都地震
22	(문성왕 15년) 秋八月, 西南州郡蝗	(효공왕 9년) 夏四月, 降霜	(문성왕 6년) 二月, 京都雨雹	(문무왕13년) 春妖星見, 地震, 大王憂之
23	(경문왕 12년) 秋八月, 國內州郡蝗害穀	(효공왕 12년) 三月, 隕霜	(효공왕 12년) 夏四月, 雨雹	(문무왕 21년) 夏五月, 地震
24	(경명왕 5년) 秋八月, 蝗·旱	(신덕왕 2년) 夏四月, 隕霜, 地震		(효소왕 4년) 冬十月, 京都地震
25		(신덕왕 3년) 春三月, 隕霜		(성덕왕 7년) 二月, 地震
26				(성덕왕 9년) 地震, 赦罪人
27				(성덕왕 16년) 夏四月, 地震
28				(성덕왕 17년) 三月, 地震
29				(성덕왕 17년) 春正月, 地震
30				(성덕왕 21년) 二月, 京都地震
31				(성덕왕 22년) 地震

구분	蝗	霜	雹	地震
32				(효성왕 원년) 夏五月, 地震
33				(효성왕 6년) 春二月, 東北地震, 有聲如雷
34				(경덕왕 2년) 秋八月, 地震
35				(경덕왕 24년) 夏四月, 地震
36				(혜공왕 3년) 夏六月, 地震
37				(혜공왕 4년) 大星隕皇龍寺南, 地震聲如雷
38				(혜공왕 6년) 冬十一月, 京都地震
39				(혜공왕 13년) 春三月, 京都地震
40				(혜공왕15년) 春三 月, 京都地震, 壞民 屋, 死者百餘人
41				(원성왕 3년) 春二月, 京都地震
42				(원성왕 7년) 十一月, 京都地震
43				(원성왕 10년) 春二月, 地震
44				(애장왕 3년) 秋七月, 地震
45				(애장왕 4년) 冬十月, 地震
46				(애장왕 6년) 冬十一月, 地震

구분	蝗	霜	雹	地震
47				(흥덕왕6년) 春正月. 地震. 侍中祐徵免, 伊湌允芬爲侍中
48				(경문왕 10년) 夏四月, 京都地震
49				(경문왕 14년) 夏四月, 京師地震
50				(경문왕15년) 春二月, 京都及國東地震
51				(신덕왕2년) 夏四月, 隕霜, 地震
52				(신덕왕 5년) 冬十月, 地震, 聲如雷
53				(경순왕 2년) 六月, 地震
54				(경순왕 6년) 春正月, 地震

앞의 〈표 9〉에서 살펴본 바와 같이, 수재의 경우 6개, 한재의 경우 20개의 기사에서 대민정책에 해당하는 내용을 찾을 수 있었다. 이와 비교하기 위하여, 다소 장황하지만, 위의 〈표 10〉에서 蝗, 霜, 雹, 地震 관련 대민정책의 내용을 검토해 보기로 하자. 우선 蝗의 경우 24개 기사 가운데 '民饑, 發倉廩救之'와 '王遍祭山川, 以祈禳之'라는 조치가 있었음을 알 수 있으며, 霜의 경우 25개 기사 가운데 '民飢, 有賣子孫者. 慮囚原罪'라는 대민정책 시행의 단서를 포착할 수 있을 뿐이다. 그리고 雹의 경우 23개 기사 가운데 '慮囚'를 찾을 수 있으며, 地震의 경우[28] 54개 기사 가운데 '侍中祐徵免, 伊

---

28) 지진과 유사한 용어로는 地裂의 경우 '(유리왕 11년) 京都地裂, 泉湧', '(자비왕 14년) 三月, 京都地裂, 廣衰二丈, 濁水湧', '(진평왕 52년) 大宮庭地裂, 地陷의 경우 '(혜공왕 2년) 康州地陷成池, 縱廣五十餘尺, 水色靑黑', 地動의 경우 '(효소왕 7년) 二月, 京都地動, 大風折木', '(성덕왕 24년) 冬十月, 地動', 地燃의 경우 '(태종무열

浪允芬爲侍中'라는 단 한 번의 조치를 확인할 수 있을 뿐이다. 이처럼 그 발생 횟수가 적지 않은 蝗, 霜, 雹, 地震의 관계 기사에서는 대민정책의 시행과 연관된 내용이 거의 찾아지지 않는다.

이는 다른 자연재해에 비해, '水旱之災'가 사전의 예방과 사후의 관리가 가능한 재해였기 때문이기도 할 것이며, 또 그만큼 피해 규모나 피해 정도가 백성의 생명과 생산에 직결되었기 때문일 것이다. 이처럼 신라 사회에서 시행하였던 '水旱之災'에 대한 다양한 대응책은 국가 위기에 대한 인식과 함께, 신라의 위기관리 능력을 가늠해 볼 수 있는 단서이기도 하다.

이상에서 살펴본 내용을 몇 가지로 요약해 본다면 다음과 같다. 첫째 구휼 정책으로 水災의 경우 賑給·賑恤·免稅가, 旱災의 경우 賑給·賑恤·救恤·免稅와 같은 생활안정책이 시행되었다. 둘째 수재는 慮囚·巡撫·巡幸·侍中 交替가, 한재는 錄囚·薦擧·避正殿·減常膳·移市·赦免·祈雨·侍中 交替·親幸과 같은 정치적 조치가 단행되었다. 특히, 이 정책들은 天人感應說에 의한 군주의 책임론을 인정하고, 백성과 고통을 함께하고, 책임 있는 자리에 있던 侍中을 견책함으로써 통치자의 仁政을 표현하고자 한 것으로 생각된다. 셋째 祈雨祭 등의 제사를 통한 활동이 있었다. 이 외에도 여기서는 구체적으로 다루지 않았지만, 국가의 민심 수습책으로 '禁殺生'·'禁屠殺'·'命有司埋骸骨'·'命百官各擧所知' 등이 시행되었음을[29] 확인할 수 있다.

2) 재해 예방 전략

(1) 수리 시설 확충과 권농 정책

'水旱之災' 발생의 근본적인 대책 방안으로, 수리 시설의 확충과 권농 정책 그리고 이에 따른 재해 관리기구의 정비를 들 수 있을 것이다. '수한

왕 4년) 東吐含山地燃, 三年而滅' 등을 찾아볼 수 있다.
29) 이에 대해서는 전덕재, 2013, 앞의 논문, 36쪽에서 언급하고 있으므로 참고된다.

지재'의 발생은 인간의 삶에 큰 장애가 되었지만, 신라인들은 각종 수리 시설을 설치하여 다음에 다가오는 자연재해를 예방하였다. 나아가서는 관개시설을 마련하여 농업생산력을 확충하는 단계에까지 나갈 수 있었다. 여기서는 이러한 점을 보다 구체적으로 살펴보려고 한다.

먼저, 수리 시설 확충으로는 '諸州郡修完堤坊'·'命有司修理隄防'·'發使修葺國內隄防'·'敎修完隄防 勸農' 등의 사례가 있다. 이를 알기 쉽게 정리하면 다음과 같다.

〈표 11〉 국가의 수리 시설 내용

구분	시 기	내 용	비 고
1	일성이사금 11년(144) 春2월	下令 "農者政本 食惟民天 諸州郡修完堤坊 廣闢田野" 又下令 禁民間用金銀珠玉	(백) 구수왕 9년(222) 春二月 命有司 修隄防
2	흘해이사금 21년(330)	始開碧骨池 岸長一千八百步	
3	법흥왕 18년(531) 春3월	命有司修理隄防	무령왕 10년(510) 春正月 下令完固隄防 驅內外游食者歸農
4	원성왕 6년(790) 春正月	增築碧骨堤 徵全州等七州人興役	
5	헌덕왕 2년(810) 2월	王親祀神宮 發使修葺國內隄防	
6	헌안왕 3년(859) 夏4월	敎修完隄防 勸農	

이들 수리 시설 관계 기사의 공통점은 '下令', '命', '發使', '敎' 등 국가에서 관장하고 있음을 보여준다. 그 가운데 "農者政本 食惟民天"이라는 수식어는 2세기 당시의 것이라기보다는 유교 정치이념을 표방한 후대의 용어라고 볼 수 있다.[30] 수리 시설의 내용은 그 범위가 諸州郡, 全州等七州人, 國內隄防, 修理隄防, 修完隄防 등 광범위한 형태로 진행되었음을 파악할 수 있다. 이는 '水旱之災'의 폐해가 전국적인 현상으로 나타나고 있음을 방

---

30) 이기동, 2007,「한국고대의 국가권력과 수리시설」『한·중·일의 고대 수리시설 비교연구』, 계명대학교 출판부, 35쪽.

증하는 것이며, 주기적인 수리 시설의 확충은 농업생산력과의 관계에서 주목이 된다고 하겠다.

다음으로, 권농 정책이 시행되는데, 이를 알려주는 기사로는 '勸督農桑'·'無作土木之事 以奪農時'·'驅遊食百姓歸農'·'賜百姓五穀種子有差' 등이 대표적이다. 이를 알기 쉽게 정리하면 다음과 같다.

〈표 12〉 국가의 권농 정책

구분	시 기	내 용	비 고
1	혁거세거서간 17년(前41)	王巡撫六部 妃闕英從焉 勸督農桑 以盡地利	(고)평원왕 25년(583)
2	파사이사금 3년(82) 春正月	下令曰 "今倉廩空匱 戎器頑鈍 儻有水旱之災·邊鄙之警 其何以禦之 宜令有司 勸農桑·練兵革 以備不虞"	二月 下令 減不急之事 發使郡邑 勸農桑 (백)온조왕 14년(前5) 二月 王巡撫部落 務勸農事 온조왕 38년(20) 三月 發使勸農桑 其以不急之事擾民者 皆除之 다루왕 6년(33) 二月 下令 國南州郡始作稻田 구수왕 9년(222) 三月 下令勸農事 고이왕 9년(242) 春二月 命國人 開稻田於南澤 무령왕 10년(510) 春正月下令完固隄防 驅內外游食者歸農
3	일성이사금 11년(144) 春2월	下令 "農者政本 食惟民天 諸州郡修完堤坊 廣闢田野" 又下令 禁民間用金銀珠玉	
4	벌휴이사금 4년(187) 春3월	下令州郡 無作土木之事 以奪農時	
5	미추이사금 11년(272) 春2월	下令 凡有害農事者 一切除之	
6	흘해이사금 9년(318) 春2월	下令 "向以旱災 年不順成 今則土膏脉起 農事方始 凡所勞民之事 皆停之"	
7	소지마립간 11년(489) 春正月	驅游食百姓歸農	
8	소지마립간 18년(496) 8월	幸南郊觀稼	
9	지증마립간 3년(502) 3월	分命州郡主勸農 始用牛耕	
10	성덕왕 6년(707) 2월	賜百姓五穀種子有差	
11	애장왕 4년(803) 夏4월	王幸南郊觀麥	

위의 〈표 12〉에서도 확인할 수 있듯이, 국가의 권농 정책은 국가의 수리 시설 확충과 마찬가지로 '下令', '勸督農桑', '百姓歸農', '勸農', '賜百姓',

'王幸' 등 국가의 주도적인 정책이 시행되었음을 파악할 수 있다. 이와 같은 정책이 시행되었던 정황은 고구려나 백제의 경우도 유사하게 나타난다.

위의 기사 가운데 보다 구체적인 내용을 담고 있는 것이 찾아진다. 그것은 성덕왕 6년(707) 2월에 '賜百姓五穀種子有差'라는 내용이 주목된다.[31] 이러한 사정을 반영하는 일련의 사태가 어떻게 발생하였으며, 그 결과로서 위의 기사가 내려지기에 이르렀다고 판단한다. 그런 내용에 대해서 자세히 살펴보자.

- A-1. (4년) 夏五月, 旱. 秋八月, 賜老人酒食. 九月, 下敎, 禁殺生. 遣使如唐, 獻方物. 冬十月, 國東州郡饑, 人多流亡, 發使賑恤.
- A-2. 五年, 春正月, 伊湌仁品爲上大等. 國內饑, 發倉廩賑之. 三月, 衆星西流. 夏四月, 遣使入唐, 貢方物. 秋八月, 中侍信貞病免, 以大阿湌義良爲中侍. 遣使入唐, 貢方物. 穀不登. 冬十月, 遣使入唐, 貢方物. 十二月, 大赦.
- A-3. 六年, 春正月, 民多饑死, 給粟人一日三升, 至七月. 二月, 大赦. 賜百姓五穀種子有差.

위의 A의 기사는 다소 장황하지만, 4년부터 6년 2월까지의 상황을 읽을 수 있는 내용이다. 당시 상황이 긴박하였음을 알려주는 기사로서, 4년 夏5월에 가뭄이 와서 노인에게 酒食을 대접하고, 9월에는 살생을 금지하였으나, 冬10월에 기근이 찾아와 많은 유망자가 발생하였다. 5년 정월에도 기근이 발생하여 진휼하였으며, 秋8월에는 곡식이 잘 여물지 않았다. 2년간 누적된 재해의 피해로, 결국 6년 春 정월에 굶어 죽는 사람들이 많아지자 1인당 조 3승을 7월까지 지급하였으며, 2월에는 오곡 종자를 나눠줘서 농사를 가능하도록 조치하고 있는 내용이다.

---

31) 『삼국사기』 권3, 신라본기, 소지마립간 5년 조에 "冬十月 幸一善界 存問遭災百姓 賜穀有差"라고 하여, '賜穀有差'가 보이지만, 오곡 종자에 관한 내용은 빠져 있다.

이는 다른 권농 정책의 내용이 勸督農桑, 奪農時, 百姓歸農, 幸南郊觀稼 등 간접적인 사항인 데 반해, 위의 기사는 백성들에게 오곡의 종자를 나눠 주었다는 것이다. 더욱이 '五穀種子有差'라는 기록에서 알 수 있듯이 종자의 지급에 차등을 두었다는 점은 국가가 그 피해 정도나 백성의 상황에 대해 개별적으로 파악하였고, 그에 따른 차등 지급이 이루어졌음을 보여주는 것이다. 그렇다면 당시의 오곡과 관련된 내용도 검토할 필요가 있다. 이를 알기 쉽게 정리하면 다음과 같다.

〈표 13〉 국가의 농작물 정책

구분	시기	내용	비고
麥	파사이사금 5년(84)	南新縣麥連歧 大有年 行者不賫糧	(고) 서천왕 3년(272) 夏四月, 隕霜害麥 (백) 온조왕 28년(10) 夏四月, 隕霜害麥 기루왕 14년(90) 春三月, 大旱, 無麥 고이왕 13년(246) 夏大旱, 無麥 동성왕 23년(501) 降霜害麥
	지마이사금 3년(114) 春3월	雨雹 麥苗傷	
	나해이사금 27년(222) 夏4월	雹傷菽麥 南新縣人死 歷月復活	
	눌지마립간 41년(457) 夏4월	隕霜傷麥	
	애장왕 4년(803) 夏4월	王幸南郊觀麥	
粟	일성이사금 12년(145) 春夏	旱 南地最甚 民飢 移其粟賑給之	
	문무왕 10년(670)	漢祇部女人 一産三男一女 賜粟二百石	
	성덕왕 6년(707) 春正月	民多饑死 給粟人一日三升 至七月	
	원성왕 2년(786) 9월	王都民饑 出粟三萬三千二百四十石 以賑給之	
	원성왕 2년(786) 冬10월	又出粟三萬三千石 以給之	
	원성왕 5년(789) 春正月	漢山州民饑 出粟以賙之	
	원성왕 6년(790) 5월	出粟賑漢山·熊川二州饑民	
稻			(백) 다루왕 6년(33) 二月, 下令, 國南州郡

			始作稻田 고이왕 9년(242) 春二月, 命國人, 開稻 田於南澤

위의 〈표 13〉에서 보면 신라의 경우 麥(보리)과 粟(조)에 해당하는 농작물 관련 내용이 찾아진다. 특히, 보리의 경우 상대에서는 피해 상황만 나열되어 있으며, 애장왕 4년에 남쪽 지역에 순행해서 보리가 자라는 모습을 보았다고 한다. 그런데 조의 경우 상대에서는 1개의 기사가 찾아지며, 문무왕과 성덕왕 대에 각 1개의 기사가 보이며, 나머지 기사는 원성왕 대에 집중되고 있다. 한편, 고구려의 경우 보리 기사가 1개 찾아지며, 백제의 경우 보리와 쌀에 관한 기사가 여럿 찾아진다. 그에 반해 조에 관한 내용이 보이지 않는 점이 특이하다. 여기서 오곡 가운데 3개의 사례만 집중적으로 보이는데,[32] 이들 곡물이 당시 '水旱之災'의 극복에 중요한 농작물이었음을 알려주는 증거라고 하겠다.[33]

(2) 재해 관리기구의 정비

앞에서 살펴본 수리 시설의 확충 및 권농 정책과 아울러 주목해야 할 점은 국가의 재해 예방 대책이라고 할 수 있다. 사실 이들 예방 대책의 일환으로 마련되었을 재해 관리기구에 관해서 자세히 알려주는 기사를 찾기가 어렵다. '水旱之災'라는 자연재해가 매번 발생하는 것은 아니었으므로, 재해 기구를 상설할 필요는 없었을 것이다. 그러나 잦은 가뭄과 홍수의 발

---

32) 『三國志』魏書, 東夷傳 弁辰 조에는, "土地肥美 宜種五穀及稻"라고 하여 오곡을 언급하고 있으나, 오곡에는 쌀이 포함되어 있지 않다.
33) 이를 이해하는 데 도움이 되는 자료로서, 王禎 撰, 繆啓愉 譯注, 1994, 『東魯王氏 農書譯注』, 上海古籍出版社, 83~92쪽에는 百穀譜의 穀屬으로 粟, 水稻, 旱稻, 大小麥이 우선하여 기록되어 있다.

생 그리고 이에 따른 피해의 확산은 중앙과 지방을 효율적으로 연결하는 재해 행정체계의 발전을 촉구하였을 것이다.[34)]

신라 사회에서도 자연재해와 정치의 상관성과 재해 행정의 발달이라는 문제에 접근해 볼 필요성이 제기되는 까닭이다. 그러나 이를 특정할 만한 자료를 만나기는 쉽지 않다. 다만 『삼국사기』 雜志에 보이는 典邑署라는 기관이 주목된다. 이를 통해서 재해 관리기구 정비의 일면을 모색해 볼 수 있을 것이다.

> B. 典邑署. 景德王改爲典京府, 惠恭王復故.
> 卿二人 本置監六人, 分領六部, 元聖王六年升二人爲卿. 位自奈麻至沙湌爲之.
> 監四人. 位自奈麻至大奈麻爲之.
> 大司邑六人. 位自舍知至奈麻爲之.
> 中司邑六人. 位自舍知至大舍爲之.
> 小司邑九人. 位與弩舍知同.
> 史十六人.
> 木尺七十人.

위의 B 기록은 전읍서라는 행정기관을 경덕왕 대에 典京府로 고쳤으나, 다시 혜공왕 대에 전읍서로 하였다는 내용이다. 아마도 邑과 京의 단어를[35)] 마주하게 되는데, 이에 대한 보다 자세한 사항은 다음의 卿에 관한 서술일 것이다. 이를 보면, 그 細註에 "本置監六人 分領六部 元聖王六年升二人爲卿"라고 하여, 卿의 설치 이전에 監으로 6인이 있었다. 그들이 6부를 나누어 통솔하였으나, 원성왕 6년(790)에 6인 가운데 2인을 승진하여 卿으

---

34) 김석우, 2006, 앞의 책, 108쪽.
35) 『삼국사기』 재해 기사 가운데 '京師'와 '京都' 관련 발생 기록이 다수 확인된다. 이는 신라 사회에서 행정력이 우선 미치는 지역인 '경사'와 '경도'를 중심으로 대응책을 마련하였으며, 典京府는 그에 해당하는 것으로 이해할 수 있다.

로 삼았다는 내용이다. 이로써 卿 2인은 監 6인 가운데 선발되었으며, 그 이전까지는 6부의 행정 업무에 관여하였다는 사실을 알 수 있다.

그런데 이 기사의 끝부분에 木尺 70인이라는 내용이 있는데, 이는 전읍서가 재해 관리기구의 업무를 수행한 것과 무관치 않아 보인다. 행정조직의 말단인 史 16인 이하에 木尺 70인, 즉 장인층을 별도로 조직, 배치하여 관련 업무를 수행하게 한 것으로 추정할 수 있기 때문이다. 이들의 구체적 역할에 대해서는 잘 알 수가 없지만, 큰 범주에서 건축이나 토목 관련 업무를 수행하였을 것으로 보인다.

그렇다면 監 6인이 설치되었던 시기는 언제였을지 의문이다. 이를 이해하는 데 다음의 기사는 참고된다.

C. 六部少監典 一云六部監典
    梁部·沙梁部 監郎各一人, 大奈麻各一人, 大舍各二人, 舍知各一人, 梁部史六人,
    沙梁部史五人. 本彼部 監郎一人, 監大舍一人, 舍知一人, 監幢五人, 史一人.
    牟梁部 監臣一人, 大舍一人, 舍知一人, 監幢五人, 史一人.
    漢祗部·習比部 監臣各一人, 大舍各一人, 舍知各一人, 監幢各三人, 史各一人.

이 6부소감전은 또는 6부감전이라고 하였는데, 통합된 하나의 관부가 아니라 6부 각각에 개별적으로 설치된 6개의 조직체계를 총칭한 것으로 보인다. 6부소감전과 6부감전에 대해서는 6부감전을 6부소감전의 전신으로 보고 신라 상대 말에서 중대 초기에 6부감전에서 6부소감전과 典邑署가 분화되어 나온 것으로 보는 견해[36]와, 6부감전은 6부소감전과 같은 것으로서 자비마립간 12년(469)에서 지증마립간 대에 이르는 시기에 설치되었고, 이것이 확충·정비·개변되어 진평왕 45년(623) 또는 진덕왕 5년(651)에 왕경의 도시행정을 관장한 典邑署로 되었다는 견해[37]도 있다. 6부소감전은

---

36) 이문기, 1997, 『신라병제사연구』, 일조각, 246~253쪽.

신문왕대 어느 시기에 전읍서로 개편되었다고[38] 보기도 한다.

여기서 주목되는 것은 梁部·沙梁部 監郞 各1人과 本彼部 監郞 1人과 牟梁部 監臣 1人과 漢祇部·習比部 監臣 各1人으로, 전읍서의 卿 2인으로 분화하기 이전의 모습을 확인할 수 있다는 점이다. 따라서 그 시기를 추정한다면 신라 상대 말인 진평왕·진덕왕 대로부터 중대 초기에 해당하는 시기에 전읍서가 설치·운영되었다고 볼 수 있다. 다시 말해, 6부소감전 또는 6부감전이 아직 6부체제에서 크게 벗어나지 못한 상태였으며, 전읍서의 구성으로 볼 때, 卿과 監으로 분명하게 구분함으로써 중앙에 의한 6부의 행정체계가 새롭게 마련되고 있음을 보여주는 기사라고 하겠다. 이러한 행정기구의 정비는 6부에 대한 새로운 변화를 보여주며, 왕경을 관리하는 典京府의 형태로 변화되고 있음을 파악할 수 있다. 이러한 변화는 '京師'와 '京都'로 지칭되는 신라 사회의 변모를 담고 있는 것이며, 딱히 확언하기는 어렵지만, 이를 통해서 재해 관리기구의 정비라는 측면에서의 변화도 주목할 수 있다고 본다.

아울러 典祀署의 설치도 주목된다. 비록 재해 관리기구의 면모를 쉽게 찾기는 어렵지만, 성덕왕 12년이라는 시기는 시사하는 바 있다.

 D. 典祀署, 屬禮部. 聖德王十二年置.
  監一人. 位自奈麻至大奈麻爲之.
  大舍二人, 眞德王五年置. 位自舍知至奈麻爲之.
  史四人.[39]

위의 D 기사에서, 전사서는 이미 진덕왕 5년(651)에 大舍가 설치되었으

---

37) 武田幸男, 1990,「新羅六部와 그 展開」『民族史의 展開와 그 文化』상, 창작과비평사, 84~87쪽.
38) 전덕재, 1996,『신라육부체제연구』, 일조각, 151쪽.
39)『삼국사기』권38, 잡지 7, 직관 상 조.

나, 이를 성덕왕 12년(713)에 監이라는 상위 관직을 설치함으로써 해당 시기 업무의 효율성 측면에서 관심의 대상이 된다. 다시 말해, 성덕왕 대의 전사서 설치는 국가 제사의 체계적인 운영과 맞물린 것인데, 여기에는 재이의 빈번한 발생과 효율적이고 체계적인 대응을 할 수 있는 확장된 직무의 필요성이 관사의 설치로 귀결된 것으로 볼 수 있다는[40] 논지는 경청할 만하다. 즉, 제사지에 나열된 국가 제사는 전사서에서 담당했을 가능성이 크며, 전사서에서 수행하는 다양한 국가 제사와 관련된 여러 가지 사항을 규정한 매뉴얼의 일부였을 가능성도 주목이 된다.[41] 즉, 전사서의 상위 관직 설치를 통해서 성덕왕 대의 재해와 연관된 업무의 확충뿐만 아니라, 재해 관리기구의 정비라는 측면에서도 주목해 볼 수 있다.

또한, 『삼국사기』 잡지에 보이는 漏刻典과 天文博士·漏刻博士도 관심의 대상이 될 만하다. 이를 알려주는 자료는 매우 간단하다.

E-1. 漏刻典 聖德王十七年始置. 博士六人. 史一人.[42]
E-2. 三月, 置天文博士一員, 漏刻博士六員.[43]

위의 E 기사는 신라의 재해 예방과 관련하여 설치했을 것으로 볼 수 있는 기구이다. 누각전은 성덕왕 17년(718)에 설치되었으며, 여기에는 박사 6인과 사 1인으로 구성되었다. 이 누각박사는 경덕왕 8년(749)에 천문박사 1인과 함께 설치된 것으로 기록되어 있다.[44] 자연의 극복 과정에서 天文學의 발달은 매우 필요한 학문이었으며, 천문박사와 누각박사는 자연재해를

---

40) 한영화, 2022, 「8세기 신라의 재이 양상과 성덕왕대 전사서의 설치」 『한국사학보』 89.
41) 전덕재, 2021, 『삼국사기 잡지·열전의 원전과 편찬』, 주류성, 64쪽.
42) 『삼국사기』 권38, 잡지 7, 직관 상 조.
43) 『삼국사기』 권9, 경덕왕 8년 조.
44) 『晉書』 권11, 「천문지」 "星不明, 漏刻失時"

예방하는 역할을 담당했다고 보인다.[45] 천문박사와 누각박사의 신설은 경덕왕 즉위 초기에 빈번하게 발생한 혹심한 재해들, 즉 곡물의 생장을 저해하는 농사철의 가뭄, 곡물의 파종을 위한 저수를 위협하는 겨울철의 가뭄, 그에 따른 흉년과 전염병의 창궐 등을 경험한 위에, 물 관련 자연재해에 대한 예측과 관리 및 救難을 용이하게 하기 위한 목적에서 이루어진 것으로 판단한다.[46]

결과적으로 재해에 대한 국가의 대응 전략은 국가의 存亡과 직결되었기 때문에 당연히 최선의 방책을 시행하였으며, 그 방법은 시대에 따라 차이가 있었다. 신라 사회는 상고, 중고, 중대, 하대로 대별하고 있듯이, 각 시기를 거치면서 효과적인 재해 대책이 강구되었으며, 그 내용을 통해 신라의 사회발전 지표로 삼을 수 있을 것이다. 곧, 재해로 인한 피해 복구 조치가 진행되었는데, 재해민에 대한 다양한 구제 대책을 통해 백성의 생명과 재산을 보호하고, 농업 재생산의 조건을 마련하였다.

이러한 대민구제책은 백성의 삶을 직접적으로 구원해주는 역할을 담당하였으며, 이러한 구제 대책을 마련한 王에게 감사와 존경을 바칠 수 있는 장치가 마련되었다. 王은 이 과정을 통해서 생산력의 중요한 부분인 백성을 확보하였을 뿐만 아니라, 왕권을 강화하는 기반도 가질 수 있었다. 동아시아 역사상 王은 天과 결부되어 있었으므로, 天이 내린 재해를 天命을 받은 통치자인 王이 극복한다는 誓詞를 도출해낼 수 있었다.

이와 관련하여 중국에서 비롯된 사상이긴 하지만, 고대인들은 재해가

---

45) 참고로『삼국사기』권38, 잡지 7, 직관 상 조에는 "古官家典 幢 一云稽知 四人, 鉤尺六人, 水主六人, 禾主十五人"라는 기사가 있는데, 이를 古宮家典으로 이해하려는 경우(이병도, 1977,『국역 삼국사기』, 을유문화사, 586쪽)가 있으며, 또한 천문기관이라는 기록은 없으나, 그 소속 관리 중에 水主 6인과 禾主 15인이 있어, 이들이 水利 關係나 農耕에 관계된 사무를 관장했으리라는 추측(신형식, 1984, 앞의 책, 76쪽)도 있으나, 받아들이기 어렵다.
46) 이강래, 2010,「한국 고대사회의 물, 그 문화적 맥락」『역사에서의 물과 문화』, 북 엔터, 25쪽.

五行의 부조화로 발생한다고 여겨서 각 史書에 五行志를 설정하여 여기에 각종 災異 관계 기사를 서술하고 있다. 『삼국사기』에는 오행지가 따로 있지 않다. 대신 각 本紀에서 오행지에 해당하는 내용을 찾아볼 수 있다.

그 내용을 『고려사』 오행지와 비교해 보면, 고려 시대에는 旱災에 대한 대책으로 국왕의 근검 생활, 죄수 사면, 빈민 구제, 기우제 거행 등을 실시하였다. 구체적으로는 避正殿, 移市, 사찰 종교행사, 금강경 등 불경 강독, 日傘과 부채 사용 금지, 土龍 연관 행사, 종묘·사직·태묘·능묘·산천·건덕전·구요당·신사·환구·사찰·구월산·박연 등의 기우제 실시, 죄수 사면 시행, 모자 쓰기 금지 등 다양하였다.[47] 고려의 재해 대책은 신라의 그것과 비교해서 매우 다각적으로 진행되었음을 파악할 수 있다. 이러한 점을 통해 볼 때, 사회가 발전함에 따라 재해에 대한 다양한 대응 전략을 구사하였으며, 또한 민심을 달래고, 경제를 부양하고자 부단히 노력하였음을 확인할 수 있다.

4. 맺음말

이상에서 신라의 '水旱之災' 발생 양상과 이에 대한 국가의 대응 전략을 살펴봄으로써 신라인들의 재해관과 대민정책에 대해서 살펴보았다. 그 결과 신라의 '水旱之災' 중 수재 즉 홍수의 경우 大水, 大雨, 久雨, 한재 즉 가뭄의 경우 大旱, 旱, 不雨 등의 사례를 통해서 발생 양상을 밝힐 수 있었으며, 그에 따른 대민정책도 엿볼 수 있었다. 국가의 대응 전략에서는 자연재해에 관한 대민정책의 실제를 여러 재해 기사와 비교하면서 '水旱之災'에 대한 대응 전략의 비중이 컸음을 밝힐 수 있었다.

---

47) 김병인, 2010, 「고려시대 물의 이용 양상과 관념의 유형」 『역사에서의 물과 문화』, 북 엔터, 83쪽.

또한 발생한 재해에 대한 대응뿐만 아니라 재해 예방 전략도 추진되어 수리 시설의 확충과 권농 정책, 그리고 재해 관리기구의 정비 등이 실시되었음을 확인하였다. 그 결과 수리 시설의 확충과 권농 정책은 국가에서 관장하거나, 또는 주도적인 정책이 시행되었음을 파악할 수 있었다. 그리고 재해 관리기구의 정비에서는 典京府 또는 典邑署의 설치나 典祀署의 역할이 주목되었다.

결과적으로 자연재해의 극복을 통해서 신라 사회에도 변화가 나타나는데, 우선 재해관의 변화가 주목된다. 이는 자연이 그동안 두려움의 대상에서 점차 극복의 대상으로 인식의 변화가 있었으며, 자연을 응용하는 단계에 이르렀다고 본다. 다음으로 국가의 자연재해에 대한 위기관리 능력이 提高됨으로써 농업생산력이나 민생 안정에도 도움이 되었다고 여겨진다.

그리고 王에 대한 경외심도 작동하였는데, 이는 天人感應說에 의한 군주 책임론을 바탕으로 그 失策을 인정하면서도 대리자에게 책임을 전가하는 형태였다. 다시 말해, 군주가 책임은 지되 군주권은 보호한다는 명분을 실천하고 있는 것으로 볼 수 있다. 이처럼 신라의 '水旱之災' 발생 양상과 국가의 대응 전략은 점진적으로 신라 국가에 의한 對民支配 또는 中央集權體制를 강화하는 결과를 낳는 하나의 계기가 되었다고 할 수 있을 것이다.

上代의 왕위계승과 政變

1. 머리말

　신라사를 시대 구분하는 방법으로『삼국사기』는 상대, 중대, 하대로,『삼국유사』는 상고, 중고, 하고로 인식하였다. 이 글에서는 위와 같은 구분법에 근거하여 상대 사회를 상고와 중고 시기를 중심으로 논지를 전개하고자 한다. 분석 대상은 상대의 왕위계승 과정에서 보이는 정변이다.
　먼저, 초기 기록에 대한 문제점부터 검토하였다. 특히, 초기 신라사뿐만 아니라 왕권의 형성과정을 설명해 줄 수 있는 박·석·김이라는 3성의 실체를 검증하려고 하였다. 다음으로, 上古의 왕의 즉위 관계 기사에 주목하여 정변이라고 볼 수 있는 왕위계승 사례를 國人과 연관해서 추정해 보았다.
　다음으로, 中古의 왕위계승과 정변 문제를 살펴보기 위해서는 공백으로 남아 있는 사료의 행간을 검토해 보아야 할 것이다. 중고의 왕위계승 과정에서는 眞智王의 폐위와 眞平王의 즉위 과정이 주목된다. 아울러 善德王의 즉위 과정에서 등장하는 국인도 주목해 보았다.
　진평왕의 즉위가 진지왕의 폐위로 인해 가능했다고 본다면 진평왕의 즉위는 어떤 의미를 갖는 것일까. 정변이 있었다면 정변이 필요했던 시대적 요구가 있었을 것이다. 진평왕 대의 시대적 요구는 무엇이었을까. 정변이라는 비정상적인 왕위계승 과정을 거친 후에는 정통성의 명분을 세우는 일이 필수적이다. 진평왕은 어떻게 왕권의 정통성을 확보하고자 하였을까. 그리고 그 일은 성공할 수 있었을까. 이러한 의문을 풀어 보기 위해서 이 글을 준비하였다.

2. 上古의 왕위계승과 정변

1) 박·석·김 3성의 사용과 『國史』

사료 검증은 신라 상대사를 연구하는 데 필수적이다. 특히, 『삼국사기』와 『삼국유사』의 내용은 상호 보완적인 요소도 많지만, 한편으로는 차이를 보이는 부분도 많기 때문이다. 두 사서에 보이는 내용의 차이는 각 책의 전거 자료가 달랐음을 보여주는 증거이기도 하다. 현재로서는 두 사서에 기록된 사료가 왕위계승을 이해하는데 있어서 주요한 자료이기 때문에 최대한 이를 활용해 보려고 한다.

이 글에서 다루려고 하는 상고의 왕위계승 관계 기사는 초기 기록의 불신에서부터 그 기년의 신뢰 문제 등에 가로막혀 해당 사료를 제대로 이용하지 못하는 한계가 있다. 기존 연구에서는 신라 초기기사를 불신하여 아예 그 기사를 활용하지 않거나, 또는 수정론을 제시함으로써[1] 신라 초기사를 재구성하려는 노력이 있었다. 필자 또한 이 문제에 관하여 명확한 입장을 선뜻 제시할 수는 없지만, 기왕의 사료들을 조금 다른 관점에서 검토하여 본다면, 합리적인 역사상을 그려보는 것이 가능할 것이다.

이를 위해, 우선 상고의 왕위계승과 관련하여 가장 큰 쟁점인 박·석·김 3성의 실체부터 밝혀보고자 한다. 이 문제와 연관하여 신라 초기의 기록을 불신하면서도 그 왕위계승에서 3성의 교체 형태로 진행되었다고 보기도 하였으나, 이와는 달리 초기 기록의 불신 속에서 박·석·김 3성이 분립 또는 병립하였다고 여기는 견해가 제기되었다.[2] 이러한 연구를 초래한 결정적

---

1) 이에 대해서는, 이기백·이기동 공저, 1982, 『한국사강좌Ⅰ』[고대편], 일조각, 143~147쪽 ; 장창은, 2008, 『신라 상고기 정치변동과 고구려 관계』, 신서원 참고.
2) 『삼국사기』 초기 기록에 보이는 왕위계승 관련 사료에 대해서는 일본인 학자들이 불신으로 시작(今西龍, 1922, 「新羅骨品考」『史林』第7卷 1號, 前間恭作, 1925 ; 「新羅王の世次と其の名つきて」『東洋學報』第15卷 2號 ; 末松保和, 1936, 「新羅

단서는 바로 박·석·김 3성의 실체를 부정하는 방법론적 한계 때문이었다.

따라서 여기서는 상고의 왕위계승 사료를 적극적으로 활용하기 위해서 박·석·김 3성의 성씨 출현과 사용 시기 문제를 검토하고자 한다.[3] 사료상에 기록된 신라 상고 왕위계승의 특징은 3성이 교차로 등장하여 왕위를 계승하였다는 점이다. 그런데 이 기록에 관하여 의문을 가지는 이유는, 첫째로 초기 기록에 보이는 박·석·김 3성의 성씨가 당시의 실제 역사적 사실을 기록한 것일까 하는 점이다. 둘째로 상고의 왕위계승에서 3성 간의 평화로운 왕실 교체가 사실일까 하는 점이다. 특히, 두 번째 문제에 주목하여 이 글에서는 상고의 왕위계승이 정변에 의해 전개되었을 가능성도 있다고 생각한다.

이러한 문제에 접근하기 위해서, 먼저 신라 사회에서 성씨의 출현과 사용 시기를 살펴보고자 한다. 이와 관련하여 『삼국사기』 초기 기록에서 나타나는 박·석·김 3성의 성씨 기사부터 파악해 보고자 한다. 아래 사료는

上古世系考」『京城帝國大學創立十周年紀念 論文集(史學篇)』; 池內宏, 1941, 「新羅の骨品制と王統」『東洋學報』第28卷 3號; 三品彰英, 1963, 「新羅の姓氏に就いて」『史林』第15卷 4號; 三品彰英, 1963, 「骨品制社會」『古代史講座』7; 井上秀雄, 1965, 「新羅の骨品制度」『歷史學研究』304) 하였으나, 점차로 한국인 학자들의 다양한 연구로 불신의 벽을 극복하고 있다. 특히, 末松保和가 박·석·김 3성의 교립과 분립을 언급(末松保和, 1954, 『新羅史の諸問題』, 東洋文庫)하면서, 즉 병렬의 가능성이 제시되었으며, 이에 따른 논의(김철준, 1952, 「신라 상대사회의 Dual Organization(상), (하)」『역사학보』1·2 : 1962, 「신라 상고세계와 그 기년」 『역사학보』17·18 : 1990, 『한국고대사회연구』, 서울대학교 출판부, 김광수, 1973, 「신라 상고세계의 재구성 시도」『동양학』3 ; 강종훈, 1991, 「신라 상고기년의 재검토」『한국사론』26 : 1999, 「《삼국사기》 신라본기 초기기록의 기년문제 재론」 『역사학보』162 : 2000, 『신라상고사연구』, 서울대학교 출판부)가 진행된 바 있다. 물론 이에 대한 반론(이희진, 1998, 「《삼국사기》 초기기사에 대한 최근 기년조정안의 문제점」『역사학보』160 : 1999, 「《삼국사기》 초기기사에 대한 최근 기년조정 논쟁」『한국사연구』106)도 제기된 바 있다.

3) 성씨와 관련해서는, 三品彰英, 1963, 「新羅の姓氏に就いて」『史林』第15卷 4號 ; 이순근, 1980, 「신라시대 성씨취득과 그 의미」『한국사론』6 ; 이종서, 1997, 「나말여초 성씨 사용의 확대와 그 배경」『한국사론』37 등 참고.

원문을 번역하지 않는 편이 더 이해하기 좋을 것으로 판단하여 원문을 그대로 싣는다.

 A-1. 辰人謂瓠爲朴, 以初大卵如瓠, 故<u>以朴爲姓</u>.[4)]
 A-2. 或曰, "此兒不知姓氏, 初櫃來時, 有一鵲飛鳴而隨之, 宜省鵲字, <u>以昔爲氏</u>, 又解韞櫃而出, 宜名脫解."[5)]
 A-3. 乃名閼智, 以其出於金櫃, <u>姓金氏</u>. 改始林名雞林, 因以爲國號.[6)]

위의 A-1 기사는 "진한 사람들이 표주박[瓠]을 일컬어 '박'이라고 하였는데, 처음에 큰 알이 표주박처럼 생겼으므로, 그로 인해 '박'을 성으로 삼았다"라는 내용이다. 여기서 주목되는 부분은 '以朴爲姓', 곧 朴을 성으로 삼았다는 표현이다.

A-2의 기사는 "혹자가 말하기를, "이 아이는 성씨를 알지 못하는데, 처음 궤짝이 왔을 때 까치 한 마리가 날아와 울며 따라다녔으므로, 까치 '鵲'의 글자를 줄여서 '昔'을 氏로 삼고, 또 궤짝을 열고 나왔으므로 이름을 탈해라고 하는 것이 마땅하다"라고 하였다"라는 내용이다. 여기서 주목되는 부분은 '以昔爲氏', 곧 昔을 씨로 삼았다는 표현이다.[7)]

A-3의 기사는 "이에 이름을 알지라고 하고, 금궤에서 나왔기에 성을 김씨라고 하였다. 그리고 시림의 이름을 계림이라고 바꾸었는데, 이로 인해 계림이 국호가 되었다"라는 내용이다. 여기서 주목되는 부분은 '姓金氏', 곧 '성은 김씨다'라고 하는 표현이다.

---

 4) 『삼국사기』 권1, 신라본기, 시조 혁거세거서간 조.
 5) 『삼국사기』 권1, 신라본기, 탈해이사금 원년 조.
 6) 『삼국사기』 권1, 신라본기, 탈해이사금 9년 조.
 7) 석씨의 연원에 대해서는, 『삼국유사』 권1 기이, 第四脫解王 조에, "옛날[昔]에 내 집이었다고 하여 남의 집을 빼앗았으므로, 성을 '석(昔)'이라고 하였다"라는 언급도 있다.

위의 A群 사료는 박·석·김 3성의 성씨를 언급할 때마다 여러 연구에서 다루었던 내용이지만, 실상 '以朴爲姓', '以昔爲氏', '姓金氏'에서 박·석·김 이라는 칭호에만 집중하였을 뿐, 기록의 형식에는 주목하지 않았다. 필자는 3성의 기술 형식과 표현은 각기 그 의미하는 바가 다르며, 이를 통해서 새로운 사실을 검토할 수 있다고 생각한다.

우선 '以朴爲姓'과 '以昔爲氏'에서 박은 성으로, 석은 씨로 표현되어 있다는 점에 주목할 필요가 있다. 氏는 姓에서 분파되어 나왔다는 점을 고려하면, 박과 석의 관계는 박씨 성을 전제로 석씨 성이 출현할 수 있다는 점을 짐작할 수 있다. 즉, 박을 성으로 하는 세력과[8] 석을 씨로 하는 세력이 있었으며, 그 소속 관계가 성과 씨로써 나타나고 있다는 점이다. 다시 말해, 석씨가 박씨의 姓族에서 분파되어 나왔다는 것을 확인할 수 있다고 본다.

그런데 A-3의 기사에서 보이는 '姓金氏'라는 표현은 성이 김씨라고 하였다고 본다면, 앞의 '박을 성으로 삼았다' 또는 '석을 씨로 삼았다'라는 표현과 대비해 볼 때, 무언가 어색한 표현임을 알 수 있다. 아마도 '성은 김씨다'라고 하는 표현을 사용한 것은 박씨와 석씨보다 이미 김씨를 성씨로 사용하고 있던 시대상을 그대로 반영한 것이 아닐까. 이러한 내용이 그술되었던 시기에는 이미 김씨를 성씨로 사용하였던 세력이 존재하였으며, 그러한 인물들에 대하여는 '성은 김씨다'라는 서술이 가능했던 것으로 볼 수 있다.

아래의 기사는 그러한 역사적 사실을 보여주는 사료이다. 아래 사료는 원문을 번역하지 않는 편이 더 이해하기 좋을 것으로 판단하여 원문을 그대로 싣는다.

B-1. 居柒夫 <u>或云荒宗</u>, 姓金氏, 奈勿王五世孫. 祖仍宿角干. 父勿力伊湌.[9]

---

8) 여기서 사용하는 '세력'이라는 용어는 연맹체 또는 공동체를 지칭하지만, 특정 용어로 규정하기보다는 세력이라는 일반명사로 사용하고자 한다.

B-2. 異斯夫 或云苔宗, 姓金氏, 奈勿王四世孫.[10]

위의 B-1 기사는 "거칠부는 성이 김씨이며, 나물왕의 5세손이다. 할아버지는 잉숙 각간이고, 아버지는 물력 이찬이다"라는 내용이다. 여기서 주목되는 부분은 '姓金氏', 곧 성을 김씨로 하였다는 표현이다.

B-2 기사는 "이사부는 성이 김씨이고 나물왕의 4세손이다"라는 내용이다. 여기서도 주목되는 부분은 '姓金氏', 곧 '성은 김씨다'라는 표현이다. 위의 B群 사료는 거칠부와 이사부의 이름을 언급할 때 자주 사용하였으며, 특히 나물왕의 5세손 또는 나물왕의 4세손을 인용할 때 자주 보았던 기사이다. 그런데 여기서 사용하는 '姓金氏'라는 표현을 보면서 위의 A-3의 기사에서 언급했던 내용과 같은 기록이 나온다는 점이다.

이러한 점을 염두에 두고서 앞의 B群 기사를 다시 소환해 보면, 거칠부와 이사부 하면 떠오르는 역사상이 있다. 그것은 바로 신라의 『국사』 편찬과 떼려야 뗄 수 없는 관계이기 때문이다.[11]

C. 6년(545) 가을 7월에 이찬 異斯夫가 아뢰기를, "國史라는 것은 임금과 신하의 선악을 기록하여 잘잘못을 만대에 보이는 것입니다. [이를] 편찬하지 않으면, 후대에 무엇을 보이겠습니까?"라고 하였다. 왕이 진실로 그렇다고 여기고, 대아찬 居柒夫 등에 명하여, 널리 文士를 모아 [국사를] 편찬하게 하였다.[12]

위의 C의 기사는 진흥왕 6년(545)에 이찬 이사부가 『국사』 편찬을 건의

---

9) 『삼국사기』 권44, 열전4, 거칠부 조.
10) 『삼국사기』 권44, 열전4, 이사부 조.
11) 국사의 편찬과 관련해서는, 김희만, 2012, 「신라의 『국사』 편찬과 그 성격」 『한국고대사탐구』 12 ; 조범환, 2015, 「삼국의 국사편찬과 왕권」 『한국사연구』 168 참고.
12) 『삼국사기』 권4, 신라본기, 진흥왕 6년 조.

해서 대아찬 거칠부 등이 이를 편찬하였다는 내용이다. 여기에 보이는 이사부와 거칠부가 위의 열전에서 보이는 인물들이며, 그들을 소개하면서 '姓金氏'라는 표현을 똑같이 사용하고 있다. 이러한 사실이 무엇을 말하는지 추정해 볼 필요가 있을 것이다.

필자는 사료 A-3의 기사에서 '姓金氏'라는 표현이 사용된 것은 우연의 일치가 아니라, 당 시대의 역사적 사실을 드러낸 서술로 보고자 한다. 다시 말해, 『국사』 편찬과 관련된 이사부와 거칠부는 '姓金氏'라는 일족이었고, 이 시기에 이르러 드디어 신라국의 『국사』가 편찬되면서 김씨 왕계보다 앞에 출현하였던 인물에 대하여 박씨 성을 부여하고, 또는 석씨 성을 부여한 것으로 볼 수 있다. '성은 김씨다'(姓金氏)라는 표현과 '박을 성으로 삼았다(以朴爲姓)' 또는 '석을 씨로 삼았다'(以昔爲氏)라는 표현의 차이는 이러한 역사적 사실을 반영하고 있는 것으로 볼 수 있다. 곧, 신라의 『국사』를 편찬하던 '성김씨' 관련 편찬자들은 자신들보다 앞선 시대에 관해서 분명 서술해야 하였을 것이며, 그때 이들에 의해서 앞선 세력들에게 설화에 등장하는 내용과 같이, 박과 석이라는 성씨를 부여하였던 것이다.

『국사』 편찬자들에 의해서 부여된 박과 석이라는 성씨를 '以朴爲姓'과 '以昔爲氏'라는 표현으로 사용하여 이것이 그대로 『삼국사기』의 편찬으로 이어져 서술되었다고 볼 수 있다. 이러한 표현은 『삼국사기』 신라본기에서 관등과 관직을 부여할 때 사용하는 '以~爲~'('拜~爲~')라는 내용을 통해서 확인할 수 있다고 본다.[13]

신라는 김씨 중심의 『국사』를 편찬하면서 그 이전의 박씨와 석씨 세력을 구분할 목적으로 박을 성으로, 석을 씨로 표현하였다고 볼 수 있지 않을까. 결과적으로 김씨 세력이 『국사』를 편찬하면서 이전 세력을 박씨와 석씨로 규정하게 되었으며, 이러한 사실이 『삼국사기』에 그대로 저록된 것이

---

13) 이에 대해서는 이미 '以~爲~' 또는 '拜~爲~'라는 형식에 주목(김희만, 1996, 「신라 상고기의 왕권과 관등」 『동국사학』 30)한 바 있다.

라 보고 싶다. 즉, 김씨 성을 중심으로 그 이전의 두 세력을 당시 민간전승이라고 할 수 있는 口傳을 토대로 전승되고 있는 瓠로 상징되는 朴을, 鵲으로 상징되는 昔을 破字의 의미로 사용하고 있음을 알 수 있다는 것이다. 곧, 당시 신라 사회는 이미 한자가 전래하여 자유롭게 구사할 수 있었다고 보며, 『국사』가 편찬되었다는 사실만으로도 신라 사회의 한문 작문 능력이 상당한 정도로 발전하고 있었음을 증명한다고 하겠다.

이러한 사정을 반영하고 있는 사료가 보인다. 아래 사료는 원문을 번역하지 않는 편이 더 이해하기 좋을 것으로 판단하여 원문을 그대로 싣는다.

D-1. (河淸四年(565)) 二月甲寅, 詔以新羅國王金眞興爲使持節·東夷校尉·樂浪郡公·新羅王.[14]

D-2. (眞興王) 二十六年(565), 春二月, 北齊 武成皇帝詔, 以王爲使持節·東夷校尉·樂浪郡公·新羅王.[15]

위의 D-1의 기사는 중국의 사서인 『북제서』에 보이는 내용으로, 그 시기는 진흥왕 26년(565)에 해당한다. 그 내용은 北齊의 武成帝가 詔를 내려서 신라 국왕인 '金眞興'을 '사지절·동이교위·낙랑군공·신라왕'으로 삼았다는 것이다. 이는 신라사에서 처음으로 보이는 김이라는 성을 사용하고 있다는 점에서 주목하였다. 이와 같은 내용이 D-2의 『삼국사기』에서도 확인되는데, 여기에는 '金眞興'이라는 내용을 확인할 수는 없다. 그렇다면 김이라는 성을 사용한 연원은 어디서 찾을 수 있을까. 이를 구체적으로 알려주는 자료가 없으므로, 확언을 할 수는 없다. 다만 앞에서 살펴본 신라의 김씨 세력들이 '성김씨'를 표방하고 있다는 점에서, 이미 한자의 사용이 매우 익숙한 단계였음을 보여주며, 이와 더불어 성씨의 사용이 추진되었다고

---

14) 『北齊書』 卷7, 帝紀7, 武成 條.
15) 『삼국사기』 권4, 신라본기, 진흥왕 26년 조.

보는 것이 합리적이라고 생각한다.

요컨대, 지금까지 박·석·김이라는 한자 표기의 성씨로 인해 신라 상고의 역사상을 제대로 이해하기 어려웠으나, 신라에서 『국사』를 편찬하던 이사부와 거칠부 시대의 '姓金氏'라는 표현을 근거로 김씨 성의 사용을 이해할 수 있을 것이다. 또한 박씨와 석씨는 '以朴爲姓'과 '以昔爲氏'라고 하여 『국사』를 편찬하던 시대인들에 의해서 해당 시대에 명명된 성씨였음을 확인할 수 있었다. 따라서 이들 성씨 관계 기사는 잘못된 역사의 기록으로 치부하기보다는 상고의 역사상을 이해하는 데 적극적으로 활용함으로써, 또 다른 역사상을 새로이 설정하는데 중요한 요소가 될 수 있음을 확인할 수 있었다.

2) 상고의 왕위계승과 國人

다음으로, 상고 시기의 왕위계승 자료에서 보이는 특징을 政變이라는 함수를 중심으로 究明해보고자 한다. 이 시기의 자료에 대하여 시비 문제가 없지는 않지만, 앞 절에서 보았듯이, 초기기사를 합리적으로 이해할 수도 있다고 판단되므로, 이 절에서는 해당 자료를 적극적으로 활용해서 이 시기의 왕위계승 자료에 관한 성격을 고찰해 보고자 한다. 이러한 작업이 전제된다면 앞으로 上代의 왕위계승 자료를 충분히 활용할 수 있을 것이며, 신라 사회를 구조적으로 분석해 볼 수도 있다. 물론 각 왕의 재위 기간이나 부분적으로 신뢰할 수 없는 세부 사항까지도 모두 긍정적으로 파악할 수 있다는 뜻은 아니다.[16] 단지 여기서는 왕위계승의 순서에 따라 해당 부분만을 서술하게 됨으로써 일정한 한계가 있을 수 있다.

먼저, 상고의 왕위계승 자료에서 찾아지는 정변 관련 내용부터 서술하

---

[16] 기년 문제에 대해서는, 선석열, 2001, 『신라국가성립과정연구』, 혜안 ; 이부오, 1999, 「신라초기 기년문제에 대한 재고찰」 『선사와 고대』 13 참고.

기로 한다. 지금까지 상고의 왕위계승에서 정변을 통한 왕위계승을 언급하지 않았다. 그것은 초기 기록 자체를 불신하였거나, 3성씨를 병렬로 이해하였기 때문이며, 또한 초기 기록에서 정변이라고 할 만한 뚜렷한 증거를 찾지 못했기 때문이다. 필자는 상고의 왕위계승 자료 중에서 각 왕의 즉위와 관련된 기사에 주목해 보았다. 이미 이와 연관해서도 여러 연구가 진행되었지만,[17] 필자는 기존의 연구와는 조금 다른 관점에서 이 기사들을 살펴보고자 한다.

먼저, 제1대 왕인 박혁거세를 시작으로 왕위계승에 대한 사료를 점검해 보기로 한다.

> A-1. 시조의 성은 박이고, 이름은 혁거세이다. 전한 孝宣帝 五鳳 원년(B.C. 57) 갑자년 4월 병진일에 즉위하여 호칭을 居西干이라고 하였다.
> A-2. 남해차차웅이 왕이 되었다. 혁거세의 적자이다. (중략) 아버지를 계승하여 왕위에 올라 원년을 칭하였다.
> A-3. 유리이사금이 왕이 되었다. 남해의 太子이다. (중략) 처음 남해왕이 세상을 떠나자 유리가 당연히 왕이 되어야 하였다.
> A-4. 탈해이사금이 왕이 되었다. (中略) 유리왕이 죽음을 앞두고 말하기를, "선왕께서 돌아가시기 전에 유언하시기를, '내가 죽은 후에는 아들과 사위를 따지지 말고 나이가 많고 어진 자로써 왕위를 잇도록 하라'라고 하셔서 과인이 먼저 왕이 되었다. 이제는 마땅히 그 지위를 탈해에게 전하도록 하겠다"라고 하였다.

위의 A群에 해당하는 기사는 시조 혁거세로부터 남해, 유리, 탈해왕의 즉위와 관련된 내용이다. 이를 보면, 남해왕은 '아버지를 계승하여', 유리왕

---

17) 신라의 왕위계승에 대해서는, 이종욱, 1980, 『신라상대왕위계승연구』, 영남대학교 출판부 ; 선석열, 2015, 『신라 왕위계승 원리 연구』, 혜안 참고.

은 '남해의 태자로서', 탈해왕은 '遺言'에 의해 왕위를 계승하였다. 따라서 이들의 왕위계승은 정당한 이유가 있으며 순조롭게 진행되었다고 볼 수 있다. 그러나 아래에서 예시하는 왕위계승은 이와는 다른 기사가 찾아진다.

> B-1. 파사이사금이 왕이 되었다. 유리왕의 둘째 아들이다. 혹은 유리의 아우인 奈老의 아들이라고도 한다. (中略) 처음에 탈해가 세상을 떠나자 신료들이 유리왕의 태자인 일성을 왕으로 세우고자 했으나, 혹자가 말하기를, "일성이 비록 적통을 이은 후사이기는 하지만, 위엄과 총명이 婆娑에 미치지 못한다"라고 하여, 드디어 파사를 왕으로 세웠다. 파사는 절약하고 검소하며 씀씀이를 줄여 백성들을 사랑하였으므로, 國人이 좋게 여겼다.
> B-2. 지마이사금이 왕이 되었다. 파사왕의 적자이다.
> B-3. 일성이사금이 왕이 되었다. 유리왕의 맏아들이다. 혹은 日知葛文王의 아들이라고도 한다.
> B-4. 아달라이사금이 왕위에 올랐다. 일성이사금의 장남이다. 키가 7척이며 코가 매우 커 외모가 특별하였다.

위의 B群에 해당하는 기사에 등장하는 계보는 시조 혁거세의 혈통을 이어받은 박씨 왕인 파사로부터 지마, 일성, 아달라에 이르는 내용이다. 이를 보면, 파사는 유리의 태자인 일성을 대신해서 왕위에 올랐으며, 국인들이 좋게 여겼다[國人嘉之] 라는 기사가 보인다. 지마는 파사의 적자이며, 일성은 유리의 맏아들 또는 일지갈문왕의 아들로 나온다.[18] 그리고 아달라는 일성의 장남으로 기재되어 있다.

우선 B-1의 기사를 통해, 파사왕은 선왕인 유리왕의 태자 일성이 있었

---

18) 이에 대해서는 일성왕을 유리왕 또는 유리왕의 형의 아들로 전하는 설은 사실이 아니라고 보는 주장도 제기되었다(이기백, 1974, 「신라시대의 갈문왕」, 『신라정치사회사연구』, 일조각).

지만 일성을 옹립하지 않으려는 어떤 세력에 의해 즉위하였음을 알 수 있다. 이 기사에 등장하는 일성을 옹위하려는 '신료'와 파사를 추대하였던 '혹자'가 각각 어떤 존재였는지 확실치는 않지만, 적어도 일성을 지지하였던 세력과 파사를 지지하였던 두 세력이 양립하였음을 짐작할 수 있다. 여기에 파사의 치세를 놓고 '국인들이 좋게 여겼다'라고 하였으니, 파사를 지지하였던 세력이 국인이 아니었을까 추측해 볼 수 있다. 유리왕의 둘째, 즉 방계 파사에서 지마로 이어졌던 왕위계승은 일성왕이 등장하면서 깨지게 된다. 파사에서 지마는 적자승계였으나, 당초 파사의 왕위계승이 방계로 이어진 것이었기에, 일성의 승계는 직계로 회귀한 의미를 지닌다. 일성의 사망 후 왕위는 아들인 아달라에게 넘어갔다. 특히, 아달라왕과 관련해서 아달라왕 조에서는 '三十一年, 春三月, 王薨'이라고 하였으나, 벌휴왕 조에서는 '阿達羅薨, 無子, 國人立之'라고 되어 있다.[19]

C-1. 벌휴이사금이 왕위에 올랐다. 왕의 성은 석씨로 탈해왕의 아들인 각간 仇鄒의 아들이다. (中略) 〔전왕인〕 아달라이사금이 죽었는데 〔왕위를 계승할〕 아들이 없어서 國人이 벌휴를 왕으로 세웠다.

C-2. 나해이사금이 왕위에 올랐다. 伐休王의 손자이다. (中略) 외모가 웅장하고 훌륭하며 재주가 뛰어났다. 전왕의 태자 骨正과 둘째 아들 伊買가 먼저 죽었고 太孫은 아직 어렸기 때문에, 이매의 아들을 왕위에 세웠다.

C-3. 조분이사금이 왕위에 올랐다. 성은 석씨로 伐休尼師今의 손자이다. (中略) 왕은 키가 크고 풍채가 좋았으며, 일을 처리함에 사리에 맞고 결단력이 있어서, 國人이 두려워하면서 공경(國人畏敬之)하였다.

---

19) 이와 연관해서 하대의 神德王이 아달라왕의 遠孫이라는 기록에는 무엇인가 잘못이 있다고(末松保和, 1954, 「新羅三代考」『新羅史の諸問題』, 東洋文庫, 32~35쪽) 하거나, 신덕왕의 계보를 아달라왕에 끌어올린 것은 혁거세를 시조로 하는 박씨 세력집단의 후손 중의 한 사람으로, 그의 계통을 찾다 보니 박씨왕으로서 마지막에 재위하였던 아달라왕에 연결시켰다는 추측(이종욱, 앞의 책, 127쪽)도 있다.

C-4. 첨해이사금이 왕위에 올랐다. 助賁王의 同母弟 동생이다.

위의 C群에 해당하는 기사는 계보로는 석씨의 혈통을 이어받은 벌휴로부터 나해, 조분, 첨해에 이르는 내용이다. 이를 보면, 벌휴는 아달라가 아들이 없어서 國人이 벌휴를 왕으로 세웠다고 하며, 나해는 벌휴의 손자, 조분은 遺言에 의해 벌휴이사금의 손자이면서, 또한 사위로서 왕위를 이었으며, 첨해는 선왕인 조분왕의 同母弟의 자격으로 왕위를 계승하였다. C-3에서 '國人畏敬之'라는 기록은 "전왕이 돌아가실 때 遺言으로 사위인 조분이 왕위를 이으라고 하였다"라는 내용이 보인다. 조분왕은 벌휴왕의 손자라는 점에서는 나해왕과 동일하지만, 손자이면서 사위라는 위치에 있었다는 점에서 나해왕과는 다른 가족적 배경을 가지고 있었던 것일까? 조분왕의 통치에 대하여 국인들이 두려워하면서 존경하였다는 점 또한 조분왕의 지위가 국인들과 연계되어 있었던 것일까 하는 점이 궁금하기도 하다.

D-1. 미추이사금이 왕위에 올랐다. 성은 김씨이다. (中略) [전왕] 첨해이사금에게 [왕위를 이을] 아들이 없어서, 國人이 미추를 왕으로 세웠다. 이것이 김씨가 나라를 갖게 된 시초이다.
D-2. 유례이사금이 왕위에 올랐다. 조분왕의 장남이다.
D-3. 기림이사금이 왕위에 올랐다. 조분이사금의 손자이다.
D-4. 흘해이사금이 왕위에 올랐다. 나해왕의 손자이다. (中略) 이때 이르러 기림이사금이 돌아가셨는데 아들이 없어서 신하들이 논의해 말하기를, "흘해는 비록 어리나 경험이 많고 나라를 잘 다스릴 덕이 있다"라고 하고, 이에 그를 받들어 왕위에 세웠다.

위의 D群에 해당하는 기사는 계보로는 김씨의 혈통을 이어받은 미추로부터 조분왕의 장남, 조분왕의 손자, 그리고 나해왕의 손자에 이르는 내용이다. 이를 보면, 미추는 전 왕인 첨해에게 왕위를 이을 아들이 없어서, 國人

이 왕으로 세웠다고 하며, 유례는 조분의 장남으로서, 기림은 조분의 손자로서, 흘해는 기림에게 아들이 없어서 그를 받들어 왕위에 세웠다고 하였다.

> E-1. 나물이사금이 즉위하였다. 성은 김이고 仇道葛文王의 손자이다. (中略) 흘해가 죽고 <u>아들이 없어서 나물이 (왕위를) 계승하였다.</u>
> E-2. 실성이사금이 즉위하였다. 알지의 후손으로 이찬 大西知의 아들이다. (中略) 나물이 죽고 그 아들이 어리므로 <u>國人이 실성을 세워 왕위를 잇게 하였다.</u>
> E-3. 눌지마립간이 즉위하였다. (中略) <u>눌지가 이를 원망하여 도리어 왕을 죽이고 스스로 왕위에 올랐다.</u>[反弑王自立]
> E-4. 자비마립간이 즉위하였다. <u>눌지왕의 맏아들이다.</u>
> E-5. 소지마립간이 즉위하였다. <u>자비왕의 맏아들이다.</u>
> E-6. 지증마립간이 왕위에 올랐다. (中略) 전왕이 죽었는데 <u>아들이 없었으므로 왕위를 계승</u>하니, 이때 나이가 64세였다.

위의 E群에 해당하는 기사는 계보로는 김씨의 혈통을 이어받은 나물로부터 이찬 대서지의 아들인 실성, 실성을 죽이고 왕위에 오른 눌지, 눌지의 맏아들인 자비, 자비의 맏아들인 소지, 그리고 소지를 이어서 지증이 왕위에 올랐다고 하였다. 여기서 주목되는 부분은 실성과 눌지에 해당하는 것으로 눌지가 실성을 '도리어 왕을 죽이고 스스로 왕위에 올랐다[反弑王自立]'라고 한 부분인데, 상고의 왕위계승에서 분명하게 '弑王'이라고 표현한 것은 이것이 처음이다. 다시 말해, 구체적으로 정변을 일으켰다고 자백하고 있다는 점이다.

이상에서 언급한 사항 가운데 딱히 정변이라고 서술하고 있는 내용은 보이지 않는다. 상고의 왕위계승과 정변 관련 내용에는 國人이라는 특정 세력이 등장한다. 이를 주목해서 해당 내용을 알기 쉽게 정리해 보면 〈표 1〉과 같다.

〈표 1〉 신라 상고의 政變 관련 내용

왕대	왕명	政變 관련 내용	國人 내용
제4대	파사이사금	婆娑尼師今立. 儒理王第二子也 或云儒理第奈老之子也. 妃金氏史省夫人, 許婁葛文王之女也. 初脫解薨, 臣僚欲立儒理太子逸聖, 或謂 "逸聖雖嫡嗣, 而威明不及婆娑." 遂立之. 婆娑節儉省用而愛民, 國人嘉之.	國人嘉之
제9대	벌휴이사금	伐休尼師今立. 姓昔, 脫解王子仇鄒角干之子也. 母姓金氏, 只珍内禮夫人. 阿達羅薨, 無子, 國人立之. 王占風雲, 預知水旱及年之豐儉, 又知人邪正, 人謂之聖.	國人立之
제11대	조분이사금	助賁尼師今立. 姓昔氏, 伐休尼師今之孫也. 父骨正葛文王, 母金氏玉帽夫人, 仇道葛文王之女. 妃阿爾兮夫人, 奈解王之女也. 前王將死, 遺言以壻助賁繼位. 王身長, 美儀采, 臨事明斷, 國人畏敬之.	國人畏敬之
제13대	미추이사금	味鄒尼師今立. 姓金. 母朴氏, 葛文王伊柒之女, 妃昔氏光明夫人, 助賁王之女. 其先關智出於雞林, 脫解王得之, (中略) 仇道則味鄒之考也. 沾解無子, 國人立味鄒, 此金氏有國之始也.	國人立味鄒
제18대	실성이사금	實聖尼師今立. 關智裔孫, 大西知伊湌之子. 母伊利夫人, 伊一作企 昔登保阿干之女. 妃味鄒王女也. 實聖身長七尺五寸, 明達有遠識. 奈勿薨, 其子幼少, 國人立實聖 繼位.	國人立實聖
제19대	눌지마립간	奈勿王三十七年, 以實聖質於高句麗, 及實聖還爲王, 怨奈勿質己於外國, 欲害其子以報怨. 遣人招在高句麗時相知人, 因密告, (中略) 乃歸. 訥祇怨之, 反弑王自立.	反弑王自立

〈표 1〉에서 國人이라는 존재가 등장할 때마다 왕위계승에 변이가 있었음을 확인할 수 있다. 이들 내용을 조금 더 자세히 검토할 필요가 있다. 사실 지금까지는 國人의 존재와 용례를 중심으로 그 자체에 의미를 부여하는 데 초점이 맞추어 연구가[20] 진행되었다고 볼 수 있다. 필자는 상고의 왕위계승에서 國人이 차지하는 역할에 비중을 두고 살펴보고 하였다. 다시 말해, 위에서 언급한 6개의 國人 관계 기사는 왕의 즉위와 밀접한 관계를

---

[20] 이와 관련해서는, 남재우, 1992, 「신라상고기의 '국인'층」 『한국상고사학보』 10 ; 최의광, 2005, 「'삼국사기' '삼국유사'에 보이는 신라의 '국인' 기사 검토」 『신라문화』 25 ; 2016, 「신라 국인의 의미」 『한국동북아논총』 79 등이 참고된다.

보여주면서, 동시에 國人이 일정한 역할을 담당하였음을 보여준다. 우선 전왕이 후계자를 남기지 못하여 無子인 경우인데, 벌휴와 미추가 여기에 해당한다. 다른 경우는 왕으로서의 자질이 뛰어나기 때문이거나('威明不及 婆娑'), 선왕의 유언에 의해서('遺言'), 혹은 후계자가 아직 너무 어리기 때문('其子幼少')이라는 이유에서 적자에 의한 정통 승계가 불가능하였다. 다른 하나는 '弑王自立'한 경우이다. 이러한 사정이 있었을 때는 영락없이 國人이 등장하여 새 왕을 옹립하거나, 그 치세를 지지하는 모습을 보이고 있다. 적자에 의한 정통 승계가 불가능했고, 그래서 많은 경쟁자를 제치고 새 왕이 옹립되는 과정이 늘 순조로울 수는 없었을 것이다. 역사상 '禪讓'이라고 분식된 많은 왕위계승이 사실은 치열한 왕위 다툼의 결과였다는 점은 널리 알려진 사실이다. 위에서 예시한 왕위계승은 일군의 세력에 의해서 추진되었으며, 이러한 상황의 전개를 '정변'이라고 규정하여도 좋지 않을까 한다. 또한 앞에서 이미 지적하였듯이, 신라 상고의 왕위계승에서 정변은 國人과 무관치 않았으며, 이는 당시 신라의 왕권이 확고한 집권체제를 갖추지 못하였던 상황을 반영하고 있는 것이라 하겠다.

  요컨대, 상고 시기의 왕위계승 사료에서 보이는 政變 관계 자료를 國人이라는 함수를 중심으로 究明해보았다. 특히, 상고의 왕위계승에서 國人을 동반한 경우는 크게 셋으로 나눌 수 있는데, 하나는 전왕이 '無子'인 경우로서 벌휴와 미추이며, 둘째는 '威明不及婆娑', '遺言', '其子幼少' 등의 요건을 부기하고 있으며, 셋째는 '弑王自立'한 경우이다. 이로써 지금까지 상고의 왕위계승을 이해하는 데 큰 걸림돌로 작용했던 박·석·김 3성의 성씨 사용 문제와 교립과 분립, 즉 병렬의 문제 등이 선결되면서, 비로소 政變이라는 함수를 통해서 신라 초기 기록의 신뢰에 관한 진전을 보일 수 있었다고 생각한다.

3. 中古의 왕위계승과 정변

1) 중고의 왕위계승과 정변

중고에 해당하는 왕은 법흥왕부터 진흥왕, 진지왕, 진평왕, 선덕왕, 진덕왕이다. 이 장에서는 중고의 왕위계승과 정변이라는 관점에서 첫째로 진지왕의 폐위와 진평왕의 즉위 문제를, 둘째로 선덕왕의 즉위와 국인의 문제를 검토해 보고자 한다.

첫째로, 진지왕의 폐위와 진평왕의 즉위 문제를 살펴보려면 기왕의 연구 성과를 참고해야 한다. 이를 어떻게 이해해야 할 것인지에 대해서는 이미 많은 견해가 제기된 바 있다. 그 가운데 舍輪系와 銅輪系의 대립이 진지왕 폐위의 가장 커다란 원인이있고, 진지왕의 '荒亂荒婬'은 진지왕이 폐위되는 직접적인 원인이 아니었다는 견해[21]가 있으며, 진지왕은 제왕의 위용을 갖추지 못하였는데, 진지왕의 강력한 후원자인 거칠부가 사망하자, 반대 세력이 곧바로 그를 폐위하였으며, 그 후 진지왕은 2년 남짓 유폐 상태로 지내다가 사망한 것으로 이해한 견해[22]도 제기되었다. 또한 백정을 중심으로 한, 즉 동륜태자와 연결된 진골 귀족들이 진지왕을 폐위시킨 뒤에 '정란황음'을 폐위의 명분으로 제시하였다고 보거나[23], 진지왕이 박씨 진골 귀족들을 비롯한 새로운 세력과 연대하려고 하다가 실패하자, 숙흘종을 비롯한 진골 귀족들이 진지왕을 폐위시키고 '정란황음'을 표면적인 폐위의 명분으로 내세웠다고 하기도 한다.[24] 그리고 진지왕이 政事를 제대로 돌보지 않아 정치가 문란해진 상황에서, 거칠부 사망 후 진골 귀족 사이에 정국의 주도권을 둘

---

21) 김덕원, 2007, 『신라중고정치사연구』, 경인문화사, 91~94쪽.
22) 이정숙, 2012, 『신라 중고기 정치사회 연구』, 혜안, 80~84쪽.
23) 김기흥, 1999, 「도화녀·비형랑 설화의 역사적 진실」 『한국사론』 42.
24) 고현아, 2016, 「신라 상고기 진흥왕계 왕실의 구축과 정치이념 연구」, 가톨릭대 박사학위논문.

러싸고 갈등이 나타났고, 대외적으로 백제가 신라를 위협하면서 위기감이 고조됨에 따라 진골 귀족들이 진지왕을 폐위시키고 나이 어린 동륜태자의 아들인 백정을 왕위에 옹립하였다는 종합적인 견해[25]도 제기되었다.

　이처럼 다양한 견해가 나오게 된 요인은 『삼국사기』와 『삼국유사』에서 언급하고 있는 내용이 다르기 때문이다. 『삼국사기』에서 언급하고 있는 내용만으로는 진지왕의 폐위와 진평왕의 즉위 문제를 소상하게 밝힐 수가 없다. 따라서 『삼국유사』에 수록된 '國人廢之'와 '政亂荒淫'이라는 기록을 중시하지 않을 수 없는 것이다. 문제는 이 『삼국유사』에서 언급하고 있는 사료를 어디까지 신뢰할 수 있느냐 하는 점이다.

　만일 『삼국유사』의 이 기록을 믿을 수 있다면 진지왕이 왕위에서 물러나게 된 상황은 결코 순조롭게 이루어진 것이 아니며, 진평왕의 즉위 또한 정변에 의해서 가능하였던 것으로 볼 수 있다. '國人廢之'와 '政亂荒淫'이라는 표현은 정변의 원인이 진지왕에게 있었음을 전하는 것이며, 특히 '國人廢之'에서 國人은 정변과 떼려야 뗄 수 없는 관계임을 살펴본 바 있다. 그리고 '품은 뜻이 깊고 굳세며 식견이 밝고 통달하였다'라는 표현은 정변으로 즉위하게 된 진평왕이 왕으로서의 자질을 충분히 갖추고 있었음을 적시함으로써 정변의 정당성까지 표방한 것으로 볼 수 있다.

　여기서는 이러한 점을 전제로 함과 동시에 또 다른 각도에서 정변의 실체에 접근하고자 한다. 하나는 『삼국사기』에서 전하는 진지왕의 사망 '일자(日字)' 기록의 사실성 여부를 고려해 보았다. 또 하나는 진평왕 대 전후 신라 왕릉의 '장지(葬地)' 관련 기사에서 새로운 사실을 확인할 수 있다는 점을 제시해 보았다.

　첫 번째, 진지왕의 죽음과 관련한 『삼국사기』 기사부터 살펴보고자 한다.

---

25) 전덕재, 2019, 「도화녀비형랑 설화의 형성 배경과 역사적 의미」 『신라문화제학술논문집』 40.

A. 〔4년(579)〕 가을 7월 17일에 왕이 돌아가셨다. 시호를 진지라고 하고, 永敬寺 북쪽에 장사지냈다.[26]

위의 A의 기사에서 주목할 것으로는, "가을 7월 17일에 왕이 돌아가셨다"라는 내용이다. 7월 17일이라는 분명한 날짜가 명기하고 있는 것은 특기할 만한 사건이 있었음을 방증해 주는 증거의 하나로 보인다. 이와 관련하여 『삼국사기』에서 보이는 왕의 사망 日字 기록을 전수 조사해서 그 의미와 성격을 규명해 보고자 한다.

먼저, 왕의 죽음과 관련된 날짜를 기재하고 있는 사례를 살펴보자.

B-1. 〔15년(261)〕 겨울 12월 28일에 왕이 갑자기 병이 나서 돌아가셨다.[27]
B-2. 22년(479) 봄 2월 3일에 왕이 돌아가셨다.[28]

위의 B群 기사는 上古에 해당하는 내용으로, 첨해이사금이 갑자기 병이 나서, 자비마립간은 별다른 기록 없이 王薨한 것으로 기재되어 있다. B-1의 기사에서 주목되는 것은 '갑자기 병이 나서'라는 표현이다. 이는 왕이 병이 난 시점을 분명히 알 수 있기 때문이다. B-2의 기사에서 "봄 2월 3일에 왕이 돌아가셨다"라고 하였는데 어떤 연유로 돌아가셨는지는 알 수가 없다. 아마도 사료의 부족 현상이 아닐까 짐작할 뿐이다.

C-1. 〔4년(579)〕 가을 7월 17일에 왕이 돌아가셨다. 시호를 진지라고 하고, 永敬寺 북쪽에서 장사지냈다.[29]
C-2. 〔16년(647) 1월〕 봄 정월에 비담과 염종 등이 "여자 임금[女主]은 나라를

---

26) 『삼국사기』 권4, 신라본기, 진지왕 4년 조.
27) 『삼국사기』 권2, 신라본기, 첨해이사금 15년 조.
28) 『삼국사기』 권3, 신라본기, 자비마립간 22년 조.
29) 『삼국사기』 권4, 신라본기, 진지왕 4년 조.

잘 다스릴 수 없다"라고 하고는 반역을 꾀하여 군사를 일으켰으나 이기지 못하였다. 8일에 왕이 돌아가셨다. 시호를 선덕이라 하고, 狼山에 장사지냈다.[30]

위의 C群 기사는 中古에 해당하는 내용으로, C-1의 기사에서 진지왕은 별다른 기록 없이 王薨한 것으로 기재되어 있다. 이와 달리 C-2의 기사에서 善德王은 비담과 염종 등이 반역을 꾀하여 군사를 일으켰으나 이기지 못하였다는 것으로 보아서, 그 와중에 王薨한 것으로 볼 수 있다. 다시 말해, 왕의 사망 일자가 명시되었다는 것은 왕의 죽음이 자연스럽지 않았고, 무엇인가 특정할 만한 변고가 있었음을 기록한 것이 아닐까 한다.

이상이 신라 上代, 곧 상고와 중고에 해당하는 사항인데, 갑자기 병이 나거나, 반란의 틈에서 王薨한 것으로 기록되어 있다. 실제 상대에 해당하는 내용은 위에서 살펴본 바와 같이, 첨해, 자비, 진지, 善德王에만 나타나고 있음을 알 수 있다. 다시 말해, 상대의 왕위계승 과정에서 왕의 죽음과 관련해서 그 날짜를 구체적으로 명시하고 있는 경우는 그리 많다고 할 수 없다. 이는 자료의 부족이나 한계라고 할 수도 있지만, 그보다는 사망 日字 기록의 명시가 거의 예외적이었다고 보는 것이 합리적인 해석이라고 할 수 있을 것이다.

이에 반해, 中代와 下代에 해당하는 내용 가운데 왕의 죽음과 관련해서 날짜를 기재하고 있는 사례를 다수 찾을 수 있다. 특히, 그 내용이 遺言이나 詔와 관련되어 있다는 점이 흥미롭다. 비록 상대의 기록은 아니지만, 논지의 전개나 서술의 편의를 위해서 그에 관한 사항을 살펴보고자 한다. 먼저, 中代에 해당하는 문무왕은 遺詔를 남김으로써 그의 사망 日字 기록에 관한 사항을 확인할 수 있다.

---

30) 『삼국사기』 권5, 신라본기, 善德王 16년 조.

D. [21년(681)] 가을 7월 1일에 왕이 죽었다. 시호를 문무라 하였다. 여러 신하가 유언으로 동해 입구의 큰 바위 위에서 장례를 치렀다.[31]

위의 D의 기사는 다 아는 바와 같이, 문무왕의 죽음과 대왕암이라는 장지 문제를 확인할 수 있는 내용이다. 이를 보면, "여러 신하가 유언으로 동해 입구의 큰 바위 위에서 장례를 치렀다"라는 표현으로 보아, 날짜의 명시가 자연스럽다.

다음으로, 下代에 해당하는 사항을 살펴보면 다음과 같다.

E-1. [6년(785) 1월] 이달에 왕이 병으로 자리에 누웠는데 낫지 않았으므로 詔를 내려 말하였다. (중략) 죽은 뒤에는 불교 법식에 따라 [시신을] 불태우고 뼈를 동해에 뿌려라." 13일에 이르러 [왕이] 죽으니 시호를 宣德이라 하였다.[32]

E-2. [14년(798)] 겨울 12월 29일에 왕이 죽었다. 시호를 원성이라 하고, 遺命에 따라 관[柩]을 옮겨 봉덕사 남쪽에서 화장하였다.[33]

E-3. [원년(839)] 왕이 큰 병으로 드러누웠다. [왕의] 꿈에 이홍이 화살을 쏘아 등에 맞았는데, 잠에서 깨어보니 등에 종기[瘡]가 났다. 이달 23일에 이르러 [왕이] 죽었다. 시호를 신무라 하고, 弟兄山 서북쪽에 장사 지냈다.[34]

E-4. 19년(857) 가을 9월에 왕이 병이 들었다. 유언이 담긴 조서를 내려 말하기를, (중략) 7일이 지나 왕이 죽으니, 시호를 문성이라 하고, 孔雀趾에 장사를 지냈다.[35]

E-5. 5년(861) 봄 정월에 왕이 병으로 침상에 누워 위독해지자 좌우의 신하들

---

31) 『삼국사기』 권7, 신라본기, 문무왕 21년 조.
32) 『삼국사기』 권7, 신라본기, 宣德王 6년 조.
33) 『삼국사기』 권10, 신라본기, 원성왕 14년 조.
34) 『삼국사기』 권10, 신라본기, 신무왕 원년 조.
35) 『삼국사기』 권11, 신라본기, 문성왕 19년 조.

에게 일러 말하기를, (중략) 이달 29일에 죽으니, 시호를 헌안이라 하고 孔雀趾에 장사를 지냈다.[36]

E-6. [15년(875)] 여름 5월에 용이 왕궁의 우물에 나타났다. 잠시 뒤에 구름과 안개가 사방에서 모여들자 날아갔다. 가을 7월 8일에 왕이 죽었다. 시호를 경문이라고 하였다.[37]

E-7. [12년(886)] 여름 6월에 왕이 병이 들자 나라 안의 죄수를 사면하였다. 또 황룡사에서 백고좌회를 열고 경전을 강론하였다. 가을 7월 5일에 왕이 죽었다. 시호는 헌강이라고 하였으며, 菩提寺 동남쪽에 장사 지냈다.[38]

E-8. [2년(887)] 여름 5월에 왕이 병이 들었다. (중략) 가을 7월 5일에 왕이 죽었다. 시호를 정강이라고 하고, 菩提寺 동남쪽에 장사 지냈다.[39]

E-9. 11년(897) 여름 6월에 왕이 좌우 신하에게 이르기를, (중략) 태자 요에게 왕위를 넘겼다. [11년(897)] 겨울 12월 을사(4일)에 왕이 北宮에서 죽었다. 시호를 진성이라고 하고, 黃山에 장사를 지냈다.[40]

위의 E群의 기사를 살펴보면, 크게 둘로 나누어 볼 수 있는데, 하나는 E-1이 詔를 내려, E-2는 遺命에 따라, E-4는 遺言이 담긴 조서를 내려 등으로 볼 수 있으며, 다른 하나는 E-3은 등에 종기가 나서, E-5는 병으로 침상에 누워 위독해져서, E-6은 용이 왕궁의 우물에 나타나서, E-7은 왕이 병이 들어서, E-8도 왕이 병이 들어서, E-9는 왕이 北宮에서 죽어서라고 하듯이 그 명분이 제시되어 있다. 해당 사실을 알기 쉽게 정리하면 〈표 2〉와 같다.

---

36) 『삼국사기』 권11, 신라본기, 헌안왕 5년 조.
37) 『삼국사기』 권11, 신라본기, 경문왕 15년 조.
38) 『삼국사기』 권11, 신라본기, 헌강왕 12년 조.
39) 『삼국사기』 권11, 신라본기, 정강왕 2년 조.
40) 『삼국사기』 권11, 신라본기, 진성왕 11년 조.

〈표 2〉 신라 왕의 죽음과 날짜 내용

순서	왕명	왕의 죽음과 날짜	비고
1	첨해이사금	(一十五年) 十八日, 王暴疾薨.	王暴疾
2	자비마립간	二十一年, 春二月, 夜赤光如匹練, 自地至天. 冬十月, 京都地震. 二十二年, 春二月三日, 王薨.	(自然災害)
3	진지왕	(四年) 十七日, 王薨. 諡曰眞智, 葬于永敬寺北.	(廢位)
4	善德王	十六年, 春正月, 毗曇·廉宗等謂, "女主不能善理." 因謀叛擧兵, 不克. 八日, 王薨. 諡曰善德, 葬于狼山.	不克
5	문무왕	秋七月一日, 王薨. 諡曰文武. 群臣以遺言, 葬東海口大石上.	群臣以遺言
6	宣德王	(六年) 是月, 王寢疾彌留, 乃下詔曰, (中略) 死後依佛制燒火, 散骨東海. (中略) 至十三日薨. 諡曰宣德.	乃下詔曰
7	원성왕	冬十二月二十九日, 王薨. 諡曰元聖, 以遺命擧柩燒於奉德寺南.	以遺命
8	신무왕	(元年) 王寢疾. 夢利弘射中背, 旣寤瘡發背. 至是月二十三日, 薨. 諡曰神武, 葬于弟兄山西北.	王寢疾
9	문성왕	十九年, 秋九月, 王不豫, 降遺詔曰, (中略) 越七日王薨, 諡曰文聖, 葬于孔雀趾.	降遺詔曰
10	헌안왕	五年, 春正月, 王寢疾彌留, 謂左右曰, (中略) 是月 二十九日薨, 諡曰憲安, 葬于孔雀趾.	王寢疾
11	경문왕	(十五年) 星孛于東, 二十日乃滅. 夏五月, 龍見王宮井, 湏臾雲霧四合飛去. 秋七月八日, 王薨. 諡曰景文.	(自然災害)
12	헌강왕	(十二年) 夏六月, 王不豫, 赦國內獄囚, 又於皇龍寺設百高座講經. 秋七月五日, 薨. 諡曰憲康, 葬菩提寺東南.	王不豫
13	정강왕	(二年) 夏五月, 王疾病, 謂侍中俊興曰, (中略) 秋七月五日, 薨. 諡曰定康, 葬菩提寺東南.	王疾病
14	진성왕	十一年, 夏六月, 王謂左右曰, (中略) 禪位於太子嶢. (中略) 冬十二月乙巳, 王薨於北宮. 諡曰眞聖, 葬于黃山.	王謂左右曰

요컨대, 신라 上代, 곧 상고와 중고에 해당하는 사항 가운데 왕의 사망 日字를 기록한 것은, '갑자기 병이 나거나', '반란의 틈에서 王薨한' 것으로 기록되어 있으며, 자비왕과 진지왕은 자세한 내막을 알 수가 없다. 이러한 사실을 좀 더 확인하기 위해서 중대와 하대의 사례를 검토한 바, '여러 신

하가 유언으로' 또는 '詔를 내리는' 경우 등이 있으며, 한편으로는 병과 관련해서 왕의 죽은 날짜를 알 수 있는 경우 등으로 구분할 수 있다. 그런 점에서 진지왕의 죽은 날짜 명시는 분명히 특기할 만한 사안이 있었다고 볼 수 있을 것이다.

두 번째, 진평왕 대 전후 신라 왕릉의 '葬地' 관련 기사를 살펴보고자 한다. 법흥왕부터 진덕여왕에 이르는 시기에는 각 왕릉의 위치를 상세히 언급했으므로 그 자료를 적극적으로 활용해 보고자 한다. 이는 진평왕 대를 새롭게 조명할 수 있는 주요한 사료라고 판단하기 때문이다. 해당 사실을 알기 쉽게 정리해 보면 〈표 3〉과 같다.

〈표 3〉 진평왕 대 전후 葬地 관계 기사

왕명	관련 기사	諡號 기사	葬地 기사
법흥왕	27년(540) 가을 7월에 왕이 돌아가셨다.	시호를 法興이라 하였다.	애공사(哀公寺) 북쪽 산봉우리에 장사를 지냈다.(葬於哀公寺北峯)
진흥왕	〔37년(576)〕 가을 8월에 왕이 돌아가셨다.	시호를 眞興이라 하였다.	애공사(哀公寺) 북쪽 산봉우리에 장사를 지냈다.(葬于哀公寺北峯)
진지왕	〔4년(579)〕 가을 7월 17일에 왕이 돌아가셨다.	시호를 眞智라고 하였다.	영경사(永敬寺) 북쪽에 장사를 지냈다.(葬于永敬寺北)
진평왕	54년(632) 봄 정월에 왕이 돌아가셨다.	시호를 眞平이라 하였다.	한지(漢只)에 장사를 지냈다.(葬于漢只)
선덕여왕	〔16년(647)〕 1월 8일에 왕이 돌아가셨다.	시호를 善德이라 하였다.	낭산(狼山)에 장사를 지냈다.(葬于狼山)
진덕여왕	8년(654) 봄 3월에 왕이 돌아가셨다.	시호를 眞德이라 하였다.	사량부(沙梁部)에 장사를 지냈다.(葬沙梁部)
태종무열왕	〔8년(661) 6월〕 왕이 돌아가셨다.	시호를 武烈이라 하였다.	영경사(永敬寺) 북쪽에 장사를 지냈다.(葬永敬寺北)
문무왕	〔21년(681)〕 가을 7월 1일에 왕이 돌아가셨다.	시호를 文武라고 하였다.	동해구의 큰 바위 위에서 장사를 지냈다.(葬東海口大石上)

위의〈표 3〉을 통해서 보면, 몇 가지 사실을 파악할 수 있다. 첫째는 각 왕이 돌아가신 연월을 기록하였으며 또는 일까지 자세히 기재하고 있다.

특히, 진지왕, 선덕여왕, 문무왕 등이 그에 해당한다. 둘째는 왕명이나 시호가 같다는 점이다. 이는 중고기에 들어서면서 중국식 시호제를 적극적으로 원용한 결과라고 볼 수 있다. 셋째는 葬地 관련 기사인데, 이 부분이 진평왕을 전후한 시기를 이해하는데 관건이 된다고 하겠다.

다시 말해, 법흥왕[葬於哀公寺北峯]과 진흥왕[葬于哀公寺北峯]은 그 장지가 같다. 『삼국사기』에서는 진지왕의 장지를 영경사 북쪽[葬于永敬寺北]이라고 해서 앞의 두 왕의 장지인 애공사와 다른 영경사라는 명칭을 사용하고 있음을 알 수 있다. 그런데 『삼국유사』에는 진지왕릉의 위치를 '陵在哀公寺北'이라고 표기해 놓음으로써 법흥왕과 진흥왕 그리고 진지왕릉이 모두 애공사라는 공통점을 나타내고 있으며, 西岳에서 그 위치를 찾아내고 있다.[41]

이와 반해서 진평왕[葬于漢只], 선덕여왕[葬于狼山], 진덕여왕[葬沙梁部]은 왕릉의 위치가 西岳과는 거리가 먼 곳으로 표현되어 있다. 다시 말해, 진평왕은 신라 6부 가운데 한 部인 한지부를 중심으로, 선덕여왕의 왕릉은 낭산에 위치되고 있으며, 진덕여왕은 진평왕과 유사하게 신라 6부 가운데 한 部인 사량부에 왕릉이 소재하고 있음을 전하고 있다. 이것은 무엇을 의미하는 것일까.

그에 반해서 다시 태종무열왕(葬永敬寺北)은 다시 西岳의 영경사 북쪽으로 장지가 기록되어 있다. 앞에서 살펴본 진지왕의 장지가 영경사 북쪽[葬于永敬寺北] 또는 애공사 북쪽[陵在哀公寺北]으로 위치되어 있으므로, 실상 영경사나 애공사의 위치가 같거나 비슷한 지역에 있었던 사찰로 이해되고 있다. 그런데 진지왕의 손자인 태종무열왕의 장지가 또다시 '葬永敬寺北'으로 기재되고 있다는 점은 주목할 필요가 있다. 다시 말해, 진평왕과 진평왕의 가계인 선덕왕과 진덕왕의 葬地가 기왕의 왕릉 지역과는 별개의 지역에 왕릉이 건립된 이유는 무엇인지 궁금하다. 게다가 진덕왕 이후 즉위하였던 태종무열왕 이후에는 다시 기존의 왕릉 지역으로 회귀하였다는

---

41) 이근직, 2012, 『신라왕릉연구』, 학연문화사

점은 무엇을 의미하는 것일까 하는 점이다. 진평왕계가 별도 지역에 매장되었던 이유가 궁금하지만, 현재로서는 알 수 없다.

다음으로, 善德王의 즉위 과정에서 등장하는 國人의 실체에 접근해 보고자 한다.

> F-1. 선덕왕이 왕위에 올랐다. 이름은 덕만이고, 진평왕의 맏딸이다. (중략) 왕이 죽고 아들이 없자 國人이 덕만을 왕으로 세우고 聖祖皇姑라는 칭호를 올렸다.
> F-2. 전 임금 때 당나라에서 가져온 모란꽃의 그림과 꽃씨를 덕만에게 보였는데, 덕만이 말하기를, "이 꽃은 비록 빼어나게 아름다우나 틀림없이 향기가 없을 것입니다"라고 하였다. (중략) 미리 알아보는 식견이 이와 같았다.
> F-3. 원년(632) 2월에 大臣 乙祭에게 나라의 정치를 총괄하게 하였다.

위의 F群 기사는 선덕왕의 즉위 전후와 관련한 내용을 보여주고 있다. F-1은 선덕왕이 왕위에 오르는 과정을 알려주는데, "왕이 죽고 아들이 없자 國人이 왕으로 세우고"라는 내용으로 보아 상고의 왕위계승 자료와 같은 맥락으로 보인다. 그런데 國人이 등장하고 있는 점은 당시 신라 사회에서 진평왕의 죽음 이후 선덕왕의 즉위 과정에서 왕위계승과 관련해서 모종의 논의가 있었음을 시사한다. 특히 F-2의 기사는 선덕왕의 '미리 알아보는 식견'을 강조하기 위해서 해당 내용을 수록하고 있다는 점도 예외적 기사임에 틀림이 없다고 보인다. 더 나아가 F-3의 기사는 선덕왕이 왕위에 오른 그해 (632) 2월에 大臣 乙祭에게 나라의 정치를 총괄하게 하였다는 것이다. 이와 관련하여, 을제에 관한 다른 자료가 찾아지는데, 이는 주목할 만하다. 다시 말해, 『舊唐書』 권199 신라전과 『冊府元龜』 권964 外臣部에는 大臣 乙祭와 연관하여 '宗室大臣乙祭'라고 하는 기사가 보인다는 점이다. 이는 비록 '宗室'이라는 두 글자로 한정할 수도 있지만, 여기서 종실은 선덕왕을 직접적으로 후원하는 세력, 즉 정변의 주요 세력으로 이해해도 좋을 듯싶다.

이러한 사정은 중고 이후에도 몇 가지 내용이 보인다. 그 가운데 善德王의 경우 진평왕이 無子인 경우에도 해당하지만, 당시 여성의 왕위계승이라는 점에서 강력한 지지 세력이 필요하였을 것이며, 그 실체가 國人이었을 것으로 생각된다. 이러한 사정은 중고 이후에도 몇 가지 사례가 보인다. 해당 사실을 알기 쉽게 정리해 보면 〈표 4〉와 같다.

〈표 4〉 신라 중고 이후의 國人과 政變 관련 내용

왕대	왕명	政變 관련 내용	國人 내용
27대	선덕왕	善德王立. 諱德曼, 眞平王長女也. 母金氏摩耶夫人. 德曼 性寬仁明敏. 王薨, 無子, 國人立德曼, 上號聖祖皇姑.	國人立德曼
33대	성덕왕	聖德王立. 諱興光. 本名隆基, 與玄宗諱同, 先天中改焉. 神文王第二子, 孝昭同母弟也. 孝昭王薨, 無子, 國人立之.	國人立之
38대	원성왕	元聖王立. 諱敬信, 奈勿王十二世孫. (中略) 及宣德薨 無子 國人皆呼萬歲.	國人皆呼萬歲
53대	신덕왕	神德王立. 姓朴氏, 諱景暉, 阿達羅王遠孫 父乂兼, 事定康大王爲大阿湌, 母貞和夫人, 妃金氏憲康大王之女. 孝恭王薨無子 爲國人推戴卽位.	國人推戴卽位

중고 이후 등장하는 정변에 의한 왕위계승이라고 생각되는 경우, 두 가지 사실이 확인된다. 하나는 國人과 연관된다는 점, 또 하나는 모두 아들이 없다는 점[無子] 즉, 적자가 없다는 사실이 확인되는데, 따라서 이들의 즉위 또한 정변에 의한 경우로 이해할 수 있다는 점이다. 예를 들면, 善德王, 성덕왕, 원성왕, 신덕왕이 그에 해당하며, 이들의 공통점은 國人과 관련되며, 또한 모두 前王의 아들이 없었다는 점에서 주목된다고 하겠다.
　여기서는 자세히 검토할 여유가 없다. 물론 下代에는 다양한 형태의 정변 또는 쿠데타가 나타나고 있지만, 이들에 관한 기사는 '亂'·'叛'·'逆'의 형태로 기록되어[42] 있으므로, 이 글에서는 그러한 사항을 언급하지 않는다.

---

42) 이러한 내용은 최희준, 2024, 「신라 하대의 쿠데타와 대외교섭」『한국고대사탐구』 46을 참조.

2) 왕권의 정통성 확보와 좌절

여기서는 중고의 왕위계승에서 주목되는 진평왕을 중심으로 해당 시대의 사회상을 점검해보려고 한다. 특히, 진지왕의 폐위와 진평왕이 지니는 적통의 종손이라는 측면에서 왕권의 정통성 확보와 좌절이라는 문제를 검토해 보고자 한다. 신라 중고 시기는 법흥왕과 진흥왕이 신라 사회를 다양하게 변모시키고 있음은 다 아는 사실이다. 진평왕은 신라 사회의 발전적 측면을 계승하면서 즉위하였다.

진평왕의 즉위는 진흥왕 이후 방계로 이어졌던 왕위를 다시 적손이 승계함으로써 정통성을 회복한다는 의미를 지닌다. 앞에서 이미 지적하였듯이, 이 과정이 진지왕의 '정란황음'이라는 실정에 의해서 불가피하게 이루어진 '폐위'에 의해서 성립되었다. 사료에 직접적으로 표현되어 있지는 않지만, 그 과정이 순조롭기는 어려웠을 것이며, 그 과정을 정변이라고 해도 좋을 것이다. 이렇게 즉위한 진평왕은 재위 54년이라는 적지 않은 기간에 다양한 업적을 남겼다. 또한 그의 사후 신라 사회는 또 하나의 역사적 변화를 경험하게 된다.

이 장에서는 그와 관련하여 어떠한 변화를 가져왔는지 하는 점에 초점을 맞추어서 진행하려고 한다.[43] 이를 위해, 진평왕의 주요 업적을 두 가지로 나누어 정리해 보려고 한다. 하나는 진평왕 대 정치·사회적 관련 내용이며, 또 하나는 진평왕 대 불교 관련 기사의 내용이다. 이러한 분류는 앞선 법흥왕과 진흥왕 대의 역사적 사실과 밀접한 관련이 있기 때문이다. 법흥왕의 사실을 간단히 분류해 보면, 정치·사회적 사항과 연관해서 볼 수 있는 내용으로 병부의 설치, 율령의 반포, 백관의 공복 제정, 상대등의 설치, 건원 연호 시행 등이 있으며, 불교 관련 내용으로는 佛法이 비로소 유

---

43) 이에 대해서는, 이기백, 1974, 「품주고」 『신라정치사회사연구』, 일조각, 141쪽 참고.

행하거나, 令을 내려 살생을 금하게 하는 등을 엿볼 수 있다.
　아울러 진흥왕 대의 사실을 간단히 분류해 보면, 정치·사회적 사항과 연관해서는 병부령의 설치, 국사의 편찬, 개국 연호의 사용, 新州의 설치, 태창 연호의 사용, 홍제 연호의 사용, 화랑제 설치 등이 있으며, 불교 관련 내용으로는 흥륜사의 완공, 승려의 출가 허락, 入學僧 각덕의 왕래, 황룡사의 창건, 안홍법사의 역할 등을 엿볼 수 있다.
　이러한 사실은 진평왕 대에도 그대로 계승이 되는데, 정치·사회적 사항은 위화부의 설치, 선부서의 충원, 조부령과 승부령의 확충, 예부령과 영객부령, 병부대감 그리고 시위부, 상사서, 대도서의 증원 등이 보인다. 위화부는 이부와 같다는 표현대로 정부의 인사와 관련된 업무를 총괄하며, 선부서의 설치는 병부에서 분리되어 내륙과 해양의 업무를 관리하는 역할을 하고, 조부와 승부는 세금 징수와 교통을 맡았다고 볼 수 있다. 예부와 영객부의 설치는 신라 사회가 국제적으로 활동할 수 있는 기반을 마련하는 데 기여되었으며, 병부대감과 시위부, 상사서, 대도서의 인원 확장은 신라 사회의 발전과 짝하여 나타난 결과라고 할 수 있다.
　다음으로, 불교 관련 기사의 내용으로는 고승인 원광과 담육 관련 사항이 많다. 이를 제외하면 실제로 영흥사에 불이 나서 가옥 350채를 태웠으므로 왕이 몸소 나아가 구제하였다는 내용, 삼랑사의 완공, 황룡사에 관한 내용이 보인다. 진평왕 대의 불교 관련 기사는 주로 원광과 담육 불법의 전수 내용과 대외관계 관련 내용을 보여준다. 아울러 영흥사, 삼랑사, 황룡사 등의 사찰과 관련하여 불경을 강설하거나 행차하는 기사가 보인다.
　이를 정리해 보면, 진평왕 대의 정치·사회적 변화를 담보하는 다양한 관부의 설치와 확장, 그리고 원광과 담육으로 대표되는 중국 문화의 수용, 즉 고승의 중국 유학과 불교 이념의 확장 등은 법흥왕과 진흥왕 대의 발전 전략을 그대로 계승한 것으로 볼 수 있다. 이를 통해 진평왕 대는 더욱 정치·사회적으로 변모함과 아울러 동시에 사상적으로 불교 이념의 확장을 모색하고 있음을 확인할 수 있다.

그런데 이러한 정치·사회적 변화와 사상적 측면에서의 불교 사상이 점차 확충되고 있지만, 또 다른 문제가 사회 일각에서 발생하고 있다는 점을 간과해서 안 될 것이다. 그것이 바로 진평왕의 중앙집권적 왕권 강화와 함께 나타나는 골품제의 변화라는 측면이다. 이와 관련해서 다음에 보이는 기사는 주목된다.

> I. 설계두. 역시 신라 명문 가문의 자손이다. 일찍이 친구 4명과 함께 모여 술을 마시며 각자 그 뜻을 말하였다. [설]계두가 말하기를, "신라에서는 사람을 등용하는 데 골품을 논한다. 진실로 그 족속이 아니면 비록 큰 재주와 뛰어난 공이 있어도 뛰어넘을 수 없다. 나는 원하건대 서쪽 중국에 가서 세상에 드문 지략을 떨치고 특별한 공을 세워 스스로 영광스러운 관직에 올라 고관대작의 옷을 입고 칼과 패옥을 차고서 천지의 곁에 출입하면 만족하겠다"라고 하였다.[44]

위의 I의 기사를 살펴보면, '罽頭曰, "新羅用人, 論骨品. 苟非其族, 雖有鴻才傑功, 不能踰越'라고 해서, 골품에 대한 언급이 나온다. 다시 말해, "신라에서는 사람을 등용하는 데 골품을 말한다. 진실로 그 족속이 아니면 비록 큰 재주와 뛰어난 공이 있어도 뛰어넘을 수 없다"라는 내용이다. 물론 그 이전에도 이러한 제도상 문제가 없지는 않았겠지만, 실제 그러한 사실이 폭로되고 있는 시점이 바로 진평왕 대라는 점을 간과하여서는 안 될 것이다. 다시 말해, 그 이전과 비교해서 골품제의 차별이 더욱 심해지고 있다는 점을 보여주는 자료로써 활용이 가능할 것이다.

진평왕 대와 관련해서 주목되는 사실 가운데 하나가 바로 '聖骨'이라는 용어의 등장이다. 이에 대해서는 다양한 논의가 있지만, 앞에서 살펴본 진지왕의 폐위와 진평왕의 즉위 이후 드러나는 사회 변화는 성골 의식의 강

---

[44] 『삼국사기』 권47, 열전7, 설계두 조.

화와 무관치 않다는 점을 확인해볼 수 있다. 이러한 논지에서 진평왕 대의 실상에 접근해 보면 당대 신라 사회의 현실이 그리 녹록하지 않았을 것임을 역설적으로 대변해 주는 사료라고 할 수도 있을 것이다.

다시 말해, 진평왕 대의 성골 의식이 대두함으로써 설계두와 같은 衣冠子孫도 결국 신라를 떠나 당나라에 귀부하여 전쟁에 참여하고 있다는 점은 당시의 신라 국내정세에 불만을 품고, 결국 中華國으로 떠나는 모습이 현실로 드러나고 있음을 알려준다. 그렇다면 이러한 사실은 무엇을 말해주고 있을까. 필자는 진평왕을 전후해서 앞의 법흥왕, 진흥왕, 진지왕은 같은 葬地를 공유하고 있으나, 진평왕, 선덕왕, 진덕왕은 그렇지 못하다는 사실에 관심이 간다.

곧, 진덕여왕을 이어서 왕위에 오른 태종무열왕은 다시 법흥왕, 진흥왕 그리고 진지왕을 이어서 영경사 북쪽으로 분명하게 葬地를 기재하고 있음을 볼 수 있다. 이는 성골을 중심으로 재편된 진평왕을 전후한 시기의 변화, 즉 골품제 사회가 법흥왕, 진흥왕, 진지왕 그리고 태종무열왕으로 이어지는 새로운 면모, 곧 진골을 중심으로 편성된 사회적 분위기를 파악해 볼 수 있는 주요한 자료라고 하겠다.

결과적으로 이러한 변화는 무엇을 보여주는 것일까. 한 걸음 더 나아가서 위와 같은 사실을 통해서 신라 중고기 사회의 어떠한 모습을 들여다볼 수 있을까. 그동안 이 시기를 전후해서 많은 관심의 대상이 된 것으로 성골과 진골의 성립과 한계, 즉 골품제 사회의 운영 문제였다. 성골에 관한 표기는 『삼국사기』에는 시조 박혁거세로부터 시작되었다고 하였으나, 『삼국유사』에서는 '以上中古聖骨'이라 하여, 그 시기를 中古로 한정하여 표기하고 있다. 이때의 中古는 어느 때를 가리키는 것일까. 물론 문자 그대로라면 법흥왕부터라고 할 수도 있을 것이다. 그러나 당시의 사회 상황을 자세히 들여다보면, 그것이 바로 진평왕 대라고 할 수 있을 것이다.[45]

---

45) 이와 관련하여 이기동, 1972, 「신라 나물왕계의 혈연의식」 『역사학보』 53·54 :

다시 말해, 신라 사회에서 진평왕, 선덕왕, 진덕왕의 소위 '성골남진(聖骨男盡)'의 범주가 엄연히 존재하였지만, 진평왕은 자신을 포함한 성골 의식을 신라 왕계의 핵심으로 강조하였고, 성골만이 왕위를 계승할 수 있다는 기준을 마련하였지만, 불행하게도 그 자신은 성골 남성 후계자를 남기지 못하였다. 그런데 진평왕은 남성이라는 조건보다 성골이라는 조건을 더 우선시한 결과, 성골이 아닌 남성을 후계자로 삼기보다 차라리 성골인 여성을 후계자로 지명하였다. 진평왕은 재위 54년간 신라 사회를 공고히 하기 위한 제도의 정비와 사상의 확립을 도모하여 군건한 신라를 세우고자 하였으나, 결과적으로 '성골'이라는 제한된 후계자 계승 시도는 그 자체 성공하지 못하였고, 종국에는 신라를 위기에 빠뜨리기도 하였다.

진평왕의 성골 의식으로 인해 선덕왕, 진덕왕으로 이어지는 그들만의 새로운 시대를 창출하였지만, 그것은 결국 단명 왕계, 즉 신병왕계가 3대로서 끝나는 한계에 다다를 수밖에 없었다. 곧, 진평왕의 성골 의식, 여성으로서의 선덕왕의 즉위, 그리고 또 다른 여성 계승자로서의 진덕왕의 즉위와 같은 정치·사회적 한계를 드러내면서, 결국 진지왕을 중심으로 한 새로운 가계가 중대(中代)라는 시대를 개창하게 된다.[46] 흔히 무열왕계로 알려진 왕위계승이 바로 이것이다.

한때 진평왕을 둘러싼 세력들의 정변이 성공하기도 하였다. 그 시간은 성골 의식을 신라 왕계의 핵심으로 강조하였을 뿐, 성골만이 왕위를 계승할 수 있다는 기준으로 인해, 불행하게도 성골 남성 후계자를 남기지 못한 불찰로 나타났다. 결론적으로 3대에 걸친 그들만의 왕계를 열었으나, 정치·사회적으로 각광을 받는 새로운 시스템을 창출하지 못함으로써, 진평왕계는 수명을 재촉하였다는 점에서 정변의 결과를 새삼 떠올릴 필요가 있을 것이다.

1980·1984,『신라 골품제사회와 화랑도』, 한국연구원·일조각 참고.
46) 이에 대해서는, 한준수, 2012,『신라중대 율령정치사 연구』, 서경문화사 참고.

4. 맺음말

이 글에서는 신라 상대의 왕위계승과 그 가운데 발생한 정변의 내용을 다루었다. 또한 상대의 정변을 통해서 왕권이 어떻게 확립되어 갔는지를 살펴보았다. 먼저, 통상 한 왕조의 왕계가 혈통에 의해서 계승된다는 원칙에 주목하여 『삼국사기』 초기 기록에 보이는 성씨의 사용 문제를 '박·석·김' 3성의 사용 시기와 연관하여 검토해 보았다. 또한 한자의 사용 현황을 중심으로 신라 초기에는 그 사용이 여의찮았다는 점에 착안하여, 박씨와 석씨, 그리고 김씨라는 설정이 중고기에 비로소 등장하였으며, 구체적으로는 '성김씨'에 의한 『국사』 편찬과정에서 박씨와 석씨의 성씨가 새롭게 부여된 것으로 추정하였다. 그 결과 상고의 왕위계승 사료도 진흥왕 대의 『국사』 편찬과정에서 소급 적용된 것으로 이해하였다.

다음으로, 중고의 정변과 왕권의 확립과정에서는 진지왕의 폐위와 진평왕의 즉위, 선덕왕과 국인에 주목하였다. 이는 『삼국사기』와 『삼국유사』에 적시된 내용이 서로 다른 형태로 기록되었으며, 따라서 이러한 사료를 어떻게 해석할 것인지 하는 문제 때문이었다. 이를 위해 사료의 행간에 드러나는 역사적 사실을 변증해 보려고 하였다. 기왕의 연구 성과를 토대로 하면서 새로운 방법론을 제시하였는데, 하나는 진지왕의 사망 日字의 사실성, 또 하나는 葬地의 분포 문제 등에 주목하였다. 그 결과 진평왕의 즉위와 선덕왕의 왕위계승은 모두 국인과 연관되었으며, 이 또한 모두 정변에 의한 왕위계승이었음을 살펴보았다.

물론 진평왕의 왕위계승은 성골 의식에 입각한 왕권의 확립과정이었으나, 왕위를 계승할 적자가 없었던 관계로 결국 '聖骨男盡'이라는 족쇄에 걸려 그 진행 과정에 한계를 드러냈다고 보았다. 그리고 태종무열왕에 의한 '중대'의 개창과 더불어 무열왕계가 확립되었으며, 이를 통한 신라의 왕위계승은 하대에 이를 때까지 지속되었음을 규명해 보았다.

한마디로, 신라 상대의 왕위계승 과정에서 정변은 여러 차례 발생하였으며, 그 정변은 국인과 밀접한 관계 속에서 작용하였다는 점을 파악해 보았다. 곧, 정상적인 왕위계승이 난관에 부딪혔을 때는 어김없이 국인이 등장하였으며, 그들로 인해 신라 사회가 새롭게 변화되었다는 점을 확인할 수 있었다.

사회통합과 외교전략의 리더, 태종무열왕

1. 머리말

김춘추는 진지왕의 손자로서, 진평왕, 선덕왕, 진덕왕 대를 거치면서 다양한 정치적·외교적 경험을 축적하였으며, 신라 제29대 태종무열왕(603~661, 재위 654~661)으로 왕위에 오른다. 김춘추의 삶에서는 크게 세 사건이 주목되는데, 첫 번째는 626년 文姬와의 혼인, 두 번째는 642년 大耶城 전투 이후의 외교 행보, 세 번째는 654년 국왕으로의 즉위이다. 그는 7세기 동아시아의 국제질서 변동 속에서 여러 난관을 극복하고 신라에 의한 한반도 통일의 초석을 만들었다. 이 글은 태종무열왕의 정치적인 전략과 외교적 행보를 통해서 그를 신라 사회의 통합과 외교전략의 리더로서 새롭게 조명한 것이다.

김춘추에 관하여는 많은 연구성과가 축적되어 있지만,[1] 이 글에서는 기존의 연구 가운데 부분적으로 소홀하였던, 다음의 두 가지 사항에 집중하여 보았다. 하나는 김춘추의 혼인이다. 김춘추의 혼인에 대해서도 역시 많

---

1) 박순교, 2006, 『김춘추 외교의 승부사』, 푸른역사 ; 이종욱, 2009, 『춘추, 신라의 피, 한국·한국인을 만들다』, 효형출판 ; 주보돈, 2018, 『김춘추와 그의 사람들』, 지식산업사 ; 박순교, 2018, 『김춘추의 집권과정 연구』, 지성인 ; 三池賢一, 1968, 「金春秋の王位繼承」『法政史學』 20 ; 1974, 「金春秋小傳」『古代の朝鮮』, 學生社 ; 1974, 「日本書紀"金春秋の來朝"記事について」『古代の日本と朝鮮』, 學生社 ; 中村修也, 2010, 『白村江の眞實新羅王·金春秋の策略』, 吉川弘文館歷史文化ライブラリ ; 나카무라 슈야 지음· 박재용 옮김, 2013, 『고대 최고의 외교전략가 김춘추』, 역사공간 등이 참고된다.

은 연구가 있으나, 이 글에서는 김춘추가 文姬와의 혼인을 어떻게 전략적으로 활용하였을까 하는 점에 관심을 두었다. 신라의 사회통합 문제를 검토하려고 한다. 또 하나는 김춘추의 외교전략이다. 특히, 고구려·倭·唐으로 이어지는 외교전략의 변화에 집중해 보려고 한다.[2] 그동안의 연구에서도 김춘추의 다양한 외교 행보에 관심을 보였지만, 여기서는 그 가운데 인질[質]이라는 속성에 초점을 맞추어 보았다.

먼저, 김춘추와 가야계 출신 文姬와의 혼인 문제이다. 그 시기에 대하여 『삼국유사』 紀異 태종춘추공 조에서는 선덕왕 대의 사건으로 기록하고 있다. 그런데 「문무왕릉비편」의 제3석에서 '寢時年五十六'이라는 명문이 발견되었으며, 이를 근거로 그 시기를 진평왕 48년(626)으로 이해하기도 한다. 필자는 후자의 내용을 중심으로 살펴볼 것인데, 그 입론의 근거와 文姬와의 혼인이 당시 신라 사회에서 어떠한 의미를 내포하고 있으며, 그것을 사회통합의 측면에서 이해할 수 있는지 하는 부분을 추구해보고자 한다.

다음으로, 大耶城 전투 이후 김춘추의 외교 행보에 주목하고자 한다. 이에 대해서는 이미 여러 연구가 있으나,[3] 필자는 인질[質] 기사에 주목해서 논지를 전개해 보려고 한다. 김춘추는 고구려를 방문했으나 別館에 갇혀 실패하였고, 다시 倭를 방문하였으나, 인질[質]이 되었다. 이후 唐을 방문했을 때는 아들인 문왕과 이후 인문을 宿衛로 삼아 스스로 唐의 인질[質]로 삼았다. 결과적으로 김춘추는 동아시아 국제정세의 변동에 따라 '인질[質]'이라는 존재를 외교전략으로 활용함으로써, 본래의 목적인 백제 멸망뿐만 아니라 신라 中代 사회를 開創한 리더로서 자리매김하였다고 본다. 이러한 점을 다루어보려고 한다.

---

2) 사회통합과 외교전략이라는 용어는 다소 추상적 개념이다. 이 글에서는 김춘추가 어떻게 신라 사회를 효율적으로 통합하였으며, 한편 고구려·倭·唐과의 외교를 어떻게 전략적으로 활용하였는가 하는 점에 주안점을 두었다.

3) 주보돈, 1993, 「김춘추의 외교활동과 신라내정」 『한국학논집(계명대)』 20 ; 박순교, 2006, 위의 책 ; 2018, 위의 책 ; 三池賢一, 1974, 위의 논문 등이 참고된다.

2. 김춘추의 혼인과 사회통합

　혼인은 양 가문을 잇게 해주는 결합일 뿐만 아니라, 개인에게도 매우 중요한 통과의례다. 특히, 국왕의 왕위계승에서 혼인은 국가·사회적으로 주목을 받았으며, 이러한 사실은 史書에도 자세히 기록되었다. 비정상적인 혼인도 어떠한 형태로든지 기재해 놓았다. 신라 사회에서는 소지왕과 碧花 설화, 소지왕 대의 焚修僧과 宮主 설화, 진지왕과 桃花女 설화, 선덕왕 대의 文姬와의 혼인 등이 그것이다.

　『삼국사기』나 『삼국유사』에서 김춘추의 젊은 시절을 소환할 수 있는 사료는 많지 않다. 다만 그의 혼인 기사를 통해서 몇 가지 사실을 찾아보고자 한다. 첫째로, 혼인 시기를 둘러싼 논의를 통하여 그 혼인의 의미를 규명해 보려고 한다. 둘째로, 김춘추의 혼인이 성사되는 과정을 통하여 이 혼인의 성격을 규명해 보려고 한다. 셋째로, 이 혼인은 결과적으로 신라 사회에 어떤 영향을 주었을까 하는 점을 규명해 보려고 한다.

　첫째로, 김춘추의 혼인 시기와 관련하여 다음의 두 기사가 우선 주목된다. 『삼국사기』 신라본기 선덕왕 조에서, 김춘추의 딸 관련 내용이 보인다.

> A-1. 11년(642)〕 이달〔8월〕에 백제의 장군 윤충이 군사를 거느리고 大耶城을 공격하여 함락시켰는데, 도독인 이찬 품석과 사지 죽죽·용석 등이 죽었다.
> A-2. 〔11년(642)〕 겨울에 왕이 장차 백제를 쳐서 大耶城에서의 싸움을 갚으려고 이찬 金春秋를 고구려에 보내서 군사를 청하였다. 처음에 대야성이 패하였을 때 도독인 품석의 아내도 죽었는데, 바로 <u>춘추의 딸이었다</u>.[4]
> A-3. 선덕대왕 11년 壬寅에 백제가 大梁州를 무너뜨렸을 때, <u>춘추공의 딸 古陁炤娘</u>이 남편 품석을 따라 죽었다.[5]

---

4) 『삼국사기』 권5, 신라본기5 선덕왕 11년 조.
5) 『삼국사기』 권41, 열전 김유신 上 조.

위의 A群 기사는 642년의 대야성 전투에서 도독인 품석과 그의 아내인 춘추의 딸 古陁炤娘이 함께 죽었다는 내용이다. 이 기사에서 주목되는 것은 춘추의 딸이 도독인 품석의 아내라는 점이다. 도독은 관등이 급찬(9등)에서 이찬(2등)까지인 자를 임명하였는데, 품석은 이찬이었으므로, 그의 신분은 진골이었다. 따라서 김춘추나 품석은 모두 진골 신분이었으며, 김춘추와 고타소 어머니와의 혼인은 진골 사이의 정상혼이었다고 보인다. 위의 642년으로 환산하면 김춘추의 나이는 40세이며, 그의 딸은 20세 전후로 추정된다. 그러므로 김춘추는 이미 혼인하였으며, 古陁炤娘의 어머니는 文姬 이전에 김춘추와 혼인하였던 先夫人이었다[6]고 볼 수 있다.

『삼국유사』 紀異 태종춘추공 조에는 김춘추와 文姬와의 혼인을 다음과 같이 서술하였다.

> B. 善德王이 남산에 거둥할 때를 기다렸다가 뜰에 땔나무를 쌓아 놓고 불을 지르니 연기가 일어났다. 왕이 그것을 바라보고 "무슨 연기인가?" 하고 묻자 좌우에서 아뢰기를 "아마도 유신이 누이를 불태우려는 것 같습니다." 하였다. 왕이 그 까닭을 물으니, 아뢰었다. "그 누이가 남편도 없이 임신하였기 때문입니다." (중략) 춘추공이 임금의 명을 받고 말을 달려 왕명을 전하여 죽이지 않게 하고, 그 후 떳떳이 혼례를 행하였다.[7]

위의 B 기사에서는 김춘추와 文姬와의 혼인이 선덕왕 대에 이루어진 것으로 서술하였다. 그런데 선덕왕(재위 632~646)이 왕위에 있을 때는 김춘추의 나이가 최소 30대에서 40대에 이른다. 반면 위의 두 기사와는 다른 내용을 전하는 碑片이 발견되었다는[8] 점은 알고 있는 사실이다. 「문무왕릉

---

[6] 황선영, 1985, 「신라 무열왕가와 김유신가의 嫡庶문제」 『부산사학』 9, 6~7쪽.
[7] 『삼국유사』 권1, 기이 태종춘추공 조.
[8] 이영호, 1986, 「신라 문무왕릉비의 재검토」 『역사교육논집』 8의 연구사 검토가 참고된다.

비편」의 제3석에 '寢時年五十六'이라는 내용이[9] 그것이다. 문무왕이 681년 56세에 사망하였으므로, 김법민은 626년(진평왕 48)에 태어났을 것이라는 추정이 가능해지며, 그때 김춘추의 나이는 24세가 된다. 여기서 주목하고자 하는 것은, 해당 시기가 善德王 대가 아니라 眞平王 대라는 점이다. 어찌 보면, 큰 의미를 부여할 내용이 아니라고 할 수도 있으나, 신라와 가야라는 국가 공동체를 상기해 볼 때, 이 사건은 적지 않은 파급이 있었을 것이다.[10]

김춘추와 文姬와의 혼인 시기가 주목되는 것은, 김춘추의 자녀 문제와 연관되기에 그렇다. 또한 그들의 활동 사항과도 관련되기 때문이다. 먼저 김춘추의 자녀 문제에 대하여 살펴보자.

C-1. [2년(648)] 이찬 김춘추와 그의 아들 文王을 唐에 보내 조공하였다. (중략) 춘추가 아뢰기를, "신에게 아들이 일곱 있습니다. 바라건대 폐하聖明의 옆을 떠나지 않고 숙위할 수 있도록 해주십시오"라고 하였다. 이에 그의 아들 문왕과 大監 ▲▲에게 명하였다.[11]

C-2. [2년(655) 3월] 맏아들 法敏을 태자로 삼았다. 나머지 庶子 중에서 文王을 이찬으로, 老且를 해찬으로, 仁泰를 각찬으로, 智鏡과 愷元을 각각 이찬으로 삼았다.[12]

C-3. 태자 法敏과 각간 仁問·각간 文王·각간 老且·각간 智鏡·각간 愷元 등은 모두 文姬가 낳았으니, 당시에 꿈을 샀던 징조가 이같이 나타난 것이다. 庶子는 皆知文 급간과 車得令公·馬得 아간이고, 딸까지 합하면 다섯 명이다.[13]

---

9) 이 명문에 대해서 구체적인 의미를 부여하고 있는 견해(末松保和, 1954, 『新羅史の諸問題』, 東洋文庫, 14~15쪽)가 있는데, 여기서는 김춘추의 혼인을 破戒的인 것으로 이해하고 있어 참고된다.
10) 이에 대해서는 이미 "신라는 그때 가야를 완전히 병합하지 않았다는 것이며, 이때 이르러서 가야를 완전히 병합하였다"(末松保和, 1954, 위의 책, 15쪽)라는 논지는 중요한 시사점이다. 김춘추의 역할을 새롭게 조명할 수 있는 잣대가 된다고 본다.
11) 『삼국사기』 권5, 신라본기 진덕왕 2년 조.
12) 『삼국사기』 권5, 신라본기 태종무열왕 2년 조.

위의 C群 기사는 김춘추의 자녀와 관계된 내용이다. C-1 기사는 김춘추가 唐에 사신으로 갔을 때, '신에게 아들이 일곱 있습니다'라고 한 것으로 보아, 648년 당시 7명의 아들이 있었음을 알려준다. C-2 기사는 국왕에 취임하면서 '맏아들 法敏을 태자로 삼았다'라는 내용이다. 이때 법민의 나이는 관심의 대상이 된다. 왜냐하면 김춘추와 文姬와의 혼인 시기를 이해하는데 주요하기 때문이다. 655년에 법민을 태자로 삼았다면 그의 나이는 27세가 된다. 그렇다면 나머지 庶子라고 기재된 인물의 나이도 고려해야 한다. 만약 7명의 아들이 모두 文姬와의 소생이라면 생물학적으로 대략 12년이 소요된다고 추정된다. 법민이 태자로 임명된 나이가 27세라면 막내의 출생은 15세 전후일 것이다. 이러한 계산법으로 한다면 법민의 출생은 선덕왕(재위 632~647) 대일 수가 없다는 점을 알 수가 있다. 최소 6년 이후가 되기 때문이다.

C-2 기사에서는 "나머지 庶子 중에서 文王을 이찬으로, 老且를 해찬으로, 仁泰를 각찬으로, 智鏡과 愷元을 각각 이찬으로 삼았다"라는 내용이다. 다시 말해, '맏아들 法敏을 태자로 삼았다'라는 내용만 수록되어야 하는데, 거기에 더해서 庶子의 인명과 관등까지 모두 기재하고 있다. 이 점은 『삼국사기』의 일반적 서술과는 차이를 보인다. 이것도 C-2 기사를 이해하는 데 참고가 된다.

그리고 문왕은 648년에 김춘추와 함께 唐으로 들어가는데, 그때 唐에서 받은 직함이 '左武衛將軍'이라는 종3품의 무관직이었다. 左武衛는 궁궐의 숙위와 五府 및 外府를 통괄하였으며, 장군 2인이 있었다고 한다.[14] 이로써 볼 때 문왕의 직함은 그것이 실직이든, 虛職이든, 결코 어린 나이에는 받을 수 없었다고 여겨진다. 이는 문왕의 나이를 이해하는 데 도움이 된다.

C-3 기사는 앞의 C-1 기사와 C-2 기사를 새롭게 살필 수 있는 근거

---

13) 『삼국유사』 권1, 기이 태종춘추공 조.
14) 『新唐書』 권49, 백관 4 16衛 조.

자료가 된다. 하나는 태자와 다른 아들의 관등이 모두 각간으로 정형화되고 있다는 점이다. 즉, '각간 仁問·각간 文王·각간 老且·각간 智鏡·각간 愷元' 등 6명이 角干의 관등으로 일괄하고 있으며, 그들은 文姬의 소생으로 기재하고 있다. 또 하나는 김춘추의 혼인 관계 기사의 다른 면을 엿볼 수 있는 자료가 제시되고 있다는 점이다. 그것은 C-2 기사의 庶子와는 다른 庶子가 등장한다는 점이다. 곧, '서자 皆知文15) 급간과 車得令公16)·馬得 아간이고, 딸까지 합하면 다섯 명이다'라고 하는 것이 이에 해당한다.

이 부분에 대해서는 조금 더 집중할 필요가 있다. 우선 庶子라는 용어의 차이를 확인할 수 있다. 『삼국사기』와 『삼국유사』에서 사용한 庶子라는 용어에서 전자는 여러 아들이라는 의미를, 후자는 嫡庶의 차이에서 보이는 庶子를 지칭하고 있기 때문이다. 또한 전자에서 보이는 서자의 이름은 '法敏·仁問·文土·老且·仁泰·智鏡·愷元' 등으로, 모두 유교적 색채의 인명으로 볼 수 있다. 그런데 후자에서 보이는 '皆知文·車得令公·馬得' 등은 그 이름이 吏讀式 표현으로 볼 수 있다. '모든 문장을 아는 사람[皆知文]·수레를 관리하는 사람[車得(令公)]·말을 관리하는 사람[馬得]' 정도로 해석할 수 있을 것이다. 이러한 용어는 어떻게 이해하는 것이 좋은가. 아마도 당시 왕실에서 국왕의 문서·운송 수단·이동 수단 등을 담당하였던 역할과 밀접한 관계가 있었다고 보인다.

더 나아가 C-3의 기사에서 '幷女五人'이라는 표현도 궁금하다.17) 앞의 庶子 3인을 포함한다면 딸은 2인이 되어야 한다. 전자에서는 아들만 7명으로 기재된 데 반해 후자에서는 아들과 딸을 모두 언급하고 있기 때문이다.

---

15) 이 皆知文에 대해서 知文만을 인명으로 보기도 한다. 三池賢一, 「金春秋小傳」, 『古代の朝鮮』, 學生社, 1974.
16) 車得令公에 대해서는 여러 연구가 진행되었는데, 이에 관한 연구사는 조범환, 2022, 『신라 중대 혼인 정치사』, 일조각, 33~35쪽이 참고된다.
17) 이 부분에서 '幷女五人'을 여자 5인으로 이해하기도 하는데, '幷'의 내용으로 볼 때 '모두'라는 의미로 파악된다.

다시 말해, 文姬의 소생이 7명의 아들만 있었는지, 아니면 C-3의 기사처럼 '幷女五人'에서 2인의 딸 중 文姬의 소생이 있었는지 알 수 없다.
다음으로, 김춘추와 文姬와의 소생으로 기재된 다음의 기사는 이를 이해하는 데 도움이 된다.

D-1. [2년(655) 10월] 왕의 딸인 智照를 대각찬 유신에게 시집을 보냈다.[18]
D-2. 아내는 智炤夫人으로 태종대왕의 셋째 딸이다. 아들 5명을 낳았는데, 첫째는 三光 이찬이고, 둘째는 元述 소판, 셋째는 元貞 해간, 넷째는 長耳 대아찬, 다섯째는 元望 대아찬이다. 딸은 4명이다. 또 庶子로 軍勝 아찬이 있는데, 그의 어머니 성씨는 알 수 없다.[19]

위의 D-1의 기사는 태종무열왕의 딸인 智照를 대각찬 유신에게 시집을 보냈다는 내용이고, D-2의 기사는 김유신의 아내가 智炤夫人으로 태종대왕의 셋째 딸이라는 내용이다. 김유신과 지소부인 사이에서 5남 4녀를 낳았으며, 또한 庶子로 軍勝 아찬이 있다는 것이다. 이 기사를 그대로 신빙한다면 여러 면에서 의문이 남는다.
첫째는, 김유신(595~673)과 지소부인은 655년(태종무열왕 2)에 혼인하였는데, 이때 김유신의 나이가 61세의 고령이었다. 따라서 지소부인은 김유신의 첫 부인이 아니었다. 그 근거로는 장남 삼광이 666년(문무왕 6) 唐에 들어가 숙위하였고, 차남 원술은 672년(문무왕 12) 나당전쟁 때의 석문전투에서 裨將으로 참가한 것으로 알 수 있다. 따라서 이 두 사람은 655년 혼인 이후 출생한 것으로 보기 어렵다.[20]

---

18) 『삼국사기』 권5, 신라본기 태종무열왕 2년 조.
19) 『삼국사기』 권43, 열전 김유신 下 조.
20) 신형식, 1984, 『한국고대사의 신연구』, 일조각 : 선석열, 2001, 「신라사 속의 가야인들」 『한국 고대사 속의 가야』, 혜안 : 문경현, 2007, 「김유신의 혼인과 가족」 『문화사학』 27 : 나카무라 슈야 지음· 박재용 옮김, 2013, 앞의 책 등이 참고된다.

둘째는, 智炤夫人이 태종대왕의 셋째 딸이라고 하였는데, 이는 앞에서 살펴본 C-3의 기사에서는 찾을 수 없는 내용이다. C-3의 기사에 따르면 딸이 두 명이었다고 하였으므로, 위의 D-2의 기사와는 분명 사료의 출처가 다르다는 점을 알 수 있다. 위의 『삼국사기』 열전의 기록을 그대로 믿는다면, 김춘추의 혼인 관련 내용에 새로운 부분이 추가된다고 하겠다.[21] 그런데 여기서 다음의 기사는 주목할 만하다.

E-1. [11년(712)] 가을 8월에 김유신의 아내를 夫人으로 봉하고, 해마다 곡식 1,000석을 주도록 하였다.[22]

E-2. 나중에 지소부인은 머리를 깎고 승복을 입으면서 비구니가 되었다. 이때 [성덕]대왕이 부인에게 이르기를, "지금 안팎이 평안하고 임금과 신하가 베개를 높이 베고 근심이 없는데, 이는 태대각간의 덕분입니다. (중략) 南城의 租 1,000석을 매년 드리겠습니다"라고 하였다.[23]

위의 E群 기사는 김유신의 아내를 夫人으로 봉하고 해마다 곡식 일천 석을 주겠다는 내용이다. 위의 E-1, E-2 기사로 볼 때 지소부인은 최소 712년까지 생존하였다고 할 수 있다. 이를 역산하면 지소부인은 혼인 이후 57년을 더 생존한 것이 되며, 김유신이 79세로 사망하였을 때 지소부인은 그 이후로 40여 년을 더 생존한 셈이 된다. 아마도 지소부인의 삶이 팍팍하였던 데에 따른 보상이 아니었을까 한다. 그것은 아마도 태종무열왕의 셋째 딸이면서 文姬와의 소생이라는 점, 그리고 김유신과의 혼인으로 얽혀

---

21) 이와 관련하여 김춘추의 딸이 셋이 있었는데, 요석공주가 첫째 딸, 김흠운의 부인이 둘째 딸, 지소부인이 셋째 딸이라는 견해(조범환, 2022, 앞의 책, 38~40쪽)도 제기되었다.
22) 『삼국사기』 권8, 신라본기 성덕왕 11년 조. "秋八月, 封金庾信妻爲夫人, 歲賜穀一千石"
23) 『삼국사기』 권43, 열전 김유신 下 조.

있었던 점 등이 참작되었기 때문일 것이다.

이상에서 김춘추와 文姬와의 혼인 시기를 추정해 보았다. 두 사람의 혼인은 『삼국유사』의 기록에 따라 善德王 대에 의해서 승인되었다고 보기 어렵다. 왜냐하면 선덕왕대로 보면, 대야성 전투에서 사망한 古陀炤娘의 나이와 그 밖에 법민, 인문, 문왕 등 김춘추 자녀들의 활동 시기와 맞지 않기 때문이다. 그래서 새로이 발견된 「문무왕릉비편」의 제3석 명문에서 '寝時年五十六'이라는 기록이 더 신뢰할 수 있을 것으로 판단하였다.

둘째로, 김춘추는 왜 文姬와의 혼인을 진행하였을까. 김춘추는 진지왕의 손자로서, 용춘(용수)의 아들로서 성장하였으나, 그의 성장 과정을 알려주는 기사는 찾을 수 없다. 아마도 당시 진평왕 치세에서 그러한 사실을 발견하기는 어려운 일일 것이다. 그런데 김춘추가 文姬와의 혼인을 전후한 시기에서, 사료의 문맥을 통한 역사적 맥락을 찾을 수 있을 것으로 보인다. 이를 살펴보면서 김춘추를 중심으로 한 당시의 상황을 파악해 보고자 한다.

F-1. 〔44년(622)〕 2월에 이찬 龍樹를 內省私臣으로 삼았다.[24]

F-2. 51년(629) 8월에 왕이 대장군 龍春과 舒玄, 부장군 庾信을 보내 고구려의 낭비성을 침공하였다.[25]

F-3. 건복 46년 己丑(629년, 진평왕 51년) 가을 8월에 왕이 이찬 任末里, 파진찬 龍春·白龍, 소판 大因·舒玄 등을 보내 군사를 거느리고 고구려 낭비성을 공격하게 하였다.[26]

F-4. 〔4년(635)〕 겨울 10월에 이찬 水品과 龍樹(또는 龍春)를 보내서 주와 현을 두루 돌며 위문하게 하였다.[27]

F-5. 정관 17년(643) 癸卯 16일 당의 황제가 하사한 경전·불상·가사·폐백을

---

24) 『삼국사기』 권4, 신라본기 진평왕 44년 조.
25) 『삼국사기』 권4, 신라본기 진평왕 51년 조.
26) 『삼국사기』 권41, 열전 김유신 上 조.
27) 『삼국사기』 권5, 신라본기 선덕왕 4년 조.

가지고 귀국하여 탑을 건립하는 일을 왕에게 아뢰었다. 선덕왕이 군신에게 의논하였는데, (중략) 이간 龍春(혹은 龍樹)이 주관하여 小匠 200명을 이끌었다.[28]

위의 F群 기사는 『삼국사기』와 『삼국유사』에서 김춘추와 연관이 있는 인물을 언급한 내용이다. F-1의 기사는 김춘추의 아버지인 용수를 內省私臣으로, F-2와 F-3의 기사는 고구려의 낭비성 전투에 참여하는 인물 가운데 용춘과 유신의 아버지인 舒玄과 유신이 보인다. F-4와 F-5에서는 용춘 또는 용수가 본문과 細註를 통해서 기재되어 있다. 이상의 F群 기사는 공교롭게도 김춘추와 文姬와의 혼인 시기를 전후한 상황과 연결된다.

김유신은 595년(진평왕 17)에 지금의 충북 鎭川에서 출생하였다. 609년(진평왕 31) 15세에 화랑이 되었으며, 그의 낭도를 龍華香徒라고 하였다. 611년 석굴에서 수련하였으며, 다음 해에 열박산에 들어가 기원하고 있다.[29] 그리고는 629년 기사에서 그의 활동이 보인다. 마찬가지로 그의 아버지인 舒玄에 대해서도 별다른 기록이 없다. 다만 舒玄과 김유신은 609년 이전에 경주로 돌아왔다고 볼 수 있다. 그런데 갑자기 위의 F-2와 F-3 기사에서 그들의 활동이 보인다. 이를 어떻게 이해할 수 있을까.

文姬는 가야계 출신이다. 금관가야가 532년에 멸망하였으므로, 김춘추와 文姬와의 혼인은 거의 100여 년의 세월이 흐른 뒤였다. 고구려의 낭비성 전투(629) 때 진평왕은 '대장군 용춘과 舒玄, 부장군 유신' 등을, 또는 '이찬 임말리, 파진찬 용춘·백룡, 소판 대인·舒玄' 등을 내보내고 있다. 대장군의 용춘과 舒玄은 파진찬(4 관등)과 소판(3 관등)으로 참여한다.

김춘추가 文姬와의 비정상적인 혼인을 한 진평왕 48년(626)을 전후한 시점도 중요하다. 위의 F群 기사에서처럼, 진평왕 44년에 김춘추의 아버지

---

28) 『삼국유사』 권3, 탑상 황룡사구층탑 조.
29) 『삼국사기』 권41, 열전 김유신 上 조.

인 용수가 內省私臣으로 임명되었으며, 동왕 51년(629)에는 낭비성 전투에 김춘추와 김유신 가문이 함께 전투에 참여하는데, 이는 진평왕의 묵인 아래 이루어진 조치일 것이다. 이때는 진평왕이 이미 고령에 접어들었으며, 그에게는 왕위를 계승할 적자가 없었다는 점도 김춘추와 文姬와의 혼인을 이해하는 데 고려해야 할 점이라고 생각한다. 물론 선덕왕 德曼의 존재가 가시화되었을 것이다.

김춘추와 文姬와의 혼인은 당시 사회에서 환영받을 수 없었을 것이다. 이를 보여주는 사례가 『삼국유사』 紀異 태종춘추공 조라고 하겠다. 주목되는 부분은 "[춘추]공이 유신의 뜻을 알아차리고 마침내 文姬와 통하였는데, 이후 춘추공이 자주 왕래하였다"라는 기사이다. 또한 "춘추공이 임금의 명을 받고 말을 달려 왕명을 전하여 죽이지 않게 하고, 그 후 떳떳이 혼례를 행하였다"라고 하는 부분이다.

여기서 관심 사항은 '自後現行婚禮', 즉 '그 후 떳떳이 혼례를 행하였다'라는 내용이다. 다시 말해, 文姬와의 혼인은 당시 드러내기 어려운 관계였고, 국왕의 승인으로 '그 후 떳떳이 혼례를 행하였다'라는 사실이 이를 말해 준다고 하겠다. 김춘추와 文姬와의 혼인이 받아들여지기 어려웠던 이유는 두 가지로 생각된다. 하나는 김춘추가 초혼이 아니라는 점이며, 또 하나는 文姬의 가문이 가야계 집안이라는 점일 것이다. 김춘추가 이러한 현실을 모른 채 김유신 가문과 교제하였을 것으로 보기는 어렵다. 그런데도 김춘추가 김유신 가문과의 혼인을 성사시킨 주요한 목적이 무엇이었는지를 또한 고려해야 한다고 본다. 그런데 다음의 기사는 이를 추정하는 데 도움을 준다.

> G-1. 태종무열왕이 왕위에 올랐다. 이름은 춘추이고 진지왕의 아들인 이찬 용춘(또는 용수)의 아들이다. 어머니 천명부인은 진평왕의 딸이고, 왕비인 文明夫人은 각찬 舒玄의 딸이다.[30]

---

30) 『삼국사기』 권5, 신라본기 태종무열왕 원년 조.

G-2. [2년(655) 3월] 맏아들 법민을 태자로 삼았다. 여러 아들[庶子] 중에서 문왕을 이찬으로, 노차를 해찬으로, 인태를 각찬으로, 지경과 개원을 각각 이찬으로 삼았다.[31]

위의 G群 기사는 태종무열왕이 왕위에 오른 후 왕비와 그의 아들에 관한 내용이다. 먼저 文姬가 왕비로 되기 전까지는 어떠한 대우를 받았을까 하는 점이다. 골품제 사회에서 正妃와 後妃의 차별은 엄연히 존재하였을 것이며, 그에게서 출생한 자녀들 또한 이로부터 자유로웠다고 보기는 어렵다. 이러한 질곡에서 벗어나는 계기는 국왕으로의 등극이었을 것이다.

이를 보여주는 내용이 G-2의 기사라고 하겠다. 원래는 '법민을 태자로 삼았다'라는 내용만을 수록해야 하는데도 불구하고, 여러 아들[庶子]을 기재하고 있다는 것은 다분히 의도적이라고 볼 수밖에 없다. 왜냐하면 이들의 관등이 655년 당시의 상황을 전해주는 것이 아니기 때문이다. 하나의 사례로, 문무왕 7년(667)에 唐의 고종이 칙령을 내려 智境과 함께 愷元을 장군으로 삼고 요동에서 벌어진 고구려와의 전쟁에 나아가게 하자, 문무왕이 지경을 파진찬, 개원을 대아찬으로 삼았다는[32] 기록이 보이기 때문이다. 이들 사료에서 보이는 태종무열왕 즉위 조 기사는 무엇을 강조하기 위해서였을까. 그것은 태종무열왕에게 있어서 文姬와의 혼인이 매우 중요한 문제였다는 점을 보여주기 위한 것이라 해석된다.

셋째로, 김춘추와 文姬와의 혼인은 결과적으로 신라 사회에 어떤 영향을 주었을까. 김춘추 가문과 김유신 가문의 혼인을 통한 인적 결합이 결과적으로 신라 사회를 통합하는 데 기여되었다고 보아도 좋지 않을까. 이렇게 거국적으로 통합된 두 유력 가문의 수장들은 향후 신라 삼국통일의 견인차가

---

31) 『삼국사기』 권5, 신라본기 태종무열왕 2년 조.
32) 『삼국사기』 권6, 신라본기 문무왕 8년 조. "二十一日, 以大角干金庾信爲大幢大摠管, 角干金仁問·欽純·天存·文忠·迊飡眞福·波珍飡智鏡·大阿飡良圖·愷元·欽突爲大幢摠管"

되었다. 지금까지 김춘추와 文姬와의 혼인은 『삼국유사』의 설화적 요소를 반영하여 이해해 왔으나, 「문무왕릉비편」의 제3석 명문을 중심으로 역사를 재구성함으로써 신라의 사회통합이라는 측면을 새롭게 강조할 수 있었다.

요컨대, 김춘추는 진평왕 대에 가야계 출신 김유신의 여동생 文姬와 혼인한다. 진평왕 말년은 김춘추에게도 정치적 경륜이 많던 20대 중반 즈음이었다. 당시 진평왕에게는 후계가 명확하지 않았고, 이러한 상황은 향후 신라 사회의 불안 요소였음이 틀림없다. 선덕왕과 진덕왕의 재위 후 결국 김춘추가 왕위에 올랐던 사정을 고려해 보면, 진평왕 말년에 선덕왕과 진덕왕을 제외하고는 김춘추가 유력한 후보였다고도 생각할 수 있다.

신라의 미래를 고민하고, 자신의 거취를 생각한다면, 김춘추는 자신의 세력 기반을 마련해 둘 필요가 있었을 것이다. 그리고 김춘추는 그 해답을 김유신 가문과의 연합 속에서 찾고자 하였다. 文姬와의 혼인은 김유신이 주도하였던 것으로 기록되어 있으나, 김춘추 또한 동의하고 원하던 바였을 것이다. 양자는 서로의 정치적 입지를 위해 가문과의 결합을 추진하였던 것이며, 그 결과 신라에 통합된 가야계 세력인 김유신 일가가 정치 일선에 나설 수 있었다. 김춘추와 文姬와의 혼인은 양 가문이 합작함으로써 신라의 사회통합을 결속시키는 효과를 만들어냈다.

이는 가야 멸망 이후 그동안 소외되었던 가야계 세력을 신라의 전면에 내세움으로써 신라 사회가 비로소 통합되었다는 측면을 강조한 것이었다고 볼 수 있다. 그 결과 백제와 고구려의 통합, 그리고 唐軍의 축출까지 이어질 수 있었다고 보는 것이 타당하다고 하겠다.

3. 외교전략의 변화와 리더십

김춘추의 생애를 표면상 드러난 사실로 파악해 보면 크게 셋으로 나눌 수 있다. 첫째는 앞 장에서 살펴본 김춘추와 文姬와의 혼인, 둘째는 대야성 전투 패배 이후의 歷程, 셋째는 태종무열왕으로서의 登極일 것이다. 이번 장에서는 대야성 전투 패배 이후의 역정을 살펴보고자 한다. 이미 여러 연구가 축적되었으므로 이를 참고하면서, 그 전모를 다시 살피기보다는 김춘추의 외교전략을 중심으로 논지를 전개해 보고자 한다.

이를 위해 두 가지 방향에서 접근해 보고자 한다. 하나는 대야성 전투를 전후한 시점의 국내외 정세를 더듬어 보려고 한다. 김춘추와 관련해서 대야성 전투는 古陀炤娘의 죽음을 중심으로 관심이 집중되고 있는데, 다른 동향의 파악은 없을까 하는 점이다. 또 하나는 김춘추의 외교 행보에서 주요한 지점은 唐에 가면서 그의 아들 文王을 동반한다는 점이다. 왜 아들과 함께 唐으로 갔으며, 宿衛로 남겨두어 스스로 唐의 인질[質]로 삼았을까 하는 점이다. 여기서는 아들의 宿衛가 이루어지는 전후의 사정을 고구려·倭 관계 기사와 연계하여 검토해 보고자 한다.

사실 김춘추에게 있어서 대야성 전투가 중요한 사건임은 두말할 필요가 없다. 지금까지 김춘추와 대야성 전투와의 관계는 품석과 그의 아내인 古陀炤娘의 죽음을 중심으로 이해해 온 것이 대세이다. 그런데 이 시기를 전후한 기사를 살펴보면, 다른 내용도 주목할 만하다. 즉, 새로운 동향 파악이 가능하다.

H-1. [11년(642)] 가을 7월에 백제의 왕 義慈가 군사를 크게 일으켜서 나라 서쪽의 40여 성을 쳐서 빼앗았다.

H-2. [11년] 8월에 [백제가] 또 고구려와 함께 모의하여 당항성을 빼앗아 唐으로 통하는 길을 끊으려고 하였으므로, 왕이 사신을 보내서 [唐] 태종에게 위급함을 알렸다.

H-3. [11년] 이달[8월]에 백제의 장군 윤충이 군사를 거느리고 人耶城을 공격하여 함락시켰는데, 도독인 이찬 품석과 사지 죽죽·용석 등이 죽었다.

H-4. [11년] 겨울에 왕이 장차 백제를 쳐서 대야성에서의 싸움을 갚으려고 이찬 김춘추를 고구려에 보내서 군사를 청하였다.

H-5. 〔11년〕 유신을 압량주의 軍主에 임명하였다.[33]

위의 H群 기사는 선덕왕 11년(642)에 일어난 일련의 사건이다. H-1의 기사에서 관심의 대상은 백제가 '國西의 40여 성을 쳐서 빼앗았다[攻取國西四十餘城]'라는 내용이다. 백제의 의자왕이 親征하여 차지한 신라의 國西 40여 성에서, 그 '國西'가 어디에 해당하는지 궁금하다. 이를 확인할 수 있는 기사가 보이는데, "가을 7월에 [의자]왕이 직접 군사를 거느리고 신라를 침공하여 獼猴城 등 40여 성을 함락하였다."[34]라는 내용이다. 이 40여 성의 위치에 대해서는 지금의 88고속도로 주변에 소재한 신라 산성들이라는 견해[35]와 백제 무왕이 624년에 차지한 함양의 速含城 등 여섯 성의 동쪽에 자리한 의령·합천·거창·고령·성산·칠곡·구미 등 낙동강 以西의 대부분 지역이라는 견해[36]가 제시된 바 있다. 이러한 견해 가운데 어느 것이 사실에 가까운지 갑자기 판단할 수는 없지만, 이들 지역이 대개 낙동강 서쪽 지역이며, 그곳은 옛 가야 지역이라는 점만은 고려할 수 있다.

H-2의 기사는 백제가 고구려와 함께 모의하여 신라의 당항성을 빼앗으려고 하였으며, 이에 唐에 사신을 파견하여 위급함을 알렸다는 내용이다. H-3의 기사는 백제의 장군 윤충이 대야성을 함락시켰으며, 도독인 이찬 품석과 사지 죽죽·용석 등이 죽었다는 내용이다. 이를 보완할 수 있는 기사가 보이는데, "8월에 장군 윤충을 보내 군사 만여 명을 거느리고 신라 대야성을 공격하였다. 성주 품석이 처자와 함께 나와 항복하자 윤충이 모두 죽이고 그 머리를 베어 왕도로 보냈으며, 남녀 천여 명을 사로잡아 國西의 주현에 나누어 살게 하고[分居國西州縣], 군사를 남겨 그 성을 지키게 하였다. [의자]왕이 윤충의 공로를 표창하여 말 20필과 곡식 천 석을 주었다."[37]라는

---

33) 『삼국사기』 권5, 신라본기 선덕왕 11년 조.
34) 『삼국사기』 권28, 백제본기 제6, 의자왕 2년 조.
35) 이도학, 2002, 1997, 『새로 쓰는 백제사』, 푸른역사, 213쪽.
36) 김병남, 「백제 무왕대의 영역 확대와 그 의의」 『한국상고사학보』 38, 192쪽.

내용이다. 이 기사로 볼 때, 대야성 전투에서 신라의 도독인 이찬 품석과 사지 죽죽·용석 등이 죽었으며, 남녀 천여 명이 사로잡혔다는 점을 확인할 수 있다. H-4의 기사는 대야성 전투 패배 이후 "백제를 쳐서 대야성에서의 싸움을 갚으려고 김춘추를 고구려에 보내서 군사를 청하였다"라는 내용이다. H-5의 기사는 유신을 압량주의 軍主에 임명하였다는 내용이다.

이로써 볼 때, 앞의 H-1, H-3, H-4, H-5의 기사는 백제가 낙동강 以西의 요충인 대야성을 장악함으로써 낙동강 서쪽의 옛 가야 지역 대부분을 차지하고 신라를 압박하게 되었으며, 반면 신라는 백제에 대한 방어 거점을 낙동강 以東의 압량주로 후퇴한 것으로 볼 수 있다. 여기서 주목할 점은 바로 김춘추와 김유신의 등장 시점이다. 다시 말해, H-1의 기사는 김유신을 H-5의 기사처럼 압량주의 軍主로 등장시켰으며, H-3과 H-4의 기사는 김춘추를 소환하고 있다는 점이다. 이들 기사는 김춘추와 文姬와의 혼인 이후로 김춘추와 김유신이 신라 사회에서 서로 의기투합할 수 있는 계기가 만들어졌다는 점을 보여준다.

642년 신라의 서쪽 40여 성을 백제에게 빼앗긴 일은 국가적으로도 애석한 일이었지만, 김유신에게는 더욱 비분할 일이었다. 당시 빼앗긴 지역이 가야의 옛 땅이었기에 김유신에게는 망국의 슬픔에 고토를 잃는 분함이 차올랐을 것이다. 공교롭게도 같은 해 김춘추는 대야성에서 딸과 사위를 잃는 불행을 겪게 된다. 이 두 사건은 모두 백제에서 자행한 일이었으니, 김유신과 김춘추에게는 백제를 향한 복수심에 공감하였을 것이다.

한편, 김춘추의 외교 행보는 어떻게 진행되었을까. 필자는 김춘추의 외교 행보에서 唐으로 사신 가면서 아들 文王을 동반하였다는 사실에 주목해 보았다. 김춘추의 對唐 외교 행보에 관해서는 여러 연구가 있었지만, 왜 아들을 인질[質]로 남겼으며, 그것이 외교적 효과에 관히여는 거의 주목하지 않았다.[38] 여기서는 아들의 宿衛가 이루어지는 전후의 사정을 고구려·

---

37) 『삼국사기』 권28, 백제본기 제6, 의자왕 2년 조.

倭 관계 기사를 중심으로 검토해 보고자 한다.
 첫째, 고구려의 김춘추 외교 행보를 알려주는 내용부터 검토해 보려고 한다.

> I-1. [11년(642)] 겨울에 왕이 장차 백제를 쳐서 대야성에서의 싸움을 갚으려고 이찬 김춘추를 고구려에 보내서 군사를 청하였다. 처음에 대야성이 패하였을 때 도독인 품석의 아내도 죽었는데, 바로 춘추의 딸이었다. (중략) 곧 왕에게 나아가 말하기를, "신이 고구려에 사신으로 가서 군사를 청하여 백제의 원수를 갚고자 합니다"라고 하자 왕이 허락하였다.
> I-2. 고구려의 왕인 高臧은 평소 춘추의 명성을 들었기 때문에 군사의 호위를 엄중히 한 뒤에 그를 만났다. 춘추가 나아가 말하기를, "지금 백제는 무도하여 긴 뱀과 큰 돼지가 되어 저희 영토를 침범하므로 저희 임금이 대국의 병마를 얻어서 그 치욕을 씻고자 합니다. 이에 저에게 대왕께 명을 전하도록 하였습니다"라고 하였다. 고구려의 왕이 말하기를, "죽령은 본래 우리의 땅이니, 너희가 만약 죽령 서북의 땅을 돌려준다면 군사를 내줄 수 있다"라고 하였다. 춘추가 대답하기를, "신은 임금의 명령을 받들어 군사를 구하는데, 대왕께서는 환란을 구원하여 이웃과 잘 지내는 데는 뜻이 없으시고 단지 사신을 위협하여 땅을 돌려줄 것만을 요구하십니다. 신은 죽을지언정 다른 것은 알지 못합니다"라고 하였다.
> I-3. 高臧이 그 말의 불손함에 화가 나서 그를 別館에 가두었다. 춘추가 몰래 사람을 시켜서 본국의 왕에게 알리자, 왕은 대장군 김유신에게 명하여 결사대 만 명을 거느리고 나아가게 하였다. 유신이 행군하여 한강을 넘어 고구려의 남쪽 경계에 들어가자 고구려의 왕이 이를 듣고 춘추를 놓아 돌

---

38) 기존 연구에서 문왕, 인문 등 김춘추의 아들이 唐 태종의 宿衛로 남아서 唐과 신라 사이의 소통을 원활하게 하고, 唐에 대한 정보를 수집하기에 수월하였다는 점 등이 지적된 바가 있다.

려보냈다.[39]

위의 I群의 기사는 김춘추가 고구려로 간 외교 행보를 전해주고 있다. I-1의 기사는 "왕이 장차 백제를 쳐서 대야성에서의 싸움을 갚으려고 김춘추를 고구려에 보내서 군사를 청하였다"라는 내용이다. I-2의 기사에서, 신라는 "대국의 병마를 얻어서 그 치욕을 씻고자"하는데, 고구려는 "만약 죽령 서북의 땅을 돌려준다면 군사를 내줄 수 있다"라고 하여, I-3의 기사처럼 결국 김춘추가 別館에 갇히게 된다는 내용이다.

I群의 기사에서 관심을 가져야 할 부분은 '결국 김춘추가 別館에 갇히게 되었다는 내용'이다. 김춘추가 고구려에 사신으로 갔으나, 양국이 서로 얻고자 하는 바가 달라서 사신의 신분임에도 불구하고 別館에 갇혀서 지냈다는 사실을 어떻게 이해할 수 있을까. 지금까지 고구려와 신라의 외교 행보에서 別館 부분은 크게 관심을 보이지 않았다. 그렇지만 이는 이후 김춘추의 외교 행보에서 중요한 시사점을 갖는다.

그러한 점을 확인하기 위해서 다음에 보이는 『日本書紀』의 내용 가운데 김춘추의 외교 행보 기사를[40] 살펴보기로 하자.

J-1. 9월 小德 高向博士 黑麻呂를 신라에 보내 인질[質]을 바치게 했다. 드디어

---

39) 『삼국사기』 권5, 신라본기 선덕왕 11년 조.
40) 『日本書紀』의 김춘추 관련 기사를 의심하는 견해(三池賢一, 1968, 「金春秋の王位繼承」, 『法政史學』 20 ; 1974, 「金春秋小傳」 『古代の朝鮮』, 學生社 ; 1974, 「日本書紀"金春秋の來朝"記事について」 『古代の日本と朝鮮』, 學生社 ; 주보돈, 1993, 「김춘추의 외교활동과 신라내정」 『한국학논집(계명대)』 20)도 있으나, 이를 긍정하는 해석(김현구, 1983, 「일당관계의 성립과 나일동맹 -『일본서기』 "김춘추의 도일"기사를 중심으로」 『김준엽교수화갑기념중국학논총』 : 김현구, 2002, 『백제는 일본의 기원인가』, 창비 ; 송완범, 2009, 「김춘추의 외교와 동아시아 - 640년대 쿠데타의 도미노와 관련하여 -」 『동아시아고대학』 19, ; 김병곤, 2012 , 「왜 개신정권의 출현과 김춘추의 사행」 『신라사학보』 25; 中村修也, 2010, 앞의 책 : 나카무라 슈야 지음·박재용 옮김, 2013, 앞의 책)이 우세한 편이다.

임나의 調를 (바치는 것을) 그만두었다. (黑麻呂의 다른 이름은 玄理이다)⁴¹⁾

J-2. 신라가 上臣 대아찬 김춘추 등을 파견하여 박사 小德 高向黑麻呂·小山中 中臣連押熊을 보내 공작새 한 쌍과 앵무새 한 쌍을 바쳤다. 그리고 <u>춘추를 인질[質]로 삼았다</u>. 춘추는 용모가 준수하고 談笑를 잘하였다.⁴²⁾

위의 J群 기사를 통해 볼 때, J-1의 기사는 "小德 高向博士 黑麻呂를 신라에 보내 인질[質]을 바치게 했다"라는 내용이다. J-2의 기사는 김춘추가 倭를 방문한 것에 대해서 "신라가 上臣 대아찬 김춘추 등을 [사신으로] 파견"했다고 하였는데, 倭에서는 그 이후 "춘추를 인질[質]로 삼았다"라는 내용을 보여주고 있다.

필자는 김춘추가 倭로 갔다는 『日本書紀』의 내용을 신뢰하고자 한다. 특히, 김춘추를 인질[質]로 삼았다는 J-2의 기사는 I-3의 기사에서 고구려의 別館 운운하는 내용과 대비해 볼 때 그 의미 파악에 도움이 된다고 여기기 때문이다.⁴³⁾ 당시 고대 동아시아 국가에서는 사신의 파견과 인질[質]의 억류라는⁴⁴⁾ 관행이 상호 간에 종종 자행되었던 것으로 보인다.⁴⁵⁾ 정기적인

---

41) 『日本書紀』 권25, 天萬豊日天皇 孝德天皇 조. "九月 遣小德高向博士 黑麻呂於新羅 而使貢質 遂罷任那之調 黑麻呂 更名玄理"

42) 『日本書紀』 권25, 天萬豊日天皇 孝德天皇 조. "新羅遣上臣大阿湌金春秋等, 送博士小德高向黑麻呂·小山中中臣連押熊, 來獻孔雀一隻·鸚鵡一隻. 仍以春秋爲質. 春秋美姿顏善談笑"

43) 김춘추를 인질[質]로 삼았다는 기사에 대해서 이를 부정하는 견해(三池賢一, 1974, 「日本書紀"金春秋の來朝"記事について」『古代の日本と朝鮮』, 學生社 : 양기석, 1981, 「삼국시대 인질의 성격에 대하여」『사학지』 15)도 있다.

44) 인질[質]과 관련해서 백제 기사에, 『삼국사기』 권28, 백제본기 3, 아신왕 6년 조에 "六年, 夏五月, 王與倭國結好, <u>以太子腆支爲質</u>"이라거나, 『삼국사기』 권28, 백제본기 6, 의장왕 20년 조에 "武王從子福信嘗將兵, 乃與浮屠道琛, 據周留城叛, 迎故王子扶餘豊, <u>嘗質於倭國者</u>, 立之爲王"라고 하여, 왕족 외교의 형식을 보이고 있으므로 참고된다.

45) 나행주, 1993, 「古代 朝·日關係에 있어서의 '質'의 意味」 『建大史學』 8 : 1996, 「古代朝日關係における「質」の意味」 『史觀』 134이 참고된다.

사신의 왕래가 아니라면 대개는 사신을 파견하는 쪽의 필요로 인해 사신이 파견되었을 것이고, 사신을 맞이하는 쪽은 파견국의 요구를 쉽게 받아주지 않으려고 하였을 것이다. 그렇기에 사신을 파견한 쪽은 인질[質]로 억류될 위험이 있더라도 요구의 관철을 위해 도모할 수밖에 없었을 것이다.

그렇다면 김춘추가 渡倭한 사실은 어떻게 이해할 수 있을까. 지금까지 김춘추가 선덕왕 11년(642) 겨울 고구려에 백제 정벌 請兵을 요청한 사실, 다시 진덕왕 2년(648) 唐에 들어가 도움을 요청한 사실에는 주목한 바 있다. 그렇다면 김춘추가 渡倭한 시점은 언제쯤일까. 이에 대한 검토도 『日本書紀』 내용의 사실성 여부를 둘러싸고 의견이 대립하고 있지만,[46] 필자는 이를 긍정적인 측면에서 검토해 보려고 한다. 특히, 그 시점은 毗曇·廉宗의 반란 이전으로 보고자 한다.

이러한 시점을 확인하기 위해서 다음 자료는 참고된다.

K-1. [선덕왕 11년(642)] 겨울에 왕이 장차 백제를 쳐서 대야성에서의 싸움을 갚으려고 이찬 김춘추를 고구려에 보내서 군사를 청하였다.
12년(643) 봄 정월에 大唐에 사신을 보내 方物을 바쳤다.
[12년] 가을 9월에 大唐에 사신을 보냈다.
13년(644) 봄 정월, 大唐에 사신을 보내 토산물을 바쳤다.
14년(645) 봄 정월에 大唐에 사신을 보내 方物을 바쳤다.
16년(647) 봄 정월에 비담·염종 등이 "女主는 나라를 잘 다스릴 수 없다"라고 해서 반역을 꾀하여 군사를 일으켰으나, 이기지 못하였다.[47]
K-2. [진덕왕 원년(647)] 唐의 태종이 사신에게 부절을 보내서, 전 임금을 광록대부로 추증하고, 아울러 왕을 柱國으로 삼고 낙랑군왕으로 책봉하였다.

---

46) 권덕영, 1997, 『고대한중외교사 - 견당사연구 - 』, 일조각, 30쪽에서 연구사를 정리하고 있어 참고된다.
47) 『삼국사기』 권5, 신라본기 선덕왕 14년 조.

〔원년〕 가을 7월에 唐에 사신을 들여보내 은혜에 감사하였다.
〔원년〕 연호를 太和로 바꾸었다.
2년(648) 봄 정월에 大唐에 사신을 보내 조공하였다.
〔2년〕 겨울에 邯帙許를 사신으로 보내 唐에 조공하였다.
〔2년〕 이찬 김춘추와 그의 아들 文王을 唐에 보내 조공하였다.
3년(649) 봄 정월에 비로소 중국의 衣冠을 착용하였다.[48]

위의 K群 기사는 선덕왕과 진덕왕 대의 대외관계 기사를 정리해 본 것이다. K-1의 기사는 선덕왕 대 김춘추를 고구려에 보낸 사실부터 唐과의 관계를 초록한 것인데, 16년 조에는 비담·염종의 반란이 일어난다. K-2의 기사는 진덕왕의 즉위부터 唐과의 관계를 초록한 것인데, 왕 2년에 김춘추를 唐에 보내고 있다.[49] 이러한 사정만으로 김춘추의 渡倭 시점을 알기는 어렵다. 이처럼 『삼국사기』에서는 이와 연관된 기사가 보이지 않는다. 다음의 기사를 살펴보자.

L-1. 16년(647) 봄 정월에 비담·염종 등이 "女主는 나라를 잘 다스릴 수 없다"
라고 해서 반역을 꾀하여 군사를 일으켰으나, 이기지 못하였다.
L-2. 〔16년 1월〕 8일에 왕이 돌아가셨다. 시호를 선덕이라 하고, 낭산에 장사
지냈다.[50]

위의 L群 기사는 비담·염종의 반란과 선덕왕의 죽음에 관한 내용이다. L-1의 기사는 봄 정월에 비담·염종이 반란을 일으켰으며, L-2의 기사는

---

48) 『삼국사기』 권5, 신라본기 진덕왕 2년 조.
49) 이러한 사실에 의문을 제기하면서 김춘추는 진덕왕 2년이 아니라 동왕 원년에 입당하였으며, 이에 따라 『일본서기』의 김춘추 도일 기사의 사실성을 인정하기 어렵다는 견해(권덕영, 1997, 앞의 책, 30~31쪽)도 제기된 바 있다.
50) 『삼국사기』 권5, 신라본기 선덕왕 16년 조.

8일에 왕이 돌아가셨다고 한다. 이로써 보면 아마도 비담·염종의 반군에 의해 선덕왕이 시해되었을 것이다.[51] 이상의 내용이 중요한 이유는 김춘추가 倭를 방문한 시점이 언제일까 하는 점 때문이다. 다시 말해, 그 시점은 비담·염종의 반란 이전일 것이다.[52] 만약 그러한 사건이 발생하고 더욱이 선덕왕이 돌아간 상황에서 김춘추가 渡倭하였다고 보기는 어렵다.

이를 알기 쉽게 정리하면 다음의 〈표 1〉과 같다.

〈표 1〉 선덕왕·진덕왕 대 대외관계 기사

시기	내 용	비고
[선덕왕 11년] (642)	冬, 王將伐百濟, 以報大耶之役, 乃遣伊飡金春秋於高句麗, 以請師.	請師
12년(643)	十二年, 春正月, 遣使大唐, 獻方物.	獻方物
[12년(643)]	秋九月, 遣使大唐上言,	遣使大唐
13년(644)	十三年, 春正月, 遣使大唐, 獻方物.	獻方物
14년(645)	十四年, 春正月, 遣使大唐, 貢獻方物.	貢獻方物
16년(647)	十六年, 春正月, 毗曇·廉宗等謂, "女主不能善理" 因謀叛擧兵, 不克.	謀叛擧兵
[진덕왕 원년] (647)	唐 大宗遣使持節, 追贈前王爲光祿大夫, 仍冊命王爲柱國, 封樂浪郡王.	(唐)遣使
[원년(647)]	秋七月, 遣使入唐謝恩.	謝恩
[원년(647)]	改元太和.	改元太和
2년(648)	二年, 春正月, 遣使大唐朝貢.	朝貢
[2년(648)]	冬, 使邯帙許朝唐.	朝唐
[2년(648)]	遣伊飡金春秋及其子文王朝唐.	朝唐
3년(649)	三年, 春正月, 始服中朝衣冠.	始服中朝衣冠

이상의 내용과 〈표 1〉을 통해서 보면, 김춘추는 642년(선덕왕 11) 겨울에 고구려를 방문한 이후 648년(진덕왕 2)에야 唐으로 가게 된다. 이러한

---

51) 山尾幸久, 1989, 『古代の日朝關係』, 塙書房 : 이문기, 1997, 『신라병제사연구』, 일조각.
52) 나카무라 슈야 지음· 박재용 옮김, 2013, 앞의 책.

사실은 무엇을 말해주는 것일까. 김춘추는 대야성 전투 패배 이후 백제 정벌 請兵을 위해 고구려를 방문하였으나, 실패하였다. 이후 선덕왕은 4번이나 唐으로 사신을 파견하였고, 진덕왕 대에도 3번이나 사신을 파견한 후 4번째가 되어서야 비로소 그의 아들 문왕과 함께 唐을 방문하게 된다.

김춘추의 입장에서는 고구려로부터의 請兵이 거절된 후 唐의 방문이 초미의 관심사였는데, 그렇게 순조롭지 못한 데는 어떠한 사정이 있었으며, 또한 그 이유가 무엇이었는지 의문이다. 특히, 진덕왕 2년 '겨울에 한질허를 사신으로 보내 唐에 조공하였다[冬使邯帙許朝唐]'라는 기사가 있는데, 이후 또 '이찬 김춘추와 그의 아들 문왕을 唐에 보내 조공하였다[遣伊湌金春秋及其子文王朝唐]'라는 기사가 나온다. 이 두 번의 사절이 같은 해 겨울[冬]에 있었지만, 구체적인 시기를 특정하기는 어렵다. 그런데 여기서 다음의 기사는 참고된다.

M. 3년(649) 봄 정월에 비로소 중국의 衣冠을 착용하였다.[53]

위의 M 기사는 '봄 정월'이라는 특정 시점을 알려준다. 김춘추가 진덕왕 2년 겨울[冬]에 唐을 방문한 이후 곧바로 돌아와서 "[진덕왕 3년(649)] 봄 정월에 비로소 중국의 衣冠을 착용하였다"라는 기사와 연결될 수 있어야 한다. 진덕왕 2년 겨울[冬]이라는 시점에 두 번의 사행이 이루어진 배경으로 전자는 冬至使였을 것이며, 후자는 아마도 김춘추의 백제 정벌 請兵 관련 사행이 아니었을까.

642년 대야성 전투 패배 이후 긴 시간이 소요된 뒤인 648년에서야 김춘추의 백제 정벌 請兵으로 唐에 가게 된 것은, 선덕왕 대의 국내 정치와 이후 진덕왕으로의 왕위교체와도 무관치 않았을 것이다. 그러한 국내 사정이 김춘추의 발목을 잡았을 것이다. 국왕으로서는 백제 정벌 請兵의 중요성도

---

53) 『삼국사기』 권5, 신라본기 진덕왕 3년 조.

사회통합과 외교전략의 리더, 태종무열왕 **147**

간과할 수 없었지만, 신라 사회의 왕권 확립이 우선하였을 것이며, 따라서 김춘추의 외교 행보는 늦어질 수밖에 없었을 것이다.

한편, 여기서는 앞에서 미루어두었던 김춘추의 唐 외교 행보에 대해서 살펴보려고 한다.

N-1. [2년(648)] 이찬 김춘추와 그의 아들 문왕을 唐에 보내 조공하였다. [당] 태종이 광록경柳亨을 보내어 교외에서 마중하고 위로하게 하였다. 이윽고 [궁성에] 다다르자 춘추의 용모가 영특하고 늠름함을 보고 후하게 대우하였다.

N-2. 춘추가 아뢰기를, "신에게 아들이 일곱 있습니다. 바라건대 聖明의 옆을 떠나지 않고 宿衛할 수 있도록 해주십시오"라고 하였다. 이에 그의 아들 문왕과 大監 ▲▲에게 [머물면서 숙위할 것을] 명하였다.[54]

N-3. [4년(650)] [진덕]왕이 비단을 짜고 五言太平頌을 짓고는, 춘추의 아들인 法敏을 보내서 唐 황제에게 바쳤다.[55]

N-4. [5년(651)] 파진찬 김인문을 唐에 보내서 조공하고, 이에 머무르며 숙위하게 하였다.[56]

N-5. 3년(656)에 김인문이 唐에서 돌아와 마침내 軍主에 임명되어 장산성을 쌓는 일을 감독하였다.[57]

N-6. [3년(656)] 가을 7월에 아들인 右武衛將軍 문왕을 唐에 보내서 조공하였다.[58]

N-7. 5년(658) 봄 정월에 中侍인 문충을 이찬으로 삼고, 문왕을 中侍로 삼았다.[59]

---

54) 『삼국사기』 권5, 신라본기 진덕왕 2년 조.
55) 『삼국사기』 권5, 신라본기 진덕왕 4년 조.
56) 『삼국사기』 권5, 신라본기 진덕왕 5년 조.
57) 『삼국사기』 권5, 신라본기 태종무열왕 3년 조.
58) 『삼국사기』 권5, 신라본기 태종무열왕 3년 조.

위의 N群 기사는 김춘추와 그의 아들, 그리고 唐과의 연관 기사를 추출해 본 것이다. N-1의 기사는 김춘추가 唐으로 가면서 그의 아들 문왕과 함께 하는 내용이다. N-2의 기사는 김춘추가 그의 아들인 문왕과 대감 아무개를 唐의 聖明에 숙위하게 하고는 돌아온다는 내용이다. 이 부분은 김춘추의 외교 행보에서 고구려·倭의 기사와는 다른 점을 보여주고 있다. 자신이 숙위하지 않고 아들을 대신함으로써 또 다른 행보를 할 수 있었다는 점이다.[60]

N-3의 기사는 "[진덕]왕이 짠 비단을 김춘추의 아들인 法敏이 唐 황제에게 바쳤다"라는 내용이다. 여기서는 진덕왕의 사신 역할만이 확인된다. N-4의 기사는 김인문을 唐에 보내서 조공하고 숙위하게 했다는 내용이다. 이는 진덕왕 2년에 숙위하던 문왕과의 교체를 시사한다. N-5의 기사는 김인문이 唐에서 돌아와 [압독주] 軍主에 임명되어 김신성을 쌓는 일을 감독하였다[61]는 내용이다. N-6의 기사는 왕 3년에 "右武衛將軍 문왕을 唐에 보내서 조공하였다"라는 내용이며, N-7의 기사는 왕 5년에 문왕을 中侍로 삼았다는 내용이다.

필자는 N群 기사에서 그 이전 고구려·倭에서의 別館 유폐와 인질[質]의 경험을 바탕으로, 김춘추가 唐으로 가면서는 아들을 宿衛하게 함으로써 스스로 인질[質]을 만들었다는 점에 주목하고자 한다. 자발적으로 자기의 分身을 희생하면서 장기적인 외교전략에 돌입하였다고 여겨진다. 김춘추

---

59) 『삼국사기』 권5, 신라본기 태종무열왕 5년 조.
60) 이 글에서는 인질[質]과 숙위의 개념을 다르게 언급하고 있다. 즉, 고구려·倭에서는 김춘추가 인질[質]의 형태였다면, 김춘추의 아들 文王의 경우 인질과도 같은 성격의 존재였으나, 이후 김인문의 경우에서 일보 완전한 숙위의 형태를 찾아야 할 것이라는 견해(신형식, 1984, 앞의 책, 359~360쪽)에 공감하고 있기 때문이다.
61) 이와 관련하여, 『삼국사기』 권44, 열전 4, 김인문 조에 "영휘 4년(653)에 황제의 허가를 받고 귀국하여 부모를 찾아뵈었으며, 태종대왕은 그에게 押督州摠管을 제수하였다. 이에 그가 장산성을 쌓아 요새를 설치하니, 태종이 그 공으로 식읍 300호를 주었다"라고 전하는데, 신라본기와는 시기적으로 차이가 난다.

의 이러한 외교전략은 唐 태종·고종의 마음을 움직이고, 그 결과 백제 정벌 請兵이 비로소 실행되었던 것은 아닐까.
  김춘추의 渡唐 이후 양국에서 전개되는 과정에 관한 기사도 살펴볼 필요가 있다.

O-1. 6년(659) 여름 4월에 백제가 자주 변경을 침범하므로 왕이 장차 [백제를] 치려고 唐에 사신을 보내 군사를 요청하였다.
O-2. [6년(659)] 겨울 10월에 왕이 조정에 앉아 있는데, 唐에 군사를 요청하였으나 답이 없어 낯빛에 근심이 서렸다. (중략) 황제가 대장군 소정방 등에 명하여 군사를 거느리고 내년 5월에 와서 백제를 치려는 것을 알았습니다. 대왕께서 이처럼 너무 애타게 기다리시니 이렇게 아뢰옵니다"라고 하고 말을 마치자 사라졌다.[62]
O-3. [7년(660)] 3월에 唐 고종이 좌무위대장군 소정방을 신구도행군대총관으로 삼고 김인문을 부대총관으로 삼아, 좌효위장군 유백영 등 수군과 육군 십삼만 명을 거느리고 백제를 치게 하였다. 勅命으로 왕을 우이도행군총관으로 삼아서 장수와 군사를 거느리고 응원하게 하였다.
O-4. [7년(660)] 여름 5월 26일에 왕이 유신·진주·천존 등과 함께 군사를 거느리고 서울에서 출발하였다.
O-5. [7년(660)] 6월 18일에 [왕이] 남천정에 이르렀다. 소정방은 萊州에서 출발하여, 많은 배들이 꼬리를 물고 천 리를 이어 흐름을 따라 동쪽으로 내려왔다.
O-6. [7년(660) 7월] 왕이 의자왕의 항복 소식을 듣고, 29일에 금돌성에서 소부리성으로 왔다. 제감 천복을 당나라에 보내 싸움에서 이겼음을 알렸다.[63]

---

62) 『삼국사기』 권5, 신라본기 태종무열왕 6년 조.
63) 『삼국사기』 권5, 신라본기 태종무열왕 7년 조.

위의 O群 기사는 김춘추의 외교전략이 성과를 거두는 과정이며, 또한 고구려·倭에서는 실패하였던 백제 정벌 請兵의 실마리를 푸는 계기를 보여준다. 앞의 N群 기사를 통해서 김춘추의 외교 행보, 특히 외교전략에서 주요한 지점을 찾을 수 있는데, 그것이 바로 인질[質]의 활용 결과라는 점이다. 다시 말해, 김춘추는 고구려·倭에서 현실 정치를 경험하였으며, 그러한 경험을 바탕으로 唐에 갈 때는 그의 아들 文王을 동반함으로써 희생적이면서 장기적인 현실 국제 정치를 구현하였다.

김춘추가 고구려·倭에서 터득한 외교전략은 인질[質] 제도의 속성을 파악한 것이라 할 수 있다. 그 연장선에서 김춘추는 唐으로 갈 때 分身과도 같은 아들과 동행한다. 그리고 그 아들을 唐에 잔류하게 하여 스스로 인질[質]을 자처하였다. 이것이 인질[質]의 속성을 염두에 둔 김춘추의 외교전략이었다고 하겠다. 곧, 김춘추는 문왕과 법민 그리고 인문에 이르는 사신의 파견과 숙위를 통해서 외교적 인질[質]이라는 속성을 충분히 활용하였다.

신라의 사신으로 스스로 唐과 담판할 때도, 또 국왕이 되어 사신을 보낼 때도 역시 그의 아들을 인질[質]로 남겨둠으로써 唐과의 결속을 강화하였다. 唐 태종·고종의 신뢰를 얻어냄으로써, 그 결과 唐과의 군사동맹을 성사시켰다. 김춘추의 외교전략이 唐을 통해서 성공을 거두게 되었다. 한반도에서의 전쟁과 통일은 신라 中代 사회로의 전환점이 되었다.[64] 그 중심에 김춘추, 곧 태종무열왕이 있었다.

4. 맺음말 - 김춘추에서 태종무열왕으로 -

신라 사회에서는 다양한 변혁과 리더가 존재하였다. 천년 왕국 신라를

---

64) 이기백·이기동 공저, 1982, 『한국사강좌-고대편』, 일조각 ; 한준수, 2012, 『신라 중대 율령정치사 연구』, 서경문화사.

만들어간 원동력이었다. 이 글에서 사회통합과 외교전략의 리더로서 태종무열왕 김춘추를 다룬 것은 그의 역사성이 신라 사회에서 괄목할 만하다고 판단해서다. 우선, 진지왕의 손자로서 왕위를 계승할 수 있는 자격이 되었지만, 진지왕이 폐위됨으로써 사실상 왕위에서 멀어졌다. 그러나 이를 극복하고 국왕으로 등극하였다는 점이다. 다음으로, 가야계와의 혼인은 당시 신라 사회에서 破戒婚이라고 할 만큼 커다란 문제가 야기되었지만, 이를 사회통합이라는 거시적 관점에서 포용하였다는 점이다. 그다음으로, 가족사의 비극을 國家史로 승화시켜서 결국 백제를 멸망시켰다고 하는 점이다. 이러한 과정은 김춘추의 고구려·倭·唐의 거친 외교 행보로 뒷받침하였으며, 특히 인질[質]의 속성을 파악하면서 그것을 적극적으로 활용한 점은 외교전략의 승리였다.

태종무열왕 김춘추는 사회통합과 외교전략의 자질을 지닌 리더로서, 결국 김춘추에서 태종무열왕으로, 또한 신라 사회를 上代 사회에서 中代 사회로 전환하게 하였다. 그 이후의 역사적 변화는 비로소 신라에 의한 삼국통일을 완수하는 발판을 마련하였으며, 소위 中代 왕권의 기초가 확립되었다. 그 기점을 마련해 준 인물이 바로 김춘추, 곧 태종무열왕이다. 결과적으로 김춘추, 곧 태종무열왕은 시호를 武烈이라 하고, 太宗이라는 묘호를 사용하였다. 김춘추에서 태종무열왕으로의 역사성이 바로 여기에 있다.

고대 청송 지역의 역사적 변천과 領域

1. 머리말

　이 글은 고대 청송 지역의 역사적 변천과 領域을 분석하여 청송 지역에 관한 새로운 역사상을 만들어보고자 起草한 것이다. 한국 고대 사회를 이해하는데 있어서 겪는 어려움의 원인은 사료의 절대적인 부족 때문이다. 그나마『삼국사기』와『삼국유사』그리고 중국 正史에 전하는 기록은 고대 사회의 실상을 재구성하기 위한 기초 사료가 된다. 지금까지 이와 같은 사료를 근간으로 해서 한국 고대사 연구에 많은 진척이 이루어졌다. 그러나 이 사료들은 국왕의 거주지였던 수도나 중앙의 역사적 상황에 관하여는 비교적 자세한 정보를 담고 있지만, 지방의 역사적 상황을 전달하는 데는 미흡하다. 사료의 부족을 극복하고 고대 지역사회의 역사를 밝히기 위해서는 새로운 방법론을 모색할 필요가 있다.
　이를 위해 기존의 연구 성과를 충분히 활용함과 동시에, 청송 지역과 연관된 자료를 새롭게 재해석해 볼 것이다. 첫째로, 고대 청송 지역에서 초기 역사 단계의 청송 지역사라고 할 수 있는 辰韓 12국의 판도를 살펴보려고 한다. 기존의 연구에서는 辰韓 12국의 면모를 신라사의 前身인 斯盧國의 발전과정을 중심으로 언급해 왔지만, 여기서는 상대적으로 청송 주변 지역을 중심으로 진한 12국의 판도와 그 형상을 추출해 보려고 한다.
　둘째로,『삼국사기』지리지에는 고대 청송 지역의 역사적 실상을 파악할 수 있는 자료가 담겨 있다. 지리지의 '신라' 조와 '고구려' 조에서 그 실체를 파악할 수 있는데, 여기서는『삼국사기』에 등장하는 청송 지역사에 관하여 분석하고 그를 통해 역사적 의미를 규명해 보려고 한다. 특히, 「고구려지」의 내용과 「신라지」의 '本高句麗郡縣'이라는 서술 가운데 청송 지역의 綠武縣, 眞安縣, 積善縣 등을 어떻게 이해하는 것이 바람직한지 검토하여 볼 것이다.

셋째로, '本高句麗郡縣'의 綠武縣에는 '본래 고구려의 伊火兮縣'이라는 언급이 있다. 그리고 『삼국사기』 직관지에는 伊火兮縣과 연관된 '伊火兮停' 관련 기사가 서술되어 있는데, 그 역사적 의미를 살펴보고자 한다. 이와 관련하여 지금까지 10停 및 三千幢에 관한 연구가 주로 진행되었지만, 왜 청송 지역의 伊火兮縣에 '伊火兮停'을 설치했는지 주목하지 않았다. 삼국시대 청송 지역에 설치된 '伊火兮停'의 성격을 통해서 청송 지역의 중요성에 주목해 보고자 한다.

넷째로, 고대 청송 지역의 역사상을 재구성하기 위해서는 '甫城府'와 관련된 사항을 빠뜨릴 수 없을 것이다. 나말여초에 등장하는 '甫城府' 관계 기사는 義城府와 서로 섞여서 나타나므로 그 실체를 파악하는 데 어려움을 주고 있다. 여기서는 먼저 그동안 '甫城府'와 관련된 연구의 문제점을 제기하고, '甫城府' 관련 자료를 올바로 이해함으로써 고대 청송 지역의 역사적 실상에 다가가 보려고 한다.

이상의 검토를 통해, 전체적으로 볼 때, 비록 청송 지역에 관한 초기의 역사 기록과 삼국시대, 통일신라 그리고 신라말 고려 초까지의 기록이 영성한 것은 사실이지만, 시대의 흐름에 따라 변화하였던 청송 지역의 역사적 실체에 다가감으로써 고대 청송 지역사의 일면을 밝혀볼 수 있을 것이다.

2. 辰韓 12국의 판도와 청송 지역

고대 청송 지역의 역사와 문화를 이해하기 위해서는 당시 그 지역과 관련된 考古學 자료나 문헌 자료를 통해서 확인할 수밖에 없다. 그러나 지금까지 확인된 여러 연구 성과에서 이렇다 할 내용을 찾을 수 없는 것은 결국 자료의 부족에서 기인하는 것으로 볼 수 있다.[1]

한국 고대 사회를 연구하는 데 있어서 중심적인 위치를 차지한 것으로는 三韓 사회에 등장하는 여러 소국의 정복과 복속을 통해 강력한 王權을 형성하는 대국으로 탄생하게 되며, 그를 중심으로 새로운 고대국가가 성립하는 과정을 주로 연구해왔다.[2] 따라서 연구의 중심은 당연히 고대국가의 성립과정이 주류를 이루었다. 문제는 이러한 연구가 고대국가를 이룩한 고구려, 백제, 신라라는 큰 틀에서의 역사연구는 가능하였지만, 실제 그 안에서 활동하였던 小國들의 모습을 이해하는 데는 한계가 없지 않았다.

그러나 사료상으로 확인할 수는 없지만, 진한 사회를 구성하는 다양한 小國들은 교통의 편리성, 물산의 집적, 인구의 증가, 도시의 발달이라는 다양한 함수가 작용함으로써 점차 발전하였으며, 그를 계기로 지역 단위체를 형성하였을 것이다. 청송 지역 또한 진한 사회를 구성하였던 지역 중의 하나였을 것이므로, 진한 12국 관련 기록을 중심으로 청송 지역의 초기 역사를 추적해 볼 수 있을 것이다. 다시 말해, 역사의 裏面에 나타나는 현상을 파악함으로써 고대 청송 지역의 실체에 가까이 접근할 수 있다고 본다.

여기서는 그 대안으로 辰韓 12국의 판도와 구조를 분석하면서, 그와 함

---

1) 서영일, 2013, 「신라시대 청송 지역의 역사와 문화」『신라사학보』 29에서 청송 지역의 역사와 문화에 대해서 언급하고 있으며, 관련 자료에 대한 다양한 접근을 시도하고 있다.
2) 삼한 사회에 관한 연구 성과를 살펴보면, 천관우, 1976, 「진·변한제국의 위치 시론」『백산학보』 26 ; 이현혜, 1984, 『삼한사회형성과정연구』, 일조각 ; 천관우, 1989, 『고조선사·삼한사연구』, 일조각 ; 박대재, 1997, 「진한 제국의 규모와 정치발전단계」『한국사학보』 2 ; 최해룡, 1997, 「진한연맹의 형성과 변천」『대구사학』 53 ; 문창로, 2000, 「삼한시대의 읍락과 사회」, 신서원 ; 노중국 외, 2002, 『진·변한사연구』, 경상북도·계명대학교 한국학연구원 ; 전진국, 2018, 「진한의 범위에 대한 재검토」『한국고대사연구』 91 ; 남혜민, 2018, 「삼한 소국 네트워크의 위계 구조와 사로국」『한국고대사연구』 92 ; 김지현, 2023, 「진한의 대외교역과 사로국의 성장」『한국고대사연구』 109 등이 참고된다.

께 『삼국사기』의 來降/服屬 관계 기사와 연계해서 그 실체를 파악하고자 한다. 그것은 이들 자료가 청송 지역의 지역사를 연구하는데 가장 이른 시기의 자료일 뿐만 아니라, 그 지명을 통해서 辰韓의 역사와 아울러 신라사를 연구하는 데 도움이 되고 있기 때문이다. 이에 힘입어 청송 지역의 실체에 다가가려고 한다.

먼저 『삼국사기』와 중국 正史에 전하는 三韓 사회 관련 자료를 검토하면서, 그를 토대로 辰韓 12국의 판도와 청송 지역의 역사상을 마련해 보고자 한다. 사로국과 신라사를 중심으로 청송 지역을 바라본 기왕의 연구에서 벗어나, 청송 지역을 중심으로 역으로 사로국과 신라사를 되짚어보는 작업을 수행하고자 한다. 사로국과 신라국은 한반도 남동쪽에 위치하였으며, 그를 중심으로 해서 부채꼴 모양의 발전과정을 형상화했다면, 여기서는 청송 지역을 중심으로 신라 사회와 어떻게 대응해 왔는지를 살펴보고자 하는 것이다.

이를 위해서, 辰韓 사회의 형성 과정을 보여주는 자료를 검토하고, 아울러 『삼국사기』 신라본기와 지리지에 보이는 신라사의 내항/복속 관계 기사를 중심으로 고대 청송 지역의 역사를 역으로 추적해보려고 한다. 이를 통해서 청송 지역의 1~4세기의 역사상을 수립해 보려고 한다.

먼저, 辰韓 12국을 이해하는데 있어서 주요한 사항은 각국의 명칭, 규모, 위치 등 다양한 형태로 인식해왔다. 이들 12국 가운데 사로국이 어떠한 방식으로 발전해 갔으며, 이후 신라국으로 통합되는 과정에 주로 초점이 맞추어졌다. 우선 辰韓 12국과 연관된 기사를 살펴보자.

> A-1. 이에 앞서 朝鮮의 유민이 산골짜기 사이에 나누어 살면서 六村을 이루고 있었는데, (중략) 이들이 바로 辰韓의 6부이다.[3]

---

[3] 『삼국사기』 권1, 신라본기 1, 시조 혁거세 거서간 1년 조. 先是, 朝鮮遺民分居山谷之間, 爲六村 (中略) 是爲辰韓六部.

A-2. 『후한서』에 이르기를, "진한의 늙은이[耆老]들이 스스로 말하기를 '진나라 망명자들이 한국으로 오매 마한이 동쪽 지역 땅을 떼어 주었다. 서로를 부를 때 徒라고 하니, 진나라 말과 비슷하였으므로 혹은 秦韓으로 이름했다.'라고도 하며 12개의 작은 나라가 있어 각각 1만 호로써 나라를 일컬었다."라고 하였다.[4]

A-3. 辰韓은 馬韓의 동쪽에 위치하고 있다. [辰韓의] 노인들은 代代로 傳해 말하기를, "[우리들은] 옛날의 망명인으로 秦의 苦役를 피하여 韓國으로 왔는데, 馬韓이 그들의 동쪽 땅을 분할하여 우리에게 주었다."라고 하였다. (중략) 지금도 [辰韓을] 秦韓이라고 부르는 사람이 있다. [辰韓은] 처음에는 6國이었으나, 차츰 12國으로 나누어졌다.[5]

A-4. 弁辰도 12國으로 되어 있다. 또 여러 작은 別邑이 있어서 제각기 渠帥가 있다. [그 중에서] 세력이 큰 사람은 臣智라 하고, 險側이 있고, 樊濊가 있고, 殺奚가 있고, 邑借가 있다. (중략-國名은 각주 참조) 弁韓과 辰韓의 합계가 24國이나 된다. 大國은 4~5천 家이고, 小國은 6~7백 家로, 총 4~5萬戶이다.[6]

사료 A의 기사는 먼저, 『삼국사기』에 전하는 기사를 보면, 조선의 유민이 남쪽으로 내려와 산골짜기에 살았다는 내용을 전하며, 다음에 보이는

---

4) 『삼국유사』 권1, 기이 1, 진한 조. 後漢書云 "辰韓耆老自言, '秦之亡人來適韓國 而馬韓割東界地以與之. 相呼爲徒有似秦語故或名之爲秦韓.' 有十二小國, 各萬戶 稱國."

5) 『삼국지』 위서 30, 동이전 한 조. 辰韓在馬韓之東, 其耆老傳世, 自言古之亡人避秦役 (中略) 今有名之爲秦韓者. 始有六國, 稍分爲十二國.

6) 『삼국지』 위서 30, 동이전 한 조. 弁辰亦十二國, 又有諸小別邑, 各有渠帥, 大者名臣智, 其次有險側, 次有樊濊, 次有殺奚, 次有邑借. 有已柢國・不斯國・弁辰彌離彌凍國・弁辰接塗國・勤耆國・難彌離彌凍國・弁辰古資彌凍國・弁辰古淳是國・冉奚國・弁辰半路國・弁[辰]樂奴國・軍彌國(弁軍彌國)・弁辰彌烏邪馬國・如湛國・弁辰甘路國・戶路國・州鮮國(馬延國)・弁辰狗邪國・弁辰走漕馬國・弁辰潰盧國・斯盧國・斯盧. 弁・辰韓合二十四國, 大國四五千家, 小國六七百家, 總四五萬戶.

『삼국유사』 내용을 보면, 『후한서』를 인용하면서 辰韓은 秦韓과 연관이 있으며, "12개의 작은 나라가 각각 1만 호로써 나라를 일컬었다"라고 하였다. 그리고 그다음의 『삼국지』 기사를 보면, 위의 『후한서』의 내용과 큰 차이가 없으나, "[辰韓은] 처음에는 6國이었으나, 차츰 12國으로 나누어졌다"라는 부분에서 차이를 보여주고 있다.

이를 종합해 보면, 辰韓이라는 곳에 고조선의 유민이 남쪽으로 내려와 살았으며, 또한 진나라 망명자들도 이곳에 와서 살았는데, 12개의 작은 나라를 이루면서 각각 1만 호의 규모였다고 하였으며, 이들은 처음에는 6國이었으나, 차츰 12國으로 확대되었다는 사실을 알려주고 있다. 이러한 사실은 三韓의 역사를 언급할 때 대국과 소국, 그리고 그 안에 형성되었던 78국을, 다시 이를 마한 54국과 진한과 변한의 각 12국으로 이해하는 토대가 되었다.

한편, 『삼국사기』에 수록된 사로국 또는 신라사 중심의 내항/복속 관계 기사는 다양한 형태로 전승되어 오고 있다. 비록 그 紀年 문제가 없는 것은 아니지만, 사로국 또는 신라사 중심으로 구성된 기사를 영남 북부 지역사 중심으로 거꾸로 되돌려서 살펴보면, 새로운 역사상이 드러난다. 이를 위해『삼국사기』 신라본기에 전하는 내용을 참고로 하되, 특히 영남 북부 지역사의 한 축이라고 할 수 있는 '開雞立嶺路'와 '開竹嶺'의 내용을 주요한 기준으로 삼고자 한다. 청송 지역의 북쪽과 관련된 기사는 사로국 또는 신라사 중심의 역사에서도 중요성이 있지만, 청송을 포함한 영남 북부 지역사에서 북쪽과 남쪽의 교류사와 관련해서 매우 중요한 자료라고 보기 때문이다.

이를 위해서 『삼국사기』 신라본기에 전하는 사로국 또는 신라사 중심의 내항/복속 관계 기사를 살펴보자.

B-1. 23년(102) 가을 8월에 音汁伐國과 悉直谷國이 영토를 놓고 다투다가 王에게 와서 결정해 줄 것을 청하였다. (중략) 왕이 분노하여 군사를 일으

켜 음즙벌국을 정벌하니, 그 主가 자신의 무리와 함께 스스로 항복하였다. 실직과 押督 두 나라 왕도 와서 항복하였다.[7]

B-2. 獐山郡은 祗味王 때에 押梁小國을 쳐서 취하고 군을 두었다.[8]

B-3. [25년(104)] 가을 7월에 悉直이 반란을 일으키니, 병사를 출동시켜 토벌하여 평정하고, 남은 무리를 남쪽 변경으로 옮겼다.[9]

B-4. 27년(106) 봄 정월에 押督에 행차하여 가난하고 곤궁한 자들을 구휼하였다.[10]

B-5. [29년(108) 여름 5월] 병사를 보내어 比只國, 多伐國, 草八國을 정벌하여 병합하였다.[11]

B-6. 奈靈郡은 본래 백제 奈已郡이었는데[12] 파사왕이 이를 취하였다. 경덕왕이 이름을 고쳤다. 지금은 剛州이다. 領縣은 2개이다.[13]

B-7. [27년(106)] 가을 8월에 馬頭城主에게 명을 내려 加耶를 정벌하게 하였다.[14]

B-8. 29년(108) 여름 5월에 홍수가 나서 백성들이 굶주렸다. 使者를 10개 방면

---

7) 『삼국사기』 권1, 신라본기 1, 파사이사금 23년 조. 二十三年, 秋八月, 音汁伐國與悉直谷國爭疆, 詣王請決. (中略) 王怒, 以兵伐音汁伐國, 其主與衆自降. 悉直·押督二國王來降.
8) 『삼국사기』 권34, 雜志3, 지리, 신라 조. 獐山郡, 祗味王時, 伐取押梁 一作督.小國, 置郡.
9) 『삼국사기』 권1, 신라본기 1, 파사이사금 25년 조. 秋七月, 悉直叛, 發兵討平之, 徙其餘衆於南鄙.
10) 『삼국사기』 권1, 신라본기 1, 파사이사금 27년 조. 二十七年, 春正月, 幸押督, 賑貧窮.
11) 『삼국사기』 권1, 신라본기 1, 파사이사금 29년 조. 遣兵伐比只國·多伐國·草八國幷之.
12) 백제의 나이군 관계 사항으로는, 『삼국사기』 권37, 雜志6, 지리, 무진주 조. 武珍州 一云奴只. 未多夫里縣, (中略) 奈已郡의 내용을 확인할 수 있다.
13) 『삼국사기』 권35, 雜志4, 지리, 신라 조. 奈靈郡, 本百濟奈已郡, 婆娑王取之. 景德王改名. 今剛州. 領縣二.
14) 『삼국사기』 권1, 신라본기 1, 파사이사금 27년 조. 秋八月, 命馬頭城主, 伐加耶.

[道]으로 보내 창고를 열어 구제할 곡식을 나누어주게 하였다.[15]

B-9. 13년(146) 겨울 10월에 押督이 반란을 일으키니, 군사를 출동시켜 토벌하여 평정하였다. 그 남은 무리를 남쪽 지방으로 옮겼다.[16]

위의 사료 B의 기사는 신라의 파사이사금 때인 23년부터 29년에 걸친 내항/복속 관계 기사이다. 이들 기사의 紀年에 대한 신뢰성 문제는 이미 여러 연구가 제시되고 있지만, 필자는 그 가운데 이들 지역이 경주 인근과 무관치 않다는 점을 지적하고자 한다. 물론 悉直谷國 또는 悉直의 위치 비정이나 그 지역성에 관한 견해도 多岐하지만, 큰 틀에서 볼 때 사로국 또는 신라사의 범주에서 볼 때 부챗살 모양의 형상을 띄고 있는 것도 확인할 수 있다.

그런데 B-7과 B-8은 다소 엉뚱한 면도 없지 않다. 그렇지만 이들 기사 또한 사로국 또는 신라사의 발전상을 그려내는 데 도움이 되는 자료이다. 즉, "馬頭城主에게 명을 내려 加耶를 정벌"하라고 하였거나, "使者를 10개 방면[道]으로 보내 창고를 열어 구제할 곡식을 나누어주게 하였다"라는 내용은 어떻게 해석할 것인가 고민이 되는 부분이다. 또한 B-9에 보이는 내용도 의미를 부여할 만하다. 즉, "押督이 반란을 일으키니, 군사를 출동시켜 토벌하여 평정하였다. 그 남은 무리를 남쪽 지방으로 옮겼다."라는 내용인데, 이 기사에서 주목되는 부분은 바로 '그 남은 무리를 남쪽 지방으로 옮겼다'라고 한 것이다. 押督에서 반란을 일으키니 이를 평정하여 그 남쪽으로 보냈다고 하는 것은, 아직 북쪽에 대한 영토 확장이 활발하게 이루어지고 있지 않았다는 하나의 반증으로 보아도 좋을 듯하다. 문제는 위와 같은 사료 A의 기사를 어느 시기의 역사적 사실로서 인식할 것인가 하는 문

---

15) 『삼국사기』 권1, 신라본기 1, 파사이사금 29년 조. 二十九年, 夏五月, 大水, 民飢. 發使十道, 開倉賑給.
16) 『삼국사기』 권1, 신라본기 일성이사금 13년 조. 十三年, 冬十月, 押督叛, 發兵討平之. 徙其餘衆於南地.

제가 숙제로 남는다.

한편, 파사이사금 때의 다양한 내항/복속 관계 기사에 이어서, 또 다른 기사들이 보인다. 분명 이들 기사는 파사이사금 때의 다양한 내항/복속 기사와는 그 성격이 전혀 달라진다는 점이다. 그와 관련된 몇 개의 사료를 살펴보기로 하자.

C-1. 〔5년(138)〕 겨울 10월에 북쪽으로 순행하여 太白山에 친히 제사를 지냈다.[17]

C-2. 3년(156) 여름 4월에 서리가 내렸다. 鷄立嶺路를 개척하였다.[18]

C-3. 5년(158) 봄 3월에 竹嶺을 개척하였다. 倭의 사신이 예물을 가지고 방문하였다.[19]

위의 사료 C의 기사를 살펴보면, "북쪽으로 순행하여 太白山에 친히 제사를 지냈다"라거나, "鷄立嶺路를 개척"하거나, "竹嶺을 개척하였다"라는 내용이다. 이들 기사도 그 紀年에 문제가 있지만, 앞에서 살펴본 단순한 내항/복속 관계 기사와는 그 성격이 전혀 달라지고 있다는 점을 확인할 수 있다.

아울러 이와 같은 맥락에서 다음에 보이는 기사들은 분명 새로운 사실을 전하고 있는 자료들이다. 앞의 사료 A와 B의 내용과는 사뭇 그 차이를 실감할 수 있을 것이다.

D-1. 〔2년(185)〕 2월에 파진찬 仇道와 일길찬 仇須兮를 左·右軍主로 임명하여

---

17) 『삼국사기』 권1, 신라본기 1, 일성이사금 5년 조. 冬十月, 北巡親祀大白山.
18) 『삼국사기』 권2, 신라본기 2, 아달라이사금 3년 조. 三年, 夏四月, 隕霜. 開雞立嶺路.
19) 『삼국사기』 권2, 신라본기 2, 아달라이사금 5년 조. 五年, 春三月, 開竹嶺. 倭人来聘.

召文國을 공격하였다. 軍主라는 이름이 이때부터 사용되었다.[20]

D-2. 2년(231) 가을 7월에 이찬 于老를 대장군에 임명하여 甘文國을 공격해 격파하고, 그 땅을 [신라의] 郡으로 만들었다.[21]

D-3. 7년(236) 봄 2월에 骨伐國王 아음부가 휘하 무리를 거느리고 항복해 왔으므로, 그에게 집과 토지를 하사하여 안치하고, 골벌국 지역을 [신라의] 郡으로 하였다.[22]

D-4. 臨川縣은 조분왕 때에 骨伐小國을 쳐서 얻어서 縣을 두었다. 경덕왕이 이름을 고쳤다. 지금은 永州에 합하여 속해 있다.[23]

D-5. 첨해왕이 왕위에 있을 때, 옛날부터 우리나라에 속해 있던 沙梁伐國이 홀연 배반하고 백제에 귀의하였다. 昔于老가 병사를 거느리고 가서 토벌하여 그 나라를 멸망시켰다.[24]

D-6. 10년(293) 봄 2월에 沙道城을 고쳐 쌓고 [그곳으로] 沙伐州의 豪民 80여 집을 이주시켰다.[25]

D-7. 伊西古國이 금성을 공격해 왔다. 우리가 많은 병력을 동원해 방어했으나, 물리치지 못하였다.[26]

---

20) 『삼국사기』 권2, 신라본기 벌휴이사금 2년 조. 二月, 拜波珍湌仇道·一吉湌仇須兮爲左·右軍主, 伐召文國. 軍主之名, 始於此.
21) 『삼국사기』 권2, 신라본기 조분이사금 2년 조. 二年, 秋七月, 以伊湌于老爲大將軍, 討破甘文國, 以其地爲郡.
22) 『삼국사기』 권2, 신라본기 조분이사금 7년 조. 七年, 春二月, 骨伐國王阿音夫率衆來降, 賜第宅·田莊安之, 以其地爲郡.
23) 『삼국사기』 권34, 雜志3, 지리, 신라 조. 臨川縣, 助賁王時, 伐得骨伐小國, 置縣. 景德王改名. 今合屬永州.
24) 『삼국사기』 권45, 열전 5, 석우로 조. 沾解王在位, 沙梁伐國舊屬我, 忽背而歸百濟. 于老將兵, 徃討滅之.
25) 『삼국사기』 권2, 신라본기 유례이사금 10년 조. 十年, 春二月, 改築沙道城, 移沙伐州豪民八十餘家.
26) 『삼국사기』 권2, 신라본기 유례이사금 14년 조. 伊西古國來攻金城. 我大擧兵防禦, 不能攘.

D-8. 建虎 18년에 伊西國을 정벌해 멸하였고, 이 해에 고구려 군사가 와서 침범하였다.[27]

위의 사료 D의 기사들은 신라의 중앙행정조직에 편제되거나, 또는 신라화라는 지역 편제를 작동하는 과정을 보여주고 있는데, 예를 들면, 〔신라의〕郡, 骨伐小國을 縣, 沙伐州의 豪民 80여 집 이주, 伊西(古)國의 공격과 정벌 등이 그것이다. 앞에서 살펴본 사료 A와 B의 사안과는 차이를 엿볼 수 있는 과정이라고 할 수 있다.

이상에서 살펴본 내용을 알기 쉽게 정리하면 〈표 1〉과 같다.

〈표 1〉 『삼국사기』에 보이는 사로국의 복속 활동[28]

순서	소국명	기록 시기	위치 비정	관계/내용	전거	비고
1	音汁伐國	파사 23년(102)	안강(흥해)	정복	本紀 1	
2	悉直(谷)國	파사 23년(102) 파사 25년(104)	삼척	내항 반란/진압	本紀 1	
3	押督國 (押梁國)	파사 23년(102) 일성 13년(146)	경산	내항 반란/진압	本紀 1	지마(112~134) 정복(地理1, 獐山郡)
4	比只國	파사 29년(108)	창녕	정복	本紀 1	
5	多伐國	파사 29년(108)	대구(?)	정복	本紀 1	
6	草八國	파사 29년(108)	합천	정복	本紀 1	
7	召文國	벌휴 2년(185)	의성	정복	本紀 2	
8	甘文國	조분 2년(231)	김천	정복	本紀 2	列傳5, 昔于老
9	骨伐國	조분 7년(236)	영천	내항	本紀 2	조분 7년 정복 (地理1, 臨川縣)[29]
10	沙(梁)伐國	첨해(247~261)	상주	정복	列傳5, 昔于老	
11	伊西(古)國	유례 14년(297) 이전	청도	정복	本紀 2	노례19년(42)정복 (『三國遺事』紀異1)

---

27) 『삼국유사』 권1, 紀異, 제3 노례왕 조. 建虎十八年伐伊西國滅之, 是年高麗兵來侵.
28) 남혜민, 「삼한 소국 네트워크의 위계 구조와 사로국」 『한국고대사연구』 92, 2018, 35쪽의 내용을 참고해서 작성하였다.

위의 〈표 1〉을 살펴보면, 크게 두 시기로 나눌 수 있다. 하나는 파사왕 23년(102), 파사왕 25년(104), 파사왕 29년(108) 등으로 대개 2세기 초반에 해당하는 내용이다. 다른 하나는 벌휴왕 2년(185), 조분왕 2년(231)과 조분왕 7년(236), 그리고 첨해왕 대(247~261)와 유례왕 14년(297) 이전 등으로 대개 2세기 말부터 3세기에 해당하는 내용이다. 이렇게 둘로 나눈 데는 신라를 중심으로 전자가 서남쪽에 해당하는 경산, 창녕, 대구, 합천 지역이라면, 후자는 의성, 김천, 상주 등 서북쪽 지역으로 정복을 단행하고 있는 점을 고려한 것이다. 다시 말해, 신라의 성장과 그에 따른 영토 확보과정의 양상을 읽어볼 수 있는 내용이라는 점이다.

그렇다면 여기서 청송 지역에 관한 사항을 어떻게 이해할 수 있을 것인가? 물론 이에 대한 구체적인 정보를 제공하는 자료는 발견하기가 어렵다. 그러나 청송 지역과 가까이 접하고 있었던 召文國의 존재는 의미하는 바 적지 않다. 당시 의성지역에 있었던 召文國은 벌휴왕 2년(185)에 신라에 의해서 복속을 당한다.

이에 대한 기사를 다시 살펴보자.

D-1. 〔2년(185)〕 2월에 파진찬 仇道와 일길찬 仇須兮를 左·右軍主로 임명하여 召文國을 공격하였다. 軍主라는 이름이 이때부터 사용되었다.[30]

위의 D-1의 기사에서 보듯이, 파진찬 仇道와 일길찬 仇須兮를 左·右軍主로 임명하여 召文國을 공격하였으며, 이때부터 軍主라는 이름이 사용되었을 정도로, 사로국 또는 신라에서 召文國을 공격하는데 대국적인 차원에서 이루어진 결정이었으며, 그로부터 사로국 또는 신라사에서 軍主의 활약

---

29) 臨川縣에 해당하는 것을, 남혜민, 위의 논문, 35쪽에서 臨皐郡이라 하였으나, 정확하게는 臨川縣이 맞으므로, 이에 수정한다.
30) 『삼국사기』권2, 신라본기 벌휴이사금 2년 조. 二月, 拜波珍湌仇道·一吉湌仇須兮 爲左·右軍主, 伐召文國. 軍主之名, 始於此.

상을 찾아볼 수 있다. 이처럼 당시 의성지역에 있었던 召文國은 벌휴왕 대에 신라에 의해서 정복을 당하지만, 결코 그 정복이 容易하지 않았음을 알 수 있다. 청송과 가까운 의성의 召文國의 실상과 비교해 본다면, 청송 지역의 역사상을 이해하는 데 도움이 된다.

요컨대, 고대 청송 지역의 실체를 파악할 수 있는 구체적 자료를 찾기가 쉽지 않은 형편이다. 이를 극복하기 위한 대안으로, 진한 관련 기사와 辰韓 12국의 판도를 살펴보았으며, 아울러 『삼국사기』에 수록된 사로국 또는 신라사 중심의 내항/복속 관계 기사에 주목해 보았다. 이 기사들은 비록 紀年 上 문제가 없는 것은 아니지만, 사로국 또는 신라사 중심으로 구성된 역사 관계 기사를 거꾸로 된 시각, 곧 영남 북부 지역사, 특히 청송 지역에서 바라본 사로국 또는 신라사를 이해해 보려고 하였다.

3. 『삼국사기』 지리지의 '本高句麗郡縣'과 청송 지역

2장에서는 고대 청송 지역을 이해하기 위한 기초 작업의 성격으로 辰韓 사회의 구조와 성격, 그리고 사로국 또는 신라사의 접근 방식에서 벗어나 청송 지역 중심의 역사상을 마련해 보려고 하였다. 이 장에서는 『삼국사기』 지리지에 보이는 '本高句麗郡縣'이라는 기록에 주목해 보고자 하는데, 그것은 여기에 청송 지역의 지명인 綠武縣, 眞安縣, 積善縣 등이 포함되어 있기 때문이다.

『삼국사기』 권35, 雜志 4, 지리 2, 신라 조에 보이는 곡성군과 야성군에는 '本高句麗郡縣'이라는 기사가 보인다. 아울러 『삼국사기』 권37, 雜志 6, 지리 4, 고구려 조에는 신라 조와는 다르게, 助攬郡, 靑已縣, 伊火兮縣에 대한 기록이 수록되어 있다. 이들 항목에 대한 차이점이 어디서 발생했으며, 각각의 구성 요소는 어떻게 이해하는 것이 바람직한 지 등에 대해서 살펴보려고 한다.

먼저, 『삼국사기』 권35, 雜志 4, 지리 2, 신라 조에 보이는 곡성군과 야성군에 대한 기록부터 살펴보자.

E-1. 曲城郡은 본래 고구려 屈火郡이었는데, 경덕왕이 이름을 고쳤다. 지금의 臨河郡이다. 領縣은 1개이다.

E-2. 綠武縣은 한편 梓라고 쓴다.[31] 본래 고구려의 伊火兮縣이었는데, 경덕왕이 이름을 고쳤다. 지금의 安德縣이다.[32]

E-3. 野城郡은 본래 고구려 也尸忽郡이었는데, 경덕왕이 이름을 고쳤다. 지금의 盈德郡이다. 領縣은 2개이다.

E-4. 眞安縣은 본래 고구려의 助欖縣이었는데, 경덕왕이 이름을 고쳤다. 지금의 甫城府이다.

E-5. 積善縣은 본래 고구려의 靑已縣이었는데,[33] 경덕왕이 이름을 고쳤다. 지

---

31) 『삼국사기』 권35, 雜志 4, 지리 2, 신라 曲城郡 조에 보면, "綠武縣 한편 椽이라고 쓴다."라고 기재되어 있어서 지금까지 이를 緣武縣으로 지칭해 왔다. 그러나 이는 『삼국사기』의 판본을 刻字하면서 생긴 오류임이 분명하다. 다시 말해, 緣武縣이 아니라 綠武縣인데, 綠 자와 緣 자가 비슷한 관계로 誤刻한 것이다. 이는 뒤에서 살펴볼 10정의 경덕왕대 改名 내용을 보면 이해가 가능할 것이다. 또한 細註에 보이는 "한편 椽이라고 쓴다"에서도 글자체를 자세히 보면 梓 자에 가깝다. 따라서 이 글에서는 비록 緣武縣으로 표시가 되었더라도 綠武縣이 사실에 가깝다는 점을 인지하면서 논지를 전개하고자 한다. 이와 유사한 내용 가운데 같은 지리지에 "靑正縣은 본래 백제의 古良夫里縣이었는데, 경덕왕이 이름을 고쳤다. 지금의 靑陽縣이다."라는 구절에서, 靑正縣으로 표기가 되어 있지만, 실상 이것도 靑武縣이 사실에 가깝다. 여기서 正 자도 武 자의 誤刻인데, 그것은 武 자의 피휘에서 빚어진 결과물이다.
32) 『삼국사기』 권35, 雜志 4, 지리 2, 신라 조. 曲城郡, 本髙句麗屈火郡, 景德王改名. 令臨河郡. 領縣一. 緣 一作椽 武縣, 本髙句麗伊火兮縣, 景德王改名. 今安德縣.
33) 『삼국사기』 권35, 雜志 4, 지리 2, 신라 野城郡 조에 보면, 靑已縣이라고 기재되어 있어서 지금까지 이를 靑已縣으로 지칭해 왔다. 그런데 靑已縣에서 已 자와 己 자는 『삼국사기』의 판본을 刻字하면서 생긴 오류일 수도 있을 것이다. 『고려사』에는 靑巳縣이라고 기재되어 있다. 이 글에서는 『삼국사기』의 판본에 따라 靑已縣이라는 명칭을 사용하려고 한다. 다만 '靑己縣'에서 '己' 자가 "城의 古訓「기」

금의 靑鳧縣이다.[34]

위의 자료 E의 원문에 의하면, '本高句麗郡縣'으로 기재되어 있다. E-1의 기록에 보이는 臨河郡은 현재의 안동시 임하면을 지칭하는 것으로 볼 때, 청송 지역하고는 차이가 있다. E-2의 기록에 보이는 綠武縣은 청송군 안덕면을 지칭하고 있다. 이를 근거로 볼 때, 『삼국사기』 지리지를 편찬할 때는 위의 두 지역이 같은 행정 구역으로 묶여 있었음을 확인할 수 있다. 다시 말해, 臨河郡의 領縣인 綠武縣은 청송을 중심으로 서북쪽의 행정 구역이라고 할 수 있다.

자료 E-3에는 또 다른 내용이 보인다. E-3에 보이는 野城郡은 현재의 영덕군 영덕읍을 지칭하는 것으로 볼 때, 청송 지역하고는 차이가 있다. E-4의 眞安縣은 청송군 진보면을 지칭하고 있다. E-5의 積善縣은 청송군 청송읍을 지칭하고 있다. 이로써 볼 때, E-3의 野城郡은 영덕읍을 지칭한다고 본다면 청송 지역하고는 차이가 있다. 그렇지만 E-4의 眞安縣과 E-5의 積善縣은 청송 지역이다. 이를 근거로 볼 때, 『삼국사기』 지리지를 편찬할 때는 위의 두 지역이 같은 행정 구역으로 묶여 있었음을 알 수 있다. 다시 말해, 영덕군의 領縣인 眞安縣과 積善縣은 청송을 중심으로 동북쪽의 행정 구역이라고 할 수 있다.

그런데 『삼국사기』 권37, 雜志 6, 지리 4, 고구려 조에는 위와는 다른 내용이 전하고 있다. 그것은 助攬郡, 靑已縣, 伊火兮縣에 대한 기록이며, 이들 내용은 「고구려지」를 중심으로 작성한 것으로 본다. 이를 구체적으로 살펴보자.

의 音借"라고 하였는데(신태현, 1958, 『삼국사기 지리지의 연구』, 우종사, 70쪽), 이에 대해서는 추후 다른 연구를 기다리는 것으로 대신한다.
34) 『삼국사기』 권35, 雜志 4, 지리 2, 신라 조. 野城郡, <u>本髙句麗也尸忽郡</u>, 景德王改名. 今盈德郡. 領縣二. 眞安縣, <u>本髙句麗助攬縣</u>, 景德王改名. 今甫城府. 積善縣, <u>本髙句麗青己縣</u>, 景德王改名. 今青鳧縣.

F. 何瑟羅州 河西良이라고도 하고 河西라고도 한다. 乃買縣, 東吐縣, 支山縣, 穴山縣, 㟢城郡 加阿忽이라고도 한다., 僧山縣 所勿達이라고도 한다., 翼峴縣 伊文縣이라고도 한다., 達忽, 猪㢘穴縣 烏斯押이라고도 한다., 平珍峴縣 平珍波衣라고도 한다., 道臨縣 助乙浦라고도 한다., 休壤郡 金惱라고도 한다., 習比谷 吞이라고도 한다., 吐上縣, 岐淵縣, 鵠浦縣 古衣浦라고도 한다., 竹峴縣 奈生於라고도 한다., 滿若縣 氵万兮라고도 한다., 波利縣, 于珍也郡, 波且縣 波豊이라고도 한다., 也尸忽郡, 助攬郡 才攬이라고도 한다., 靑已縣, 屈火縣, 伊火兮縣, 于尸郡, 阿兮縣, 悉直郡 失[35]直이라고도 한다., 羽谷縣. 이상은 고구려의 주·군·현으로 모두 164곳이다. 그 신라에서 고친 이름과 지금[고려]의 이름은 「新羅志」에서 볼 수 있다.[36]

다소 장황하지만, 위의 사료 F의 기사를 모두 채록한 것은 청송 지역에 해당하는 '本高句麗郡縣'의 위치와 그 명칭을 자세히 살펴보고자 했기 때문이다. 다시 말해, 하슬라주에 설치된 청송 지역의 지명이 '本高句麗縣'에는 어떠한 체제로 편성되어 있으며, 그 내용은 무엇인지 확인해 보고자 하였기 때문이다.

이를 위해 하슬라주에 소속된 '주·군·현'의 내용을 알기 쉽게 정리하면 〈표 2〉와 같다.

---

35) 『삼국사기』 권37, 雜志 6, 지리 4, 고구려 조 판본에 의하면, 史直으로 되어 있지만, 이는 失 자의 誤刻으로 판단하여 이를 고쳤다.

36) 『삼국사기』 권37, 雜志 6, 지리 4, 고구려 조. 何瑟羅州 一云河西良, 一云河西.. 乃買縣, 東吐縣, 支山縣, 穴山縣, 㟢城郡 一云加阿忽, 僧山縣 一云所勿達, 翼峴縣 一云伊文縣., 達忽, 猪㢘穴縣 一云烏斯押., 平珍峴縣 一云平珍波衣, 道臨縣 一云助乙浦, 休壤郡 一云金惱, 習比谷 一作呑. 吐上縣, 岐淵縣, 鵠浦縣 一云古衣浦., 竹峴縣 一云奈生於, 滿若縣 一云氵万兮, 波利縣, 于珍也郡, 波且縣 一云波豊., 也尸忽郡, 助攬郡 一云才攬, 靑已縣, 屈火縣, 伊火兮縣, 于尸郡, 阿兮縣, 悉直郡 一云失直., 羽谷縣. 右高勾麗州郡縣, 共一百六十四. 其新羅改名及今名, 見新羅志.

고대 청송 지역의 역사적 변천과 領域　169

〈표 2〉 何瑟羅州의 주·군·현 편성 내용

주·군·현 명칭	異表記 명칭	비 고
何瑟羅州	河西良이라고도 하고, 河西라고도 한다.	이상은 고구려의 주·군·현으로 모두 164곳이다. (右高勾麗州郡縣, 共一百六十四) 그 신라에서 고친 이름과 지금 [고려]의 이름은 「新羅志」에서 볼 수 있다. (其新羅改名及今名, 見新羅志)
乃買縣		
東吐縣		
支山縣		
穴山縣		
逆城郡	加阿忽이라고도 한다.	
僧山縣	所勿達이라고도 한다.	
翼峴縣	伊文縣이라고도 한다.	
達忽		
猪逆穴縣	烏斯押이라고도 한다.	
平珍峴縣	平珍波衣라고도 한다.	
道臨縣	助乙浦라고도 한다.	
休壤郡	金惱라고도 한다.	
習比谷	呑이라고도 한다.	
吐上縣		
岐淵縣		
鵠浦縣	古衣浦라고도 한다.	
竹峴縣	奈生於라고도 한다.	
滿若縣	沔兮라고도 한다.	
波利縣		
于珍也郡		
波且縣	波豊이라고도 한다.	
也尸忽郡		
助攬郡	才攬이라고도 한다.	
靑已縣		
屈火縣		
伊火兮縣		
于尸郡		
阿兮縣		
悉直郡	失直이라고도 한다.	
羽谷縣		

위의 〈표 2〉를 자세히 살펴보면, 고구려의 주·군·현 체제 아래 청송 지역과 관련된 지명은 也尸忽郡 밑에 助攬郡과 靑已縣이 기재되어 있으며, 屈火縣 다음에 伊火兮縣이 나란히 기재되었다. 이러한 내용은 앞에서 살펴본 『삼국사기』 권35, 雜志 4, 지리 2, 신라 조에 보이는 곡성군과 야성군의 내용과 차이를 발견할 수 있다. 위의 내용이 『삼국사기』 신라 조에는 어떻게 서술되어 있는지 비교하기 위하여 '本高句麗郡縣'의 내용을 알기 쉽게 정리하면 〈표 3〉과 같다.

〈표 3〉 溟州의 주·군·현 편성 내용

주·군·현 명칭	'本高句麗郡縣' 명칭	비 고
溟州	本高句麗河西良 一作何瑟羅, 後屬新羅	賈耽古今郡國志云, "今新羅北界溟州, 蓋濊之古國." 前史以扶餘爲濊地, 蓋誤. 善德王時爲小京, 置仕臣. 太宗王五年, 唐顯慶三年, 以何瑟羅地連靺鞨, 罷京爲州, 置軍主以鎭之. 景德王十六年, 改爲溟州. 今因之. 領縣四
旌善縣	本高句麗仍買縣, 景德王改名. 今因之	
一作棟(棟隄縣)	本高句麗束吐縣, 景德王改名. 今未詳	
支山縣	本高句麗縣, 景德王因之. 今連谷縣	
洞山縣	本高句麗穴山縣, 景德王改名. 今因之	
曲城郡	本高句麗屈火郡, 景德王改名. 臨河郡	領縣一
一作梓(綠武縣)	本高句麗伊火兮縣, 景德王改名. 今安德縣	
野城郡	本高句麗也尸忽郡, 景德王改名. 今盈德郡	領縣二
眞安縣	本高句麗助攬縣, 景德王改名. 甫城府	
積善縣	本高句麗靑己縣, 景德王改名. 靑鳧縣	
有鄰郡	本高句麗于尸郡, 景德王改名. 今禮州.	領縣一
海阿縣	本高句麗阿兮縣, 景德王改名. 淸河縣	
蔚珍郡	本高句麗于珍也縣, 景德王改名. 今因之	
一作西(海曲縣)	本高句麗波且縣, 景德王改名. 今未詳	領縣一
奈城郡	本高句麗奈生郡, 景德王改名. 今寧越郡	領縣三

고대 청송 지역의 역사적 변천과 領域　171

주·군·현 명칭	'本高句麗郡縣' 명칭	비 고
子春縣	本高句麗乙阿旦縣景德王改名. 今永春縣	
白鳥縣	本高句麗郁烏縣景德王改名. 今平昌縣	
酒泉縣	本高句麗酒淵縣, 景德王改名. 今因之	
三陟郡	本悉直國, 婆娑王世來降.	智證王六年, 梁天監四年爲州, 以異斯夫爲軍主. 景德王改名. 今因之. 領縣四
竹嶺縣	本高句麗竹峴縣, 景德王改名. 今未詳	
一作鄕(滿卿縣)	本高句麗滿若縣, 景德王改名. 今未詳	
羽谿縣	本高句麗羽谷縣, 景德王改名. 今因之	
海利縣	本高句麗波利縣, 景德王改名. 今未詳	
守城郡	本高句麗䢘城郡, 景德王改名. 今杆城縣	領縣二
童山縣	本高句麗僧山縣, 景德王改名. 今烈山縣	
翼嶺縣	本高句麗翼峴縣, 景德王改名. 今因之	
高城郡	本高句麗達忽	眞興王二十九年爲州, 置軍主. 景德王改名. 今因之. 領縣二
豢猳縣	本高句麗猪迋穴縣, 景德王改名. 今因之	
偏嶮縣	本高句麗平珍峴縣, 景德王改名. 今雲嵓縣	
金壤郡	本高句麗休壤縣, 景德王改名. 今因之	領縣五
習谿縣	本高句麗習比谷縣, 景德王改名. 今歙谷縣	
隄上縣	本高句麗吐上縣, 景德王改名. 今碧山縣	
臨道縣	本高句麗道臨縣, 景德王改名. 今因之	
派川縣	本高句麗改淵縣, 景德王改名. 今因之	
鶴浦縣	本高句麗鵠浦縣, 景德王改名. 今因之	

〈표 2〉를 보면, 여기에는 '本高句麗郡縣'이라는 내용이 전혀 기재되어 있지 않다. 다만 "이상은 고구려의 주·군·현으로 모두 164곳이다. 그 신라에서 고친 이름과 지금[고려]의 이름은 「신라지」에서 볼 수 있다"라고 표현함으로써 164개 고구려의 주·군·현 명칭을 기록해 놓으면서 아울러 신라와 고려의 명칭은 「신라지」에서 볼 수 있다고 하였다. 그렇다면 「고구려지」와 「신라지」에서는 어떠한 변화를 살펴볼 수 있는지를 파악하기 위해서 〈표 3〉을 만들어본 것이다.

이를 통해서 볼 때, 분명 그 차이를 실감할 수 있다. 특히, 「고구려지」에 서술된 하슬라주에 대한 표현을 보면, "河西良이라고도 하고, 河西라고도 한다"라고 기재하고 있는데, 「신라지」에 서술된 내용을 보면, "溟州는 본래 고구려의 河西良 한편 何瑟羅라고 쓴다. 인데, 후에는 신라에 속하였다"라고 기재되어 있다. 이로써 명주가 고구려의 하슬라였으며, 나중에 신라에 복속되었음을 파악할 수가 있다. 이러한 측면을 고려한다면, 앞의 〈표 2〉에 보이는 「고구려지」의 내용이 시간상 앞선 고구려의 주·군·현이 설치되었던 사실을 반영하고 있음을 확인하는 동시에, 뒤의 〈표 3〉에 보이는 내용은 신라통일 이후부터 고려 때까지의 변화를 수록한 내용임을 파악할 수 있게 된다.

필자는 『삼국사기』 지리지에 전하는 내용을 크게 둘로 나눈다면, 전자는 광개토왕 대나 장수왕 대의 역사적 사실이 반영된 것이며, 후자는 신라의 삼국통일 이후 9주의 설치와 밀접한 관련이 있다고 보고 싶다. 물론 이러한 기록이 전하는 것은 『삼국사기』 편찬자가 어느 시점을 기준으로 해서 이를 일괄 작성, 편찬하였을 것으로 보인다. 또한 「고구려지」의 서술 순서에 맞춰서 「신라지」 또한 그렇게 작성되고 있으며,[37] 이들 자료를 통해서 그 과정을 확인할 수 있다는데 그 의미가 깊다.[38]

그렇다면 〈표 2〉와 〈표 3〉에서 새롭게 확인할 수 있는 것으로는, 앞의 「고구려지」에 서술된 내용과 뒤의 「신라지」에 서술된 내용 사이에 어떠한 변화가 있었는지를 살펴볼 수 있게 되었다. 이는 지금까지 단순하고 평면적으로 이해해온 「고구려지」와 「신라지」의 변화상을 검토할 수 있을 뿐만

---

37) 이에 대한 논거로는, "이상은 고구려의 주·군·현으로 모두 164곳이다. 그 신라에서 고친 이름과 지금[고려]의 이름은 「신라지」에서 볼 수 있다(右高勾麗州郡縣, 共一百六十四. 其新羅改名及今名, 見新羅志)"라고 한 대목에서 이를 추정할 수 있다.
38) 임기환, 「『삼국사기』 지리지에 나타난 고구려 군현의 성격」 『한성백제사』 2, 서울특별시사편찬위원회, 363쪽.

아니라, 그 가운데 포함하고 있는 새로운 신라 주·군·현의 변화상을 검토할 수 있는 계기로 작용한다는 점에서, 〈표 2〉와 〈표 3〉은 시사하는 바 크다고 할 수 있다.[39]

실제 청송 지역이 위치한 영남 북부 지역에서 '本高句麗郡縣'은 4개 군, 곡성군, 야성군, 유린군, 울진군이며, 5개 현, 녹무현, 진안현, 적선현, 해아현, 해곡현 등이다. 특히, 청송 지역은 곡성군과 야성군에 포함되어 있으며, 그 가운데 녹무현, 진안현, 적선현이 그에 해당한다. 이와 같은 내용을 「고구려지」에서 찾아보면, 助攬郡, 靑已縣, 伊火兮縣 등을 통해 확인할 수 있다. 이 지역이 일찍이 고구려의 군현이 설치되었다는 사실은 청송 지역의 역사와 문화를 이해하는데 하나의 試金石으로 작용할 것이다. 하나는 고구려의 선진문화를 빠른 시기에 접촉, 수용할 수 있었다는 징표가 될 것이며, 다른 하나는 신라에서 그 利點을 계승해서 '伊火兮停'을 설치하고 있다는 점에서, 청송 지역의 軍事史學史的 의의 또한 매우 높다고 하겠다.

이상에서 언급한 내용을 알기 쉽게 정리하면 〈표 4〉와 같다.

〈표 4〉『삼국사기』 지리지의 영남 북부 '本高句麗郡縣'의 내용[40]

소속주	신라지		本高句麗郡縣	고구려지(이칭)	현재 지명
	郡	縣			
朔州 (牛首州)	奈靈郡		奈已郡		영주시
		善谷縣	買谷縣	買谷縣	안동시 도산면, 예안면
		玉馬縣	古斯馬縣	古斯馬縣	봉화군
	岌山郡		及伐山郡	及伐山郡	영주시 순흥면
		隣豊縣	伊伐支縣	伊伐支縣(自伐支)	영주시 풍기읍

---

39) 사실 이 부분을 다루면서 궁금한 것은, 왜 하필 「신라지」에서는 '本高句麗郡縣'의 내용이 3州에 해당하는 漢山州, 牛首州, 何瑟羅州에만 표현되어 있는지 하는 점이다. 이 부분에 대해서는 추후 다루어 볼 예정이다.

40) 장병진, 2022, 「5세기 고구려의 영남 북부 지역 지배에 관한 새로운 접근 - 영남 북부 '本 高句麗 郡縣' 기록의 이해 - 」『고구려발해연구』 72, 112쪽의 내용을 참고해서 작성하였다.

소속주	신라지		'本高句麗郡縣'	고구려지(이칭)	현재 지명
	郡	縣			
溟州 (何瑟羅 州)	曲城郡		屈火郡	屈火縣	안동시 임하면
		綠武縣	伊火兮縣	伊火兮縣	청송군 안덕면
	野城郡		也尸忽郡	也尸忽郡	영덕군 영덕읍
		眞安縣	助攬縣	助攬郡(才攬)	청송군 진보면
		積善縣	靑已縣	靑已縣	청송군 청송읍
	有鄰郡		于尸郡	于尸郡	영덕군 영해면
		海阿縣	阿兮縣	阿兮縣	포항시(영일) 청하면
	蔚珍郡		于珍也郡	于珍也郡	울진군 울진읍
		海曲縣	波且縣	波且縣(波豊)	울진군 원남면

위의 〈표 4〉를 살펴보면, 영남 북부에서 '本高句麗郡縣'의 형태를 띠고 있는 지역은 영주, 안동, 봉화, 청송, 영덕, 포항과 울진 일대에 해당한다. 청송 지역을 중심으로 북쪽과 동쪽 지역에 놓여 있다. 이들 지역이 『삼국사기』 지리지에서 '本高句麗郡縣'으로 편재되고 있는 것은 고구려와 신라의 관계성과 무관하지 않다고 할 수 있다. 특히, 청송 지역은 녹무현, 진안현, 적선현 등 다른 지역과 비교해서 차지하는 비중은 적지 않다. 그 이유는 무엇일까가 궁금해진다.

요컨대, 『삼국사기』 지리지에서 '本高句麗郡縣'으로 서술된 내용을 통해 볼 때, 삼국시대 당시 각국의 군현 편제는 영역 위주가 아니라 거점 위주로 편성되었을 것이다. 따라서 청송 지역의 '本高句麗郡縣', 즉 현재 청송군의 옛 지역인 伊火兮縣은 고구려가 신라로 향할 수 있는 경주 서북쪽의 요충지였고, 助攬縣과 靑已縣은 경주 동북쪽의 요충지였다는 점을 확인시켜준다.

4. 『삼국사기』 직관지의 '伊火兮停'과 청송 지역

앞 장에서 살펴본 바와 같이, 『삼국사기』 지리지에는 청송 지역과 연관된 지명으로 세 지역을 찾을 수 있다. 그 가운데 사료 A-2의 기록에 보이는 綠武縣은 본래 고구려의 伊火兮縣이라는 단서가 달려 있다. 고대 청송 지역을 알려주는 또 다른 기록이『삼국사기』직관지에 보이는 伊火兮縣과 관련된 '伊火兮停'이며, 이에 주목해 보려고 한다.

먼저,『삼국사기』직관지에 보이는 '伊火兮停'과 관련된 기사를 살펴보자. 그 가운데 '伊火兮停'의 성격을 잘 보여주는 기사로는, 10정이라고 서술된 부분에서의 '伊火兮停'이라고 할 수 있다.

> G. 十停. 혹은 三千幢이라고도 이른다. 첫째는 音里火停, 둘째는 古良夫里停, 셋째는 居斯勿停으로 금장은 靑色이다. 넷째는 參良火停, 다섯째는 召參停, 여섯째는 未多夫里停으로 금장은 黑色이다. 일곱째는 南川停, 여덟째는 骨乃斤停으로 금장은 黃色이다. 이홉째는 伐力川停, 열째는 伊火兮停으로 금장은 綠色이다. 모두 진흥왕 5년(544)에 두었다.[41]

위의 사료 G의 기사를 살펴보면, 10정은 크게 넷으로 구분되는데, 그것은 衿色에 따라 靑色, 黑色, 黃色, 綠色 등으로 나누어진다. 이 기사에서 관심의 대상이 되는 부분은 끝부분에 서술된 '並眞興王五年置'의 내용이다. 이러한 사실을 확인하기 위해서는 각 停의 설치 시기와 연관된 내용을 찾아보는 것이 합리적이다. 이를 알기 쉽게 정리하면 〈표 5〉와 같다.

〈표 5〉에서 보면, 지리지의 명칭에서 백제로 표시된 내용이 셋인데, 古良夫里停, 居斯勿停, 未多夫里停 등이며, 고구려로 표시된 내용이 넷인데, 南川停, 骨乃斤停, 伐力川停, 伊火兮停 등이며, 신라와 관련된 지역, 즉 音里火停, 參良火停, 召參停 등이었음을 확인할 수 있다.

---

41)『삼국사기』권40, 雜志 9, 武官 조. 十停 或云三千幢. 一曰音里火停, 二曰古良夫里停, 三曰居斯勿停, 衿色靑. 四曰參良火停, 五曰召參停, 六曰未多夫里停, 衿色黑. 七曰南川停, 八曰骨乃斤停, 衿色黃. 九曰伐力川停, 十曰伊火兮停, 衿色綠. 並眞興王五年置.

〈표 5〉 10停의 지명 변천과 소재지[42]

순서	10정	지리지 지명	경덕왕대 改名	고려 지명	현재 지명
1	音里火停	音里火縣	尙州 靑驍縣	靑理縣	경북 상주군 청리면
2	古良夫里停	古良夫里縣(百濟)	熊州 任城郡 靑武縣	靑陽縣	충남 청양군 청양면
3	居斯勿停	居斯勿縣(百濟)	全州 任實郡 靑雄縣	巨寧縣	전북 남원군 산동면
4	參良火停	推(三)良火縣	良州 火王郡 玄驍縣	玄豊縣	경북 달성군 현풍면
5	召參停	召三縣	康州 咸安郡 玄武縣	召乡部曲	경남 함안군 죽남면
6	未多夫里停	未多夫里縣(百濟)	武州 玄雄縣	南平郡	전남 나주군 남평면
7	南川停	南川縣(高句麗)	漢州 黃武縣	利川縣	경기 이천군 이천면
8	骨乃斤停	骨乃斤縣(高句麗)	漢州 沂川郡 黃驍縣	黃驪縣	경기 여주군 여주면
9	伐力川停	伐力川縣(高句麗)	朔州 綠驍縣	洪川縣	강원 홍천군 홍천면
10	伊火兮停	伊火兮縣(高句麗)	溟州 曲城郡 綠武縣	安德縣	경북 청송군 안덕면

이 10정에 대해서 좀 더 자세히 그 내용을 살펴보자면, 두 부분으로 나누어 볼 필요가 있다. 하나는 10정에 대한 다른 표기를 확인할 수 있는데, 그것은 10幢의 표현이다.

H. 모든 군사의 칭호는 23개이다. 첫째는 六停, 둘째는 九誓幢, 셋째는 十幢, 넷째는 五州誓, 다섯째는 三武幢, 여섯째는 罽衿幢, 일곱째는 急幢, 여덟째는 四千幢, 아홉째는 京五種幢, 열째는 二節末幢, 열한째는 萬步幢, 열두째는 大匠尺幢, 열셋째는 軍師幢, 열넷째는 仲幢, 열다섯째는 百官幢, 열여섯

---

42) 이문기, 『신라병제사연구』, 1997, 일조각, 144쪽의 내용을 참고해서 작성하였다.

째는 四設幢, 열일곱째는 皆知戟幢, 열여덟째는 三十九餘甲幢, 열아홉째는 仇七幢, 스무째는 二罽, 스물한째는 二弓, 스물두째는 三邊守, 스물셋째는 新三千幢이다.[43]

위의 내용 가운데 셋째는 十幢이라고 하는 것인데, 이 10幢이라고 하는 표현과 10정이라는 표기는 분명 같은 듯하지만 다르다. 이를 뒷받침해 주는 표현을 찾아볼 수 있는데 10정 아래에 細註로 '或云三千幢'이라는 내용이 바로 그것이다. 10停을 10幢으로도 사용하였으며, 또한 三千幢의 幢으로도 표현하였다는 것으로 이해한다. 이는 停과 幢이라는 표현이 어느 시기에 변화를 보였음을 알려주는 내용이라고 판단된다. 그렇다면 그 시기는 언제쯤으로 볼 수 있을까. 이를 알려주는 단서가 있는데, 그것은 10정의 서술 끝부분에 기재된 '並眞興王五年置'의 내용으로 보고 싶다. 다시 말해, 위의 10정의 설치 시기를 살펴보면, '並眞興王五年置'에 부합하는 사항을 찾기가 쉽지 않다.

여기서 다시 다른 방법을 통해서 그 실체에 접근해 보고자 한다. 우선 停의 개념에 대해서 『삼국사기』지리지의 편찬자는 다음과 같은 細註에서 그 의미를 전달하고 있다.

  I. 諸軍官. 將軍은 모두 36명이다. 大幢을 관장하는 것은 4명이고, 貴幢 4명, 漢山停 신라인은 營을 停이라 하였다. 3명, 完山停 3명, 河西停 2명, 牛首停 2명이다.

---

43) 『삼국사기』권40, 雜志 9, 武官 조. 凡軍號二十三. 一曰六停, 二曰九誓幢, 三曰十幢, 四曰五州誓, 五曰三武幢, 六曰罽衿幢, 七曰急幢, 八曰四千幢, 九曰京五種幢, 十曰二節末幢, 十一曰萬步幢, 十二曰大匠尺幢, 十三曰軍師幢, 十四曰仲幢, 十五曰百官幢, 十六曰四設幢, 十七曰皆知戟幢, 十八曰三十九餘甲幢, 十九曰仇七幢, 二十曰二罽, 二十一曰二弓, 二十二曰三邊守, 二十三曰新三千幢.

위의 기사를 보면, 大幢과 貴幢에 이어서 '漢山停 신라인은 營을 停이라 하였다. 3명'을 언급하면서 細註를 통해서 "신라인은 營을 停이라 하였다"라고 표기하고 있다. 이는 다시 말하자면 당시의 군영[營]을 停이라고 불렀다는 것인데, 여기서 중요한 부분은 大幢과 貴幢은 당시로서는 停에 포함되지 않고 있다는 점이다. 다시 말하자면, 大幢과 貴幢의 설치 시기나 그 장군의 구성 인원을 따져 볼 때 차이가 있다는 점이다. 이를 조금 더 자세히 접근해 보자면, 다음의 6정 관계 기사는 어느 정도 停과 幢의 차이에 대해서 도움이 될 수 있을 것이다.

J. 六停.
첫째는 大幢이다. 진흥왕 5년(544)에 처음 두었고 금색은 紫白이다.
둘째는 上州停이다. 진흥왕 13년(552)에 두었다. 문무왕 13년(673)에 貴幢으로 고쳤다. 금색은 靑赤이다.
셋째는 漢山停이다. 본래 新州停이었는데, 진흥왕 29년(568)에 新州停을 없애고 南川停을 설치했다. 진평왕 26년(604)에 南川停을 없애고 漢山停을 두었다. 금색은 黃靑이다.
넷째는 牛首停이다. 본래 比烈忽停이었는데, 문무왕 13년(673)에 比烈忽停을 없애고 牛首停을 설치했다. 금색은 綠白이다.
다섯째는 河西停이다. 본래 悉直停이었는데, 태종왕 5년(658)에 悉直停을 없애고 河西停을 두었다. 금색은 綠白이다.
여섯째는 完山停이다. 본래 下州停이었는데, 신문왕 5년(685)에 하주정을 없애고 完山停을 두었다. 금색은 白紫이다.

위의 기사 가운데 6정에서 첫째는 大幢이라고 하였으며, 그 설치 시기를 진흥왕 5년(544)이라고 명기하고 있다. 이러한 시기는 앞에서 살펴본 10정의 끝부분에 기재된 그 설치 시기와 같다. 문제는 6정이라고 하면서 그 첫째가 大幢이라고 하였으므로, 6정 가운데 大幢의 의미는 중요한 요소임에 틀림이 없다. 이와 유사한 사례가 있으므로, 그 기사를 살펴보자.

K. 九誓幢.
첫째는 綠衿誓幢이다. 진평왕 5년(583)에 처음 두었는데, 다만 誓幢이라고만 하였다. (진평왕) 35년(613)에 綠衿誓幢으로 고쳤다. 금색은 綠紫이다.
둘째는 紫衿誓幢이다. 진평왕 47년(625)에 郎幢을 처음 설치하였다. 문무왕 17년(677)에 紫衿誓幢으로 고쳤다. 금색은 紫綠이다.

위의 기사는 九誓幢을 설명하는 내용인데, 그 가운데 誓幢과 郎幢이 보인다. 진평왕 5년(583)과 진평왕 47년(625)에는 그냥 誓幢과 郎幢으로 사용하다가 그 후 綠衿誓幢과 紫衿誓幢으로 고쳤다는 것이다. 이를 보면 9서당 가운데 초기에 신설된 誓幢과 郎幢은 간단한 명칭으로 사용되다가, 점차 9서당 체제에 맞는 綠衿誓幢과 紫衿誓幢 등으로 틀을 만들어 갔다고 볼 수 있다. 이를 통해서 보면 10정이라고 하는 용어에서도 10당이 사용되었으며, 다시 細註를 통해서 三千幢이라는 용어가 부가된 것은 停과 幢의 변화과정을 보여주는 실례라고 보인다. 필자는 10정의 끝부분에 서술된 '並眞興王五年置'의 내용을 긍정적으로 해석해 보고자 한다. 그것은 앞에서도 언급한 바와 같이, 6정과 9서당 그리고 10정의 각각의 설치 시기가 다르지만, 6정의 大幢이 진흥왕 5년(544)에 처음 두었고, 10停에 부가된 '並眞興王五年置'의 내용은 긍정적인 접근이 가능하다고 본다. 비록 10정의 모든 사항이 '並眞興王五年置'라는 사안에 연결될 수 없을지라도, 그 가운데 어느 부분은 그에 해당할 수 있다고 보고 싶다.

그렇다면 이를 증빙할 수 있는 자료를 찾아보자. 그런데 위의 기사 가운데 청송 지역과 연관된 내용으로 '伊火兮停'이 보인다. 따라서 청송 지역에 대한 이해를 심화시키기 위해서는 이 '伊火兮停'에 대한 위치 비정과 아울러 진흥왕 5년에 설치되었다고 하는 사실에 대한 여부에 접근할 필요성이 제기된다.

여기서 주목되는 것이 『삼국사기』 권37, 雜志 6, 지리 4, 고구려 조의 助攬郡, 靑已縣, 伊火兮縣에 대한 기록이다. 앞에서 살펴보았듯이, 이들 지명은 고대 청송 지역을 나타내는 것으로, 그 가운데 伊火兮縣에 대한 기록은 중시되어도 좋다고 본다. 그것은 이 지명이 그대로 신라의 군관조직에 사용되고 있기 때문이다. 이에 대해서 좀 더 자세히 살펴보기 위해서 해당 지명과 연관된 군관조직을 검토해 보기로 하자.

첫째로, 隊大監 領馬兵[44], (少監) 領騎兵[45], (火尺) 領騎兵[46]에는 모두 '伊火兮停'이 포함되어 있다. 따라서 이를 騎(馬)兵 부대라 지칭하면서 이와 연관된 내용을 살펴보기로 한다. 위의 기사 내용을 보면, 隊大監 領馬兵에서는 罽衿이 10정 앞에 1인으로 기재되어 있다. 이러한 형식은 (火尺) 領騎兵에서도 볼 수 있다. 이것이 무슨 의미인지 검토의 대상이 될 수 있다. 다음으로, (少監) 領騎兵에서는 10정이 나열되고 이어서 다른 衿幢이 6인인데 비해서 緋衿幢이 3인, 罽衿幢이 1인으로 서술되어 있다. 이에 대한 검토도 필요하다. 그리고 (火尺) 領騎兵에서는 罽衿이 10정 앞에 7인으로 기재되어 나타나고 있다. 다시 말해, 10정 앞에 罽衿이 1인과 7인, 또는 10정 뒤에

---

44) 『삼국사기』 권40, 雜志 9, 武官 조. 隊大監. 領馬兵, 罽衿一人, 音里火停一人, 古良夫里停一人, 居斯勿停一人, 參良火停一人, 召參停一人, 未多里停一人, 南川停一人, 骨乃斤停一人, 伐力川停一人, 伊火兮停一人, 綠衿幢三人, 紫衿幢三人, 白衿幢三人, 黃衿幢三人, 黑衿幢三人, 碧衿幢三人, 赤衿幢三人, 靑衿幢三人, 菁州誓一人, 漢山州誓一人, 完山州誓一人.

45) 『삼국사기』 권40, 雜志 9, 武官 조. 領騎兵, 音里火停二人, 古良夫里停二人, 居斯勿停二人, 參良火停二人, 召參停二人, 未多夫里停二人, 南川停二人, 骨乃斤停二人, 伐力川停二人, 伊火兮停二人, 緋衿幢三人, 碧衿幢六人, 綠衿幢六人, 白衿幢六人, 黃衿幢六人, 黑衿幢六人, 紫衿幢六人, 赤衿幢六人, 靑衿幢六人, 罽衿幢一人, 菁州誓三人, 漢山州誓三人, 完山州誓三人.

46) 『삼국사기』 권40, 雜志 9, 武官 조. 罽衿七人, 音里火停二人, 古良夫里停二人, 居斯勿停二人, 參良火停二人, 召參停二人, 未多夫里停二人, 南川停二人, 骨乃斤停二人, 伐力川停二人, 伊火兮停二人, 碧衿幢六人, 綠衿幢六人, 白衿幢六人, 黃衿幢六人, 黑衿幢六人, 紫衿幢六人, 赤衿幢六人, 靑衿幢六人, 菁州誓二人, 漢山州誓二人, 完山州誓二人, 領騎兵.

緋衿幢이 3인, 罽衿幢이 1인으로 서술된 연유가 궁금하게 된다. 이에 대한 검토가 요망된다. 이상의 내용을 알기 쉽게 정리하면 〈표 6〉과 같다.

〈표 6〉 領騎(馬)兵의 구성과 인원

순서	領騎(馬)兵 지명	領騎(馬)兵 통솔자 인원수			비 고
		隊大監	少監	火尺	
1	계금(罽衿)	1인		7인	隊大監 領馬兵
2	음리화정(音里火停)	1인	2인	2인	(少監) 領騎兵
3	고량부리정(古良夫里停)	1인	2인	2인	(火尺) 領騎兵
4	거사물정(居斯勿停)	1인	2인	2인	
5	삼량화정(參良火停)	1인	2인	2인	
6	소삼정(召參停)	1인	2인	2인	
7	미다부리정(未多夫里停)	1인	2인	2인	
8	남천정(南川停)	1인	2인	2인	
9	골내근정(骨乃斤停)	1인	2인	2인	
10	벌력천정(伐力川停)	1인	2인	2인	
11	이화혜정(伊火兮停)	1인	2인	2인	
12	비금당(緋衿幢)		3인		
13	벽금당(碧衿幢)	3인	6인	6인	
14	녹금당(綠衿幢)	3인	6인	6인	
15	백금당(白衿幢)	3인	6인	6인	
16	황금당(黃衿幢)	3인	6인	6인	
17	흑금당(黑衿幢)	3인	6인	6인	
18	자금당(紫衿幢)	3인	6인	6인	
19	적금당(赤衿幢)	3인	6인	6인	
20	청금당(靑衿幢)	3인	6인	6인	
21	계금당(罽衿幢)		1인		
22	청주서(菁州誓)	1인	3인	2인	
23	한산주서(漢山州誓)	1인	3인	2인	
24	완산주서(完山州誓)	1인	3인	2인	
합계		38인	81인	81인	

〈표 6〉을 통해서 확인할 수 있는 것은, 대대감은 10정의 바로 위에 계금이 있는데, 대대감은 1인으로, 어떤 연유인지는 몰라도 비금당 3인은 구성에서 빠지며, 계금당은 계금이 대신함으로써 빠지게 된다. 소감은 계금이 빠진 대신 계금당 1인이 기재되어 있다. 그리고 아래에는 비금당 3인이 소감에만 수록되어 있다. 화척은 첫머리에 闕衿 7인이 기재되어 있으며, 대신 계금당은 빠져 있다. 이것은 당시 화척 領騎兵의 구성에 작은 변수가 발생한 것으로 볼 수 있다.

또한 〈표 6〉을 통해서 파악할 수 있는 것은, 크게 세 가지가 있는데, 첫째는 10停, 둘째는 幢名, 셋째는 誓名이다. 이 가운데 청주서, 한산주서, 완산주서는 五州誓에 포함되는 내용이다. 이들 五州誓는 위에서 살펴본 隊大監 領馬兵, (少監) 領騎兵, (火尺) 領騎兵 등의 설치 시기의 하한을 이해하는 데 도움이 된다. 관련 자료를 제시해 보면,

> L. 五州誓. 첫째는 菁州誓, 둘째는 完山州誓, 셋째는 漢山州誓로 금색은 紫綠이다. 넷째는 牛首州誓, 다섯째는 河西州誓로 금색은 綠紫이다. 모두 문무왕 12년에 두었다.[47]

위의 기사에서 마지막 문장에 '並文武王十二年置'라고 하여, 문무왕 12년(672)에 설치되었음을 알 수 있다. 따라서 隊大監 領馬兵, (少監) 領騎兵, (火尺) 領騎兵 등의 설치 시기의 하한으로 추정할 수 있는 하나의 단서를 확인할 수가 있다.

다음으로 주목할 수 있는 것으로, 군관조직에 해당하는 三千幢主, 三千監, 三千卒의 구성과 인원 및 자격 요건에 대해서 살펴보자. 먼저, 三千幢主와 三千監의 기사에 대해서 살펴보고, 이어서 三千卒의 내용도 아울러

---

47) 『삼국사기』 권40, 雜志 9, 武官 조. 五州誓. 一曰菁州誓, 二曰完山州誓, 三曰漢山州誓, 衿色紫綠. 四曰牛首州誓, 五曰河西州誓, 衿色綠紫. 並文武王十二年置.

고대 청송 저역의 역사적 변천과 領域 183

검토해 보자.

　M-1. 三千幢主. 音里火停에 6명, 古良夫里停에 6명, 居斯勿停에 6명, 參良火停에 6명, 召參停에 6명, 未多夫里停에 6명, 南川停에 6명, 骨乃斤停에 6명, 伐力川停에 6명, 伊伐兮停에 6명이다. 모두 60명으로 著衿하였다. 관등이 舍知로부터 沙湌까지인 사람을 임명한다.[48]
　M-2. 三千監. 音里火停 6명, 古良夫里停 6명, 居斯勿停 6명, 參良火停 6명, 召參停 6명, 未多夫里停 6명, 南川停 6명, 骨乃斤停 6명, 伐力川停 6명, 伊火兮停 6명이다. 모두 60명이며 著衿하였다. 관등이 舍知로부터 大奈麻까지인 사람을 임명한다.[49]

위의 사료 M의 기사 내용을 살펴보면, 三千幢主와 三千監의 인원은 모두 60명씩 구성되어 있으며, 다만 자격 요건이 '舍知로부터 沙湌'과 '舍知로부터 大奈麻'라고 되어 있으므로, 구성원 사이에 관등에서 차이를 보일 뿐이다. 이상의 내용을 알기 쉽게 정리하면 〈표 7〉과 같다.

〈표 7〉 三千幢主·三千監의 구성과 인원

순서	삼천당주·삼천감의 구성	인 원		비 고
		삼천당주	삼천감	
1	음리화정(音里火停)[50]	6인	6인	※三千幢主 : 著衿 位自舍知至沙湌爲之
2	고량부리정(古良夫里停)	6인	6인	
3	거사물정(居斯勿停)	6인	6인	

---

48) 『삼국사기』 권40, 雜志 9, 武官 조. 三千幢主. 音里水停六人, 古良夫里停六人, 居斯勿停六人, 叄良火停六人, 召叄停六人, 未多夫里停六人, 南州停六人, 骨乃斤停六人, 伐力川停六人, 伊伐兮停六人. 共六十人, 著衿. 位自舍知至沙湌爲之.
49) 『삼국사기』 권40, 雜志 9, 武官 조. 三千監. 音里火停六人, 古良夫里停六人, 居斯勿停六人, 參良火停六人, 召參停六人, 未多夫里停六人, 南川停六人, 骨乃斤停六人, 伐力川停六人, 伊火兮停六人. 共六十人, 著衿. 位自舍知至大奈麻爲之.

순서	삼천당주·삼천감의 구성	인 원		비 고
		삼천당주	삼천감	
4	삼량화정(參良火停)	6인	6인	※三千監 : 著衿 位自舍知至大奈麻爲之
5	소삼정(召參停)	6인	6인	
6	미다부리정(未多夫里停)	6인	6인	
7	남천정(南川停)⁵¹⁾	6인	6인	
8	골내근정(骨乃斤停)	6인	6인	
8	벌력천정(伐力川停)	6인	6인	
10	이화혜정(伊火兮停)⁵²⁾	6인	6인	
합계		60인	60인	

다음으로, 三千卒의 구성 인원과 자격 요건을 살펴보자. 이와 관련된 자료를 보면, 위의 기사와는 다소 차이가 있음을 알 수 있다.

N. 三千卒은 150명이다. 관등이 大奈麻 이하인 사람을 임명한다.[53]

이처럼 간단하게 구성 인원은 150명이며, 자격 요건은 '大奈麻 이하인 사람'으로 규정하고 있다. 따라서 150명의 인원을 각 정에 10명씩 두었다고 하는 것인지 알 수 없지만, 그리 추정해도 좋을 듯한데, 자격 요건은 '大奈麻 이하인 사람'으로 규정하고 있으므로 그 이하가 어디까지인지는 자세히 알 수 없다. 그러나 삼천졸의 자격 요건에서 하한선을 누락하고 있지만, 卒의 관등을 언급한 사례가 있으므로 참고된다. 그것은 侍衛府의 卒에 관한 규정인데, "卒은 117명으로 관등은 先沮知로부터 大舍까지로 삼았다"라

---

50) 『삼국사기』 권40, 雜志 9, 武官 조의 삼천당주에는 '音里水停'이라 하여, 火가 아닌 水로 표기되어 있다.
51) 『삼국사기』 권40, 雜志 9, 武官 조의 삼천당주에는 '南州停'이라 하여, 川이 아닌 州로 표기되어 있다.
52) 『삼국사기』 권40, 雜志 9, 武官 조의 삼천당주에는 '伊伐兮停'이라 하여, 火가 아닌 伐로 표기되어 있다.
53) 『삼국사기』 권40, 雜志 9, 武官 조. 三千卒百五十人. 位自大奈麻已下爲之.

는 내용이 이를 보완해 준다. 卒의 하한선이 先沮知로, 이는 17관등에 해당하는 造位라는 사실을 확인할 수 있게 된다.

이에 더하여 주목되는 것으로 삼천졸의 인원이 150명이라는 점이다. '三千'이라는 수식어로 인해 마치 3,000명을 추상할 수 있지만, 이러한 기재를 통해 그럴 개연성은 없다고 본다. 삼천졸의 구성 인원으로 삼천당주 6인, 삼천감 6인 그리고 삼천졸 15명으로 구성된 10정의 면모를 이해할 수 있게 되었다. 다시 말해, 전체 구성원은 삼천당주와 삼천감이 120명이고, 삼천졸은 150명이므로 합해서 270명이라는 사실을 파악할 수 있다. 따라서 그 가운데 하나인 '伊火兮停'의 구성 인원은 27명이라는 사실도 인지하게 된다. 이상의 내용을 알기 쉽게 정리하면 〈표 8〉과 같다.

〈표 8〉 10停의 군관조직

10停名	隊大監	少監	火尺	三千幢主	三千監	三千卒
音里火停	1인	2인	2인	6인	6인	15인
古良夫里停	1인	2인	2인	6인	6인	15인
居斯勿停	1인	2인	2인	6인	6인	15인
參良火停	1인	2인	2인	6인	6인	15인
召參停	1인	2인	2인	6인	6인	15인
未多夫里停	1인	2인	2인	6인	6인	15인
南川停	1인	2인	2인	6인	6인	15인
骨乃斤停	1인	2인	2인	6인	6인	15인
伐力川停	1인	2인	2인	6인	6인	15인
伊火兮停	1인	2인	2인	6인	6인	15인

다음으로, 10정을 이해하는데 있어서 중요한 사항은 이들 각 정이 동시에 설치되었느냐 하는 점일 것이다. 그 끝부분에 붙어 있는 "모두 진흥왕 5년(544)에 두었다"라는 기사를 그대로 따른다면, 이들을 같은 시기에 설치된 것으로도 볼 수 있겠지만, 그러한 설정 자체에 의문이 없지는 않다. 또한 10정의 역할에 대한 논의도 주목된다. 新三千幢과 연관하여 이를 구삼

천당으로 보는 견해가 있는데, 이에 대해서는 재고의 여지가 있다고 본다. 그것은 新三千幢과 구삼천당의 위치나 설치 시기 등으로 볼 때, 이것은 선후관계라기보다는 보완관계로 이해하는 것이 타당하다고 보이기 때문이다.

> O. 新三千幢. 한편 外三千이라고도 이른다. 첫째는 牛首州三千幢이고, 둘째는 奈吐郡三千幢으로 문무왕 12년에 두었다. 셋째는 奈生郡三千幢으로 (문무왕) 16년에 두었다. 금색은 알 수 없다.[54]

위의 기사를 살펴보면, 新三千幢은 外三千(幢)으로도 볼 수 있으며, 각기 牛首州三千幢, 奈吐郡三千幢, 奈生郡三千幢 등인데, 문무왕 12년(672)과 16년(676)에 설치되었다. 현재의 춘천과 제천 및 영월로 비정되는 지역에 설치한 新三千幢은 구삼천당으로 치환되는 요소는 아니라고 본다. 그것은 당시 신라 사회에서 문무왕 12년과 16년 사이에 여러 군사 조직에 변화가 보이고 있기 때문이다. 예를 들면, 문무왕 13년(673)에 6정에서 상주정과 우수정이 설치되거나, 문무왕 12년(672)에 9서당의 백금서당을 백제민으로 幢을 만들거나 비금서당에 長槍幢을 처음 설치하였으며, 문무왕 17년(677)에는 郎幢을 자금서당으로 고쳤다. 이러한 일련의 상황을 본다면, 앞에서 언급한 新三千幢은 새로운 군사 조직의 편성이라고 볼 수 있다. 이는 아마도 唐과의 전쟁이 끝난 후 그 餘震에 대비하려는 움직이라고도 할 수 있을 것이다.

또 하나 참고되는 것은, 「高仙寺 誓幢和上碑」에 보이는 '音里火三千幢主級湌高金口鐫'의 내용이다. '音里火三千幢主'에 대해서 주목하여 그 내용 분석이 이루어졌으나, 필자는 여기서 관심을 지니는 부분은 이 비문의 건립 연대일 것이다. 대개 신라 애장왕대(800~808)로 보고 있는데, 이를 보면, '音里火三千幢主'가 이 시기까지 활동하고 있음을 보여주는 내용이라는

---

54) 『삼국사기』 권40, 雜志 9, 武官 조. 新三千幢 一云外三千. 一曰牛首州三千幢, 二曰奈吐郡三千幢, 文武王十二年置. 三曰奈生郡三千幢, 十六年置. 衿色未詳.

것이다. 삼천당과 신삼천당의 관계를 이해하는 잣대로서 중요한 내용이다.

위 〈표 8〉의 10정 군관조직을 살펴보면, 대대감, 소감, 화척으로 이루어진 조직과 삼천당주, 삼천감, 삼천졸로 이루어진 조직으로 구성되어 있다. 각 停의 구성 인원이 같은 점으로 보아 10정의 우열을 찾아보기는 어렵다. 그런데 대대감, 소감, 화척으로 이루어진 조직은 그 구성 인원이 적은 데 반해서, 삼천당주, 삼천감, 삼천졸로 이루어진 조직은 구성 인원에 있어서 많은 인원수를 볼 수가 있다. 이는 앞에서 살펴본 바와 같이, 전자가 騎(馬)兵으로 이루어진 조직이라면, 후자는 步兵으로 이루어진 조직이라는 면에서 차이를 보인다.

이러한 이해를 돕기 위해서 앞에서 살펴본 領騎(馬)兵의 군관조직과 구분되는 領步兵의 군관조직에 대해서도 살펴볼 필요가 있다. 그것은 '伊火兮停'이 소속된 10정의 구성이 領騎(馬)兵의 군관조직이었기 때문이다. 이와 비교를 위해서 領步兵의 군관조직에 대해서도 자료의 검토를 통해서 그 차이점을 파악하고자 한다. 그 구성 내용을 살펴보면, (隊大監) 領步兵[55], (少監) 領步兵[56], (火尺) 領步兵[57] 등이다.

위의 기사 내용을 보면, 領步兵 부대의 구성과 인원을 통해서 볼 때, 그 구성은 크게 6停, 衿幢, 州誓 및 武幢 등으로 이루어졌으며, 6정에서는

---

55) 『삼국사기』 권40, 雜志 9, 武官 조. (隊大監) 領步兵, 大幢三人, 漢山停三人, 貴幢二人, 牛首停二人, 完山停二人, 碧衿幢二人, 綠衿幢二人, 白衿幢二人, 黃衿幢二人, 黑衿幢二人, 紫衿幢二人, 赤衿幢二人, 靑衿幢二人, 緋衿幢四人. 共七十人, 並著衿. 位自奈麻至阿湌爲之.
56) 『삼국사기』 권40, 雜志 9, 武官 조. (少監) 領步兵, 大幢六人, 漢山停六人, 貴幢四人, 牛首停四人, 完山停四人, 碧衿幢四人, 綠衿幢四人, 白衿幢四人, 黃衿幢四人, 黑衿幢四人, 紫衿幢四人, 赤衿幢四人, 靑衿幢四人, 緋衿幢八人, 菁州誓九人, 漢山州誓九人, 完山州誓九人. 共三百七十二人, 六停無衿, 此外皆著衿. 位自大舍已下爲之.
57) 『삼국사기』 권40, 雜志 9, 武官 조. (火尺) 大幢六人, 漢山停六人, 貴幢四人, 牛首停四人, 完山停四人, 碧衿幢四人, 綠衿幢四人, 白衿幢四人, 黃衿幢四人, 黑衿幢四人, 紫衿幢四人, 赤衿幢四人, 靑衿幢四人, 緋衿幢八人, 白衿武幢八人, 赤衿武幢八人, 黃衿武幢八人, 領步兵. 共三百四十二人, 位與少監同.

大幢, 漢山停, 貴幢, 牛首停, 完山停 등이 주축을 이루고 있으며, 衿幢의 인원에서 차이가 발생하는 것으로 緋衿幢이 해당한다는 점을 파악할 수 있다. 그리고 領步兵 부대의 구성에서 위의 領騎(馬)兵 부대의 구성과 다른 점은 白衿武幢, 赤衿武幢, 黃衿武幢 등 3武幢이 등장한다는 점이다. 이상에서 언급한 내용을 알기 쉽게 정리하면 〈표 9〉와 같다.

〈표 9〉 領步兵의 구성과 인원

일련번호	부대명	領騎兵 통솔자 인원수			비 고
		隊大監	少監	火尺	
1	대당(大幢)	3인	6인	6인	※ 隊大監 共七十人, 並著衿. 位自奈麻至阿湌爲之 ※ 少監 共三百七十二人, 六停無衿, 此外皆著衿. 位自大舍已下爲之. ※ 火尺 領步兵. 共三百四十二人, 位與少監同.
2	한산정(漢山停)	3인	6인	6인	
3	귀당(貴幢)	2인	4인	4인	
4	우수정(牛首停)	2인	4인	4인	
5	완산정(完山停)	2인	4인	4인	
6	벽금당(碧衿幢)	2인	4인	4인	
7	녹금당(綠衿幢)	2인	4인	4인	
8	백금당(白衿幢)	2인	4인	4인	
9	황금당(黃衿幢)	2인	4인	4인	
10	흑금당(黑衿幢)	2인	4인	4인	
11	자금당(紫衿幢)	2인	4인	4인	
12	적금당(赤衿幢)	2인	4인	4인	
13	청금당(靑衿幢)	2인	4인	4인	
14	비금당(緋衿幢)	4인	8인	8인	
15	청주서(菁州誓)		9인		
16	한산주서(漢山州誓)		9인		
17	완산주서(完山州誓)		9인		
18	백금무당(白衿武幢)			8인	
19	적금무당(赤衿武幢)			8인	
20	황금무당(黃衿武幢)			8인	
합계		32인	91인	88인	

이상에서 '伊火兮停'이 소속된 〈표 6〉의 내용으로 볼 때, 領騎(馬)兵의 군관조직이었음을 확인할 수 있었으며, 상대적으로 〈표 9〉의 領步兵의 군관조직과는 차이가 있었음을 파악할 수 있었다. 특히, 〈표 6〉의 10정 군관조직과 〈표 9〉의 6정 군관조직의 구성체제는 앞으로 연구의 대상이 될 수 있다는 점을 확인하는 계기가 되었다. 또한 〈표 9〉의 白衿武幢(문무왕 5년, 675) 赤衿武幢(신문왕 7년, 687), 黃衿武幢(신문왕 9년, 689) 등 3武幢의 신설과 운영은 통일 이후의 군사 개편을 주목하게 된다.

요컨대, 『삼국사기』 직관지에 보이는 伊火兮縣과 관련된 '伊火兮停'에 주목해서 그 성격을 파악해 보았다. 지금까지 '伊火兮停'만을 단독으로 다룬 연구가 없으므로 그와 관련된 기사를 중심으로 내용을 분석하는데 신중하였다. 그것은 당시 청송 지역의 역사성을 파악하는데 주요한 자료라고 판단하였기 때문이며, 그 결과 '伊火兮停'이 소속된 10정 또는 삼천당은 領騎(馬)兵의 군관조직과 밀접한 연관이 있었으며, 6정 소속의 領步兵의 군관조직과는 차이가 있었음을 밝힐 수 있었다. 또한 '伊火兮停'을 고구려의 伊火兮縣에서 차용되었다는 점도 흥미롭다. 앞서 3장에서 伊火兮縣과 助攬縣 및 靑已縣은 고구려가 경주로 진입할 수 있는 군사적 요충지였을 것이라 보았다. 고구려가 신라로 향하는 통로는 동시에 신라가 서북쪽 또는 동북쪽으로 진출하는 통로가 된다. 신라 역시 청송의 옛 지역인 이 지역에 군사적 거점 시설을 설치하여 운영하였음도 검토할 수 있었다. 특히 '伊火兮停'이 그런 점에서 주목된다.

5. 『삼국사기』·『고려사』 지리지의 甫城府와 청송 지역

이 장에서는 고대 청송 지역의 역사와 문화에 가까이 다가갈 수 있는 여러 자료를 만나볼 수 있을 것이다. 앞에서는 '本高句麗郡縣'과 '伊火兮停'에 주목해서 살펴보았는데, 여기서는 그것보다 다양한 자료를 통해서 청송 지역의 역사적 흔적을 찾아볼 수 있다. 그 내용은 다름 아닌 '甫城府'라는 실체 때문이다. 이와 연관된 자료는 주로 『삼국사기』와 『고려사』 지리지에 보이는데, 우선 '甫城府'와 관련된 기사를 검토해 보고자 한다.

먼저, 『삼국사기』 지리지의 '甫城府' 관련 기사부터 검토해 보자. 사실 '甫城府'와 연관된 내용은 크게 둘로 나누어진다. 하나는 聞韶郡에 보이는 내용이며, 다른 하나는 野城郡에 보이는 내용이다.

첫째로 聞韶郡에 보이는 내용부터 살펴보기로 하자.

P-1. 聞韶郡은 본래 召文國인데, 경덕왕이 이름을 고쳤다. 지금의 義城府이다. 領縣은 넷이다.
P-2. 眞寶縣은 본래 柒巴火縣인데, 경덕왕이 이름을 고쳤다. 지금의 甫城이다.
P-3. 比屋縣은 본래 阿火屋縣 한편 幷屋이라고도 이른다. 인데, 경덕왕이 이름을 고쳤다. 지금까지 그대로 따른다.
P-4. 安賢縣은 본래 阿尸兮縣 한편 阿乙兮라고도 이른다. 인데, 경덕왕이 이름을 고쳤다. 지금의 安定縣이다.
P-5. 單密縣은 본래 武冬彌知縣 한편 曷冬彌知라고도 이른다. 인데, 경덕왕이 이름을 고쳤다. 지금까지 그대로 따른다.[58]

위의 내용을 검토해 보면, 문소군은 당시 尙州 소속으로 지금의 의성부이며, 그 領縣이 넷이라고 하였다. 그 영현은 眞寶縣, 比屋縣, 安賢縣, 單密縣이며, 그 가운데 하나가 진보현이다. 그 내용을 살펴보면, "眞寶縣은 본래 柒巴火縣인데, 경덕왕이 이름을 고쳤다. 지금의 甫城이다."라는 구절인데, 진보현이라는 명칭에서 청송 지역이라는 점을 확인할 수 있다. 그리고

---

58) 『삼국사기』 권34 雜志 3, 지리 1, 신라 문소군 조. 聞韶郡, 本召文國, 景德王改名. 今義城府. 領縣四. 眞寶縣, 本柒巴火縣, 景德王改名. 今甫城. 比屋縣, 本阿火屋縣 一云幷屋., 景德王改名. 今因之. 安賢縣, 本阿尸兮縣 一云阿乙兮., 景德王改名. 今安定縣. 單密縣, 本武冬彌知 一云曷冬彌知., 景德王改名. 今因之.

甫城이라는 명칭도 만나게 된다.

둘째로 野城郡에 보이는 내용을 살펴보기로 하자.

Q-1. 野城郡은 본래 고구려의 也尸忽郡이었는데, 경덕왕이 이름을 고쳤다. 지금의 盈德郡이다. 領縣은 둘이다.
Q-2. 眞安縣은 본래 고구려의 助攬縣이었는데, 경덕왕이 이름을 고쳤다. 지금의 甫城府이다.
Q-3. 積善縣은 본래 고구려의 靑己縣이었는데, 경덕왕이 이름을 고쳤다. 지금의 靑鳧縣이다.[59]

위의 내용을 검토해 보면, 야성군은 당시 溟州 소속으로 지금의 영덕군이며, 그 領縣은 둘이라고 하였다. 그 영현은 眞安縣, 積善縣이며, 그 가운데 하나가 진안현이다. 그 내용을 살펴보면, "眞安縣은 본래 고구려의 助攬縣이었는데, 경덕왕이 이름을 고쳤다. 지금의 甫城府이다."라는 구절이다. 여기서 '甫城府'라는 명칭을 만나게 된다. 이상에서 언급한 내용을 알기 쉽게 정리하면 〈표 10〉과 같다.

〈표 10〉 '甫城府' 관련 州·郡·縣 지명 내용

(경덕왕대) 주명	(경덕왕대) 군명	(경덕왕대) 현명	고려의 지명
尙州	聞韶郡		義城府
		眞寶縣	甫城
		比屋縣	比屋縣
		安賢縣	安定縣
		單密縣	單密縣
溟州	野城郡		盈德郡

---

59) 『삼국사기』 권35 雜志 4, 지리 2, 신라 야성군 조. 野城郡, 本高句麗也尸忽郡, 景德王改名. 今盈德郡. 領縣二. 眞安縣, 本高句麗助攬縣, 景德王改名. 今甫城府. 積善縣, 本高句麗靑己縣, 景德王改名. 今靑鳧縣.

(경덕왕대) 주명	(경덕왕대) 군명	(경덕왕대) 현명	고려의 지명
		眞安縣	甫城府
		積善縣	靑鳧縣

위의 〈표 10〉을 통해서 보면, '甫城府'와 관련된 내용을 쉽게 확인할 수 있다. 하나는 "眞寶縣은 본래 柒巴火縣인데, 경덕왕이 이름을 고쳤다. 지금의 甫城이다."이며, 다른 하나는 "眞安縣은 본래 고구려의 助攬縣이었는데, 경덕왕이 이름을 고쳤다. 지금의 甫城府이다."라는 구절과 합치되고 있다. 이와 같은 사실을 모아서 함께 전해주고 있는 기사가 아래에서 찾아진다.

다음으로, 『고려사』 지리지에 보이는 '甫城府' 관련 기사를 살펴보기로 하자.

R. 甫城府는 載岩城이라고도 한다. 신라 성덕왕 때 柒巴火縣을 眞寶縣으로 고치고, 고구려의 助攬縣을 眞安縣으로 고쳤다. 고려 초에 두 縣을 합하여 府를 두었다. 현종 9년(1018)에 (禮州에) 來屬하였다.[60]

위의 기사는 『고려사』 지리지 禮州의 '甫城府' 조에 보이는 내용이다. 앞에서 살펴본 P와 Q의 내용과 비교해서 검토해 보면, 그 위의 두 기사가 결과적으로 R의 내용과 합치가 된다. 이로써 『삼국사기』와 『고려사』 지리지에 보이는 '甫城府'는 진보현과 진안현을 합쳐서 청송 지역 최초의 '통합행정 관부'가 설치되고 있음을 분명하게 확인시켜주고 있다.

그런데 이러한 이해에 문제가 있다는 지적이 제기되었다. 여기서는 그러한 문제점이 무엇이며, 그러한 논리가 과연 타당한지를 파악하면서, 역으로 그 지적의 문제점을 밝혀보고자 한다.

사실 앞에서 살펴본 '甫城府' 관련 기사 중에서 기록상의 한계가 없지는

---

60) 『고려사』 권87, 지리 2, 보성부 조. 甫城府 一云載岩城 新羅景德王, 改柒巴火縣, 爲眞寶縣, 又改高句麗助攬縣, 爲眞安縣. 高麗初, 合二縣, 置府. 顯宗九年, 來屬.

않다. 하나는 "眞寶縣은 본래 柒巴火縣인데, 경덕왕이 이름을 고쳤다. 지금의 甫城이다."라는 구절에서 '甫城府'가 아니라 甫城으로 기재되어 있다는 점이다. 다른 하나는 이 '甫城府'에 대한 연혁이 자세하지 않다는 점이다. 이런 연유로 '甫城府'에 대해서 몇 가지 문제가 제기된 실정이다. 여기서는 그와 관련하여 제기된 의문점을 하나씩 짚어나가면서 해당 문제를 풀어나가고자 한다.

첫째로, 이 '甫城府'의 구성에 대해 제일 먼저 문제를 제기한 사항은, "의성부의 치소와 召文國=聞韶郡의 치소가 왜 이처럼 멀리 떨어져 있을까? 이는 무언가 잘못된 것임을 반영한다. 이와 관련하여 주목되는 것이 尙州 聞韶郡의 領縣의 하나인 眞寶縣이다.「신라지」眞寶縣條에 의하면 "眞寶縣은 본래 柒巴火縣인데, 경덕왕이 이름을 고쳤다. 지금(고려)의 甫城이다."라고 되어 있다. 그런데 같은「신라지」溟州 野城郡 眞安縣의 고려 지명도 '甫城府'로 되어 있으니, 이는 어찌된 것일까?"[61]라는 내용이었다.

그에 따른 논증도 정리하고 있는데, "『삼국사기』의 찬자는 召文國=聞韶郡(의성군 금성면)을 '今義城府(의성군 의성읍)'라고 잘못 처리하고, 柒巴火縣=眞寶縣=眞寶城(의성군 의성읍)을 助欖縣=眞安縣=載巖城(청송군 진보면)과 함께 甫城府로 애매하게 처리해 버린 것이니, 이는「신라지」에서 유례없을 정도의 杜撰에 해당한다. 이는 고려시대의『삼국사기』찬자가 잘못 고증해서 그런 것이라기보다, 召文國의 후손이면서 신라시대 領郡이었다는 지역 위세를 義城府에게 넘겨주기 위한 의도적인 조치였던 듯하다."[62]라고 함으로써, 그동안 '甫城府'에 대해서 크게 관심을 지니지 않은 상태에서 새로운 문제 제기로 자리하게 되었다.

위와 같은 견해는『삼국사기』지리지의 문제점을 확인하는 과정에서

---

61) 김태식, 1995,「『삼국사기』지리지 신라조의 사료적 검토」『삼국사기의 원전 검토』, 한국정신문화연구원, 229쪽.
62) 김태식, 위의 논문, 1995, 231쪽.

나온 것으로 보이는데, 과연 이와 같은 언급에 타당성이 있다고 할 수 있을까 하는 의문이 든다. 다시 말해, 당시의 행정구역상에 나타나는 내용을 治所의 거리상의 문제로 간단히 치부하여 이를 지적할 수 있는가 하는 점이다. 즉, 행정구역상 尙州와 溟州로 나누어 기록하고 있는 것은 『삼국사기』 지리지에서 「신라지」를 작성하면서 9주를 중심으로 편재한 연유에서 발생한 것이라 보인다. 따라서 당시의 행정 구역에 대한 구체적 지식이 결여한 채, 단순하게 두 개의 州인 尙州와 溟州, 또는 두 개의 郡인 聞韶郡과 野城郡이라는 행정 단위만으로 '甫城府'의 성격에 문제를 제기하는 것은 또 다른 문제를 불러올 우려가 있다고 하겠다.

둘째로, 이러한 상황에 이어서 다시 그 문제점을 확대한 사항은, "聞韶郡의 領縣인 眞寶縣이 고려의 甫城이라고 언급한 『삼국사기』 지리지의 기사도 그대로 믿을 수 있을까가 궁금해진다. 922년 봄 정월에 태조 왕건에게 귀부한 洪述(術)을 진보성장군, 진보성주, (의성부)성주장군이라고 불렀다. 그는 929년 7월에 義城府城을 지키다가 견훤의 공격을 받고 전사하였는데, (중략) 眞寶城과 義城府城은 동일한 城을 가리키는 것이 분명하고, 결과적으로 고려 초기에 聞韶郡이 아니라 洪述의 世居地인 眞寶縣을 義城府로 승격시켰다고 볼 수 있다."[63]라고 하면서 문제를 제기하고 있다. 이에 더하여 『삼국사기』 지리지의 '眞寶縣, 本柒巴火縣, 景德王改名. 今甫城'에서 '今甫城'은 '今義城'의 오기로 봄이 옳을 것이다."[64]라고 함으로써 『삼국사기』 지리지의 내용 자체도 문제로 삼고 있는 실정이 되었다.

이 견해를 뒷받침하고 있는 근거로는, "'眞寶城將軍', '眞寶城主', '(義成府)城主將軍'이라고 부른 점을 고려하건대, 眞寶城과 義城府城은 동일한 城을 가리키는 것이 분명"하다는 전제가 깔려 있다. 그런데 그 근거로 제시하고 있는 내용을 자세히 살펴보면, 문제가 없지 않다. 다시 말해, 위에서

---

63) 전덕재, 2012, 「고대 의성지역의 역사적 변천에 관한 고찰」 『신라문화』 39, 23쪽.
64) 전덕재, 2012, 위의 논문, 24쪽.

제시한 '眞寶城將軍'은 922년의 사항이며, '眞寶城主'는 923년에 해당하는데, 문제는 다음에 보이는 '(義成府)城主將軍'은 929년의 사실을 반영하고 있으므로, 그 시차가 적지 않다. 앞의 두 내용은 922년과 923년의 사정으로 이때는 신라와 무관치 않았으나, 뒤의 929년 기사는 "가을 7월에 견훤이 義成府城을 공격하였는데, 고려 장수 洪述이 출전하였으나 이기지 못하고 전사하였다."라는 내용으로 볼 때, 이제는 고려 장군으로 출전하였으며, 그것은 義成府城이라는 점을 분명히 밝히고 있다. 따라서 이를 근거로 "眞寶城과 義城府城은 동일한 城"이라는 근거 자체가 성립하기 어렵다는 점을 지적하고 싶다.

셋째로, 의성부와 보성부에 대한 위의 의견을 수용하면서, "실제로 의성부는 진보현과 문소군의 통합 결과 진보현에 설치된 곳이고, 보성부는 진안현의 후신이었다"[65]라는 논지를 전개하고 있다. 이러한 논리는 "보성부가 설치되었던 진안현(재암성)은 현재의 청송군 진보면 진안리 지역으로 진보현이나 의성부로부터 동쪽으로 떨어진 곳에 위치하였으며, 진안현과 진보현 사이에는 곡성군(曲城郡, 고려 臨河郡)과 적선현(積善縣, 고려 靑鳧縣) 등이 위치하고 있어, 현실적으로도 거주민의 이동이 아니라면 진안현과 진보현의 지역통합은 사실상 불가능하였다."라는 내용으로 정리하고 있다. 이어서 "그러므로『고려사』지리지의 찬자는 이러한 관계를 엄밀히 파악하지 못하고 의성부는 문소군의 후신으로, 보성부는 진안현과 진보현의 통합 결과 설치된 곳으로 이해하였"[66]다고 기술하고 있다. 이러한 논지의 문제점은 의성부와 보성부의 설치에서 중요하게 여기고 있는 점은 '거주민의 이동이 아니라면 진안현과 진보현의 지역통합은 사실상 불가능'하다는 논리를 내세우고 있다는 점이다. 현재의 관점에서 과거사를 바라보는 시각

---

65) 정요근, 2009,「후삼국시기 고려의 '주(州)'·'부(府)' 분포와 그 설치 의미」『역사와 현실』73, 188쪽.
66) 정요근, 2009, 위의 논문, 188쪽.

은 자유로울지 몰라도, 그 당시 인간의 삶을 통한 교류사 또는 교통사, 그리고 군사적 목적이라는 여러 요소를 도외시하는 이러한 시각은 한계가 있을 수 있다는 점을 제기하고 싶다. 고대 군현의 통속 관계는 영역 중심이 아니라, 행정문서의 送受信을 위한 교통로 상의 이동 거점이 중심이었다는 사실도 상기할 필요가 있다.

이와 같은 문제 제기와 그 문제점을 통해서 검토해 보면, '甫城府'의 성격에 대해서 올바른 방향에서의 접근은 아니었다고 본다. 이런 가운데 '甫城府'의 성격에 대해서 고무적인 견해가 제출되었다. 그 내용을 잠시 살펴보면, 위에서 나열한 견해들에서 제기된 문제는 "지리지 기사의 성격과 관련하여 난점이 발생한다"라고 전제하면서, 그 문제점을 언급하고 있다.[67] 이런 논지에 공감하는 바이며, 특히 이 글의 취지와 관련해서 주목되는 점은 "의성부는 죽령, 또는 계립령 방면에서 신라 왕경으로 가는 경로에 있다. 이 중 동해안으로 넘어가는 경로에는 보성부가 있었다. 문소군 영현이던 진보현을 진안현과 통합하여 보성부를 둔 것은 당시 신라가 왕경 보위를 위해 이 경로가 중요했다는 것을 반증한다."라는 논지이다. 이어서 "보성부의 위치로 볼 때 방어의 내용은 고려와의 관계가 아니라 신라 왕경의 보위에 있다는 것을 유추할 수 있다"[68]라는 언급은 매우 설득력이 있다고 보인다.

이상에서 살펴본 연구 성과를 기반으로 하면서, '甫城府'를 새롭게 이해하기 위해서는 나말여초 당시의 상황을 파악해 볼 필요가 있다. 그것은 관련 기록에 보이는 내용을 통해서 그 시대상을 엿볼 수 있기 때문이다. 먼저 『삼국사기』 신라본기에 전하는 내용부터 살펴보자.

> S-1. [4년(920)] 2월에 康州 장군 閏雄이 태조에게 항복하였다.[69]

---

67) 윤경진, 2018, 「신라말 고려초 義城府·甫城府 연혁에 대한 재검토」『신라문화』 51, 237~241쪽.
68) 윤경진, 2018, 위의 논문, 247쪽.
69) 『삼국사기』 권12 신라본기, 경명왕 4년 조. 二月, 康州將軍閏雄, 降於太祖.

S-2. 6년(922) 봄 정월에 下枝城 장군 元逢과 溟州 장군 順式이 태조에게 투항하였다. 태조가 그들의 귀순을 어여삐 여겨 원봉의 本城을 順州로 삼고, 순식에게 姓을 하사하여 王氏라 하였다.[70]

S-3. [6년(922)] 이달에 眞寶城 장군 洪述이 태조에게 항복하였다.[71]

위의 기사를 보면, 920년에 강주 장군 윤웅과 922년에 하지성 장군 원봉과 순식 그리고 진보성 장군 홍술이 태조에게 항복하고 있는 내용이다. 특히, 태조가 그들의 귀순을 어여삐 여겨 원봉의 하지성을 順州로 삼고, 순식에게 성을 하사하고 있다. 이러한 시대적 분위기는 신라의 장군들이 고려 태조에게 항복하고 있는 모습을 전해주고 있다. 그런데 홍술과 관련해서 『고려사』 世家에서는 위의 내용보다 더 자세하게 언급하고 있다.

S-4. 겨울 11월 신사 眞寶城 城主 홍술이 사신을 보내 항복하기를 요청하자, 元尹 王儒와 卿 含弼 등을 보내 위로하고 타일렀다.[72]

S-5. 겨울 11월 무신 眞寶城 城主 홍술이 아들 王立을 보내 갑옷 30벌을 바치자, 왕립을 元尹으로 임명하였다.[73]

위의 기사를 보면, 진보성 장군 洪述이 아니라 眞寶城 城主 洪術로 표기됨으로써 두 사서 사이에 약간의 차이가 있음을 엿볼 수 있다. 그런데 S-4의 기사를 보면, 처음에는 항복하기를 요청하자 이를 위로하고 타일러서

---

70) 『삼국사기』 권12 신라본기, 경명왕 6년 조. 六年, 春正月, 下枝城將軍元逢·溟州將軍順式, 降於太祖. 太祖念其歸順, 以元逢本城爲順州, 賜順式姓曰王.
71) 『삼국사기』 권12 신라본기, 경명왕 6년 조. 是月, 眞寶城將軍洪述, 降於太祖.
72) 『고려사』 권1, 세가, 태조 5년 조. 冬十一月 辛巳 眞寶城主洪術遣使請降, 遣元尹 王儒·卿含弼等, 慰諭之.
73) 『고려사』 권1, 세가, 태조 6년 조. 冬十一月 戊申 眞寶城主洪術遣其子王立, 獻鎧三十, 拜王立元尹.

보냈다고 하였다. 그러자 홍술이 아들을 보내서 갑옷 30벌을 바치자 아들을 元尹으로 임명했다는 내용이다. 이러한 사회적 분위기는 다음에 보이는 기사를 통해서 더욱 심각한 상황을 말해준다.

    S-6. 7년(923년) 가을 7월에 命旨城 장군 城達과 京山府 장군 良文 등이 태조에게 투항하였다.[74]
    S-7. 2년(925) 겨울 10월에 高鬱府 장군 能文이 태조에게 투항하였으나, 위로하고 타일러 돌려보냈으니, 그 성이 신라의 왕도에 가까웠기 때문이다.[75]
    S-8. 〔4년(927)〕 康州 소관의 突山鄕 등 4개 鄕이 태조에게 귀부하였다.[76]

  위의 기사는 923년부터 927년까지의 사실을 전해준다. 이 당시의 상황을 보면, 명지성 장군 성달과 경산부 장군 양문, 그리고 고울부 장군 능문이 투항했으나 위로하고 타일러서 보냈으며, 그 후 강주 소속의 4개 鄕이 귀부하였다는 사실은 신라와 고려의 관계를 단적으로 알려주는 지표라고 하겠다.
  다음에 보이는 기사는 청송 지역과 관련하여 주목되는 내용이다. 앞의 기사에서 홍술이 고려 태조에게 항복한 것이라 보이는 내용을 소개하였다. 그렇지만 실제 항복한 기사를 보면, "是月, 眞寶城將軍洪述, 降於太祖"라는 내용을 통해서 확인할 수 있는데, 여기서 '是月'이라는 단어는 앞의 내용이 11월이었으므로, 그보다 뒤인 12월쯤으로도 볼 수 있을 것이다. 그런데 홍술과 연관해서 다음의 기사가 찾아진다.

---

74) 『삼국사기』 권12 신라본기, 경명왕 7년 조. 七年, 秋七月, 命旨城將軍城達·京山府將軍良文等, 降於太祖.
75) 『삼국사기』 권12 신라본기, 경애왕 2년 조. 二年, 冬十月, 高鬱府將軍能文, 投於太祖, 勞諭還之, 以其城迫近新羅王都故也.
76) 『삼국사기』 권12 신라본기, 경애왕 4년 조. 康州所管突山等四鄕, 歸於太祖.

S-9. 〔3년(929)〕 가을 7월에 甄萱이 義成府 城을 공격하였는데, 고려 장수 洪述이 출전하였으나 이기지 못하고 전사하였다.[77]

위의 기사 내용으로 볼 때, 홍술은 922년에 태조 왕건에게 귀부하였으며, 고려의 장수로서 역할을 이행하였다. 그런데 929년에 견훤이 의성부성을 공격하였을 때 홍술이 출전하였으나, 전사하게 되는 내용을 전하고 있다. 이를 보면, 신라 진보성 장군에서 고려의 의성부 장수로 국적이 달라졌음을 확인할 수 있다.

한편, 청송 지역과 연관해서 또 하나의 자료가 찾아진다. 그것은 재암성 장군 선필 관계 기사이다. 그 자료에 대해서 자세하게 살펴보자.

S-10. 4년(930년) 봄 정월에 載巖城 장군 善弼이 고려에 항복하니, 태조가 그를 후한 예의로 대우하고 尙父라 일컬었다. 앞서 태조가 신라와 우호를 맺으려고 할 때 선필이 이를 인도하여 주었는데, 이때 이르러 항복한 것이다. 그가 공이 있고 또한 나이가 많은 점을 생각하여 그를 총애하고 칭찬한 것이다.[78]

S-11. (경인) 13년(930) 봄 정월 정묘 載巖城 장군 善弼이 來投하였다.[79]

위의 기사를 보면, S-10은 『삼국사기』 신라본기에 전하는 내용이며, S-11은 『고려사』 世家에 표현된 내용이다. 전자가 구체적이며, 후자는 간단하게 사실만을 전달하고 있다. 위의 두 기사에서 '載巖城 장군 善弼'이라

---

77) 『삼국사기』 권12 신라본기, 경순왕 3년 조. 秋七月, 甄萱攻義成府城, 高麗將洪述出戰, 不克死之.
78) 『삼국사기』 권12 신라본기, 경순왕 4년 조. 四年, 春正月, 載巖城將軍善弼降高麗, 太祖厚禮待之, 稱爲尙父. 初太祖將通好新羅, 善弼引導之, 至是降也. 念其有功且老, 故寵褒之.
79) 『고려사』 권1, 세가, 태조 13년 조. (庚寅)十三年 春正月 丁卯 載巖城將軍善弼來投.

는 명칭이 같이 사용되고 있다. 이러한 사실은 앞에서 살펴본 사항과 다른 점이 찾아지기 때문이다. 다시 말해, 위에서 언급한 내용을 정리해 보면, 크게 두 가지 형식의 내용을 파악할 수 있는데, 하나는 『삼국사기』 신라본기에 전하는 내용으로, 여기에는 '某 將軍'이라는 형식으로 표기되어 있다. 다른 하나는 『고려사』 世家에 표현된 내용으로, '某 城主'라는 형식으로 표기되어 있다. 물론 예외적으로 보이는 것이 '載嚴城將軍善弼'이라는 표현이다. 어쨌든 이러한 표현 방식의 차이는 아마도 전거 자료가 달랐거나 편찬자의 의도가 반영된 것으로 볼 수 있을 것이다.

어쨌든, 여기서 중요한 대목은 홍술과 선필이라는 인물의 지역적 기반이다. 홍술은 진보성 장군 또는 진보성 성주라는 표현으로 보아 진보성과 무관할 수 없다. 선필은 재암성 장군이라고 표기한 것으로 볼 때, 어느 시점에 통일된 관점에서 재암성 장군으로 작성된 것이라 보아도 좋을 듯싶다. 그렇다면 재암성은 어느 지역을 나타내는지 구체적으로 접근해 보자.

T. 甫城府는 한편 載岩城이라고도 한다. 신라 경덕왕 때 柒巴火縣을 진보현으로 고치고, 고구려의 助攬縣을 眞安縣으로 고쳤다. 고려 초에 두 縣을 합하여 府를 두었다. 顯宗 9년(1018) (禮州에) 來屬하였다.[80]

위의 기사를 보면, 재암성은 원래 보성부였다는 것을 알 수 있다. 특히, 柒巴火縣을 진보현으로 고치고, 助攬縣을 眞安縣으로 고쳐서, 고려 초에 두 縣을 합하여 (甫城)府를 두었다는 내용은 『고려사』 지리지 보성부 조에 전한다. 그런데 이 甫城府라는 명칭이 『삼국사기』 지리지 문소군 조의 기록에서도 찾아진다는 점이 문제를 낳은 계기가 된 것이다.

이들 기록에 보이는 甫城府의 설치 시기와 구성에 대한 문제인데, 이러

---

80) 『고려사』 권87, 지리 2, 보성부 조. 甫城府 一云載岩城 新羅景德王, 改柒巴火縣, 爲眞寶縣, 又改高句麗助攬縣, 爲眞安縣. 高麗初, 合二縣, 置府. 顯宗九年, 來屬.

한 문제점의 해법을 찾으려는 방법으로, 해당 시기의 자료를 촘촘하게 검토하는 것도 좋을 듯싶다.

> U. 義城縣은 본래 召文國으로, 신라가 차지하였으며, 경덕왕 때 聞韶郡으로 고쳤다. 고려 초에 승격시켜 義城府가 되었다. 顯宗 9년(1018)에 (안동부에) 來屬하였다.[81]

위의 기사는 『고려사』 지리지 안동부 의성현에 관한 내용인데, 여기서 주목하고 싶은 부분은 '高麗初, 陞爲義城府'라는 내용이다. 그동안 甫城府와 義城府의 관계에 대해서 여러 의견이 있었지만, 이 기사에 대해서는 별로 관심을 지니지 않았다. 특히, '陞爲義城府'라는 부분은 그 시기를 '高麗初'라고 언급하고 있으므로, 실제 그 시기를 확정하기는 어렵다. 그런데 여기서 관심의 대상은 바로 甫城府라고 할 수 있다.

앞에서 살펴본 홍술 관계 기사를 잠시 소급해 보면, 의성부 성을 만날 수 있다.

> S-9. 〔경순왕 3년(929)〕 가을 7월에 甄萱이 義成府 城을 공격하였는데, 고려 장수 洪述이 출전하였으나 이기지 못하고 전사하였다.[82]

이 의성부 성에 견훤이 929년 7월에 공격하여 결국 홍술이 전사하고 있다. 문제는 이 '義成府 城'이라는 표현을 어느 시점에 사용한 표현인가 하는 것이 또 다른 관심의 대상이 된다. 왜냐하면, 여기에는 의성부를 이해할 수 있는 기사가 보이고 있기 때문이다. 그것은 "태조 23년(940) 귀속지

---

81) 『고려사』 권57, 지 11, 지리 2, 경상도 안동부 의성현 조. 義城縣本召文國, 新羅取之, 景德王, 改爲聞韶郡. 高麗初, 陞爲義城府. 顯宗九年, 來屬.
82) 『삼국사기』 권12 신라본기, 경순왕 3년 조. 秋七月, 甄萱攻義成府城, 高麗將洪述出戰, 不克死之.

의 주부군현을 개명하면서 홍술을 '監門衛上將軍翊贊功臣義城君'으로 봉하고, 문소군을 의성부로 승격시켰다"라고[83] 언급한 사실이 있기 때문이다.[84] 이러한 사실을 인용할 수 있다면 940년 이전에는 의성부가 아니라 문소군이었으며, 따라서 위의 기사도 그 후 어느 시점에 일괄 사용한 '義成府城'이라는 사실을 확인할 수 있다.

그렇다면 지금까지 논란이 되었던 甫城府와 義城府의 관계뿐만 아니라, 甫城府 관련 사료의 해석도 이에 발맞추어 다시 재정립할 필요성이 제기된다. 결론적으로 '보성부는 柒巴火縣을 진보현으로 고치고, 助攬縣을 眞安縣으로 고쳐서, 고려 초에 두 縣을 합하여 甫城府를 두었다'라는 내용이 절대적 사실이라는 것을 밝힐 수 있게 되었다. 그동안 『삼국사기』와 『고려사』 지리지에 서술된 甫城府에 관한 오해나 杜撰 및 '今甫城'을 '今義城'으로 개작하려는 논의는 이제 再考의 여지를 남기게 된다. 다시 말해, 의성부는 문소군이 승격해서 이루어진 府이고, 보성부는 진보현과 진안현이 합해져서 만들어진 府라는 사실을 비로소 확인할 수 있었으며, 따라서 고려 초까지는 행정 구역도 별개였음을 파악할 수 있었다.

그렇다면 이러한 문제가 발생한 원인은 무엇이었을까 궁금하다. 필자는 사료 T와 U의 기사가 모두 『고려사』 지리지의 禮州와 安東縣에 소속된 甫城府와 義城府의 내용을 담고 있는 반면에, 『삼국사기』 지리지에는 聞韶郡을 언급하면서, 그 끝부분에 '지금의 의성부'라고 한 내용과 野城郡의 끝부분에 '지금의 영덕군'이라고 한 내용은 모두 『삼국사기』를 편찬하던 시점을 대변하는 것이라 보고 싶다. 그렇다면 『삼국사기』 지리지에서 중요하게 생각할 점은 "문소군은 본래 召文國인데, 경덕왕이 이름을 고쳤다."라는

---

83) 이형우, 2000, 『신라초기국가성장사연구』, 영남대 출판부, 141쪽.
84) 이에 대해서는, 전덕재, 2012, 「고대 의성지역의 역사적 변천에 관한 고찰」 『신라문화』 39, 23쪽에서 "진보성을 '義로운 城', 즉 義城이라 命名하였다는 이야기가 의성지역에 전해오고 있다"라고 언급하고 있는데, 이는 구전으로 전해진 이야기로 이해하는 것이 바람직해 보인다.

기사 다음에 보이는 "領縣은 넷이다"라는 구절에 방점을 찍는다. 이것이 문소군을 설명하는 것이며, 마찬가지로 "지금의 보성이다"와 "지금의 보성부이다"라는 내용은 『삼국사기』 지리지를 편찬하면서 삽입된 것이라 본다. 이러한 사항은 野城郡의 기사에서도 동일하게 적용할 수 있다고 본다.[85]

끝으로 청송 지역에서 洪述과 善弼이 거병할 수 있었던 원인도 궁금하다. 이를 전해주는 기사를 찾아볼 수는 없지만, 아마도 진보 성주와 재암성 장군에서 성주와 장군이 청송 지역에서 거병할 수 있었던 연유는, 혹시 '本高句麗郡縣'의 군사적 전략 거점과 연관이 있을 것이라 말한다면 어떨까 한다. 앞에서 살펴본 내용을 토대로 그와 같은 추정이 인정될 수 있다면, 청송 지역의 '甫城府'는 결론적으로 고대 청송 지역에서 군사적 전략 거점과 연관이 있는 최초의 '통합 행정 관부'였다는 사실을 적시할 수 있을 것이다.

요컨대, 『삼국사기』와 『고려사』 지리지에 서술된 '甫城府'에 관한 오해나 杜撰 및 '今甫城'을 '今義城'으로 개작하려는 논의들은 관련 자료를 충분히 검토하지 않은 데서 나온 문제 제기였다고 하겠다. 결과적으로 '甫城府'와 관련해서 가장 중요한 관건은 사료의 맥락을 제대로 파악해야 한다는 점이다. 잘못된 사료 인식과 그에 근거한 선입관으로 인해 역사적 사실을 그르치게 되는 경우가 종종 발생하고 있기 때문이다. '甫城府' 관련 문제도 그러한 인식에서 초래한 문제점의 하나로 볼 수 있을 것이다.

6. 맺음말

이 글에서는 고대 청송 지역의 역사적 변천과 領域을 분석하여 청송 지역에 관한 새로운 역사상을 만들어보고자 한다. 이를 위해 기존의 연구

---

85) 추후 이러한 문제에 대해서는 別稿를 통해서 다루어 볼 예정이다.

성과를 충분히 활용함과 동시에, 청송 지역과 연관된 자료를 새롭게 재해석해 보았다. 첫째로, 고대 청송 지역에서 역사적 삶의 흔적이라고 할 수 있는 진한 관련 기사와 辰韓 12국의 판도를 살펴보았다. 기존의 연구에서는 辰韓 12국의 면모를 신라사의 前身인 斯盧國의 발전과정을 중심으로 언급해 왔지만, 여기서는 상대적으로 청송 주변 지역을 중심으로 진한 12국의 판도와 그 형상을 추출해 보았는데, 진한 관련 기사와 중 召文國의 존재를 통해 청송 지역 초기의 역사를 추적해 볼 수 있었다.

둘째로,『삼국사기』지리지에는 고대 청송 지역의 역사적 실상을 파악할 수 있는 자료가 담겨 있다. 지리지의 '신라' 조와 '고구려' 조에서 그 실체를 파악할 수 있는데, 여기서는 해당 내용을 분석하고 그를 통해 역사적 의미를 규명해 보았다. 특히,「고구려지」의 내용과「신라지」의 '本高句麗郡縣'이라는 서술 가운데 청송 지역의 綠武縣, 眞安縣, 積善縣 등을 어떻게 이해하는 것이 바람직한지 검토해 보았다.

셋째로, '本高句麗郡縣'의 綠武縣에는 '본래 고구려의 伊火兮縣'이라는 언급이 있다. 그리고『삼국사기』직관지에는 伊火兮縣과 연관된 '伊火兮停' 관련 기사가 서술되어 있는데, 그 역사적 의미를 살펴보았다. 이와 관련하여 지금까지 10停 및 三千幢에 관한 연구가 주로 진행되었지만, 왜 청송 지역의 伊火兮縣에 '伊火兮停'을 설치하였으며, 그것이 신라사에서 갖는 역사성은 무엇이었는지에 대해서는 주목하지 않았다. 그런 점에 초점을 맞춰서 '伊火兮停'의 군사적 거점으로서 역할을 분석해 보았다.

넷째로, 고대 청송 지역의 역사상을 재구성하기 위해서는 '甫城府'와 관련된 사항을 빠뜨릴 수 없었다. 나말여초에 등장하는 '甫城府' 관계 기사는 義城府와 서로 섞여서 나타나므로 그 실체를 파악하는 데 어려움을 주었다. 여기서는 해당 기사의 내용을 구체적으로 살펴봄으로써 그동안 '甫城府'와 관련된 연구의 문제점을 제기하였으며, 여기에 더해, '甫城府' 관련 자료를 올바로 이해함으로써 고대 청송 지역 최초의 '통합 행정 관부'의 역사적 실상에 다가가려고 하였다.

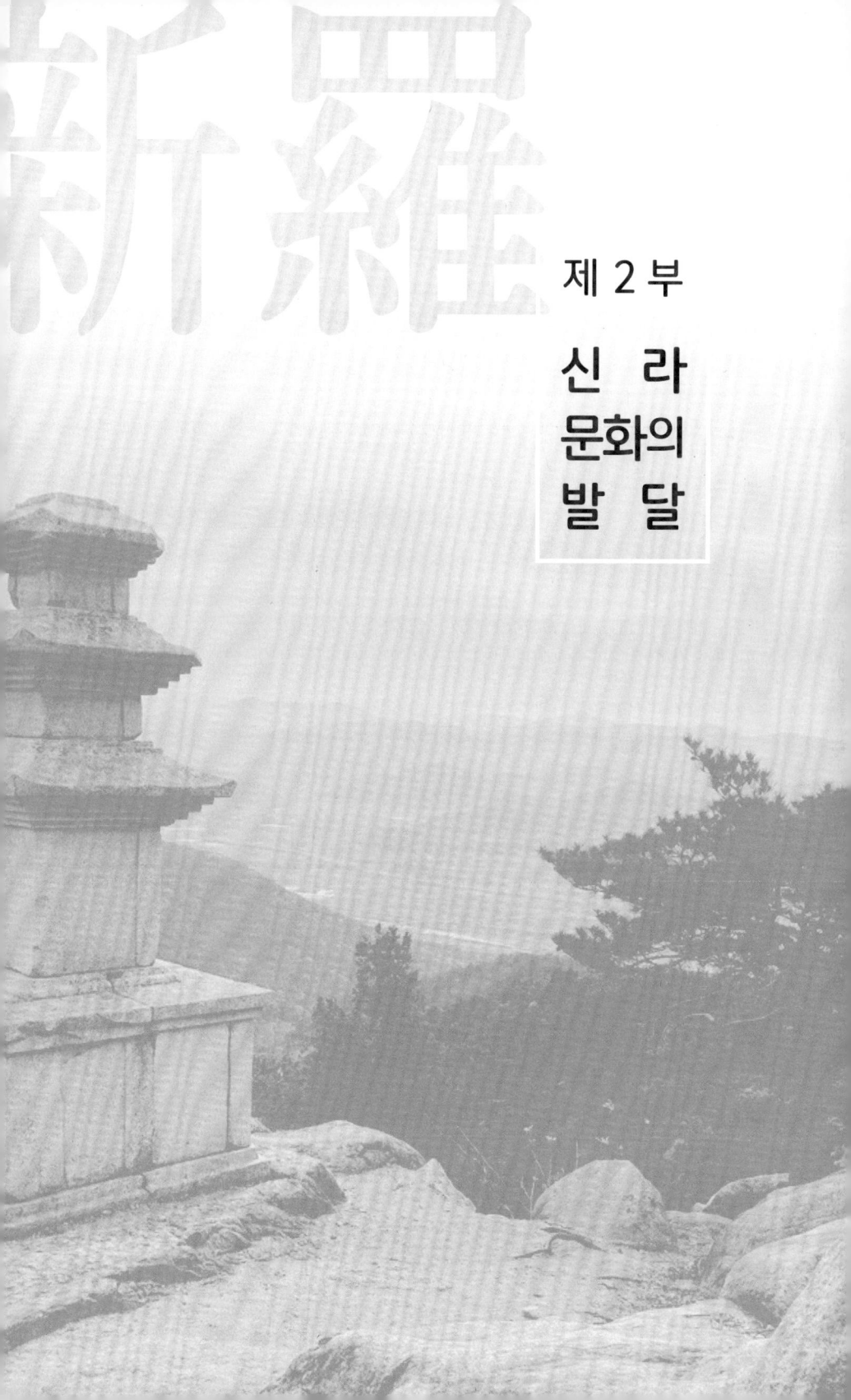

제 2 부

신 라
문화의
발 달

『삼국사기』 직관지 武官條와
신라의 군사 조직

1. 머리말 - 문제 제기

신라는 6세기를 기점으로 비약적인 발전을 거듭하였다. 고구려와 백제의 틈새에서 신라가 급성장할 수 있었던 요인은 다양하다. 국가를 운영했던 국왕과 신하, 생산 경제를 담당하였던 人과 民, 유교와 불교로 대표되는 이데올로기에 의한 국가의 리더십, 전투에 직접 참여했던 戰士들도 중요한 요소로 꼽을 만하다. 특히, 영토를 확장하기 위해서는 전쟁이 효과적이다. 인류가 탄생한 이후부터 시작된 다양한 전쟁은 인간의 삶을 피폐하기도 했지만, 다른 한편으로는 강력한 국가의 발전을 예고하는 신호탄이기도 하였다.

신라에서도 다양한 전쟁을 통해서 국가의 발전이 모색되었다. 6세기를 기점으로 법흥왕 3년 兵部의 설치[1]와 진흥왕과 태종무열왕 대의 兵部令 추가와 그에 따른 군사 운용은 신라의 군사 조직을 확인할 수 있는 상징적 자료이기도 하다. 이후 軍府의 확장으로 시작된 6停, 9誓幢, 10停 등의 정비는 신라가 군사적으로 발전할 수 있는 요체가 되었다. 이들 군사 조직은 신라가 삼국을 통일하는데 밑거름이었으며, 이후 그 조직의 운영은 신라

---

[1] 『삼국사기』 권38, 雜志 직관 上. 兵部, 令一人, 法興王三年始置. 眞興王五年加一人, 太宗王六年又加一人. 位自大阿湌至太大角干爲之. 又得兼宰相·私臣.

사회에 평화를 만끽할 수 있는 든든한 기반이기도 하였다. 이러한 과정을 탐색할 수 있는 근거는 역시 『삼국사기』 雜志의 직관지의 여러 기사를 통해서 파악해 볼 수 있다.

특히, 신라의 군사 조직에 대해서는 『삼국사기』 잡지의 직관지 武官條에서 확인할 수 있다. 그 기록은 크게 네 가지로 분류할 수 있는데 侍衛府를 비롯하여 諸軍官과 凡軍號, 그리고 衿·花·鈴[2]의 항목에서 신라의 군사 조직 또는 통일 이후 고대의 군사 조직 전반을 이해할 수 있는 근거를 제시하고 있다. 이들 사료에 관한 연구를 통해서 지금까지 여러 성과가 발표되었지만, 아직도 미진한 부분이 남아 있다. 특히, 무관조의 구성과 성격에 대해서는 여러 異見이 있으므로,[3] 이 글에서는 『삼국사기』 직관지 武官條의 구성과 내용을 새롭게 검토함으로써 해당 부분 연구에 도움이 되고자 한다.

이를 위해 몇 가지 사항을 대상으로 연구를 진행하고자 하는 바, 첫째로 侍衛府를 비롯해 諸軍官과 凡軍號, 그리고 衿·花·鈴의 구조와 내용을 분석해 보려고 한다. 지금까지 이에 관한 연구는 주로 무관조 각 항목의 전거를 찾아 무관 조직을 역추적하는 방법이 동원되었다. 그 이유는 무관조의 기록이 신라의 군사 조직의 전모를 파악하기 어렵게 서술되어 있기 때문이다. 그러므로 이 글에서는 가장 먼저 무관조의 구성 원리를 살펴보고자 한다. 다시 말해, 사료의 전거 자료를 중심으로 그 구성에 대한 검토보다는, 무관조의 해당 기사의 구조를 어떻게 파악할 것인가 하는 점이다. 그를 위해

---

[2] 이 부분을 지금까지는 衿·花(將軍花 또는 武官花)로만 이해해 왔는데, 필자는 이 글에서 鈴의 존재를 새롭게 의미를 부여하였다. 그리하여 衿·花·鈴의 용어를 사용하고자 한다. 자세한 내용은 뒤에서 언급할 것이다.

[3] 이에 관한 연구로는, 이문기, 1990, 「『삼국사기』 직관지 무관조의 사료적 검토」 『역사교육론집』 15 : 홍승우, 2015, 「『삼국사기』 직관지 무관조의 기재방식과 전거자료」 『사학연구』 117 : 전덕재, 2019, 「『삼국사기』 직관지 무관조의 원전과 찬술에 대한 고찰 – 제군관·범군호 기록을 중심으로 – 」 『한국문화』 86 등이 참고 된다.

위의 네 항목에 대한 전체적인 자료를 근거로 해서 그 구조를 새롭게 제시해 보려고 한다. 둘째로『삼국사기』武官條를 통해서 신라의 군사 조직을 시기별 변화과정에 초점을 맞춰서 이를 규명해 보려고 한다. 지금까지는 武官條에 보이는 각 군단이나 군호를 중심으로 그 전거 자료의 구성과 성격을 중심으로 이해해왔다. 이 글에서는 侍衛府, 諸軍官, 凡軍號, 衿·花·鈴의 구조를 내용을 시기별로 구분하여 살펴볼 것이다. 이를 통하여『삼국사기』武官條의 구조와 성격에 대한 진지한 논의가 부상할 수 있을 것이다.

2. 武官條의 구조와 내용

『삼국사기』직관지 武官條는 크게 네 부분으로 구성되어 있다. 첫째는 侍衛府 항목, 둘째는 諸軍官 항목, 셋째는 凡軍號 항목, 넷째는 衿·花·鈴의 항목 등이 그것이다. 이 장에서는 이 네 항목을 검토함으로써 그 구조와 내용을 파악해 보고자 한다. 물론 이들 항목의 기록은 구조와 내용에 편차가 있지만, 이러한 武官條의 다양한 구성을 통해서 신라 사회의 또 다른 측면을 엿볼 수 있는 계기도 될 것으로 여긴다.

1) 侍衛府의 구조와 내용

시위부에 관하여는『삼국사기』武官條와 신라본기에 짧게 기록되어 있다.

A-1. 侍衛府에는 三徒가 있다. 진덕왕 5년(651년)에 두었다. 장군은 6명이다. 신문왕 원년(681년)에 監을 폐지하고 장군을 두었다. 관등은 급찬부터 아찬까지로 삼았다. 大監은 6명이다. 관등은 나마부터 아찬까지로 삼았다. 隊頭는 15명이다. 관등은 사지부터 사찬까지로 삼았다. 項이 36명이다. 관등은 사지부터 대나마까지로 삼았다. 卒은 117명이다. 관등은 선저지

부터 대사까지로 삼았다.[4]

A-2. (진평왕) 46년(624) 봄 정월에 侍衛府 大監 6인, 賞賜署 大正 1인, 大道署 大正 1인을 두었다.[5]

위의 A-1 기사는 시위부의 설치 시기와 구조에 관하여 다소나마 정보를 전해준다. 그런데 꼼꼼히 따져보면 시위부가 언제 설치되었는지를 알려주는 것이 아니라 三徒의 설치를 말하고 있을 뿐만 아니라, 정작 시위부의 설치에 관하여는 진평왕 본기의 기록을 살펴보아야 한다. A-1과 2의 기사는 진평왕 46년(624)과 진덕왕 5년(651) 그리고 신문왕 원년(681)의 내용으로 구성되어 있다. 진평왕 대에는 侍衛府 大監 6인이 설치되었으며, 진덕왕 대에는 三徒가 있었다. 신문왕 대에는 監을 폐지하고 장군을 두었다고 함으로써, 대략 그 변화과정을 이해할 수 있을 것이다.

그런데 이 시위부에 관한 내용을 살펴보자면 문득 하나의 의문을 떨쳐 버릴 수가 없다. 그것은 왜 진평왕과 진덕왕 그리고 신문왕 대에만 시위부와 연관된 기록이 서술되어 있는가 하는 점이다. 지금까지 이를 바라보는 시각은 대개 신문왕 대의 기사를 주목함으로써 그를 통해서 시위부를 이해해왔다고 해도 과언이 아닐 것이다. 해당 내용을 간단히 검토해 보면, 시위부 변화의 맥락을 파악해 볼 수 있다.

B-1. [8월] 8일에 소판 金欽突, 파진찬 興元, 대아찬 眞功 등이 반란을 꾀하였다가 처형당하였다.[6]

---

4) 『삼국사기』 권40, 잡지 9, 직관 (下) 무관 조. 侍衛府, 有三徒. 眞德王五年置. 將軍六人. 神文王元年罷監, 置將軍. 位自級湌至阿湌爲之. 大監六人. 位自奈麻至阿湌爲之. 隊頭十五人. 位自舍知至沙湌爲之. 項三十六人. 位自舍知至大奈麻爲之. 卒百十七人. 位自先沮知至大舍爲之.

5) 『삼국사기』 권4, 신라본기, 진평왕 조. 四十六年, 春正月, 置侍衛府大監六員, 賞賜署大正一員, 大道署大正一員.

6) 『삼국사기』 권8, 신라본기, 신문왕 원년 조. 八日, 蘇判金欽突·波珍湌興元·大阿

B-2. [8월] 13일에 報德王이 사신으로 小兄 首德皆를 보내 역적을 평정한 일을 축하하였다.[7]

B-3. 겨울 10월에 侍衛監을 없애고 將軍 6인을 두었다.[8]

위의 B群 기사는 신문왕 원년에 발생한 사건을 시기별로 알려주는 대목이다. 8월 8일에 김흠돌 등의 반란이 일어났으며, 이를 처단한 것으로 기록하고 있다. 닷새 뒤인 13일에는 보덕왕이 사신을 보내 평정을 축하하고 있다. 그리고 16일과 28일에는 흠돌 등의 반란 진압 교서를 내리고, 아울러 이찬 군관을 처형하고 교서를 내리는 기사를 살필 수 있다.

그런데 정작 당시 사회에서 긴급하게 필요했던 것으로는 王城과 국왕의 안위를 보좌하는 시위부의 존재 강화가 우선이었을 것이다. 물론 이를 보강하기 위한 작업이 진행되었다. 그것은 바로 10월에 비로소 "侍衛監을 없애고 將軍 6인을 두었다"라는 기사를 만날 수 있게 된다. 사실 이 기사만으로 과연 시위부의 존재가 크게 변한 것으로 이해하는 것에 한계가 없지 않다. 김흠돌의 반란이 진압되었지만, 신문왕의 왕권이나 신라 사회의 불안 요소는 그대로 잠재되고 있었다고 보인다.

필자는 위의 시위부 관계 기사를 다시 조명할 필요가 있다고 본다. 우선 지금까지 신문왕 대의 시위부 기사를 중심으로 시위부를 이해하기보다는, 그 이전 시위부의 설치와 변화과정에 초점을 맞춰서 살펴보려고 한다. 이를 위해 시위부 관련 기사를 중심으로 진평왕과 진덕왕 그리고 신문왕 대의 정치 상황을 검토해 보고자 한다. 먼저 진평왕 대의 정치 상황을 살펴보자.

C-1. 43년(621) 가을 7월에 왕이 大唐에 사신을 보내 조공하고 方物을 바쳤다.[9]

浪眞功等謀叛, 伏誅.
7) 『삼국사기』권8, 신라본기, 신문왕 원년 조. 十三日, 報德王遣使小兄首德皆, 賀平逆賊.
8) 『삼국사기』권8, 신라본기, 신문왕 원년 조. 冬十月, 罷侍衛監, 置將軍六人.

C-2. 〔44년(622)〕 2월에 伊湌 龍樹를 內省私臣으로 삼았다.[10]
C-3. 45년(623) 봄 정월에 兵部大監 2인을 두었다.[11]
C-4. 〔45년(623)〕 겨울 10월에 大唐에 사신을 보내 조공하였다.[12]
C-5. 46년(624) 봄 정월에 侍衛府 大監 6인, 賞賜署 大正 1인, 大道署 大正 1인을 두었다.[13]
C-6. 〔46년(624)〕 3월에 당의 高祖가 사신을 보내 왕을 柱國樂浪郡公新羅王으로 책봉하였다.[14]

위의 C群 기사는 진평왕 43년부터 46년에 해당하는 내용이다. 이들 기사를 자세히 살펴보면 C-1, 4, 6은 모두 '大唐에 사신을 보내'라는 문구가 적혀 있다. 그 다음 기사는 內省私臣, 兵部大監, 侍衛府 大監, 柱國樂浪郡公新羅王 등의 내용과 연결해 볼 수 있다. 그 가운데 侍衛府 大監이나 賞賜署 大正, 大道署 大正 등은 신라 사회에서 처음 마련되는 官府나 官署이며, 그런 의미에서 중국과의 관계를 생각해보지 않을 수 없다는 점을 상기시키고 싶다. 이러한 가정을 뒷받침할 수 있는 내용이 더 찾아진다.

D-1. 〔2년(648)〕 이찬 김춘추와 그의 아들 文王을 당에 보내 조공하였다.[15]
D-2. 3년(649) 봄 정월에 비로소 중국의 衣冠을 착용하였다.[16]

---

9) 『삼국사기』 권4, 신라본기, 진평왕 조. 四十三年, 秋七月, 王遣使大唐, 朝貢方物.
10) 『삼국사기』 권4, 신라본기, 진평왕 44년 조. 二月, 以伊湌龍樹爲內省私臣.
11) 『삼국사기』 권4, 신라본기, 진평왕 조. 四十五年, 春正月, 置兵部大監二員.
12) 『삼국사기』 권4, 신라본기, 진평왕 45년 조. 冬十月, 遣使大唐朝貢.
13) 『삼국사기』 권4, 신라본기, 진평왕 조. 四十六年, 春正月, 置侍衛府大監六員, 賞賜署大正一員, 大道署大正一員.
14) 『삼국사기』 권4, 신라본기, 진평왕 조. 三月, 唐高祖降使, 冊王爲柱國·樂浪郡公·新羅王.
15) 『삼국사기』 권5, 신라본기, 진덕왕 2년 조. 遣伊湌金春秋及其子文王朝唐.
16) 『삼국사기』 권5, 신라본기, 진덕왕 조. 三年, 春正月, 始服中朝衣冠.

D-3. 4년(650) 여름 4월에 명을 내려서 眞骨로서 관직에 있는 사람은 牙笏을 지니게 하였다.[17]

D-4. [4년(650)] 6월에 大唐에 사신을 보내 백제의 무리를 깨뜨린 사실을 알렸다.[18]

D-5. [4년(650)] 이 해에 처음으로 중국의 永徽라는 연호를 사용하였다.[19]

D-6. 5년(651) 봄 정월 초하루에 왕이 朝元殿에 나아가서 백관에게 새해 축하 인사를 받았다. 새해를 축하하는 禮式은 이때부터 시작되었다.[20]

D-7. [5년(651)] 2월에 稟主를 執事部로 고치고 파진찬 竹旨를 執事 中侍로 삼아 기밀사무를 관장하게 하였다.[21]

D-8. ▨▨▨ 파진찬 金仁問을 당에 들여보내 조공하고, 이에 머무르며 숙위하게 하였다.[22]

D-9. 6년(652) 봄 정월에 파진찬 大曉를 左理方府令으로 삼았다.[23]

위의 D群 기사는 진덕왕 2년부터 6년까지의 내용이다. 이들 기사를 자세히 살펴보면, D-1, 4, 8은 앞에서 살펴본 바와 같이 모두 '大唐에 사신을 보내'라는 문구가 적혀 있다. 그 다음 기사는 衣冠 착용, 牙笏 소지, 연호 사용, 백관 하례, 그리고 執事部 설치와 左理方府令 임명 등의 기사가 찾아진다. 그런데 신라본기에서는 이 시기, 즉 진덕왕 5년에 해당하는 시위부

---

17) 『삼국사기』 권5, 신라본기, 진덕왕 조. 四年, 夏四月, 下敎, 以眞骨在位者, 執牙笏.
18) 『삼국사기』 권5, 신라본기, 진덕왕 4년 조. 六月, 遣使大唐, 告破百濟之衆.
19) 『삼국사기』 권5, 신라본기, 진덕왕 4년 조. 是歲, 始行中國永徽年號.
20) 『삼국사기』 권5, 신라본기, 진덕왕 조. 五年, 春正月朔, 王御朝元殿, 受百官正賀. 賀正之禮始於此.
21) 『삼국사기』 권5, 신라본기, 진덕왕 5년 조. 二月, 改稟主爲執事部, 仍拜波珍湌竹旨爲執事中侍, 以掌機密事務.
22) 『삼국사기』 권5, 신라본기, 진덕왕 5년 조. ■■■遣波珍湌金仁問入唐朝貢, 仍留宿衛.
23) 『삼국사기』 권5, 신라본기, 진덕왕 조. 六年, 春正月, 以波珍湌天曉爲左理方府令.

관계 기사는 확인할 수 없다. 『삼국사기』 武官條에서만 해당 기사를 볼 수 있다. 어쨌든 신라 사회에서 처음으로 시행하는 의례나 행사 그리고 官府나 官職의 임명 등은 여기서도 중국과의 관계를 생각해보지 않을 수 없다는 점을 다시 한번 상기시키고 싶다. 이러한 가정을 뒷받침할 수 있는 내용을 더 찾아볼 수 있다.

E-1. 당의 高宗이 사신을 보내 신라왕으로 책봉하고, 先王의 관작을 그대로 잇게 하였다.[24]

E-2. 원년(681) 8월에 舒弗邯 眞福을 상대등에 임명하였다.[25]

E-3. [8월] 8일에 소판 金欽突, 파진찬 興元, 대아찬 眞功 등이 반란을 꾀하였다가 처형당하였다.[26]

E-4. 겨울 10월에 侍衛監을 없애고 將軍 6인을 두었다.[27]

E-5. (2년) 여름 4월에 位和府令 2인을 두고 관리를 선발하는 일[選擧]을 맡게 하였다.[28]

E-6. (2년) 6월에 國學을 설립하고 卿 1인을 두었다. 또한 工匠府監 1인, 彩典監 1인을 두었다.[29]

위의 E群 기사는 신문왕 원년부터 2년까지의 내용이다. 이들 기사를 자세히 살펴보면, 원년에 '당의 高宗이 사신을 보내'라는 문구가 적혀 있다.

---

24) 『삼국사기』 권8, 신라본기, 신문왕 원년 조. 唐高宗遣使, 冊立爲新羅王, 仍襲先王官爵.
25) 『삼국사기』 권8, 신라본기, 신문왕 조. 元年, 八月, 拜舒弗邯眞福爲上大等.
26) 『삼국사기』 권8, 신라본기, 신문왕 원년 조. 八日, 蘇判金欽突·波珍飡興元·大阿飡眞功等謀叛, 伏誅.
27) 『삼국사기』 권8, 신라본기, 신문왕 원년 조. 冬十月, 罷侍衛監, 置将軍六人.
28) 『삼국사기』 권8, 신라본기, 신문왕 2년 조. 夏四月, 置位和府令二人, 掌選擧之事.
29) 『삼국사기』 권8, 신라본기, 신문왕 2년 조. 六月, 立國學, 置卿一人. 又置工匠府監一人, 彩典監一人.

물론 이 기사를 앞의 두 기록과 동일하게 취급하는 것에는 의문이 있을 수 있지만, 시위부 장군을 임명하거나, 위화부령을 두거나, 국학을 설립하고, 관직을 설치하는 모습에서 여기서도 중국과의 관계를 생각해보지 않을 수 없다. 이처럼 시위부의 설치와 연관해서 나타나는 일련의 정치 상황을 감안해 보면, 그 자체 중국과의 관계성 속에서 수립된 것이라 보는 것도 크게 틀리지 않을 듯싶다. 물론 신문왕 대에 시위부가 확대 개편된 이유는 당시의 정변이 주요한 원인으로 작용하였기 때문이었을 것이다.

한편, 앞의 사료 A의 기사를 다시 살펴보면 시위부에 관한 자세한 내용이 서술되고 있다. 그나마 그 구성으로 볼 때 將軍, 大監, 隊頭, 項, 卒의 순서로 편성되었으며, 이들을 구분하는 또 다른 잣대는 관등에서 알 수 있다. 이미 여러 연구가 진행된 바가 있듯이, 시위부의 將軍은 다른 장군들에 비해서 그 관등이 그리 높지는 못한 편이다. 그렇지만 이들의 역할이 국왕과 왕궁을 시위하는 것이기 때문에 신문왕대 이후 다른 장군에 비해 존재감은 높았을 것으로 보인다. 또한 이 시위부는 三徒라고 하는 편성체제에서 유래하였으며, 그 시기는 진덕왕 5년으로 서술되어 있다. 이는 시위부의 초창기 모습은 이미 진덕왕대에 시작되었으며, 그 책임자가 監이었는지 정확히 알 수가 없으나, '神文王元年罷監, 置將軍'라는 기사로 볼 때, 監이라는 직책에서 將軍으로 한 단계 격상되고 있음을 확인할 수 있다.[30]

---

30) 종래 진평왕 46년(624) 정월에 시위부 대감 6인을 설치한 것은 이전까지 국왕 측근에서 비조직적으로 그를 경호·시위하던 병졸집단을 지휘·통솔하던 관직으로 대감 6인을 설치한 사실을 반영한 것이며, 진덕왕 5년(651)에 시위부 전체를 통솔하던 시위감을 설치하여 시위감-대감의 조직을 갖추었다가 신문왕 원년(681)에 시위감을 없애고 장군을 설치하였다고 이해한 견해(이문기, 1997, 『신라병제사연구』, 일조각, 150~163쪽)가 제기되었다. 한편 진평왕 46년에 시위부 대감을 설치하였다가 신문왕 원년에 시위부 감, 즉 시위부 대감을 시위부 장군으로 개편하였다고 이해하는 견해(최상기, 2020, 『신라 장군제 연구』, 서울대학교 박사학위논문, 192~198쪽)도 제출되었다. 이를 대변할 적절한 자료는 없지만, 후자의 견해가 사실에 가깝다고 판단된다. 필자는 시위감을 없애고 장군을 승격시킨 것이 아니라 시위감을 그대로 한 단계 격상해서 장군으로 승격시켰으며, 또한 해당 시위감

그리고 大監 6인이 기재되어 있는데, 이는 아마도 기존에 있었던 監이라는 직책이 장군으로 격상되면서 그 역할 수행에 필요한 대체 수단으로 大監을 설치한 것으로 볼 수 있다. 그것은 장군과 대감의 인원이 모두 6인으로 기록되어 있어서 그러한 유추가 가능하다고 본다. 이어서 隊頭가 등장하는데 이는 시위부의 장군과 대감 아래에 있는 부대의 책임자로 보인다. 그 명칭에서 알 수가 있을 것이며, 이와 비슷한 사례가 武官條에서는 隊大監이 이에 해당할 것이다. 다음의 項에 대해서는 다른 항목에서 찾을 수 없는 명칭이며, 卒은 이와 비슷한 사례가 武官條에서는 유일하게 三千卒에서 卒에 해당하는 내용을 확인할 수 있다. 특히, 이 시위부의 卒이 중요한 것은 三千卒에서 卒에 해당하는 관등 부분이 '位自大奈麻已下爲之'라고 기록되어 있기 때문이다. 시위부에서는 '位自先沮知至大舍爲之'라고 기재되어 있으므로 삼천졸의 관등 또한 '位自大奈麻至先沮知爲之'라고 바꾸어 이해할 수 있는 근거로 활용할 수 있지 않을까 한다. 이상에서 언급한 내용을 알기 쉽게 정리하면 〈표 1〉과 같다.

〈표 1〉 『삼국사기』 武官條의 侍衛府의 구성과 내용

구성	내 용	관 등	인원
三徒	眞德王五年置		
將軍	神文王元年罷監, 置將軍	位自級湌至阿湌爲之	6명
大監		位自奈麻至阿湌爲之	6명
隊頭		位自舍知至沙湌爲之	15명
項		位自舍知至大奈麻爲之	36명
卒		位自先沮知至大舍爲之	117명

이상과 같이, 시위부의 구조와 내용은 매우 간단하다. 이는 시위부의 특성상 많은 인원이 필요한 부서가 아니었으며, 또한 다양한 직제가 요구

의 자리에 대감을 새로이 편제한 것이라 보고 싶다. 그것은 장군과 대감의 인원이 6명으로 같은 수로 편성되었기 때문이다.

되지도 않았기 때문에 이와 같은 내용으로도 충분히 운영될 수 있었다고 볼 수 있다.

2) 諸軍官의 구조와 내용

사실 諸軍官에 해당하는 내용은 상당히 많은 편이다. 그렇지만 신라의 군사 조직 가운데 핵심이라고 할 수 있는 諸軍官을 소홀히 취급한다면, 武官條에 대한 이해뿐만 아니라 군사 조직 자체에 관한 구체적인 접근을 어렵게 만들 것이다. 이에 그 내용이 방대하지만, 이를 적극적으로 활용한다는 측면에서 全文을 제시하면서 논지를 전개하고자 한다. 우선 해당 사항을 크게 다섯 부분으로 나누어서 분석해 보려고 한다. 첫째는 將軍 항목, 둘째는 幢主 항목, 셋째는 監 항목, 넷째는 法幢 항목, 다섯째는 三千卒 항목이다.

이와 같은 항목 구분은 먼저 將軍 항목에서 그 근거를 찾아볼 수 있다.

F-1. 諸軍官. 將軍은 모두 36명이다. 大幢 관장하는 것이 4명이고, 貴幢 4명, 漢山停 (羅人謂營爲停) 3명, 完山停 3명, 河西停 2명, 牛首停 2명이다. 관등이 眞骨 上堂에서 上臣까지를 임명한다. 綠衿幢 2명, 紫衿幢 2명, 白衿幢 2명, 緋衿幢 2명, 黃衿幢 2명, 黑衿幢 2명, 碧衿幢 2명, 赤衿幢 2명, 靑衿幢 2명이다. 관등이 眞骨 級湌에서 角干까지를 임명한다. 경덕왕 때에 이르러, 熊川州停에 3명을 더 두었다.

F-2. 大官大監은 진흥왕 10년(549년)에 두었다. 大幢 관장하는 것이 5명이고, 貴幢 5명, 漢山停 4명, 牛首停 4명, 河西停 4명, 完山停 4명인데, 無衿이다. 綠衿幢 4명, 紫衿幢 4명, 白衿幢 4명, 緋衿幢 4명, 黃衿幢 4명, 黑衿幢 4명, 碧衿幢 4명, 赤衿幢 4명, 靑衿幢 4명으로, 모두 62명이며, 着衿이다. 眞骨은 관등이 사지에서 아찬까지를 임명하였고, 次品은 나마에서 四重阿湌까지인 사람을 임명한다.

F-3. 隊大監. 馬兵을 통솔하는 대대감은 闕衿에 1명, 音里火停에 1명, 古良夫里停에 1명, 居斯勿停에 1명, 參良火停에 1명, 召參停에 1명, 未多夫里停에 1명, 南川停에 1명, 骨乃斤停에 1명, 伐力川停에 1명, 伊火兮停에 1명, 綠衿幢에 3명, 紫衿幢에 3명, 白衿幢에 3명, 黃衿幢에 3명, 黑衿幢에 3명, 碧衿幢에 3명, 赤衿幢에 3명, 靑衿幢에 3명, 菁州誓에 1명, 漢山州誓에 1명, 完山州誓에 1명이다.

步兵을 통솔하는 隊大監은 大幢에 3명, 漢山停에 3명, 貴幢에 2명, 牛首停에 2명, 完山停에 2명, 碧衿幢에 2명, 綠衿幢에 2명, 白衿幢에 2명, 黃衿幢에 2명, 黑衿幢에 2명, 紫衿幢에 2명, 赤衿幢에 2명, 靑衿幢에 2명, 緋衿幢에 4명이다. 모두 70명으로 모두 著衿이다. 관등이 나마에서 아찬까지를 임명한다.

F-4. 弟監은 진흥왕 23년(562년)에 두었다. 大幢을 통솔하는 데 5명, 貴幢에 5명, 漢山停에 4명, 牛首停에 4명, 河西停에 4명, 完山停에 4명으로 無衿이다. 碧衿幢에 4명, 綠衿幢에 4명, 白衿幢에 4명, 緋衿幢에 4명, 黃衿幢에 4명, 黑衿幢에 4명, 紫衿幢에 4명, 赤衿幢에 4명, 靑衿幢에 4명, 闕衿에 1명이다. 모두 63명으로, 관등이 사지에서 대나마까지를 임명한다.

F-5. 監舍知는 모두 19명이다. 법흥왕 10년(523년)에 두었다. 大幢에 1명, 上州停에 1명, 漢山停에 1명, 牛首停에 1명, 河西停에 1명, 完山停에 1명, 碧衿幢에 1명, 綠衿幢에 1명, 白衿幢에 1명, 緋衿幢에 1명, 黃衿幢에 1명, 黑衿幢에 1명, 紫衿幢에 1명, 赤衿幢에 1명, 靑衿幢에 1명, 闕衿幢에 1명, 白衿武幢에 1명, 赤衿武幢에 1명, 黃衿武幢에 1명으로 無衿이다. 관등이 사지에서 대사까지를 임명한다.

F-6. 少監은 진흥왕 23년(562년)에 두었다. 大幢에 15명, 貴幢에 15명, 漢山停에 15명, 河西停에 12명, 牛首停에 13명, 完山停에 13명, 碧衿幢에 13명, 綠衿幢에 13명, 白衿幢에 13명, 緋衿幢에 13명, 黃衿幢에 13명, 黑衿幢에 13명, 紫衿幢에 13명, 赤衿幢에 13명, 靑衿幢에 13명이다.

騎兵을 통솔하는 少監은 音里火停에 2명, 古良夫里停에 2명, 居斯勿停에

2명, 參良火停에 2명, 召參停에 2명, 未多夫里停에 2명, 南川停에 2명, 骨乃斤停에 2명, 伐力川停에 2명, 伊火兮停에 2명, 緋衿幢에 3명, 碧衿幢에 6명, 綠衿幢에 6명, 白衿幢에 6명, 黃衿幢에 6명, 黑衿幢에 6명, 紫衿幢에 6명, 赤衿幢에 6명, 靑衿幢에 6명, 罽衿幢에 1명, 菁州誓에 3명, 漢山州誓에 3명, 完山州誓에 3명을 두었다.

步兵을 통솔하는 少監은 大幢에 6명, 漢山停에 6명, 貴幢에 4명, 牛首停에 4명, 完山停에 4명, 碧衿幢에 4명, 綠衿幢에 4명, 白衿幢에 4명, 黃衿幢에 4명, 黑衿幢에 4명, 紫衿幢에 4명, 赤衿幢에 4명, 靑衿幢에 4명, 緋衿幢에 8명, 菁州誓에 9명, 漢山州誓에 9명, 完山州誓에 9명이다. 모두 372명이며, 6停은 無衿이고, 그 외에는 모두 着衿이다. 관등이 대사 이하인 사람을 임명한다.

F-7. 火尺. 大幢에 15명, 貴幢에 10명, 漢山停에 10명, 牛首停에 10명, 河西停에 10명, 完山停에 10명, 綠衿幢에 10명, 緋衿幢에 10명, 紫衿幢에 10명, 白衿幢에 13명, 黃衿幢에 13명, 黑衿幢에 13명, 碧衿幢에 13명, 赤衿幢에 13명, 靑衿幢) 13명을 두었는데, 大官에 속하였다.

罽衿에 7명, 音里火停에 2명, 古良夫里停에 2명, 居斯勿停에 2명, 參良火停에 2명, 召參停에 2명, 未多夫里停에 2명, 南川停에 2명, 骨乃斤停에 2명, 伐力川停에 2명, 伊火兮停에 2명, 碧衿幢에 6명, 綠衿幢에 6명, 白衿幢에 6명, 黃衿幢에 6명, 黑衿幢에 6명, 紫衿幢에 6명, 赤衿幢에 6명, 靑衿幢에 6명, 菁州誓에 2명, 漢山州誓에 2명, 完山州誓에 2명을 두었는데, 기병을 통솔하였다.

大幢에 6명, 漢山停에 6명, 貴幢에 4명, 牛首停에 4명, 完山停에 4명, 碧衿幢에 4명, 綠衿幢에 4명, 白衿幢에 4명, 黃衿幢에 4명, 黑衿幢에 4명, 紫衿幢에 4명, 赤衿幢에 4명, 靑衿幢에 4명, 緋衿幢에 8명, 白衿武幢에 8명, 赤衿武幢에 8명, 黃衿武幢에 8명을 두었는데, 步兵을 통솔하였다. 모두 342명이며, 관등은 少監과 같다.

사료 F群 기사의 내용은 얼핏 보기에 그 구조를 이해하기 어렵게 구성되어 있다고도 볼 수 있다. 그러나 이를 자세히 검토해 보면, 將軍, 大官大監, 隊大監, 弟監, 監舍知, 少監, 火尺 등으로 분류할 수 있다. 다시 그 내용에 따라 정리해 보면, 將軍, 大監(大官大監, 隊大監), 監(弟監, 監舍知, 少監), 火尺으로 묶을 수 있다. 이러한 구조가 諸軍官의 큰 틀이라고 할 수 있다. 다시 말해, 諸軍官은 將軍이라고 하는 군관 아래 대감, 감, 화척 등이 편제되어 있었다.

실제 諸軍官은 將軍이라고 하는 틀 안에서 다시 그 휘하에 또 다른 구조를 포함하고 있는데, 그것이 바로 幢主라고 하는 군관이다. 사료 G群은 각 幢主別 현황을 정리하고 있다. 이를 자세히 분석해 보면, 신라 군사 조직의 한 측면을 이해하는 데 도움이 될 것이다.

G-1. <u>軍師幢主</u>는 법흥왕 11년(524년)에 두었다. 王都에 1명을 두었는데, 無衿이다. 大幢에 1명, 上州停에 1명, 漢山停에 1명, 牛首停에 1명, 河西停에 1명, 完山停에 1명, 碧衿幢에 1명, 綠衿幢에 1명, 緋衿幢에 1명, 白衿幢에 1명, 黃衿幢에 1명, 黑衿幢에 1명, 紫衿幢에 1명, 赤衿幢에 1명, 靑衿幢에 1명, 白衿武幢에 1명, 赤衿武幢에 1명, 黃衿武幢에 1명을 두었다. 모두 19명이며, 着衿이다. 관등이 나마에서 일길찬까지를 임명한다.

G-2. <u>大匠尺幢主</u>. 大幢에 1명, 上州停에 1명, 漢山停에 1명, 牛首停에 1명, 河西停에 1명, 完山停에 1명, 碧衿幢에 1명, 綠衿幢에 1명, 緋衿幢에 1명, 白衿幢에 1명, 黃衿幢에 1명, 黑衿幢에 1명, 紫衿幢에 1명, 赤衿幢에 1명, 靑衿幢에 1명이다. 모두 15명으로, 無衿이다. 관등은 軍師幢主와 같다.

G-3. <u>步騎幢主</u>. 王都에 1명을 두었는데, 無衿이다. 大幢에 6명, 漢山에 6명, 貴幢에 4명, 牛首州에 4명, 完山州에 4명, 碧衿幢에 4명, 綠衿幢에 4명, 白衿幢에 4명, 黃衿幢에 4명, 黑衿幢에 4명, 紫衿幢에 4명, 赤衿幢에 4명, 靑衿幢에 4명, 白衿武幢에 2명, 赤衿武幢에 2명, 黃衿武幢에 2명이다. 모두 63명이고, 관등이 나마에서 사찬까지를 임명한다.

G-4. 三千幢主. 音里火停에 6명, 古良夫里停에 6명, 居斯勿停에 6명, 參良火停에 6명, 召參停에 6명, 未多夫里停에 6명, 南川停에 6명, 骨乃斤停에 6명, 伐力川停에 6명, 伊伐兮停에 6명이다. 모두 60명으로 着衿이다. 관등이 사지에서 사찬까지를 임명한다.

G-5. 著衿騎幢主. 碧衿幢에 18명, 綠衿幢에 18명, 白衿幢에 18명, 黃衿幢에 18명, 黑衿幢에 18명, 紫衿幢에 18명, 赤衿幢에 18명, 靑衿幢에 18명, 罽衿幢에 6명, 菁州에 6명, 完山州에 6명, 漢山州에 6명, 河西州에 4명, 牛首幢에 3명, 四千幢에 3명이다. 모두 178명이며, 관등은 三千幢主와 같다.

G-6. 緋衿幢主는 40명이다. 沙伐州에 3명, 歃良州에 3명, 菁州에 3명, 漢山州에 2명, 牛首州에 6명, 河西州에 6명, 熊川州에 5명, 完山州에 4명, 武珍州에 8명이다. 모두 40명으로, 着衿이다. 관등은 사지에서 사찬까지를 임명한다.

G-7. 師子衿幢主. 王都에 3명, 沙伐州에 3명, 歃良州에 3명, 菁州에 3명, 漢山州에 3명, 牛首州에 3명, 河西州에 3명, 熊川州에 3명, 完山州에 3명, 武珍州에 3명이다. 모두 30명으로 着衿이다. 관등이 사지에서 일길찬까지를 임명한다.

G-8. 法幢主. 百官幢主가 30명, 京餘甲幢主가 15명, 小京餘甲幢主가 16명, 外餘甲幢主가 52명, 弩幢主가 15명, 雲梯幢主가 6명, 衝幢主가 12명, 石投幢主가 12명이다. 모두 158명으로 無衿이다.

G-9. 黑衣長槍末步幢主. 大幢에 30명, 貴幢에 22명, 漢山에 28명, 牛首에 20명, 完山에 20명, 紫衿에 20명, 黃衿에 20명, 黑衿에 20명, 碧衿에 20명, 赤衿에 20명, 靑衿에 20명, 綠衿에 24명이다. 모두 264명이며, 관등이 사지에서 급찬까지를 임명한다.

G-10. 三武幢主. 白衿武幢에 16명, 赤衿武幢에 16명, 黃衿武幢에 16명이다. 모두 48명으로 관등은 末步幢主와 같다.

G-11. 萬步幢主. 京五種幢主가 15명, 節末幢主가 4명, 九州萬步幢主가 18명이다. 모두 37명으로 無衿이다. 관등이 사지로부터 대나마까지를 임명한다.

위의 G群 기사는 모두 幢主와 연관된 내용으로, 여기서 주목되는 것은 軍師幢主를 법흥왕 11년(524년)에 두었다는 것이다. 비교적 이른 시기에 설치된 것으로 볼 수 있는데, 이는 앞에서 살펴본 大官大監을 진흥왕 10년(549년)에 두었다는 내용과 비교해 보면, 幢主가 먼저 설치되고, 이후 大監이 설치된 것으로 파악할 수 있다. 또한 幢主 관련 기사에서 王都와 연관된 내용이 찾아진다는 점이다. 軍師幢主가 1명, 步騎幢主가 1명, 師子衿幢主가 1명씩 배치된다는 점도 주목된다. 이는 王都의 중요성을 알려주는 내용이기 때문이다.

아울러 더욱 주목되는 점은 法幢主와 萬步幢主의 기재 내용이다. 다른 幢主와는 다른 특색을 보여준다. 이를 다시 언급해 보면, "法幢主. 百官幢主가 30명, 京餘甲幢主가 15명, 小京餘甲幢主가 16명, 外餘甲幢主가 52명, 弩幢主가 15명, 雲梯幢主가 6명, 衝幢主가 12명, 石投幢主가 12명이다. 모두 158명으로 無衿이다"라는 내용에서 法幢主 소속으로 다른 幢主가 기술되고 있다는 점이다. 이에 대해서는 幢主가 아니라 幢이 올바르다는 지적이 있지만, 이를 수용하기에는 다른 정황이 포착된다. 그것은 "萬步幢主. 京五種幢主가 15명, 節末幢主가 4명, 九州萬步幢主가 18명이다. 모두 37명으로 無衿이다. 관등이 사지로부터 대나마까지를 임명한다"라는 내용에서도 幢이 아니라 幢主로 기술되어 있다는 점이다. 이는 단순히 幢主가 아니라 幢이 잘못 판각된 것으로 볼 수 있겠지만, 두 가지 幢主 관계 기사에서 똑같이 착오로 서술되었다고 보기에는 미심쩍은 생각이 든다. 이에 대한 검토도 필요하다고 본다.

다음으로, 監에 관한 기사를 살펴보자. 여기에 보이는 監은 위에서 살펴본 幢主 휘하의 군사 조직임에 틀림이 없다. 그것은 그 구조상 항목 내용이 유사하기 때문이다. 이를 자세히 살펴보기로 한다.

 H-1. 軍師監. 王都에 2명을 두었는데, 無衿이다. 大幢에 2명, 上州停에 2명, 漢山停에 2명, 牛首停에 2명, 河西停에 2명, 完山停에 2명, 碧衿幢에 2명,

綠衿幢에 2명, 緋衿幢에 2명, 白衿幢에 2명, 黃衿幢에 2명, 黑衿幢에 2명, 紫衿幢에 2명, 赤衿幢에 2명, 靑衿幢에 2명이다. 모두 32명으로 著衿이다. 관등이 사지에서 나마까지를 임명한다.

H-2. 大匠尺監. 大幢에 1명, 上州停에 1명, 漢山停에 1명, 牛首停에 1명, 河西停에 1명, 完山停에 1명, 碧衿幢에 1명, 綠衿幢에 1명, 緋衿幢에 1명, 白衿幢에 1명, 黃衿幢에 1명, 黑衿幢에 1명, 紫衿幢에 1명, 赤衿幢에 1명, 靑衿幢에 1명이다. 모두 15명으로 無衿이다. 관등은 사지에서 대나마까지를 임명한다.

H-3. 步騎監은 63명이다. 王都에 1명, 大幢에 6명, 漢山에 6명, 貴幢에 4명, 牛首에 4명, 完山에 4명, 碧衿幢에 4명, 綠衿幢에 4명, 白衿幢에 4명, 黃衿幢에 4명, 黑衿幢에 4명, 紫衿幢에 4명, 적금당(赤衿幢)에 4명, 청금당(靑衿幢)에 4명, 백금무당(白衿武幢)에 2명, 적금무당(赤衿武幢)에 2명, 黃衿武幢에 2명으로 著衿이다. 모두 63명이며, 관등은 軍師監과 같다.

H-4. 三千監. 音里火停 6명, 古良夫里停 6명, 居斯勿停 6명, 參良火停 6명, 召參停 6명, 未多夫里停 6명, 南川停 6명, 骨乃斤停 6명, 伐力川停 6명, 伊火兮停 6명이다. 모두 60명이며 著衿이다. 관등이 사지에서 대나마까지를 임명한다.

H-5. 師子衿幢監은 30명이다. 관등이 幢에서 나마까지를 임명한다.

H-6. 法幢監. 百官幢 30명, 京餘甲幢 15명, 外餘甲幢 68명, 石投幢 12명, 衝幢 12명, 弩幢 45명, 雲梯幢 12명이다. 모두 194명인데 無衿이다. 관등이 사지에서 나마까지를 임명한다.

H-7. 緋衿監은 48명이다. 幢을 거느리는 것이 40명, 馬兵을 거느리는 것이 8명이다.

H-8. 著衿監. 碧衿幢 18명, 綠衿幢 18명, 白衿幢 18명, 黃衿幢 18명, 黑衿幢 18명, 紫衿幢 18명, 赤衿幢 18명, 靑衿幢 18명, 罽衿 6명, 靑州 6명, 漢山 6명, 完山 6명, 河西 3명, 牛首幢 3명, 四千幢 3명으로 모두 175명이다. 관등이 幢에서 나마까지를 임명한다.

H-9. 皆知戟幢監은 4명으로 모두 王都에 두었다. 관등이 사지에서 나마까지를 임명한다.

위의 H群 기사는 앞에서 살펴본 내용과 부분적으로 일치하는데, 監 관련 기사에서 王都와 연관된 내용이 찾아진다는 점이다. 軍師監이 2명, 步騎監이 63명, 皆知戟幢監이 4명으로 서술되어 있는데, 앞에서 살펴본 幢主 관련 기사와 비교해 보면 師子衿幢監이 빠지고, 대신 皆知戟幢監이 수록되어 있다는 점이다. 또한 그 인원 구성도 幢主와 대비해 보면 많다는 점을 확인할 수 있다. 또한 幢主 관계 기사에는 기재되어 있는데, 監 관계 기사에서 찾아볼 수 없는 항목도 보인다. 하나는 三武幢主이며, 둘은 萬步幢主이다. 그리고 幢主에서는 黑衣長槍末步幢主가 보이는데, 監에서는 皆知戟幢監이 기재되어 있으므로, 그 용어상 변화를 읽을 수 있다.

다음으로, 諸軍官의 군사 조직에서 그 구조와 내용을 파악하는데 어려움을 가져온 것으로는 다음에 보이는 세 항목이 그 중심에 있을 것이다. 이들 기사를 보면 法幢을 冠稱하는 용어들로 구성되어 있는데, 그 자세한 내막은 아직도 오리무중이다. 이에 대해서 자세히 살펴보자.

I-1. 法幢頭上은 192명이다. 餘甲幢에 45명, 外法幢에 102명, 弩幢에 45명이다.
I-2. 法幢火尺. 軍師幢 30명, 師子衿幢 20명, 京餘甲幢 15명, 外餘甲幢 102명, 弩幢 45명, 雲梯幢 11명, 衝幢 18명, 石投幢 18명으로 모두 259명이다.
I-3. 法幢辟主. 餘甲幢 45명, 外法幢 306명, 弩幢 135명으로 모두 486명이다.

위의 I群의 기사는 앞에서 살펴본 法幢主와 法幢監의 항목과 밀접한 연관성을 지닌다. 그 명칭을 볼 때 어렵지 않게 알 수 있다. 그런데 앞의 B群 기사에서 火尺을 확인할 수 있었는데 위의 기사에서 동일한 사항의 法幢火尺을 만날 수 있다. 문제는 그 앞뒤에 자리하고 있는 法幢頭上과 法幢辟主와의 관계이다. 이들의 관계를 확연하게 알 수 있는 다른 자료가 찾아지지 않으므로, 이에 대한 다양한 의견이 제출된 바가 있다. 이에 대해서는 다음 장에서 자세히 살펴보기로 한다.

J. 三千卒은 150명이다. 관등이 大奈麻 이하인 사람을 임명한다.

위의 J 기사는 삼천졸의 구성 인원이 150명이며, 자격 요건은 '大奈麻 이하인 사람'으로 규정하고 있다. 따라서 150명의 인원을 각 정에 10명씩 두었다고 하는 것인지 알 수 없지만, 그리 추정해도 좋을 듯한데, 자격 요건은 '大奈麻 이하인 사람'으로 규정하고 있으므로 그 이하가 어디까지인지는 자세히 알 수 없다. 그러나 삼천졸의 자격 요건에서 하한선을 누락하고 있지만, 卒의 관등을 언급한 사례가 있으므로 참고된다. 앞에서 언급한 侍衛府의 卒에 관한 규정인데, "卒은 117명으로 관등은 先沮知로부터 大舍까지로 삼았다"라는 내용이 이를 보완해 준다. 卒의 하한선이 先沮知로, 이는 17관등에 해당하는 造位라는 사실을 확인할 수 있게 된다.[31] 이상에서 언급한 내용을 알기 쉽게 정리하면 〈표 2〉와 같다.

〈표 2〉 『삼국사기』 武官條의 諸軍官의 구성과 내용

순서	諸軍官	내 용	비고
1	將軍	共三十六人. 掌大幢四人, 貴幢四人, 漢山停 羅人謂 營爲停. 三人, 完山停三人, 河西停二人, 牛首停二人. 位自眞骨上堂至上臣爲之. 綠衿幢二人, 紫衿幢二人, 白衿幢二人, 緋衿幢二人, 黃衿幢二人, 黑衿幢二人, 碧衿幢二人, 赤衿幢二人, 靑衿幢二人. 位自眞骨級湌至角干爲之, 至景德王時 熊川州停加置三人.	大幢, 貴幢 漢山停羅人 謂營爲停

---

31) 김희만, 2023, 「고대 청송지역의 역사적 변천과 領域」 『청송군의 역사와 문화 발표자료집』, 청송문화원·한국고대사탐구학회, 88쪽.

순서	諸軍官	내용	비고
2	大官大監	眞興王十年置. 掌大幢五人, 貴幢五人, 漢山停四人, 牛首停四人, 河西停四人, 完山停四人, 無衿. 無衿. 綠衿幢四人, 紫衿幢四人, 白衿幢四人, 緋衿幢四人, 黃衿幢四人, 黑衿幢四人, 碧衿幢四人, 赤衿幢四人, 靑衿幢四人, 共六十二人, 著衿. 眞骨位自舍知至阿湌爲之, 次品自奈麻至四重阿湌爲之.	大幢, 貴幢
3	隊大監	領馬兵 (中略) 領步兵 (中略) 共七十人, 並著衿. 位自奈麻至阿湌爲之.	
4	弟監	眞興王二十三年置 (中略) 共六十三人, 位自舍知至大奈麻爲之.	
5	監舍知	共十九人. 法興王十年置 (中略) 位自舍知至大舍爲之.	
6	少監	眞興王二十三年置 (中略) 領騎兵 (中略) 領步兵 (中略) 位自大舍已下爲之.	
7	火尺	屬大官. (中略) 領騎兵. (中略) 領步兵. 共三百四十二人, 位與少監同.	(이상 軍官號)
8	軍師幢主	法興王十年置 (中略) 位自奈麻至一吉湌爲之.	
9	大匠尺幢主	共十五人, 無衿. 位與軍師幢主同.	
10	步騎幢主	共六十三人, 位自奈麻至沙湌爲之.	
11	三千幢主	共六十人, 著衿. 位自舍知至沙湌爲之.	
12	着衿騎幢主	共一百七十八人, 位與三千幢主同.	
13	緋衿幢主	四十人. (中略) 共四十人, 著衿. 位自舍知至沙湌爲之.	共四十人
14	師子衿幢主	共三十人, 著衿. 位自舍知至一吉湌爲之.	
15	法幢主	共一百五十八人, 無衿.	
16	黑衣長槍末步幢主	共二百六十四人, 位自舍知至級湌爲之.	
17	三武幢主	共四十八人, 位與末步幢主同.	
18	萬步幢主	共三十七人, 無衿. 位自舍知至大奈麻爲之.	(이상 幢主)
19	軍師監	共三十二人, 著衿. 位自舍知至奈麻爲之.	
20	大匠尺[32]監	共十五人, 無衿. 位自舍知至大奈麻爲之.	
21	步騎監	六十三人 (中略) 共六十三人, 位與軍師監同.	共六十三人
22	三千監	共六十人, 著衿. 位自舍知至大奈麻爲之.	
23	師子衿幢監	三十人. 位自幢至奈麻爲之.	位自幢
24	法幢監	共一百九十四人, 無衿. 位自舍知至奈麻爲之.	
25	緋衿監	四十八人. 領幢四十人, 領馬兵八人.	領幢
26	着衿監	共一百七十五人. 位自幢至奈麻爲之.	

순서	諸軍官	내 용	비고
27	皆知戟幢監	四人, 並王都. 位自舍知至奈麻爲之.	(이상 監)
28	法幢頭上	百九十二人. 餘甲幢四十五人 外法幢百二人 弩幢四十五人.	法幢頭上
29	法幢火尺	共二百五十九人.	法幢火尺
30	法幢辟主	共四百八十六人.	法幢辟主
31	三千卒	百五十人. 位自大奈麻已下爲之.	三千卒

3) 凡軍號의 구조와 내용

凡軍號의 기록은 각 군호의 전반적인 구성을 먼저 밝히고, 다음으로 각 군호의 서열과 沿革, 그리고 하부 구조를 서술하는 형식을 취하고 있다.

K. 모든 군사의 칭호는 23개이다. 첫째는 六停, 둘째는 九誓幢, 셋째는 十幢, 넷째는 五州誓, 다섯째는 三武幢, 여섯째는 罽衿幢, 일곱째는 急幢, 여덟째는 四千幢, 아홉째는 京五種幢, 열째는 二節末幢, 열한째는 萬步幢, 열두째는 大匠尺幢, 열셋째는 軍師幢, 열넷째는 仲幢, 열다섯째는 百官幢, 열여섯째는 四設幢, 열일곱째는 皆知戟幢, 열여덟째는 三十九餘甲幢, 열아홉째는 仇七幢, 스무째는 二罽, 스물한째는 二弓, 스물두째는 三邊守, 스물셋째는 新三千幢이다.[33]

K-1. 六停. 첫째는 大幢이다. 진흥왕 5년(544)에 처음 두었고 금색은 紫白이다.

---

32) 『삼국사기』 정덕본에는 大 자로 되어 있으나, 여기서는 『삼국사절요』의 尺 자가 타당하므로, 그에 따른다.
33) 『삼국사기』 권40, 잡지 9, 무관 조. 凡軍號二十三. 一曰六停, 二曰九誓幢, 三曰十幢, 四曰五州誓, 五曰三武幢, 六曰罽衿幢, 七曰急幢, 八曰四千幢, 九曰京五種幢, 十曰二節末幢, 十一曰萬步幢, 十二曰大匠尺幢, 十三曰軍師幢, 十四曰仲幢, 十五曰百官幢, 十六曰四設幢, 十七曰皆知戟幢, 十八曰三十九餘甲幢, 十九曰仇七幢, 二十曰二罽, 二十一曰二弓, 二十二曰三邊守, 二十三曰新三千幢.

둘째는 上州停이다. 진흥왕 13년(552)에 두었다. 문무왕 13년(673)에 貴幢으로 고쳤다. 금색은 靑赤이다. 셋째는 漢山停이다. 본래 新州停이었는데, 진흥왕 29년(568)에 新州停을 없애고 南川停을 설치했다. 진평왕 26년(604)에 南川停을 없애고 漢山停을 두었다. 금색은 黃靑이다. 넷째는 牛首停이다. 본래 比烈忽停이었는데, 문무왕 13년(673)에 比烈忽停을 없애고 牛首停을 설치했다. 금색은 綠白이다. 다섯째는 河西停이다. 본래 悉直停이었는데, 태종왕 5년(658)에 悉直停을 없애고 河西停을 두었다. 금색은 綠白이다. 여섯째는 完山停이다. 본래 下州停이었는데, 신문왕 5년(685)에 하주정을 없애고 完山停을 두었다. 금색은 白紫이다.[34]

K-2. 九誓幢. 첫째는 綠衿誓幢이다. 진평왕 5년(583)에 처음 두었는데, 但 誓幢이라고만 하였다. (진평왕) 35년(613)에 綠衿誓幢으로 고쳤다. 금장은 綠紫이다. 둘째는 紫衿誓幢이다. 진평왕 47년(625)에 郎幢을 처음 설치하였다. 문무왕 17년(677)에 紫衿誓幢으로 고쳤다. 금장은 紫綠이다. 셋째는 白衿誓幢이다. 문무왕 12년(672)에 백제민들로 幢을 만들었다. 금장은 白靑이다. 넷째는 緋衿誓幢이다. 문무왕 12년(672)에 처음 長槍幢을 두었다. 효소왕 2년(693)에 緋衿誓幢으로 고쳤다. 다섯째는 黃衿誓幢이다. 신문왕 3년(683)에 고구려민들로 幢을 만들었다. 금장은 黃赤이다. 여섯째는 黑衿誓幢이다. 신문왕 3년(683)에 말갈국민들로 幢을 만들었다. 금장은 黑赤이다. 일곱째는 碧衿誓幢이다. 신문왕 6년(686)에 보덕성민들로 幢을 만들었다. 금장은 碧黃색이다. 여덟째는 赤衿誓幢이다. 신문왕 6년(686)에 또 보덕성민들로 幢을 만들었다. 금장은 赤黑이다. 아홉째는 靑衿誓幢

---

34) 『삼국사기』 권40, 잡지 9, 무관 조. 六停. 一曰大幢. 眞興王五年始置, 衿色紫白. 二曰上州停. 眞興王十三年置. 至文武王十三年, 改爲貴幢. 衿色靑赤. 三曰漢山停. 本新州停, 眞興王二十九年, 罷新州停, 置南川停. 眞平王二十六年, 罷南川停, 置漢山停. 衿色黃靑. 四曰牛首停. 本比烈忽停, 文武王十三年, 罷比烈忽停, 置牛首停. 衿色綠白. 五曰河西停. 本悉直停, 太宗王五年, 罷悉直停, 置河西停. 衿色綠白. 六曰完山停. 本下州停, 神文王五年, 罷下州停, 置完山停. 衿色白紫.

이다. 신문왕 7년(687)에 백제잔민들로 幢을 만들었다. 금장은 靑白이다.

K-3. 十停. 혹은 三千幢이라고도 이른다. 첫째는 音里火停, 둘째는 古良夫里停, 셋째는 居斯勿停으로 금장은 靑色이다. 넷째는 參良火停, 다섯째는 召參停, 여섯째는 未多夫里停으로 금장은 黑色이다. 일곱째는 南川停, 여덟째는 骨乃斤停으로 금장은 黃色이다. 아홉째는 伐力川停, 열째는 伊火兮停으로 금장은 綠色이다. 모두 진흥왕 5년(544)에 두었다.[35]

K-4. 五州誓. 첫째는 菁州誓, 둘째는 完山州誓, 셋째는 漢山州誓로 금장은 紫綠이다. 넷째는 牛首州誓, 다섯째는 河西州誓로 금장은 綠紫이다. 모두 문무왕 12년(672)에 두었다.

K-5. 三武幢. 첫째는 白衿武幢으로 문무왕 15년(675)에 두었다. 둘째는 赤衿武幢으로 신문왕 7년(687)에 두었다. 셋째는 黃衿武幢으로 신문왕 9년(689)에 두었다.

K-6. 罽衿幢. 태종왕 원년(654)에 두었다. 금장은 罽이다.

K-7. 急幢. 진평왕 27년(605)에 두었다. 금장은 黃綠이다.

K-8. 四千幢. 진평왕 13년(591)에 두었다. 금장은 黃黑이다.

K-9. 京五種幢. 금장의 색은 첫째는 靑綠, 둘째는 赤紫, 셋째는 黃白, 넷째는 白黑, 다섯째는 黑靑이다.

K-10. 二節末幢. 금장의 색은 첫째는 綠紫, 둘째는 紫綠이다.

K-11. 萬步幢. 9주에 각각 2개가 있다. 금장의 색은 沙伐州는 靑黃·靑紫, 歃良州는 赤靑·赤白, 菁州는 赤黃·赤綠, 漢山州는 黃黑·黃綠, 牛首州는 黑綠·黑白, 熊川州는 黃紫·黃靑, 河西州는 靑黑·靑赤, 武珍州는 白赤·白黃이다.

K-12. 大匠尺幢. 금장은 없다.

K-13. 軍師幢. 진평왕 26년(604)에 처음 두었다. 금장은 白이다.

---

35) 『삼국사기』 권40, 雜志 9, 武官 조. 十停 或云三千幢. 一曰音里火停, 二曰古良夫里停, 三曰居斯勿停, 衿色靑. 四曰參良火停, 五曰召參停, 六曰未多夫里停, 衿色黑. 七曰南川停, 八曰骨乃斤停, 衿色黃. 九曰伐力川停, 十曰伊火兮停, 衿色綠. 並眞興王五年置.

K-14. 仲幢. 문무왕 11년(671)에 처음 두었다. 금장은 白이다.

K-15. 百官幢. 금장은 없다.

K-16. 四設幢. 첫째는 弩幢, 둘째는 雲梯幢, 셋째는 衝幢, 넷째는 石投幢이다. 금장은 없다.

K-17. 皆知戟幢. 神文王 10년(690)에 처음 두었다. 금장은 黑赤白이다.

K-18. 三十九餘甲幢. 금장은 없다. 京餘甲·小京餘甲·外餘甲 등을 이른다. 그 수는 상세히 알 수 없다.

K-19. 仇七幢. 문무왕 16년(676)에 처음 두었다. 금장은 白이다.

K-20. 二罽幢. 혹은 外罽라고도 이른다. 첫째는 漢山州罽幢으로 태종왕 원년(654)에 두었다. 둘째는 牛首州罽幢으로 문무왕 12년(672)에 두었다. 금장은 모두 罽이다.

K-21. 二弓. 혹은 外弓이라고도 한다. 첫째는 漢山州弓尺으로 진덕왕 6년(652)에 두었다. 둘째는 河西州弓尺으로 진평왕 20년(598)에 두었다. 금장은 없다.

K-22. 三邊守幢. 한편 邊守라고도 이른다. 신문왕 10년(690)에 두었다. 첫째는 漢山邊, 둘째는 牛首邊, 셋째는 河西邊이다. 금장은 없다.

K-23. 新三千幢. 한편 外三千이라고도 이른다. 첫째는 牛首州三千幢이고, 둘째는 奈吐郡三千幢으로 문무왕 12년(672)에 두었다. 셋째는 奈生郡三千幢으로 (문무왕) 16년(676)에 두었다. 금장의 색은 알 수 없다.

이상에서 언급한 내용을 알기 쉽게 정리하면 〈표 3〉과 같다.

위의 K群 기사와 〈표 3〉을 통해서 확인할 수 있는 것은 23軍號를 다양하게 서술하고 있는데, 이를 어떻게 이해할 수 있을까 궁금하다. 6停과 9誓幢에서 주목할 부분은 大幢과 貴幢, 誓幢과 郞幢이라고 할 수 있으며, 이들은 그 조직의 초기 모습을 반영하는 용어일 것이다. 이를 대변하는 것으로 10停을 설명하는 문구로 등장하는 '或云三千幢'이라는 용어도 초기 모습을 보여주는 내용으로 이해하고 있다.

『삼국사기』 직관지 武官條와 신라의 군사 조직 231

〈표 3〉『삼국사기』武官條의 凡軍號의 구성과 내용

순서	凡軍號	내 용	비고
1	六停	一曰大幢. 眞興王五年始置 (中略) 二曰上州停. 眞興王十三年置. 至文武王十三年, 改爲貴幢.	大幢, 貴幢
2	九誓幢	九誓幢. 一曰綠衿誓幢. 眞平王五年始置, 但名誓幢. 三十五年改爲綠衿誓幢, (中略) 二曰紫衿誓幢. 眞平王四十七年, 始置郎幢.	誓幢, 郎幢
3	十幢	十停 或云三千幢 (中略) 並眞興王五年置.	三千幢
4	五州誓	並文武王十二年置.	
5	三武幢	文武王十五年置, 神文王七年置, 九年置.	
6	罽衿幢	太宗王元年置. 衿色罽.	
7	急幢	眞平王二十七年置. 衿色黃綠.	
8	四千幢	眞平王十三年置. 衿色黃黑.	
9	京五種幢	衿色一靑綠, 二赤紫, 三黃白, 四白黑, 五黑靑.	
10	二節末幢	衿色一綠紫, 二紫綠.	
11	萬步幢	九州各二.	
12	大匠尺幢	無衿.	
13	軍師幢	眞平王二十六年始置. 衿色白.	
14	仲幢	文武王十一年始置. 衿色白.	
15	百官幢	無衿.	
16	四設幢	一曰弩幢, 二曰雲梯幢, 三曰衝幢, 四曰石投幢. 無衿.	
17	皆知戟幢	神文王十年始置. 衿色黑赤白.	
18	餘甲幢	三十九餘甲幢. 無衿. 謂京餘甲·小京餘甲·外餘甲等也. 其數未詳.	三十九餘甲幢
19	仇七幢	文武王十六年始置. 衿色白.	
20	二罽	二罽幢 或云外罽. 一曰漢山州罽幢, 大宗王元(十七)年置.36) 二曰牛首州罽幢, 文武王十二年置. 衿色皆罽.	二罽幢 或云外罽
21	二弓	二弓 或云外弓. 一曰漢山州弓尺, 眞德王六年置. 二曰河西州弓尺, 眞平王二十年置. 無衿.	二弓 或云外弓
22	三邊守	三邊守幢 一云邊守. 神文王十年置. 一曰漢山邊, 二曰牛首邊, 三曰河西邊. 無衿.	三邊守幢 一云邊守
23	新三千幢	新三千幢 一云外三千. 一曰牛首州三千幢, 二曰奈吐郡三千幢, 文武王十二年置. 三曰奈生郡三千幢, 十六年置. 衿色未詳.	新三千幢 一云外三千

---

36) 여기에 보이는 '十七'은『삼국사절요』에 '元'으로 표기된 것으로 보아, 판각할 때

사실 凡軍號의 구조와 내용을 파악하기란 쉽지 않다. 그 기사 내용이 매우 짤막하기도 하며, 거기에 담겨 있는 내용 또한 자세하지 않다. 여기서는 간단히 몇 가지 사항만 언급하면, 첫째는 이 K群 기사의 특색으로는 細註가 적지 않다는 점이다. ①'十停 或云三千幢', ②'三十九餘甲幢. 無衿. 謂京餘甲·小京餘甲·外餘甲等也. 其數未詳', ③'二罽幢 或云外罽', ④'二弓 或云外弓', ⑤'三邊守幢 一云邊守', ⑥'新三千幢 一云外三千' 등이다. 이는 『삼국사기』를 편찬하면서 다양한 자료를 통해서 무관조를 작성하고 있음을 보여주는 것이다.

둘째는 凡軍號의 내용을 살펴보면, 각 부대의 설치 시기를 파악할 수 있는 자료를 제공하고 있다는 점이다. 앞에서 검토한 諸軍官 기사에서는 설치 시기를 알 수 있는 자료가 많지 않은 데 비해, 여기서는 다양한 자료를 확인할 수 있으므로, 각 부대가 신라 사회에서 어떠한 역할을 하였는지를 파악할 수 있을 것이다. 이에 대해서는 다음 장에서 자세히 검토하기로 한다.

4) 衿·花·鈴의 구조와 내용

먼저, 衿에 관한 내용부터 살펴보자. 이 衿에 대해서는 이미 諸軍官이나 凡軍號에서 그 사용례를 확인할 수 있다. 『삼국사기』 武官條에서 거의 절대적 다수를 차지하는 위의 諸軍官이나 凡軍號의 기사를 통해서 衿色의 중요성을 파악할 수 있었다. 앞에서 다양하게 언급한 衿色의 의미를 설명할 필요가 있어서 그에 관한 설명을 다음과 같이 언급하고 있다.

> L-1. 衿은 대개 『書傳』에서 말하는 휘직으로 『詩(經)』에서 이르기를 "織文鳥章"이라 하고 箋에서 이르기를, "직은 徽織이다. 鳥章은 새매의 문장으로 장수 이하의 웃옷[衣]에 모두 붙인다"라고 하였다. 『史記』·『漢書』에서 旗

오류가 있었다고 보인다.

幟라고 일렀는데 熾는 織과 같아 글자는 다르지만, 음은 같다. 『周禮』司常 조에서는 "9旗는 서로 다른 것을 그린 것으로 徽織으로 서로 구별한다"라고 하였다. 나라에서는 조정의 위계를 보이는 것이고 군은 또 그 제도를 본받아 위계를 표시하여 입어 나랏일에 목숨을 바칠 준비를 하였다. 신라인의 徽織은 靑赤 등의 색으로써 구별하였고 그 모양은 반월이다. 罽 역시 옷 위에 붙였는데 그 길고 짧음의 제도는 상세히 알 수 없다.[37]

L-2. 大將軍花. 세 갈래로 길이는 9치이고 넓이는 3치 3푼이다.

上將軍花. 네 갈래로 길이는 9치 5푼이다.

下將軍花. 다섯 갈래로 길이는 1척이다.

大監花. 큰 호랑이의 뺨가죽으로 만드는데, 길이는 9치이고 넓이는 2치 5푼이다. 鈴은 황금이고 둘레는 1척 2치이다.

弟監花. 곰의 뺨가죽으로 만드는데, 길이는 8치 5푼이다. 鈴은 白銀이고 둘레는 9치이다.

少監花. 독수리 꼬리로 만든다. 鈴은 白銅이고 둘레는 6치이다.

火尺花. 소감과 같다. 鈴은 鐵이고 둘레는 2치이다.

軍師幢主花. 큰 호랑이의 꼬리이고 길이는 1척 8치이다.

軍師監花. 곰의 가슴 가죽으로 길이는 8치 5푼이다.

大匠尺幢主花는 곰의 팔 가죽으로 길이는 7치 한편 중간 크기 호랑이의 이마 가죽으로 길이는 8치 5푼이라고도 이른다.이다. 鈴은 黃金으로 둘레는 9치이다.

三千幢主花. 큰 호랑이의 꼬리이며 길이는 1척 8치이다.

三千監花. 독수리 꼬리이다.

---

37) 『삼국사기』 권40, 잡지 9, 무관 조. 衿蓋書傳, 所謂徽織, 詩云, 織文鳥章箋云, "織徽織也. 鳥章鳥隼之文章, 將帥以下衣皆著焉." 史記·漢書謂之旗熾, 熾與織字異音同. 周禮司常, 九旗所畫異物者, 徽織所以相別. 在國以表朝位, 在軍又象其制, 而爲之被之, 以備死事. 羅人徽織, 以靑赤等色爲別者, 其形象半月. 罽亦著於衣上, 其長短之制, 未詳.

諸著衿幢主花. 큰 호랑이의 꼬리로 길이는 1척 8치 5푼이다.

花는 맹수의 가죽, 수리 같은 새의 깃털로써 그것을 만드는데 깃대 위에 두니 소위 豹尾란 것과 같다.[38] 지금 사람은 이것을 일러서 面槍이라고 한다.[39] 將軍花는 물건의 이름은 말하지 못하고 그 수가 혹은 많고 혹은 적어 그 의미를 자세히 알 수 없다.[40]

L-3. 鈴은 길을 갈 때 탄 말의 위에 두는 것으로 혹은 鐸이라고도 이른다.[41]

위의 내용으로 볼 때, 衿은 대개 중국의 『書傳』이나 『詩(經)』 또는 箋에서 "직은 徽織이다. 鳥章은 새매의 문장으로 장수 이하의 웃옷[衣]에 모두 붙인다"라고 한 내용을 소급해서 설명을 추가하고 있으며, 『史記』·『漢書』 및 『周禮』의 내용을 인용함으로써 "나라에서는 조정의 위계를 보이는 것이고, 군은 또 그 제도를 본받아 위계를 표시하여 입어 나랏일에 목숨을 바칠 준비를 하였다"라고 표현함으로써 그 중요성을 강조하고 있다.

---

38) 豹尾란 임금의 거둥 때 쓰는 儀仗의 한 가지로, 창끝에 표범의 꼬리를 달았다고 해서 붙여진 이름이다. 『後漢書』 志, 凡三十卷, 志第二十九 輿服上, 法駕 (3649쪽). "古者諸侯貳車九乘 秦滅九國 兼其車服 故大駕屬車八十一乘 法駕半之. 屬車皆皁蓋赤裏 (木)〔朱〕轓 戈矛弩箙 尙書 御史所載. 最後一車懸豹尾 豹尾 以前比省中. [二]小學漢官篇曰:「豹尾 過後 罷屯解圍」胡廣曰:「施於道路 豹尾之內爲省中 故須過後 屯圍乃得解".
39) 이 面槍에 대해서는 이를 面槍將軍花로 이해하기도 하지만, 그것은 잘못이다. 사실 面槍은 사나운 짐승의 가죽이나 수리의 꽁지깃을 묶어서 깃대 끝에 꽂는 꾸밈새를 말한다. 따라서 면창과 장군화를 별개로 이해하는 것이 타당하다.
40) 『삼국사기』 권40, 잡지 9, 무관 조. 大將軍花. 三副, 長九寸, 廣三寸三分. 上將軍花. 四副, 長九寸五分. 下將軍花. 五副, 長一尺. 大監花. 大虎頰皮, 長九寸, 廣二寸五分. 鈴黃金, 圓一尺二寸. 弟監花. 熊頰皮, 長八寸五分. 鈴白銀, 圓九寸. 少監花. 鷲尾. 鈴白銅, 圓六寸. 火尺花. 與少監同. 鈴鐵, 圓二寸. 軍師幢主花. 大虎尾, 長一尺八寸. 軍師監花. 熊胷皮, 長八寸五分. 大匠尺幢主花. 熊臂皮, 長七寸 一云中虎額皮, 長八寸五分. 鈴黃金, 圓九寸. 三千幢主花. 大虎尾, 長一尺八寸. 三千監花. 鷲尾. 諸著衿幢主花. 大虎尾, 長一尺八寸五分. 花以猛獸皮·若鷲鳥羽作之, 置杠上, 若所謂豹尾者. 今人謂之面槍, 將軍花, 不言物名, 其數或多或少, 其義未詳.
41) 『삼국사기』 권40, 잡지 9, 무관 조. 鈴行路置馱馬上, 或云鐸.

이와 아울러 '花'에 대한 설명도 다양하게 서술하고 있다. '花'에 대한 설명 가운데 그 끝부분에 '鈴'에 관한 내용이 부수적으로 표기되어 있다. 지금까지 이 부분은 명확히 해명되지 않았다. 한편으로는 그 존재가 『삼국사기』武官條를 이해하는데 있어서 그리 중요하지 않았다는 방증이 되고도 남는다. 그런데 이 '鈴'에 관한 설명이 '花'에 대한 설명에 이어서 분명 존재한다는 점이다. 따라서 이제는 '鈴'에 관한 구체적인 인지와 아울러 그것이 신라 사회에서 갖는 의미를 부연할 필요가 있다고 본다.

사실 위의 기사는 '花'에 관한 내용으로 인식해왔다. 그런데 그 끝부분에 부기하고 있는 '鈴'에 관한 내용이 부수적으로 표기되어 있어서 주목할 만하다. 지금까지는 위의 '花'와 '鈴'을 하나로 묶어서 이해해 왔다. 이를 하나로 이해했을 경우, 이 기사의 마지막 부분에 언급하고 있는 '鈴'에 붙어 있는 다음의 기사는 위의 '衿'과 '花'에 대한 설명을 도외시하는 결과를 낳게 된다. 따라서 『삼국사기』 武官條에 서술된 내용은 크게 네 개의 항목으로 나뉘어 있으면서도, 그 가운데 지금까지 '衿'과 '花'로 단순하게 살펴본 사항을 이제부터는 '衿'과 '花' 그리고 '鈴'으로 나누어서 연구에 활용해야 한다는 점을 언급하고자 한다. 여기서 말하는 '鈴'은 '길을 갈 때 탄 말의 위에 두는 것으로 혹은 방울[鐸]이라고' 한 점으로 보아 '花'와는 직접적으로 연관된 것이라기보다는 기마병을 지휘하던 대감, 제감, 소감, 화척 그리고 대장척당주 등이 행렬할 때 말 위에 설치하였던 방울류라고 하는 것이 타당하리라고 본다. 따라서 이에 대한 재조명이 필요하다고 여긴다. 이상에서 언급한 내용을 알기 쉽게 정리하면 다음 〈표 4〉와 같다.

이상을 통해서, 무관조의 衿·花·鈴 항목에서는, 衿은 웃옷[衣]에 부착하여 무관을 구별하는 표식으로 사용하였고, 花는 각 깃대에 매어 달아 군단을 구별하는 데 사용하였고, 달리는 말에 달았던 鈴은 이미도 기미 부대에서 사용하였을 것으로 보인다. 특히, 대감화, 제감화, 소감화, 대장척당주화 등에서 나타나고 있으며, 아울러 직급에 따라 금, 은, 동, 철로 구분되어 전하고 있음을 살펴볼 수 있었다.

〈표 4〉『삼국사기』武官條의 '花'・'鈴'의 구성과 내용

명칭	갈래 및 재료	길이와 넓이	鈴
大將軍花	三副	長九寸, 廣三寸三分	
上將軍花	四副	長九寸五分	
下將軍花	五副	長一尺	
大監花	大虎頰皮	長九寸, 廣二寸五分	鈴黃金, 圓一尺二寸
弟監花	熊頰皮	長八寸五分	鈴白銀, 圓九寸
少監花	鷲尾		鈴白銅, 圓六寸
火尺花	與少監同		鈴鐵, 圓二寸
軍師幢主花	大虎尾	長一尺八寸	
軍師監花	熊胷皮	長八寸五分	
大匠尺幢主花	熊臂皮	長七寸 一云中虎額皮, 長八寸五分	鈴黃金, 圓九寸
三千幢主花	大虎尾	長一尺八寸	
三千監花	鷲尾		
諸著衿幢主花	大虎尾	長一尺八寸五分	

3. 武官條를 통해 본 신라의 군사 조직

앞에서 언급한 바와 같이, 『삼국사기』 직관지 武官條는 크게 네 가지의 신라 군사 조직에 관한 정보를 전달하고 있다. 즉, 侍衛府로 구성된 내용, 諸軍官으로 구성된 내용, 凡軍號로 구성된 내용, 그리고 衿・花・鈴로 구성된 내용 등을 해당 기사를 통하여 살펴보았다. 위에서 살펴본 사항은 각 조직의 내용이 어떻게 구성되었는지를 중심으로 검토해 보았다면, 이 장에서는 그러한 군사 조직이 어떻게 변화하였는지를 살펴보고자 한다. 신라는 中古期의 영토 확장을 시작으로 삼국통일이라는 대업을 완성하였다. 그 과정에서 신라의 군사 조직이 언제, 어떻게 변화하였는지를 시기별로 분석해서 고찰해 보려는 것이다. 이를 통해 『삼국사기』 직관지 武官條에 보이는 나열식 또는 평면적 서술 구조를 입체적으로 응용해 보려고 한다.

이러한 사항은 다양한 접근법을 통해 가능할 것이지만, 이 글에서는 시기별 군사 조직의 운영에 초점을 맞춰서 진행해 보려고 한다. 다시 말해, 신라 中古期의 군사 조직과 삼국통일을 전후한 시기의 군사 조직, 그리고 통일 이후에 보이는 군사 조직의 운영 현황에 대한 개략적인 정리를 통해서 신라 군사 조직 운영의 일면을 살펴보게 될 것이다. 물론 신라의 군사 조직에 대한 이해는 이외에도 지역별, 군단별, 부대별, 인원별 운영 현황을 아울러 파악해야겠지만, 이에 대해서는 추후 다른 論考에서 살펴볼 예정이다. 이상에서 언급한 내용을 알기 쉽게 정리하면 〈표 5〉와 같다.

〈표 5〉『삼국사기』 武官條의 凡軍號의 시기별 변화 양상

순서	凡軍號	내용	시기별 설치·추가
1	六停	一曰人幢. 眞興王五年始置 (中略) 二曰上州停. 眞興王十三年置. 至文武王十三年, 改爲貴幢.	眞興王五年, 眞興王十三年, 文武王十三年
2	九誓幢	九誓幢. 一曰綠衿誓幢. 眞平王五年始置, 但名誓幢. (眞平王)三十五年改爲綠衿誓幢, (中略) 二曰紫衿誓幢. 眞平王四十七年, 始置郎幢.	眞平王五年, (眞平王)三十五年, 眞平王四十七年
3	十幢	十停 或云三千幢 (中略) 並眞興王五年置.	眞興王五年
4	五州誓	並文武王十二年置.	文武王十二年
5	三武幢	文武王十五年置, 神文王七年置, (神文王)九年置.	文武王十五年, 神文王七年, (神文王)九年
6	罽衿幢	太宗王元年置. 衿色罽.	太宗王元年
7	急幢	眞平王二十七年置. 衿色黃綠.	眞平王二十七年
8	四千幢	眞平王十三年置. 衿色黃黑.	眞平王十三年
9	京五種幢	衿色一靑綠, 二赤紫, 三黃白, 四白黑, 五黑靑.	
10	二節末幢	衿色一綠紫, 二紫綠.	
11	萬步幢	九州各二.	
12	大匠尺幢	無衿.	
13	軍師幢	眞平王二十六年始置. 衿色白.	眞平王二十六年
14	仲幢	文武王十一年始置. 衿色白.	文武王十一年
15	百官幢	無衿.	

순서	凡軍號	내용	시기별 설치·추가
16	四設幢	一曰弩幢, 二曰雲梯幢, 三曰衝幢, 四曰石投幢. 無衿.	
17	皆知戟幢	神文王十年始置. 衿色黑赤白.	神文王十年
18	餘甲幢	三十九餘甲幢. 無衿. 謂京餘甲·小京餘甲·外餘甲等也. 其數未詳.	
19	仇七幢	文武王十六年始置. 衿色白.	文武王十六年
20	二罽	二罽幢 或云外罽. 一曰漢山州罽幢, 大宗王元(十七)年置.[42] 二曰牛首州罽幢, 文武王十二年置. 衿色皆罽.	大宗王元年, 文武王十二年
21	二弓	二弓 或云外弓. 一曰漢山州弓尺, 眞德王六年置. 二曰河西州弓尺, 眞平王二十年置. 無衿.	眞德王六年, 眞平王二十年
22	三邊守	三邊守幢 一云邊守. 神文王十年置. 一曰漢山邊, 二曰牛首邊, 三曰河西邊. 無衿.	神文王十年
23	新三千幢	新三千幢 一云外三千. 一曰牛首州三千幢, 二曰奈吐郡三千幢, 文武王十二年置. 三曰奈生郡三千幢, (文武王)十六年置. 衿色未詳.	文武王十二年, (文武王)十六年

〈표 5〉의 내용은 23 凡軍號에 해당하는 것으로, 이 기록은 각 부대의 沿革을 파악할 수 있는 자료로서 주목된다. 앞에서 이미 언급한 바와 같이, 신라 사회를 급부상할 수 있게 만든 중요한 계기는 여러 요소가 있겠지만, 특히 軍制史의 측면을 간과할 수 없을 것이다. 이러한 사실을 확인하는 방법은 그와 관련된 자료를 최대한 확보하는 것이겠지만, 현재로서는 일정한 한계에 부딪힐 수밖에 없다. 이를 극복할 수 있는 대안으로, 필자는 신라사를 크게 세 시기로 나누어 살펴보고자 한다. 첫째는 신라 중고기로서, 이는 신라가 비약적으로 발전할 수 있는 태동기이다. 둘째는 삼국통일 전쟁기로서, 이는 신라가 삼국을 아울러서 하나의 새로운 국가를 창출하는 발전기이다. 셋째는 신라 중대기로서, 이는 신라가 비로소 삼국 사회를 통합한 완성기이다. 대개 신라사를 인식할 때 이들 구분은 유효하다고 할 수 있을

---

42) 여기에 보이는 '十七'은 『삼국사절요』에 '元'으로 표기된 것으로 보아, 판각할 때 오류가 있었다고 보인다.

텐데, 필자는 이러한 구분을 신라 軍制史에도 접목해 보려고 한다.
　이를 위해, 위의 諸軍官과 凡軍號의 기사에 보이는 내용 가운데 시기별로 언급된 사항을 중심으로 그 대강을 설정해서 이해해 보고자 한다. 먼저, 諸軍官에 보이는 내용부터 찾아보자.

N-1. 弟監은 진흥왕 23년(562년)에 두었다.
N-2. 監舍知는 모두 19명이다. 법흥왕 10년(523년)에 두었다.
N-3. 少監은 진흥왕 23년(562년)에 두었다.
N-4. 軍師幢主는 법흥왕 11년(524년)에 두었다.

　위의 N群 기사는 諸軍官에 보이는 몇 가지 항목이다. 이를 보면, 공통으로 생각할 수 있는 것이 모두 신라 중고기에 해낭한다는 점이다. 법흥왕 10년과 11년, 진흥왕 23년에 弟監과 少監의 두 기사가 보인다는 것에서 諸軍官의 설치와 관련한 항목은 그 시기가 비교적 일찍 나타난다는 사실을 확인할 수 있다.
　다음으로, 凡軍號에 보이는 내용을 살펴보자.

O-1. 六停. 첫째는 大幢이다. 진흥왕 5년(544)에 처음 두었다. (중략) 둘째는 上州停이다. 진흥왕 13년(552)에 두었다. 문무왕 13년(673)에 貴幢으로 고쳤다. (중략) 셋째는 漢山停이다. 본래 新州停이었는데, 진흥왕 29년(568)에 新州停을 없애고 南川停을 설치했다. 진평왕 26년(604)에 南川停을 없애고 漢山停을 두었다. (중략) 넷째는 牛首停이다. (중략) 문무왕 13년(673)에 比烈忽停을 없애고 牛首停을 설치했다. (중략) 다섯째는 河西停이다. (중략) 태종왕 5년(658)에 悉直停을 없애고 河西停을 두었다. (중략) 여섯째는 完山停이다. (중략), 신문왕 5년(685)에 下州停을 없애고 完山停을 두었다.
O-2. 九誓幢. 첫째는 綠衿誓幢이다. 진평왕 5년(583)에 처음 두었다. (중략) (진평왕) 35년(613)에 綠衿誓幢으로 고쳤다. (중략) 둘째는 紫衿誓幢이다. 진

평왕 47년(625)에 郎幢을 처음 설치하였다. 문무왕 17년(677)에 紫衿誓幢으로 고쳤다. (중략) 셋째는 白衿誓幢이다. 문무왕 12년(672)에 백제민들로 幢을 만들었다. (중략) 넷째는 緋衿誓幢이다. 문무왕 12년(672)에 처음 長槍幢을 두었다. 효소왕 2년(693)에 緋衿誓幢으로 고쳤다. 다섯째는 黃衿誓幢이다. 신문왕 3년(683)에 고구려민들로 幢을 만들었다. (중략) 여섯째는 黑衿誓幢이다. 신문왕 3년(683)에 말갈국민들로 幢을 만들었다. (중략) 일곱째는 碧衿誓幢이다. 신문왕 6년(686)에 보덕성민들로 幢을 만들었다. (중략) 여덟째는 赤衿誓幢이다. 신문왕 6년(686)에 또 보덕성민들로 幢을 만들었다. (중략) 아홉째는 靑衿誓幢이다. 신문왕 7년(687)에 백제잔민들로 幢을 만들었다.

O-3. 十停. 혹은 三千幢이라고도 이른다. (중략) 모두 진흥왕 5년(544)에 두었다.

O-4. 五州誓. (중략) 모두 문무왕 12년(672)에 두었다.

O-5. 三武幢. 첫째는 白衿武幢으로 문무왕 15년(675)에 두었다. 둘째는 赤衿武幢으로 신문왕 7년(687)에 두었다. 셋째는 黃衿武幢으로 신문왕 9년(689)에 두었다.

O-6. 罽衿幢. 태종왕 원년(654)에 두었다.

O-7. 急幢. 진평왕 27년(605)에 두었다.

O-8. 四千幢. 진평왕 13년(591)에 두었다.

O-9. 軍師幢. 진평왕 26년(604)에 처음 두었다.

O-10. 仲幢. 문무왕 11년(671)에 처음 두었다.

O-11. 皆知戟幢. 신문왕 10년(690)에 처음 두었다.

O-12. 仇七幢. 문무왕 16년(676)에 처음 두었다.

O-13. 二罽幢. 혹은 外罽라고도 이른다. 첫째는 漢山州罽幢으로 태종왕 원년(654)에 두었다. 둘째는 牛首州罽幢으로 문무왕 12년(672)에 두었다.

O-14. 二弓. 혹은 外弓이라고도 한다. 첫째는 漢山州弓尺으로 진덕왕 6년(652)에 두었다. 둘째는 河西州弓尺으로 진평왕 20년(598)에 두었다.

O-15. 三邊守幢. 한편 邊守라고도 이른다. 신문왕 10년(690)에 두었다.

『삼국사기』 직관지 武官條와 신라의 군사 조직 241

O-16. 新三千幢. 한편 外三千이라고도 이른다. 첫째는 牛首州三千幢이고, 둘째는 奈吐郡三千幢으로 문무왕 12년(672)에 두었다. 셋째는 奈生郡三千幢으로 (문무왕) 16년(676)에 두었다.

위의 O群 기사는 앞의 諸軍官보다는 시기별 변화 상황이 훨씬 자세한 편이다. 이 내용을 자세히 살펴보면, 凡軍號의 실제 활약상을 조감해 볼 수 있다. 이를 이해하기 쉽게 정리하면 〈표 6〉과 같다.

〈표 6〉『삼국사기』武官條의 凡軍號의 설치 시기 및 양상

명칭	설치 시기	비 고
6停	一曰大幢. 眞興王五年始置. 二曰上州停. 眞興王十三年置. 至文武王十三年, 改爲貴幢. 三曰漢山停. 眞興王二十九年, 罷新州停, 置南川停. 眞平王二十六年, 罷南川停, 置漢山停. 四曰牛首停. 文武王十三年, 罷比烈忽停, 置牛首停. 五曰河西停. 太宗王五年, 罷悉直停, 置河西停. 六曰完山停. 神文王五年, 罷下州停, 置完山停.	眞興王五年, 眞興王十三年, 眞興王二十九年, 眞平王二十六年, 文武王十三年, 太宗王五年, 神文王五年
9誓幢	一曰綠衿誓幢. 眞平王五年始置, 但名誓幢. (眞平王)三十五年, 改爲綠衿誓幢. 二曰紫衿誓幢. 眞平王四十七年, 始置郎幢. 文武王十七年, 改爲紫衿誓幢. 三曰白衿誓幢. 文武王十二年, 以百濟民爲幢. 四曰緋衿誓幢. 文武王十二年, 始置長槍幢. 孝昭王二年, 改爲緋衿誓幢. 五曰黃衿誓幢. 神文王三年, 以高句麗民爲幢. 六曰黑衿誓幢. 神文王三年, 以靺鞨國民爲幢. 七曰碧衿誓幢. 神文王六年, 以報德城民爲幢. 八曰赤衿誓幢. 神文王六年, 又以報德城民爲幢. 九曰靑衿誓幢. 神文王七年, 以百濟殘民爲幢.	眞平王五年, (眞平王)三十五年, 文武王十七年, 文武王十二年, 孝昭王二年, 神文王三年, 神文王三年, 神文王六年, 神文王六年, 神文王七年
10幢	並眞興王五年置	眞興王五年
五州誓	並文武王十二年置.	文武王十二年
三武幢	一曰白衿武幢, 文武王十五年置. 二曰赤衿武幢, 神文王七年置. 三曰黃衿武幢, (神文王)九年置.	文武王十五年, 神文王七年, (神文王)九年
罽衿幢	太宗王元年置.	太宗王元年
急幢	眞平王二十七年置.	眞平王二十七年
四千幢	眞平王十三年置.	眞平王十三年

명칭	설치 시기	비 고
軍師幢	眞平王二十六年始置.	眞平王二十六年
仲幢	文武王十一年始置.	文武王十一年
皆知戟幢	神文王十年始置.	神文王十年
仇七幢	文武王十六年始置.	文武王十六年
二罽	一曰漢山州罽幢, 大宗王元(十七)年置. 二曰牛首州罽幢, 文武王十二年置.	大宗王元(十七)年, 文武王十二年
二弓	一曰漢山州弓尺, 眞德王六年置. 二曰河西州弓尺, 眞平王二十年置.	眞德王六年, 眞平王二十年
三邊守	神文王十年置.	神文王十年
新三千幢	一曰牛首州三千幢, 二曰奈吐郡三千幢, 文武王十二年置. 三曰奈生郡三千幢, (文武王)十六年置.	文武王十二年, (文武王)十六年

〈표 6〉을 살펴보면, 凡軍號 23개 가운데 그 설치 시기 및 변화 양상을 찾아볼 수 있는 기사는 16개에 해당한다. 그 가운데 많은 변수를 지닌 것으로는 아무래도 6停과 9誓幢에서 발견된다. 물론 여기에 기재되지 않은 여러 변수가 있을 수 있겠지만, 앞에서 언급한 바와 같이, 이 글에서는 신라 사회의 영토 확장이나 발전 양상을 크게 세 가지 항목으로 서술하기로 하였으므로, 그를 기준으로 논지를 전개하기로 한다.

먼저, 6停을 살펴보면, 眞興王五年, 眞興王十三年, 眞興王二十九年, 眞平王二十六年, 文武王十三年, 太宗王五年, 神文王五年과 같이, 진흥왕대가 3개, 진평왕대가 1개, 태종왕대가 1개, 문무왕대가 1개, 신문왕대가 1개이다. 이를 단순 비교해 보면 삼국통일 전쟁 이전으로 구분해 볼 수 있는 것이 진흥왕, 진평왕대의 4개, 삼국통일 전쟁기로 볼 수 있는 것이 태종왕과 문무왕을 묶어서 이해한다면 2개, 그리고 삼국통일 이후인 신문왕대가 1개이다. 이는 6停의 설치는 삼국통일 전쟁 이전이 4개로서 가장 많고, 삼국통일 전쟁기는 2개, 삼국통일 이후는 1개가 설치되었다. 이러한 점으로 보아 진흥왕대와 진평왕대는 신라가 발전의 基礎를 닦던 시기였다.

다음으로, 9誓幢을 살펴보면, 眞平王五年, (眞平王)三十五年, 文武王十七年, 文武王十二年, 孝昭王二年, 神文王三年, 神文王三年, 神文王六年, 神

文王六年, 神文王七年과 같이, 진평왕대가 2개, 문무왕대가 2개, 신문왕대가 5개, 효소왕대가 1개이다. 이를 단순 비교해 보면 삼국통일 전쟁 이전으로 구분해 볼 수 있는 것이 진평왕대의 2개, 삼국통일 전쟁기로 볼 수 있는 것이 문무왕대의 2개, 그리고 삼국통일 이후인 신문왕대가 5개이며 효소왕대가 1개이다. 이로써 9誓幢의 설치는 삼국통일 전쟁 이전이 2개이며, 삼국통일 전쟁기는 2개, 삼국통일 이후는 6개로 파악할 수 있다. 따라서 誓幢이 삼국통일 이후 가장 많이 설치되었다는 점으로 보아 신라 사회에서 완성기를 유지하는데 주요한 작용을 했다고 판단된다.

그 다음으로는, 삼국통일 전쟁 이전으로 구분해 볼 수 있는 것이 10幢의 진흥왕 5년, 急幢의 진평왕27년, 四千幢의 진평왕 13, 軍師幢의 진평왕 26년, 二弓의 진덕왕 6년, 진평왕 20년 등이며, 삼국통일 전쟁기로 볼 수 있는 것이 五州誓의 문무왕 12년, 罽衿幢의 태종왕 원년, 仲幢의 문무왕 11년, 仇七幢의 문무왕 16년, 二罽의 태종왕 원(17)년, 문무왕 12년, 新三千幢의 문무왕 12년, (문무왕) 16년 등이다. 그리고 삼국통일 이후인 三武幢의 신문왕 7년, (신문왕) 9년, 皆知戟幢의 신문왕 10년, 三邊守의 신문왕 10년 등이다. 이는 6停과 9誓幢 이외에 해당하는 내용을 대상으로 한 것인데, 삼국통일 전쟁 이전이 5개이며, 삼국통일 전쟁기는 6개, 삼국통일 이후는 3개로서 삼국통일을 전후한 시기에 주로 설치되었으며, 이들의 활약상이 결국 신라의 발전기에 주요한 작용을 했다고 판단할 수 있을 것이다.

한편, 『삼국사기』武官條에 보이는 法幢에 관한 사항을 살펴보기로 하자. 이는 지금까지 다양한 연구가 진행되었으며, 사실상 신라 軍制史에서 그 중요성에 관한 성과가 축적되었다.[43] 그런데 이들 法幢의 구조와 성격

---

43) 이에 관한 연구로는, 이문기, 2016, 「『삼국사기』'法幢 冠稱 軍官' 기사의 새로운 이해-신라 法幢의 재검토를 위하여-」 『역사교육논집』 60 ; 이문기, 2018, 「신라 法幢 연구의 진전을 위한 기초적 검토」 『신라사학보』 42 ; 이문기, 2018, 「신라 法幢의 신고찰」 『대구사학』 131 ; 이인철, 1988, 「신라 법당군단과 그 성격」 『한국사연구』 61·62합과 일본 측의 연구가 있다. 井上秀雄, 1957·1958, 「新羅軍制考

에 대해서는 아직도 이견이 제기되고 있으므로, 이 부분을 간단히 언급하고자 한다. 먼저, 法幢 관련 해당 기사를 살펴보자.

> P-1. <u>法幢主</u>. 百官幢主 30명, 京餘甲幢主 15명, 小京餘甲幢主 16명, 外餘甲幢主 52명, 弩幢主 15명, 雲梯幢主 6명, 衝幢主 12명, 石投幢主 12명이다. 모두 158명으로 無衿이다.[44]
>
> P-2. <u>法幢監</u>. 百官幢 30명, 京餘甲幢 15명, 外餘甲幢 68명, 石投幢 12명, 衝幢 12명, 弩幢 45명, 雲梯幢 12명이다. 모두 194명인데 無衿이다. 관등은 사지에서 나마까지를 임명한다.[45]
>
> P-3. <u>法幢頭上</u>은 192명이다. 餘甲幢 45명, 外法幢 102명, 弩幢 45명이다.[46]
>
> P-4. <u>法幢火尺</u>. 軍師幢 30명, 師子衿幢 20명, 京餘甲幢 15명, 外餘甲幢 102명, 弩幢 45명, 雲梯幢 11명, 衝幢 18명, 石投幢 18명으로 모두 259명이다.[47]
>
> P-5. <u>法幢辟主</u>. 餘甲幢 45명, 外法幢 306명, 弩幢 135명으로 모두 486명이다.[48]

上·下」『朝鮮學報』 11·12 ; 武田幸男, 198, 「中古新羅의 軍事的 基盤」 『民族文化論叢』 11 : 1984, 「中古新羅の軍事的基盤-法幢軍團とその展開」 『東アジアにおける國家と農民』, 岩波書店.

44) 『삼국사기』 권40, 잡지 9, 무관 조. 法幢主. 百官幢主三十人, 京餘甲幢主十五人, 小京餘甲幢主十六人, 外餘甲幢主五十二人, 弩幢主十五人, 雲梯幢主六人, 衝幢主十二人, 石投幢主十二人. 共一百五十八人, 無衿.

45) 『삼국사기』 권40, 잡지 9, 무관 조. 法幢監. 百官幢三十人, 京餘甲幢十五人, 外餘甲幢六十八人, 石投幢十二人, 衝幢十二人, 弩幢四十五人, 雲梯幢十二人. 共一百九十四人, 無衿. 位自舍知至奈麻爲之.

46) 『삼국사기』 권40, 잡지 9, 무관 조. 法幢頭上百九十二人. 餘甲幢四十五人, 外法幢百二人, 弩幢四十五人.

47) 『삼국사기』 권40, 잡지 9, 무관 조. 法幢火尺. 軍師幢三十人, 師子衿幢二十人, 京餘甲幢十五人, 外餘甲幢百二人, 弩幢四十五人, 雲梯幢十一人, 衝幢十八人, 石投幢十八人, 共二百五十九人.

48) 『삼국사기』 권40, 잡지 9, 무관 조. 法幢辟主. 餘甲幢四十五人, 外法幢三百六人, 弩幢百三十五人, 共四百八十六人.

위의 P群 기사를 살펴보면, 크게 幢主-監-頭上-火尺-辟主의 순서로 기재되어 있다. 이에 대해서는 이미 이를 당주-감-화척 계열과 두상-벽주 계열로 구분하여 이해한 바 있다. 이렇게 판단하는 근거는 따로 제시하고 있지 않지만, 편제상으로 보면 법당두상의 구조("法幢頭上百九十二人. 餘甲幢四十五人, 外法幢百二人, 弩幢四十五人")와 법당벽주의 구조("法幢辟主. 餘甲幢四十五人, 外法幢三百六人, 弩幢百三十五人, 共四百八十六人")가 유사하기 때문이 아닌가 한다. 다시 말해, 餘甲幢-外法幢-弩幢의 구조가 같기 때문일 것이다.

그런데 이 법당 관련 내용을 자세히 검토해 보면, 이를 꼭 그렇게 보는 것이 타당한가 하는 의구심이 든다. 즉, 앞에서 언급한 〈표 1〉의 『삼국사기』 武官條의 諸軍官의 구성과 내용을 자세히 들여다보면, 諸軍官의 구성과 내용에 일정한 정형성이 찾아진다고 본다. 그것은 먼저 將軍-監-火尺이라는 구조인데, 이 구조 다음에 등장하는 것이 幢主-監-卒의 구조이다. 諸軍官의 구성을 이처럼 이해할 수 있다면, 법당을 구성하고 있는 내용에서도 새로운 구조를 상정할 수 있게 될 것이다. 그것은 幢主-監-火尺의 기본 구조는 그대로 하더라도 법당두상-법당벽주를 하나의 계열로 보는 것에는 이견이 있다. 이들 서술 구조를 보더라도 하나는 '法幢頭上百九十二人'인데 반해 다른 하나는 '法幢辟主. (中略) 共四百八十六人'의 구조를 지님으로써 그 전거 자료가 달랐던 것을 하나의 체제 속에 넣어서 이러한 구조로 나타난 것으로도 볼 수 있다. 다시 말해, 幢主-監-頭上·火尺·辟主의 구조는 幢主-監-火尺의 구조를 근간으로 한 것이며, 頭上과 辟主는 다른 전거 자료에서 삽입된 것으로 볼 수 있다. 특히, 頭上-辟主 계열을 주장하게 된 동기는 앞에서도 언급한 바 있듯이, 그 유사성에서 기인한 것으로 볼 수 있다면 이에 대한 새로운 접근도 의미가 있다고 보인다.

이를 다른 방법으로 이해하려는 이유는 두 가지가 있다. 하나는 법당감의 구조("法幢監. 百官幢三十人, 京餘甲幢十五人, 外餘甲幢六十八人, 石投幢十二人, 衝幢十二人, 弩幢四十五人, 雲梯幢十二人. 共一百九十四人, 無衿. 位

自舍知至奈麻爲之")와 법당화척의 구조("法幢火尺. 軍師幢三十人, 師子衿幢二十人, 京餘甲幢十五人, 外餘甲幢百二人, 弩幢四十五人, 雲梯幢十一人, 衝幢十八人, 石投幢十八人, 共二百五十九人")의 구조가 이질적이라는 점이다.

다른 하나는 법당두상-법당화척-법당벽주의 구조에 의문점이 생긴다는 것이다. 만약 幢主-監-火尺의 순이라면 의례 火尺이 먼저 기재되었을 텐데 그렇지 않고 그 자리에 法幢頭上이 기재되고 다음에 火尺이 그리고 辟主가 기록된 것은, 이들 각 조직이 法幢이라는 접두사를 근간으로 하나의 조직처럼 인식됨으로써 기술된 것은 아닌가 생각한다. 달리 말하면, 頭上과 火尺 그리고 辟主가 순차적으로 나열된 것은, 이들 法幢의 하부 구조에서는 그 서열이나 세력 여부에 관계가 없이 필요에 따라 기술하였다고 보는 것이 합리적이라고 할 수 있다.

사실 法幢 관계 기사를 파악하는 데 있어 가장 중요한 것은 성격 문제이다. 위의 P群 기사를 살펴보면, 百官幢, 軍師幢, 師子衿幢을 제외하면 크게 餘甲幢과 四設幢에 관한 내용이다. 餘甲幢은 그 말 자체에 '甲'이라는 용어가 대변하듯이 갑옷과 무관치 않아 보인다. 그리고 이들은 다시 京餘甲幢, 小京餘甲幢, 外餘甲幢, 外法幢처럼 지역과 연관이 있어 보인다. 또한 四設幢에 관한 내용인데, 이는 法幢의 성격을 규명하는 데 주요하게 생각되는 용어로서, 弩幢, 雲梯幢, 衝幢, 石投幢 등 특수부대의 성격을 잘 보여준다. 특히, 이들의 운용 구조는 혼자서 수행하기보다는 여럿이 작업을 이행해야 하는 구조를 지니고 있으며, 그러한 사항이 인원 구성에도 반영되고 있음을 확인해 볼 수 있다. 추후 다양한 방법론에 의한 연구가 기대된다.

5. 맺음말

이상에서 살펴본 바와 같이, 『삼국사기』 武官條는 크게 네 부분으로 구성되어 있다. 侍衛府는 국왕과 궁성 또는 궁궐을 시위하는 조직으로서 존재하였고, 諸軍官은 각 군관 즉, 무관의 조직을 선도하는 의미가 있으며, 凡軍號는 무관들이 배치되는 각 부대 조직을 서술하고 있으며, 衿·花·鈴은 諸軍官과 凡軍號의 조직 형태를 등급별로 표시하는 儀物을 기술한 것으로 정리할 수 있을 것이다. 앞에서 언급한 武官條의 구조와 내용, 그리고 武官條를 통해서 본 신라의 군사 조직 양상을 간단히 요약·정리하는 것으로 맺음말에 대신하려고 한다.

첫째, 侍衛府를 비롯해 諸軍官과 凡軍號, 그리고 衿·花·鈴의 구조와 내용을 분석해 보려고 하였다. 지금까지 이에 관한 연구는 주로 武官條 각 항목의 전거를 찾아 무관 조직을 역추적하는 방법이 동원되었다. 그 이유는 武官條의 기록이 신라의 군사 조직의 전모를 파악하기 어렵게 서술되어 있기 때문이다. 그러므로 이 글에서는 가장 먼저 武官條의 구성 원리를 살펴보려고 하였다. 다시 말해, 사료의 전거 자료를 중심으로 그 구성에 대한 검토보다는, 武官條의 해당 기사의 구조를 어떻게 파악할 것인가 하는 점에 주력하였다. 그를 위해 위의 네 항목에 대한 전체적인 자료를 근거로 해서 그 구조를 새롭게 제시해 보려고 하였다.

둘째, 『삼국사기』 武官條를 통해서 신라의 군사 조직을 시기별 변화과정에 초점을 맞춰서 이를 규명해 보려고 하였다. 지금까지는 武官條에 보이는 각 군단이나 군호를 중심으로 그 전거 자료의 구성과 성격을 중심으로 이해해 왔다. 이 글에서는 侍衛府, 諸軍官, 凡軍號, 衿·花·鈴의 구조를 내용을 시기별로 구분하여 살펴보았으며, 특히, 法幢 자료에 관한 새로운 방향을 제시해 보려고 하였다. 결론적으로 이 글에서는, 『삼국사기』 武官條의 구조와 성격, 그리고 신라 군사 조직의 구조와 내용에 관한 사료 검토를 통해서 신라 軍制史의 한 단면을 파악해 보았다고 할 수 있을 것이다.

『삼국유사』와 최치원

1. 머리말

 『삼국유사』는 『삼국사기』와 더불어 한국고대사 자료의 寶庫이다. 『삼국유사』 속에는 『삼국사기』에서 볼 수 없는 다양한 자료가 담겨 있어서, 또 다른 역사를 구성하는 데 중요하게 취급되고 있다. 특히, 『삼국유사』에는 『삼국사기』에서 간단히 언급하였으나 지금은 전해지지 않는 자료들이 다수 포함되어 있으므로, 그 자체 사학사적으로도 중요한 사서로 인정되고 있다.[1] 물론 『삼국유사』 紀異 편의 '후백제 견훤' 조처럼 내용 대부분을 『삼국사기』 열전 '견훤' 조에서 인용한 경우도 있다. 그렇지만 『삼국유사』에서는 『삼국사기』에서 수록한 부분을 필요에 따라 취사선택하여 인용하고, 또한 『삼국사기』에는 없는 새로운 자료가 추가된 경우도 적지 않았다. 그 가운데 주목할 수 있는 자료가 바로 최치원 관계기사라 할 수 있다.
 최치원은 신라 말의 대학자로 그동안 많은 연구 성과[2]가 집적되었다.

---

1) 『삼국유사』의 사학사적 의의에 대해서는 많은 논고가 제출되어 있다. 대표적으로 이기백, 1973, 「삼국유사의 사학사적 의의」『진단학보』, 36 ; 김태영, 1974, 「삼국유사에 보이는 일연의 역사인식에 대하여」『경희사학』 5 ; 김상현, 1985, 「고려후기의 역사인식」『한국사학사의 연구』, 을유문화사 ; 정구복, 1987, 「삼국유사의 사학사적 고찰」『삼국유사의 종합적 검토』, 한국정신문화연구원 등이 있으며, 최근의 연구로는 김두진, 2014, 『삼국유사의 사학사적 연구』, 일조각이 있어서 참고가 된다.
2) 국립경주박물관,『고운 최치원』, 2012, ㈜지엔에이커뮤니케이션, 163~174쪽에 관련 문헌으로 정리되어 참고된다. 자세한 연구 성과는 이를 참조하기를 바란다.

그의 다양한 행보와 문집 및 찬술 비문 등을 중심으로 여러 방면에서 연구자들의 주목을 받아 왔다. 특히, 최치원의 이력과 역할 등에 대해서는 『삼국사기』에 해당 列傳이 있을 뿐만 아니라, 다른 부분에도 그와 관련된 기사가 산재해 있으므로 다양한 연구가 가능하였다. 이를 통해 최치원에 대한 전모가 어느 정도 파악이 되었으며, 여전히 한편에서는 여러 방면으로 심도 있는 연구가 진행 중이다. 그렇지만 지금까지 최치원 관련 연구는 『삼국사기』나 그의 문집 및 찬술 비문 등에 관심이 집중되어 있었다. 『삼국유사』에 서술된 최치원 관련 자료에 대해서는 상대적으로 주의를 기울이지 않았다. 이러한 이유로 필자는 『삼국유사』 속에 나타나는 최치원 관계기사에 관심을 가져 보았다.

이 글에서는 『삼국유사』에 보이는 최치원 관계기사를 분석하여, 『삼국유사』의 찬술자인 一然[3]이 최치원 관련 자료를 어떻게 활용하였으며, 최치원을 통해 한국 고대사회를 어떻게 인식하였는지를 살펴보고자 한다. 『삼국유사』에는 최치원의 말이나 견해를 소개한 관련 기사가 적지 않게 서술되어 있다. 이 자료들을 분석하여 一然이 소개하고 있는 최치원의 말이나 견해가 어떤 내용인지를 살펴볼 수 있다. 또 그 내용을 분석함으로써 一然이 최치원의 말을 빌려서 입증하고자 하는 것이 무엇이었는지도 알 수 있을 것이다.

一然은 『삼국유사』를 찬술하면서 어떤 신라인보다도 최치원 관련 자료를 많이 인용하고 있는데, 이것은 그만큼 一然이 최치원의 말이나 견해를 신뢰하였기 때문이라고 생각된다. 이 글에서는 『삼국유사』 찬술자인 一然이 최치원을 어떤 인물로 인식하고 있었는지도 밝히려는 것을 목적으로 하고 있다. 이런 작업을 통하여 『삼국유사』의 찬술자는 왜 최치원 관련 자료를 다른 자료보다 많이 삽입하였으며, 그것을 통해서 결과적으로 무엇을

---

3) 사실 『삼국유사』의 저자가 一然 단독인지, 또는 그의 제자 無極 등과 함께 작성했는지를 다루는 다양한 연구가 진행되고 있다. 이 글에서는 그 저자를 특정하지 않고, 통칭하여 찬술자 一然으로 편의상 사용하였다, 이에 대해서는 추후 다시 논의해 볼 예정이다.

전달하려고 하였는지를 알아볼 것이다.

　먼저, 『삼국유사』 속의 최치원 관계기사를 추출하여 『삼국사기』 관련 자료와 비교하여 분석하고자 한다. 『삼국사기』 관련 자료는 최치원에 '대한(about)' 서술 위주라면, 『삼국유사』 관계기사는 최치원에 '의한(by)' 논지 전개라는 점에 주목해 보려고 한다. 이를 통해 一然이 『삼국유사』를 찬술하면서 왜 최치원에 대해 주목하였는지 알 수 있을 것이다.

　다음으로, 一然의 최치원 자료 활용과 그 인식을 규명해 보기 위해서 『삼국유사』에 보이는 최치원 관계기사의 내용을 파악해 보고자 한다. 一然이 최치원을 통해서 말하고자 하는 한국 고대사회의 내용을 검토함으로써 그 관계기사의 의미 또는 성격을 상세히 究明할 수 있을 것이다. 이를 통해 一然이 왜 최치원의 말과 견해를 원용하였는지 더욱 분명하게 드러낼 수 있다. 또 최치원 관련 자료를 통하여 一然이 말하고자 하는 역사적 사실이 무엇이었는지도 밝혀낼 수 있다.

　이상의 과정을 통하여 『삼국유사』에서 一然이 추구하고자 하였던 최치원 관계기사의 의미를 밝히고, 찬술자 一然이 최치원을 통해 밝히고자 했던 한국 고대사회의 모습을 유추해 볼 수 있을 것이다. 신라 최고 지식인이었던 최치원의 말을 빌려 一然이 확인하고 싶었던 것은 무엇이었을까. 왜 一然은 굳이 최치원을 『삼국유사』에 동원하였을까. 최치원은 一然의 기대를 충족시킬 수 있는 인물이었을까. 만일 이러한 의문에 대하여, 이 글에서 조금이나마 答案을 찾을 수 있다면, 역사서로서의 『삼국유사』의 가치를 한층 높일 수 있는 계기가 될 것으로 기대한다.

2. 『삼국유사』 속의 최치원 관계기사 검토

　『삼국유사』는 王曆과 紀異 篇을 시작으로 興法, 塔像, 義解, 神呪, 感通, 避隱, 孝善 편으로 구성되어 있다.[4] 이들 내용 가운데 최치원 관계기사는 왕력, 기이, 의해 篇에서 찾아진다. 다시 말해, 왕력에 1개, 기이에 8개, 의해에 1개가 보인다. 이를 보면 그 기사가 紀異 편에 치중된 모습을 알 수가 있다. 물론 각 篇에 구사된 기사 중에서 최치원 관련 내용을 찾는다면 훨씬 많은 내용을 찾을 수 있겠지만, 여기서는 각 기사의 표면에 드러나는 내용을 중심으로 논지를 전개하고자 한다.

『삼국유사』속에 보이는 최치원을 중심으로 연구가 진행된 바 있는데, 그 서술 요지는 삼한삼국계승론, 최치원의 출신과 그의 신라 민속에 대한 설명, 최치원의 저술 참고, 일연의 최치원 견해 동조 내용 두 가지[5] 등이다. 그러나 이는 『삼국유사』와 최치원이라는 내용에 주목한 데는 의미가 있다고 하겠지만, 그 전개 과정에 동의할 수 없는 부분이 적지 않다. 그것은 이 글이 『삼국유사』에 보이는 유교사관을 밝히고자 하는 데에만 목적을 두어 실제 최치원 관계기사가 수록된 본의가 '무엇'인지에 대해서는 논의가 부족했기 때문일 것이다.

본 장에서는 『삼국유사』와 최치원에 대한 기왕의 연구 성과를 참조하면서 특히, 『삼국유사』에 보이는 최치원 관계기사의 내용을 『삼국사기』의 관련 자료와 비교, 분석하면서, 그 관계기사들이 어떠한 의도로 기술되었는지 자세히 살펴보려고 하는 것이다. 그리고 이를 통해 무엇을 전달하려고 했는지에 대한 검토를 시도해 보려고 한다.

이를 위해 『삼국유사』에 보이는 최치원 관계기사를 중심으로 『삼국사기』 관련 자료를 대비하는 방식으로 서술해 보겠다. 전체적인 내용은 〈표 1〉에서 정리하여 제시하였다.

---

4) 『삼국유사』에 대한 연구 성과는 일일이 열거하기가 어려울 정도로 많으므로, 해당 사항을 검토할 때 관련 연구를 언급하고자 한다. 연구사에 대한 대표적인 것으로, 한국정신문화연구원, 1987, 『삼국유사의 종합적 검토』, 649~697쪽에 논저목록이 있어 참고된다. 또한 불교사학연구소, 1995, 『(증보) 삼국유사연구논저목록』, 중앙승가대학에서 편집한 것도 참조가 된다.

5) 김복순, 1998, 「《삼국유사》에 보이는 유교사관」 『월운스님고희기념 불교학논총』; 2002, 『한국고대불교사연구』, 민족사, 387~394쪽.

〈표 1〉『삼국유사』와 『삼국사기』의 최치원 관계기사 비교

편명	『삼국유사』	『삼국사기』	비교
기이	馬韓 魏志云, "魏滿擊朝鮮, 朝鮮王準率宮人左右越海而南至韓地開國號馬韓." 甄萱上太祖書云, "昔馬韓先起赫世勃興, 於是百濟開國於金馬山." 崔致遠云, "馬韓麗也辰韓羅也." 據本紀, 則 '羅先起甲子麗後起甲申, 而此云者以王準言之耳. 以此知東明之起已并馬韓而因之矣. 故稱麗爲馬韓.' 今人或認金馬山以馬韓爲百濟者盖誤濫也. 麗地自有邑山故名馬韓也."	伏聞東海之外有三國, 其名馬韓·卞韓·辰韓. 馬韓則高麗, 卞韓則百濟, 辰韓則新羅也. (『삼국사기』「열전」 최치원)	마한 고구려 진한 신라설
기이	辰韓 亦作秦韓. 後漢書云 "辰韓耆老自言, '秦之亡人來適韓國而馬韓割東界地以與之. 相呼爲徒有似秦語故或名之爲秦韓.' 有十二小國, 各萬戶稱國." 又崔致遠云 "辰韓本燕人避之者, 故取涿水之名稱所居之邑里云沙涿·漸涿等." 羅人方言讀涿音爲道. 今或作沙梁, 梁亦讀道.	九年 春 改六部之名 仍賜姓 楊山部爲梁部, 姓李 高墟部爲沙梁部, 姓崔 大樹部爲漸梁部一云牟梁, 姓孫 于珍部爲本彼部, 姓鄭 加利部爲漢祇部, 姓裴 明活部爲習比部, 姓薛. (『삼국사기』「신라본기」 유리왕)	사량, 점닥 탁수기원설
기이	新羅始祖赫居世王. 辰韓之地古有六村. (中略) 四曰觜山珍支村 一作賓之又賓子又氷之, 長曰智伯虎初降于花山是爲本彼部崔氏祖. 今曰通仙部, 柴巴等東南村屬焉. 致遠乃本彼部人也, 今皇龍寺南味呑寺南有古墟, 云是崔侯古宅也, 殆明矣.	崔致遠, 字孤雲 或云海雲, 王京沙梁部人也. 史傳泯滅, 不知其世系. (『삼국사기』「열전」 최치원)	본피부 출신설
기이	史論曰 "新羅稱居西干·次次雄者一, 尼師今者十六, 麻立干者四. 羅末名儒崔致遠作帝王年代曆皆稱某王不言居西干等, 豈以其言鄙野不足稱之也. 今記新羅事, 具存方言亦宜矣. 羅人凡追封者稱葛文王未詳. 此王代樂浪國人來侵金城不克而還. 又天鳳五年戊寅高麗之裨屬七國來侵."	論曰. 新羅王稱居西干者一, 次次雄者一, 尼師今者十六, 麻立干者四. 羅末名儒崔致遠作帝王年代曆, 皆稱某王, 不言居西干等, 豈以其言鄙野, 不足稱也. 曰左·漢中國史書也, 猶存楚語"穀於菟", 凶奴語"撑犁孤塗"等. 今記新羅事, 其存方言亦宜矣. (『삼국사기』「신라본기」 지증왕)	제왕연대력

편명	『삼국유사』	『삼국사기』	비고
왕력	第三十八元聖王 金氏, 名敬慎, 一作敬信. 唐書云敬則. 父孝讓大阿干, 追封明德大王. 母仁□一云知烏夫人, 諡昭文王后, 昌近伊巳之女. 妃淑貞夫人, 神述角干之女. 乙丑立, 理十四年. 陵在鵠寺, 今崇福寺有也, 致遠所立碑.	冬十二月二十九日, 王薨. 諡曰元聖, 以遺命舉柩燒於奉德寺南. 唐書云, "貞元十四年敬信死." 通鑑云, "貞元十六年敬信死." 以本史考之, 通鑑誤. (『삼국사기』 「신라본기」 원성왕)	원성왕릉
기이	王之陵在吐含岳西洞鵠寺 今崇福寺, 有崔致遠撰碑. 又刱報恩寺又望德樓		

〈표 1〉의 내용을 주제별로 나누어 분석하려고 한다. 먼저, 삼한 관계기사부터 검토해 보자.

> A. 마한. 『魏志』에 이르기를, "위만이 조선을 치니 조선왕 準이 宮人과 左右를 데리고 바다를 건너 남으로 韓 땅에 이르러 나라를 건국하고 이름을 馬韓이라고 하였다"라고 하였다. 甄萱이 太祖에게 올린 글에 이르기를, "옛날에 마한이 먼저 일어나고 혁[거]세가 일어나자 이에 백제가 金馬山에서 나라를 창건하였다"라고 하였다.
> 崔致遠이 말하기를, "마한은 [고구]려요, 진한은 [신]라이다"라고 하였다. 本紀에 의하면, "[신]라가 먼저 갑자년에 일어나고 [고구]려가 그 후 갑신년에 일어났다고 하였는데, 이렇게 말하는 것은 [조선]왕 준을 두고 말한 것이다. 이로써 동명[왕]이 일어난 것은 이미 마한을 병합한 때문이란 것을 알 수 있다. 그래서 [고구]려를 일컬어 마한이라고 한 것이다"라고 하였다. 요즘 사람들이 더러는 금마산을 두고 마한이 백제로 되었다고 하지만, 이는 대체로 잘못이다. [고구]려 땅에는 본래 [마읍]산이 있었으므로 이름을 마한이라 한 것이다.[6]

이 기사는 최치원이 마한은 [고구]려요, 진한은 [신]라라고 말했다는 것

---

6) 『삼국유사』 권1, 기이, 마한 조.

을 보여주는 것으로서, 細註[7]가 아닌 본문 속에 기재하고 있다. 이 기사에 이어 一然의 細註가 언급되어 있다. 이를 보면, 本紀에 서술된 내용을 중심으로 마한이 백제라고 한 것을 잘못이라고 하면서 고구려의 마한설을 지지하고 있다.

『삼국유사』에서는 마한이 고구려가 되고, 변한이 백제가 되고, 진한이 신라가 되었다는 것이다. 이러한 삼한-삼국설은 一統三韓論에 기초한 최치원 이후의 전통적인 인식으로, 조선 후기에 韓百謙의 『東國地理志』에 이르러서야 비로소 마한-백제, 진한-신라, 변한-가야로[8] 인식하여 이해가 되고 있다.

이에 이어서 다음의 기사를 살펴보자.

B. 卞韓 百濟 亦云 南扶餘, 곧 사비성이다.
신라 시조 혁거세가 즉위한 지 19년 임오에 변한 사람이 나라를 바치면서 항복해 왔다. 『신당서』・『구당서』에 이르기를, "변한의 후손들이 낙랑 땅에서 살았다"라고 하였다. 『후한서』에 이르기를, "변한은 남쪽에 있고 마한은 서쪽에 있고 진한은 동쪽에 있다"라고 하였다. [최]치원이 이르기를, "변한은 백제이다"라고 하였다.
本紀를 보면, 온조가 일어난 것은 鴻嘉 4년 갑진(17년)이라 하였으니 혁거세나 동명보다도 40여 년 후의 일이다. 그런데 『당서』에서 이르기를, "변한의 후손들이 낙랑 땅에 살았다"라고 한 것은 온조의 계통이 동명에서 나왔기 때문에 이렇게 말한 것이다. (중략) 옛날 어른[古賢]의 말을 옳다 해야

---

7) 細註라는 표현은 편의상 사용하는 것이며, 挾註(이기백, 1973, 「삼국유사의 사학사적 의의」 『진단학보』, 36 ; 윤선태, 2015, 「삼국유사의 후인협주에 대한 재검토」 『한국고대사연구』 78)라는 용어도 사용하고 있다.
8) 노태돈, 1982, 「삼한에 대한 인식의 변천」 『한국사연구』 38 ; 김병곤, 2005, 「최치원의 삼한관에 대한 인식과 평가」 『한국고대사연구』 40 ; 박대재, 2018, 「『삼국유사』의 고조선・삼한 인식」 『삼국유사의 세계』, 세창출판사.

할 것이다. 백제 땅에는 원래 卞山이 있었으므로 변한이다.[9]

이 기사 또한 앞에서 언급한 마한에 이어 변한에 대한 설명이며, 그 근거자료로 『후한서』 『구당서』 『신당서』를 언급하면서, 또한 [최]치원이 "변한은 백제이다"라고 하는 내용을 부기하고 있다. 그리고 一然 본인의 논지를 보완하고 있다. 그런데 A에서는 一然이 해당 부분을 세주로 처리하였으나, B에서는 본문으로 되어 있다. 이는 A가 '據本紀'이고, B가 '按本紀'인 점으로 보아, 아마도 같은 세주로 처리되어야 하지 않을까. 판각의 오류일 가능성도 제기된다.

다음에 보이는 기사도 주목할 만하다.

C. 辰韓 또는 秦韓이라고도 한다.
『후한서』에 이르기를, "진한의 늙은이[耆老]들이 스스로 말하기를, '진나라 망명자들이 한국으로 오매 마한이 동쪽 지역 땅을 떼어 주었다. 서로를 부를 때 徒라고 하니, 진나라 말과 비슷하였으므로 혹은 秦韓으로 하였다'고도 하며, 열두 개의 작은 나라가 있어 각각 1만 호로써 나라를 일컬었다"라고 하였다. 또 최치원이 말하기를, "진한은 본래 연나라 사람으로서 도피해 온 자들이므로 涿水의 이름을 따서 그들이 사는 고을과 동리 이름을 沙涿·漸涿 등으로 불렀다." 신라인들의 방언에 涿 자를 읽을 때 발음을 道라고 한다. 그러므로 지금도 혹 沙梁이라 쓰고, 梁을 또한 道라고도 읽는다.[10]

이 기사는 진한에 대한 것으로, 그 표기가 辰韓 또는 秦韓이라는 점을 언급하면서, 그 연원에 대해서 부연을 하고 있다. 즉, 최치원이 "진한은 본래 연나라 사람으로서 도피해 온 자들이므로 涿水의 이름을 따서 그들이

---

9) 『삼국유사』 권1, 기이, 변한백제 조.
10) 『삼국유사』 권1, 기이, 진한 조.

사는 고을과 동리 이름을 沙涿·漸涿 등으로 불렀다는 기사를 부기한 것이다. 사실 이 부분은 한국고대사 가운데 신라 6부를 연구하는데 매우 민감하게 작용을 하고 있다. 그것은 지금까지 신라 중고기에 작성된 대부분의 비문에서는 喙 자로 쓰여 있기 때문인데, 비문 그대로 喙 자로 읽어야 한다는 견해가[11] 있는가 하면, 위의 최치원 관계기사 등을 근거로 涿 자 또는 啄 자의 의미로 읽어야 한다는 의견이[12] 대립하고 있기 때문이다. 이에 대해서는 앞으로 더욱 연구가 필요한 부분이다.

다음으로, 신라시조 혁거세왕 조에 보이는 기사는 크게 두 가지가 주목되는데, 하나는 梁에 대한 것이고, 다른 하나는 최치원의 出身에 대한 것이다. 이에 대해서 살펴보자.

D-a. 신라 시조 혁거세왕. 진한 땅에는 옛날 六村이 있었다. (중략) 2는 돌산고허촌이니, 村長은 소벌도리라 하여 처음에 형산에 내려왔으니 이가 사량부 양을 도로 읽고 혹은 탁으로 쓰니 음은 역시 도이다. 정씨의 조상이 되었다. 3은 무산대수촌이니, 村長은 俱 구를 仇로도 쓴다. 禮馬라고 하여, 처음에 伊山 皆比山이라고도 한다. 에 내려왔으니 이가 漸梁 梁을 涿으로도 쓴다. 部 또는 牟梁部 손씨의 조상이 되었다.

D-b. 4는 취산진지촌이니, 賓之 또는 賓子·氷之라고도 한다. 村長은 智伯虎라 하여 처음 花山에 내려왔다. 이가 본피부 최씨의 조상이 되었다. 지금은 일러서 통선부라고 하니 시파 등 동남촌이 여기에 속하였다. <u>최치원은 즉 본피부 사람이니 지금도 황룡사 남쪽과 미탄사 남쪽에 옛 집터가 있어 이것이 崔侯의 옛 집이라고 하니, 아마도 명백한 것 같다.</u>[13]

---

11) 전덕재, 1996,『신라육부체제연구』, 일조각, 24~27쪽.
12) 이문기, 1992,「육부」『역주 한국고대금석문』Ⅱ(신라1·가야 편), 가락국사적개발연구원, 222쪽.
13)『삼국유사』권1, 기이, 신라시조 혁거세왕 조.

이를 보면, D-a에서는 梁을 道나 涿으로 읽을 수 있다는 것으로, 사료 C에서 살펴본 내용과 같은 사항이라고 할 수 있다. 그런데 뒷부분은 최치원의 출신과 관련하여 본피부 설을 제기하고 있어 『삼국사기』에 기록된 사량부 설과는 차이를 보인다. 그것이 어떤 의미를 반영한 것인지에 대해서는 잘 알 수 없으나, 一然이 아마도 다른 기록을 참고하였을 가능성도 있다.

또한 "지금도 황룡사 남쪽과 미탄사 남쪽에 옛 집터가 있어 이것이 崔侯의 옛집이라고 하니, 아마도 명백한 것 같다"라는 문구에서 보면, 이에 대한 傳言을 그대로 기록한 것으로도 볼 수 있다. 그렇다면 이를 통해 『삼국사기』와 다른 출신 배경을 제시한 연유가 어디에 있는지도 의문이 남는다.[14]

다음으로, 최치원이 지은 『제왕연대력』에 대한 기사를 살펴보자.

E-a. 제2 남해왕. 史論에 이르기를, "신라에서 거서간 또는 차차웅으로 부른 임금이 하나씩이요 이사금으로 부른 자가 열여섯이요 마립간으로 부른 자가 넷이다. 신라 말기의 이름난 유학자 최치원이 지은 『제왕연대력』에는 모두 '아무 왕'이라 불렀고 거서간 등으로 부르지 않았으니 그 말이 어찌 비루하다 하여 칭하지 않는단 말인가. 지금 신라의 일을 기록함에 그 방언을 모두 그대로 두는 것도 역시 옳은 일일 것이다."[15]

E-b. 史論에 이르기를, 신라왕을 거서간이라고 부른 것이 하나이고, 차차웅이라고 부른 것도 하나이며, 이사금이라고 부른 것이 열여섯이고, 마립간이라고 부른 것이 넷이다. 신라 말기의 이름난 유학자 최치원이 지은 『제왕연대력』에는 모두 '아무 왕'이라 불렀고 거서간 등으로 부르지 않았으니 그 말이 어찌 비루하다 하여 칭하지 않는단 말인가. 『좌전』과 『한서』는 중국 역사책인데도 오히려 楚의 말인 '곡오도'와 匈奴의 말인 '탱리고도'

---

14) 이에 대해서는 추후 다시 논의를 해보고자 한다. 그것은 위의 내용이 단지 소속 부만의 문제가 아니라 그에 따른 성씨와도 관련이 되기 때문이다. 이를 著錄한 시기와도 관련이 있을 듯하다.
15) 『삼국유사』 권1, 기이, 제2 남해왕 조.

등을 그대로 남겨 두었다. 지금 신라의 일을 기록함에 그 방언을 모두 그대로 두는 것도 역시 옳은 일일 것이다.[16]

위의 기사는 모두 '史論曰'로 시작하고 있는데, 여기서 史論이라는 것은 『삼국사기』 지증마립간 조의 내용을 말하는 것이다. 이 기록에서 관심을 끄는 부분은, '신라 말기의 이름난 유학자 최치원이 지은 『제왕연대력』'[17] 이다. 그 실체가 전하지 않기 때문에 여러 논의가 진행되고 있다. 그런데 위의 두 기록을 비교해 보면, 『삼국사기』와 『삼국유사』의 내용에 큰 차이가 없다. 다만 '具存方言亦宜矣'와 '其存方言亦宜矣'의 차이뿐이다. '其'를 '具'로 사용한 것인지, 아니면 판각의 문제인지 알 수가 없다.

다음으로, 원성왕 관계기사를 검토해 보자.

---

16) 『삼국사기』 권4, 신라본기, 지증마립간 조.
17) 우리나라와 중국의 연대를 대조한 연표로 추정되나, 현재 전하지 않아서 잘 알수가 없다. 일반적으로 '제(帝)'는 중국의 군주를, '왕(王)'은 신라의 군주를 가리키는 것으로 이해하고 있다. 이를 근거로 『제왕연대력』에는 중국문화와 역사 중심의 유교적 역사인식이 반영(이현혜, 1983, 「최치원의 역사인식」 『명지사론』 1)되었다거나, 최치원이 삼국을 통일한 것이 신라임을 중국에 분명하게 알리는 한편, 진골 귀족과 지방 호족에 대해 왕실의 권위와 정통성을 내세우기 위해 『제왕연대력』을 편찬하였다고 이해하는 견해(조인성, 1985, 「삼국 및 통일신라시대의 역사서술」 『한국사학사의 연구』, 을유문화사)도 제기되었다. 또한 『제왕연대력』에 대해서는 이기동, 1979, 「고대국가의 역사인식」 『한국사론』 6 ; 김성준, 1990, 「제왕연대력과 최치원의 역사의식」 『이종욱총장고희기념논문집』 ; 이재운, 1998, 「『제왕연대력』을 통해본 최치원의 역사인식」 『전주사학』 6 ; 장일규, 2002, 「최치원의 신라전통 인식과 제왕연대력의 찬술」 『한국사학사학보』 6 ; 김창겸, 2004, 「최치원의 『제왕연대력』에 대한 검토」 『고운학보』 2 등이 참고된다.
한편, 『삼국유사』 왕력의 편찬을 위한 선행작업으로 만들어진 「역대연표」를 분석한 연구(채상식, 1986, 「지원15년(1278) 인흥사간 『역대연표』와 『삼국유사』 『고려사의 제문제』, 삼영사 ; 조경철, 2016, 「연세대 소장 해인사 사간본 『역대연표』와 『삼국유사』 「왕력」의 비교연구」 『동방학지』 173) 도 『제왕연대력』을 이해하는 데 참조가 된다.

F-a. 제38대 원성왕은 김씨이고, 이름은 敬愼이며, 敬信이라고도 한다.『唐書』에는 敬則이라고 되어 있다. 아버지는 孝讓 大阿干으로, 明德大王으로 추봉되었다. 어머니는 인▲로 知烏夫人이라고도 하며, 시호는 昭文王后로, 昌近 伊巳의 딸이다. 왕비는 숙정부인으로, 神述 角干의 딸이다. 을축년에 즉위하여, 15년간 다스렸다. 능은 鵠寺에 있으니, 지금의 崇福寺이다. <u>致遠의 碑가 서 있다.</u>[18]

이 기사는 왕력의 원성왕 조에 기술되어 있는데, 원성왕에 대한 이력이 기재되었으며, 끝부분에 그 陵이 곡사에 있는데, 그곳이 지금의 崇福寺이며, 거기에 최치원의 碑가 있다는 내용이다. 예전에 '致遠所立碑'에서 致 자 대신에 式 자로 읽으면서, 논란이 있었지만,[19] 이는 致[20] 자가 분명하다. 이를 보면 찬술자 一然이 이 지역을 답사한 것으로 보인다. 이러한 기록을 남긴 것은 어떤 의도가 반영된 것일까. 이를 이해하기 위해서 다른 기사를 살펴볼 필요가 있다. 그것은 『삼국사기』에 보이는 다음 기사이다.

F-b. 겨울 12월 29일에 왕이 돌아가셨다. 諡號를 元聖이라 하고, 遺命에 따라 靈柩를 받들어 奉德寺 남쪽에서 태웠다.『唐書』에는 "貞元 14년(798)에 敬信이 죽었다"하였고,『通鑑』에는 "정원 16년(800)에 경신이 죽었다"라고 하였는데, 本史로써 상고하여 보면『通鑑』이 잘못되었다.[21]

이 기사를 보면,『삼국유사』에는 "능이 鵠寺에 있으니, 지금의 崇福寺이다. 致遠의 碑가 서 있다"라고 되어 있는 데 반해,『삼국사기』에는 "『唐書』에는 "貞元 14년(798)에 敬信이 죽었다"고 하였고,『通鑑』에는 "정원 16

---

18) 『삼국유사』왕력, 원성왕 조.
19) 이에 대해서는 강인구 외, 2003,『역주 삼국유사』, 이회문화사, 106쪽에 자세하다.
20) 연세대학교 박물관, 2016,『파른본 삼국유사』, 혜안, 26쪽.
21) 『삼국사기』권10, 신라본기, 원성왕 14년 조.

년(800)에 경신이 죽었다"라고 하였는데, 本史로써 상고하여 보면『通鑑』이 잘못되었다"라고 되어 있다. 이를 볼 때, 두 사서는 극명한 차이점이 있다.[22] 또한 이를 이해하는 데 도움이 되는 기사가 하나 더 찾아지는데,『삼국유사』 기이 편의 원성대왕 조이다.

> F-c. 왕의 능은 토함산 西洞 鵠寺 지금의 숭복사이다 에 있는데, 최치원이 지은 비가 있다. 또한 報恩寺와 望德樓를 창건하였다.[23]

즉, "왕의 능은 토함산 西洞 鵠寺 지금의 숭복사이다 에 있는데, 최치원이 지은 비가 있다"라고 되어 있어서,『삼국유사』 왕력에 보이는 내용을 더욱 보완하고 있다.

이상에서『삼국유사』속의 최치원 관계기사를『삼국사기』의 관련 자료와 비교, 검토한 결과, 같은 내용을 서술하더라도 내용상에 차이가 있음을 확인할 수 있었다. 대체로『삼국사기』를 보완하는 내용이 추가된 것으로 보인다. 〈표 1〉을 통해서 드러난 이상의 내용은 크게 5가지로 구분할 수 있었다.

첫째, 三韓에 관한 기사로,『삼국사기』에서는 이를 간단히 최치원 열전에서 "馬韓則高麗, 卞韓則百濟, 辰韓則新羅也"라고 언급하였는데,『삼국유사』에서는 이에 대해 최치원을 인용하여 자세히 언급하고 있는 것이 한 특징이다. 아마도 일연은 고구려 마한설을 신뢰하고 있는 것으로 보이는데, 그의 입장을 최치원을 통해서 대변하고 있는 것으로 생각된다.

둘째, 진한에 관한 기사로, 이에 대해서『삼국사기』에서는 "大樹部爲漸梁部一云牟梁"으로 언급하고 있지만,『삼국유사』에서는 이를 구체적으로

---

22) 자세한 내용은 뒷장에서 다시 언급하기로 한다.
23) 王之陵在吐含岳西洞鵠寺 今崇福寺, 有崔致遠撰碑. 又刱報恩寺又望德樓.(『삼국유사』 권2, 기이2, 원성대왕 조)

최치원을 인용하여 자세히 고증하고 있다.

셋째, 『삼국사기』에서는 "崔致遠, 字孤雲 或云海雲, 王京沙梁部人也"라고 하였는데, 『삼국유사』에서는 "致遠乃本彼部人也, 今皇龍寺南味呑寺南有古墟, 云是崔侯古宅也, 殆明矣"라고 하여, 그 출신부가 다르게 기재되어 있다. 또한 '殆明矣'라고 하여 최치원의 출신부에 대한 분명한 사실을 명기하고 있다. 一然이 『삼국사기』가 근거했던 사료와는 다른 계통의 사료를 이용한 것이 아닌가 생각되는데, 一然 스스로는 자신의 설이 거의 명백하다는 확신을 지니고 있었던 것으로 보인다.

넷째, 최치원이 저술한 『제왕연대력』의 중국식 왕호의 사용에 대한 『삼국사기』와 『삼국유사』의 부정적 평가는 큰 차이가 없다. 그런데 『삼국유사』 王曆 篇에 수록된 편제를 보면 前漢宣帝, 五鳳 甲子 四라는 식으로 서술하고 있으며, 그 아래에는 新羅, 高麗, 百濟 등으로 기재하고 있다. 이처럼 『삼국유사』의 왕력이 『제왕연대력』의 편제를 모방하면서도, 신라의 王號를 표기할 때는 최치원을 따르지 않고, 신라의 고유한 왕호를 그대로 사용하고 있음을 알 수 있다. 다시 말해, 紀異 편에서는 최치원의 표현대로 '왕'이라 표기하였다면, 王曆 편에서는 거서간 차차웅 尼叱今 마립간 왕 등을 그대로 사용하고 있다.

특히, '史論曰'에서는 『삼국사기』를 그대로 따라서 尼師今 16, 麻立干 4라고 하였으나, 실제 왕력에서는 尼叱今 14, 麻立干 6으로 표기하고 있다는 점은 퍽 주목해 볼 만하다. 이것은 一然이 『제왕연대력』의 왕호 사용에 대한 불만을 숨기지 않고, 『삼국유사』 王曆 篇에 그대로 반영한 것으로 보인다. 이 부분은 一然이 최치원의 말을 대부분 신뢰하였지만, 완전히 무비판적인 신뢰는 아니었음을 보여준다. 최치원의 말을 인용하되 一然 나름의 합리적인 근거를 확인한 후 그 자료를 활용하였다고 볼 수 있는 대목이다.

다섯째, 元聖王 관계기사에서 『삼국사기』에서는 '王薨'에 이어 '唐書'와 '通鑑'을 인용하였다면, 『삼국유사』에서는 '崇福寺' 관계기사를 다루고 있다는 점에서 차이가 있다.

지금까지 살펴본 최치원 관계기사를 통하여 『삼국유사』와 『삼국사기』를 상호 대비하여 그 공통 내용과 차이점을 제시해 보았다.

한편, 『삼국유사』 최치원 관계기사에만 보이는 내용도 있다.[24] 아래에서는 그 내용을 검토해 보고자 한다. 먼저, 太宗春秋公 조에 보이는 午忌日에 대해서 살펴보자.

> G. 처음 문희의 언니 보희가 서악에 올라가 오줌을 누는데 그 오줌이 수도에 가득 차는 꿈을 꾸었다. 다음날 아침 꿈 이야기를 누이에게 하였다. (중략) 10일이 지나 유신이 춘추공과 함께 정월 午忌日 앞의 사금갑조에 자세히 보이며 최치원의 견해이다 에 유신의 집 앞에서 공을 찼다[蹴鞠] 신라인들은 공을 가지고 노는 것을 축국이라고 하였다. 일부러 춘추공의 옷을 밟아 저고리 고름을 떨어뜨리게 하고 말하기를, "청컨대 저의 집에 들어가서 옷고름을 답시다." 하니 [춘추]공이 그 말을 따랐다.[25]

이 기사는 태종춘추공 조에 보이지만, 실제 그 안에서 최치원과 연관된 부분은 '午忌日 앞의 사금갑조에 자세히 보이며 최치원의 견해이다'라는 내용에 한정된 것이다. 이에 대해서는 이 날을 귀신달구는 날(정월 열엿새 날)이라 하면서 자세한 고증을[26] 시도하고 있다. 당시 신라의 민속일인 오기일에 대한 최치원의 견해를 『삼국유사』가 취득하고 있음을 볼 수 있다.

다음으로, 고려 태조의 견훤답신설을 살펴보자.

---

24) 해당 부분은 '오기일', '태조의 견훤답신설', '의상전교' 조이다. '오기일'은 신라의 민속과 관련된 내용이며, '태조의 견훤답신설'은 최치원이 작성한 것으로 되어 있지만, 믿기가 어려운 내용이며, '의상전교' 조의 내용은 의해에 수록된 관계기사이다. 이들 부분은 『삼국사기』에서는 찾아볼 수 없는 내용이며, 이러한 서술 형태는 『삼국유사』의 한 특징이기도 하다.
25) 『삼국유사』 권1, 기이, 태종춘추공 조.
26) 신종원, 『삼국유사 깊이 읽기』, 주류성, 2019, 68~69쪽.

H. 天成 2년 정월에 태조는 답서를 보내어 말하였다. (중략) 그러나 만일 허물을 능히 고치지 않는다면 후회해도 소용이 없을 것이다." <u>이 글은 최치원이 지었다.</u>[27)28)]

이 관계기사는 최치원이 答書를 지었다는데, 이에 대해서 믿을 수 없는 조작[29)]이거나, 회의적으로[30)] 보려는 경향으로 미루어 볼 때 이 부분에 대해서는 熟考가 필요하다.

그러나 927년 왕건이 견훤에게 보낸 답장을 최치원이 썼다고 하였으므로, 이 부분에 대해서는 최치원이 작성했는지 그렇지 않은지에 대한 眞僞의 여부도 중요하지만, 그보다 중요한 것은 『삼국유사』 서술에 一然의 생각이 반영되어 있다는 점이다. 一然은 자신이 그토록 신뢰하는 최치원이 王建의 통일 사업에 적극적으로 협조하였다는 점을 강조하고 싶었던 것이 아닐까 한다. 이로써 최치원이 고려의 왕건을 도움으로써 신라와 고려의 돈독함을 강조하려는 一然의 의도가 이 答書에 담겨 있었다고 생각해 볼 수도 있을 것이다.[31)]

다음으로, 의해 편의 '義湘傳敎' 기사에 대해서 살펴보자.

I-a. 의상전교. 법사 의상은 아버지가 韓信으로 김씨로, 나이 29세에 서울의 皇福

---

27) 二年 正月太祖答曰, (中略) 若不過而能改, 其如悔不可追." 書乃崔致遠作也.(『삼국유사』 권2, 기이2, 후백제 견훤 조)
28) 왕건이 견훤에게 준 서신을 최치원이 지었다는 것은 의심스럽다. 최치원이 아니라 최승로가 작성한 것이 아닌가 한다. 따라서 이 부분은 최치원 관계기사에서 깊이 있게 다루지 않는다.
29) 이기백, 「신라통일기 및 고려 초기의 유교적 정치이념」 『대동문화연구』 6·7합집, 1970 ; 『신라시대의 국가불교와 유교』, 한국연구원, 1978 ; 『신라사상사연구』, 일조각, 1986, 235쪽.
30) 김복순, 『신라 화엄종 연구』, 민족사, 1990, 152~155쪽.
31) 이 부분에 대해서는 조경철 선생의 도움이 있었기에 고마운 뜻을 밝혀둔다.

寺에서 머리를 깎고 중이 되었다. 얼마 있지 않아 서방으로 가서 불교의 교화를 보고자 하였다. 드디어 원효와 함께 요동으로 갔다가 변방의 순라군에게 첩자로 오인 받아 수십 일 동안 갇혔다가 간신히 면하여 돌아왔다. 이 사실은 崔侯가 지은 本傳과 원효의 行狀 등에 실려 있다. 영휘 초에 마침 당나라 사신의 배가 서방으로 돌아가려고 하자 편승하여 중국으로 들어갔다.[32]

I-b. 그의 제자인 오진·지통·표훈·진정·진장·도융·양원·상원·능인·의적 등 10대덕은 領首가 되었는데, 모두 亞聖이라고 하고 각각 전기가 있다. (중략) 의상이 돌아보며 말하기를, "세상 사람이 이를 보면 반드시 괴이하다고 할 것이니 세상에 가르칠 것은 못 된다"고 하였다. 나머지는 崔侯가 지은 本傳과 같다.[33]

위의 기사는 의상과 그의 제자들에 관한 내용인데, 앞의 기사는 細註로 처리되어 있는데, 뒤의 기사는 본문에 서술되어 있다. 그 차이에 대해서는 잘 알 수가 없다. 다만 a는 최치원이 지은 의상에 대한 本傳과 원효의 行狀에 관한 서술이며, b는 의상의 제자 가운데 오진, 지통, 표훈에 대한 간단한 언급이며, 그 나머지에 대해서는 최치원이 지은 本傳과 같다고 하고 있을 뿐이다.

이상에서 『삼국유사』 속의 최치원 관계기사를 『삼국사기』의 관련 자료와 상호 대비하여 그 공통 내용과 차이점에 대하여 제시해 보았으며, 한편으로 『삼국유사』에서 최치원 관계기사만 보이는 내용도 검토해 보았다. 이러한 검토를 토대로 다음 장에서는 一然의 최치원 자료 활용과 그 인식에 대하여 살펴보고자 한다.

---

32) 『삼국유사』 권4, 의해5, 의상전교 조.
33) 『삼국유사』 권4, 의해5, 의상전교 조.

3. 一然의 최치원 자료 활용과 그 인식

앞 장에서 『삼국유사』에 보이는 최치원 관계기사는 왕력, 기이, 의해편을 합하여 총 10개이며, 이에 관한 내용을 『삼국사기』에 보이는 관련 자료와 비교하여 검토해 보았다. 『삼국유사』에 보이는 관계기사는 『삼국사기』와 유사한 부분도 있지만, 대개 소략한 내용이나 누락된 정보를 제공해 줌으로써 '遺事'라는 명칭에 걸맞은 자료임을 파악할 수가 있었다.

여기서는 찬술자 一然의 최치원 자료 활용과 그 인식을 파악해 보기 위하여 『삼국유사』 속에 보이는 최치원 관계기사의 수록 내용을 本文에 기재된 내용과 細註[34]에 추가된 내용으로 구분하여 검토해 보고자 한다. 『삼국사기』에는 다양한 인물을 列傳에 포함하여 紀傳體의 형식에 맞게끔 편찬을 하였다. 『삼국유사』에는 열전의 형식이 없으므로, 최치원에 관한 기록을 說 또는 作 등의 형식으로 인용하고 있다. 이는 찬술자 一然이 최치원 관련 자료를 사용하는 방법이었다고 본다. 그 구체적인 내용이 무엇인지에 대해서 살펴보고자 한다.

이를 이해하기 위하여, 『삼국유사』에 보이는 최치원 관계기사의 내용을 本文과 細註로 구분하여, 그것을 인용한 의도를 파악해 보려고 한다. 사실 『삼국유사』에는 본문과 細註가 잘못 작성되거나 혼동된[35] 경우도 있다. 이들 기사를 분석해 보면 그러한 경우도 읽어낼 수가 있을 것이다.

---

34) 이기백, 1973, 「삼국유사의 사학사적 의의」 『진단학보』, 36.
35) 이에 대해서 "일연은 자신의 의견을 협주로 기입하여 인용문과는 구별하여 서술하고", "때로 일연은 자기의 의견을 본문 속에서 말하는 경우도 나타나는데, 그것은 협주로써 만족할 수 없는 중요한 문제인 경우에 특히 그러하다. 이런 때에도 일연은 그것이 자기의 의견이라는 것을 밝혀두곤"(이기백, 1976, 「삼국유사의 사학사적 의의」 『한국의 역사인식(상), 114쪽) 하였음을 알 수가 있다. 이 부분은 본문과 細註를 이해하는 데 참고가 된다.

〈표 2〉『삼국유사』 최치원 관계기사의 수록 내용

편명	本文에 인용한 내용	細註에 인용한 내용	비고
왕력		第三十八元聖王 金氏, 名敬愼, 一作敬信. 唐書云敬則. 父孝讓大阿干, 追封明德大王. 母仁□一云知烏夫人, 諡昭文王后, 昌近伊巳之女. 妃淑貞夫人, 神述角干之女. 乙丑立, 理十四年. 陵在鵠寺, 今崇福寺有也. 致遠所立碑.	숭복사 비문 작성
기이	馬韓 魏志云, "魏滿擊朝鮮, 朝鮮王準率宮人左右越海而南至韓地開國號馬韓." 甄萱上太祖書云, "昔馬韓先起赫世勃興, 於是百濟開國於金馬山." 崔致遠云, "馬韓麗也辰韓羅也". 據本紀, 則 '羅先起甲子後起甲申, 而此云者以王準言之耳. 以此知東明之起已幷馬韓而因之矣. 故稱麗爲馬韓. 今人或認金馬山以馬韓爲百濟者盖誤濫也. 麗地自有邑山故名馬韓也."		마한 고구려 진한 신라설
기이	卞韓百濟 亦云南扶餘即泗沘城也. 新羅始祖赫居世即位十九年壬午, 卞韓人以國来降. 新·舊唐書云 "卞韓苗裔在樂浪之地." 後漢書云 "卞韓在南馬韓在西辰韓在東." 致遠云 "卞韓百濟也." 按本紀, 溫祚之起在鴻嘉四年甲辰, 則後於赫居世·東明之世四十餘年. 而唐書云 "卞韓苗裔在樂浪之地" 云者, 謂溫祚之系出自東明故云耳. 或有人出樂浪之地, 立國於卞韓與馬韓等幷峙者在溫祚之前爾, 非所都在樂浪之北也. 或者濫九龍山亦名卞那山, 故以高句麗爲卞韓者盖謬. 當以古賢之說爲是. 百濟地自有卞山故云卞韓.		변한 백제설
기이	辰韓 亦作秦韓. 後漢書云 "辰韓耆老自言, '秦之亡人来適韓國而馬韓割東界地以與之. 相呼爲徒有似秦語故或名之爲秦韓.' 有十二小國, 各萬戶稱國." 又崔致遠云 "辰韓本燕人避之者, 故取涿水之名稱所居之邑里云沙涿·漸涿等." 羅人方言讀涿音爲道. 今或作沙梁, 梁亦讀道.		사탁, 점탁 탁수기원설

편명	本文에 인용한 내용	細註에 인용한 내용	비고
기이	新羅始祖赫居世王. 辰韓之地古有六村. (中略) 四曰觜山珍支村 一作賓之又賓子又氷之, 長曰智伯虎初降于花山是爲本彼部崔氏祖. 今曰通仙部, 柴巴等東南村屬焉. 致遠乃本彼部人也, 今皇龍寺南味吞寺南有古墟, 云是崔侯古宅也, 殆明矣.		본피부 출신설
기이	史論曰 "新羅稱居西干·次次雄者一, 尼師今者十六, 麻立干者四. 羅末名儒崔致遠作帝王年代曆皆稱某王不言居西干等, 豈以其鄙野不足稱之也. 今記新羅事, 具存方言亦宜矣."		제왕 연대력
기이		初文姬之姉寶姬夢登西岳捨溺浸滿京城.旦與妹說夢文姬聞之謂曰, (中略) 後旬日庾信與春秋公正月 午忌日 見上射琴匣事, 乃崔致遠之說. 蹴鞠于庾信宅前 羅人謂蹴鞠爲弄珠之戲. 故踏春秋之裙裂其襟紐, 請曰 "入吾家縫之", 公從之.	午忌日
기이	王之陵在吐含岳西洞鵠寺 今崇福寺, 有崔致遠撰碑. 又刱報恩寺又望德樓		원성 왕릉
기이		二年 正月太祖荅曰, (中略) 若不過而能改, 其如悔不可追." 書乃崔致遠作也.	태조의 견훤 답신설
의해	徒弟悟真·智通·表訓·真定·真藏·道融·良圓·相源·能仁·義寂等十大德爲領首, 皆亞聖也各有傳. 真嘗處下柯山鶻嵓寺每夜伸臂點浮石室燈. 通著錐洞記, 蓋承親訓故辞多詣妙. 訓曾住佛國寺常來天宮. 湘住皇福寺時與徒衆繞塔, 每步虛而上不以階升. 故其塔不設梯磴, 其徒離階三尺履空而旋. 湘乃顧謂曰, "世人見此必以爲怪不可以訓世". 餘如崔侯所撰本傳.	義湘傳教 法師義湘考曰韓信金氏 年二十九依京師皇福寺落髮. 未幾西圖觀化. 遂與元曉道出遼東, 邊戍邏之爲諜者囚閉者累旬僅免而還. 事在崔侯本傳及曉師行狀等. 永徽初會唐使舡有西還者寓載入中國.	의상 전교

〈표 2〉에서 제시한 내용을 자세히 살펴보면, 『삼국유사』 속에 수록된 최치원 관계기사 가운데 본문에 인용한 내용이 7개이며, 細註에 인용한 내용은 4개이다. 전체 내용이 10개인데, 의해 편에는 본문과 細註가 각각 1개씩 있으므로, 11개가 된다.

먼저, 細註에 대해서 살펴보면, 이 가운데 왕력 '원성왕' 조에 보이는 내용과 기이 '원성대왕' 조에 보이는 내용은 둘 다 細註였을 가능성은 배제하기 어렵다. 그리고 기이 '오기일'과 '태조의 견훤답신설' 그리고 '의상전교' 조의 '事在崔侯本傳及曉師行狀等'에 대해서는 細註를 활용하여 그 출처를 분명히 한 부분이다. 따라서 細註에 인용한 내용은 찬술자 一然이 해당 지역을 답사한 사실을 적거나, 최치원의 說 또는 作 등의 형식을 인용하여 전거자료를 보완하고 있는 부분이다.

다른 하나는 본문에 인용된 내용이다. 이를 자세히 검토해 보면, 이들 기사에 공통점이 찾아진다. 그것은 바로 '今'이라는 단어이다. 이 단어는 찬술자 一然이 살았던 當代를 표현한 것으로, 이를 통해 찬술자의 의견을 표출하고 있음을 확인할 수가 있다. 『삼국유사』에 보이는 최치원 관계기사에서 찬술자 一然은 본인의 의견을 그냥 진술한 것이 아니라, '崔致遠云'에 이어 '據本紀'를 인용하고, 그 가운데 '今人或認金馬山以馬韓爲百濟者盖誤濫也'라고 하고 있다.

다음으로 '致遠云'에 이어 '按本紀'를 인용하고, 그 가운데 '當以古賢之說爲是'를 언급하고 있다. 또한 '又崔致遠云'에 이어 '羅人方言讀涿音爲道'를 언급하면서 다시 '今或作沙梁, 梁亦讀道'라는 식으로 논지를 전개하고 있다.

다음으로, '致遠乃本彼部人也'에 이어 '今皇龍寺南味呑寺南有古墟, 云是崔侯古宅也, 殆明矣'라고 하여, 역시 '今'을 강조하고 있는 모습을 볼 수가 있다.

다음으로 '羅末名儒崔致遠作帝王年代曆皆稱某王不言居西干等, 豈以其言鄙野不足稱之也'에 이어, 마찬가지로 '今記新羅事, 具存方言亦宜矣'라고

하여, 역시 '今'에 강조점을 찍고 있다. 물론 이 기사는 『삼국사기』에 '今記新羅事, 其存方言亦宜矣'라는 내용과 거의 유사하지만, 어떻든 '今'을 통하여 찬술자의 의견을 개진하고 있다. 그리고 元聖王에 관한 기사에서도 '王之陵在吐含岳西洞鵠寺'에 이어 '今崇福寺'라 하였으며, 그 뒤에 '有崔致遠撰碑'를 서술함으로써 當代를 적극적으로 표명하고 있음을 엿볼 수 있다.

이러한 사실은 신라 6부명을 고려의 6부명으로 개칭한 사실을 '今'이라는 표현을 사용하여 나타내려고 한 점과 연계하여 이해할 수 있다. 그 6부명을 살펴보면, 신라의 급량부, 사량부, 모량부, 본피부, 한기부, 습비부가 고려의 중흥부, 남산부, 장복부, 통선부, 가덕부, 임천부로 개칭이 되었다.[36] 이 개칭 관계기사에서 '今日', '今云'이라는 표기는 해당 시대를 표시하는 것이다. 이로써 보면 『삼국유사』에서 一然의 '今'과 6부명의 '今日', '今云'이라는 표기는 崔致遠 '云'과 상호 대비해 볼 수 있는 자료이다. 이를 정리해 보면 다음과 같다.

〈표 3〉『삼국유사』의 崔致遠 '云'과 一然의 '今'의 사용례

篇名	崔致遠 '云'	一然의 '今'
기이	崔致遠云, "馬韓麗也辰韓羅也. 據本紀, 則 '羅先起甲子麗後起甲申, 而此云者以王準言之耳. 以此知東明之起已并馬韓而因之矣. 故稱麗爲馬韓.'	今人或認金馬山以馬韓爲百濟者盖誤濫也. 麗地自有邑山故名馬韓也."
기이	又崔致遠云 "辰韓本燕人避之者, 故取涿水之名所居之邑里云沙涿·漸涿等." 羅人方言讀涿音爲道.	今或作沙梁, 梁亦讀道.
기이	致遠乃本彼部人也,	今皇龍寺南味吞寺南有古墟, 云是崔侯古宅也, 殆明矣.
기이	羅末名儒崔致遠作帝王年代曆皆稱某王不言居西干等, 豈以其言鄙野不足稱之也.	今記新羅事, 具存方言亦宜矣."
기이	王之陵在吐含岳西洞鵠寺 有崔致遠撰碑. 又抑報恩寺又望德樓	今崇福寺,
왕력	陵在鵠寺, 致遠所立碑.	今崇福寺有也.

---

36) 『삼국유사』 권1, 기이, 신라시조 혁거세왕 조.

이상에서 살펴본 바와 같이, 『삼국유사』에 보이는 최치원 관계기사 가운데 본문에 인용한 내용은 찬술자 一然이 각 항목을 통해서 전달하고자 하는 내용을 전거자료에 이어 최치원의 말을 인용하고, 이어서 찬술자의 견해를 기술하고 있음을 확인하였다.

결론적으로 말하자면, 찬술자 一然은 마한, 진한, 변한의 삼한 관계기사에서 최치원 관련 자료를 적극적으로 활용하였으며, 또한 최치원 관련 자료도 본피부와 『제왕연대력』에서 보여주듯이, 찬술자의 의견을 적극적으로 표명함으로써 『삼국유사』 찬술의 명분을 확보하고 있다.

그런데 『제왕연대력』 관계기사는 앞에서도 잠시 언급하였듯이, '羅末名儒崔致遠'이 작성한 것인데, 이에 대한 『삼국유사』와 『삼국사기』의 시선은 부정적이다. 이는 『삼국사기』에서 먼저 서술한 것이며, 『삼국유사』에서는 이를 그대로 따르고 있다. 『제왕연대력』에서 보듯이 一然 역시 최치원의 중국 중심 사고에 대해서는 부정적이었다. 그가 중국식 왕호 대신 신라의 고유한 왕호를 왕력 편에서 복원한 것을 보더라도 알 수가 있다.

『삼국사기』에서는 『제왕연대력』의 중국식 왕호 대신 신라의 고유한 왕호를 사용한 근거로 金大問 관련 자료를 제시하고 있다.[37]

J-a. 南解次次雄立 次次雄或云慈充. 金大問云, "方言謂巫也. 世人以巫事鬼神, 尙祭祀, 故畏敬之. 遂稱尊長者爲慈充."[38]
J-b. 儒理尼師今立. 南解太子也. 母雲帝夫人, 妃曰知葛文王之女也 或云妃姓朴,

---

37) 김부식은 최치원의 『제왕연대력』을 비판적으로 서술하였으며, 이에 대한 대안으로 '金大問云'을 차용하여 사용하였다. 一然 역시 『제왕연대력』에 대한 입장은 김부식과 같았으나, '金大問云'을 차용하지 않고, 대신 王曆 篇에 신라의 고유한 왕호를 사용하였으며, 또 『삼국사기』의 尼師今을 '尼叱今'으로 수정하였으며, 그 수효도 다르게 표현함으로써 『삼국사기』와는 일정한 차이를 두고 있음을 엿볼 수 있다. 특히, 麻立干 시대를 2代나 앞서 서술함으로써 신라 사회의 발전 시기를 앞당기고 있는 점은 주목되는 부분이다.
38) 『삼국사기』 권1, 신라본기, 남해차차웅 즉위년 조.

> 許婁王之女. 初南解薨, 儒理當立, 以大輔脫解素有德望, 推讓其位. 脫解曰, "神器大寶, 非庸人所堪. 吾聞聖智人多齒, 試以餠噬之." 儒理齒理多, 乃與左右奉立之, 號尼師今. 古傳如此, 金大問則云, "尼師今方言也, 謂齒理. 昔南解將死, 謂男儒理·壻脫解曰, '吾死後, 汝朴·昔二姓, 以年長而嗣位焉.' 其後金姓亦興, 三姓以齒長相嗣, 故稱尼師今."[39]

J-c. 訥祇麻立干立 金大問云, "麻立者, 方言謂橛也. 橛謂諴操, 准位而置. 則王橛爲主, 臣橛列於下, 因以名之."[40]

    이상의 자료는 金大問에 대한 김부식의 신뢰를 반영한 것으로 생각된다. 여기에는 차차웅, 尼師今, 마립간이라는 신라식 왕호를 '金大問云'이라는 서술방식으로 그 신뢰성을 확보하고 있다. 이러한 사실과 대비되는 것이 『삼국유사』의 王曆 편의 차차웅, 尼叱今, 마립간의 왕호명이다. 이는 왕력 편에 尼師今이 아닌 尼叱今을 사용한 측면과 마립산의 수효에서 그 사이를 보이는 것으로 볼 때, 『삼국사기』와는 다른 『삼국유사』의 한 특징을 보여주고 있다. 이것이 『삼국유사』에 보이는 최치원 관계기사를 둘러싼 차이점과 공통점이라 할 수 있다.

    이러한 차이는 金大問와 최치원의 시대가 약 1세기 이상 격차가 나고, 또한 김부식과 一然이 신라의 왕호 사용에 대한 구분을 달리하였다는 점에 주목하게 된다. 또 金大問은 줄곧 신라에서 활동하였던 인물이지만, 최치원은 唐에 일찍이 유학하였고, 唐에서 관직을 지낸 경험도 있던 인물이었기 때문에 중국식 왕호가 더 익숙하였던 것은 아닐까 추측해 볼 수도 있다.

    그런데 여전히 의문이 남는 것은 왜 紀異 편에서는 중국식 왕호를 그대로 사용하였는가 하는 점이다. 이에 대해서 필자는 아직 정리된 견해를 가지고 있지 않다. 다만 기이 편에서는 서술의 편의상 중국식 왕호를 그대로

---

39) 『삼국사기』 권1, 신라본기, 유리이사금 즉위년 조.
40) 『삼국사기』 권3, 신라본기, 눌지마립간 원년 조.

수용한 것이 아닐까 추측해 본다.[41] 그것은 중국식 왕호가 이미 보편적으로 익숙해져 있어서 그것을 그대로 서술한 것으로 생각된다. 또 이를 정리해 보면, 왕력은 表로 작성하여 신라의 역사를 한눈에 볼 수 있게 제시한 부분이라면, 기이는 서술형 형식이 차용되었기 때문에 이런 차이가 나타난 것이 아닌지도 생각해 볼 수 있다.

요컨대, 『삼국유사』 속의 최치원 관계기사를 통하여 一然이 최치원 관련 자료를 인용한 목적은, 크게 세 가지로 정리할 수 있다.

하나는 신뢰성의 확보이다. 그것은 최치원 관계기사에서 볼 수 있었던 중국 정사의 인용과 '崔致遠云' 또는 '致遠云' 그리고 '又崔致遠云'이 이를 대변해 주고 있다.

둘째는 사실성의 확보이다. 이는 『삼국사기』에서 소략하게 다루거나 누락 기재된 내용 가운데 그 출처기 불분명한 부분은 최치원 관계기사를 인용하여 사실을 확인해 주고 있다.

셋째는 논리성의 확보이다. 當代 최고의 불교 승려가 『삼국유사』를 찬술하면서 신라 말기의 최고 유학자인 최치원의 전거자료를 이용해서 본인의 의견을 개진하는 데 그 명성을 활용하고 있다.

이를 통해서 볼 때, 一然은 『삼국유사』의 왕력, 기이, 의해 篇에서 신라 말 최고의 학자인 최치원 관련 자료를 적극적으로 활용함으로써, 불교 승

---

41) 사료 E-a에 보이는 "제2 남해왕. 史論에 이르기를, "신라에서 거서간 또는 차차웅으로 부른 임금이 하나씩이요 이사금으로 부른 자가 열여섯이요 마립간으로 부른 자가 넷이다. 신라 말기의 이름난 유학자 최치원이 지은 『제왕연대력』에는 모두 '아무 왕'이라 불렀고 거서간 등으로 부르지 않았으니 그 말이 어찌 비루하다 하여 칭하지 않는단 말인가"라고 한 내용에서 표제어로 '남해왕'이라 하여 남해거서간 또는 차차웅으로 표기하지 않고 있는 이유가 궁금하다. 이는 아마도 '남해왕'을 사용하는 이유에 대해서 나름 『삼국사기』의 '史論曰'을 인용하여 그 사유를 설명하고 있다고 본다. 왕력과 기이에서 중국식 왕호와 다른 이유에 대한 해명으로 보면 어떨까 한다. 그 앞의 신라시조 혁거세왕의 표현과는 다른 남해왕의 표기가 이를 대변해 준다고 본다.

려로서의 한계 또는 『삼국사기』에서 미진한 부분을 최대한 보완하였다고 보인다. 이는 『삼국사기』가 지닌 유교적 합리주의를 수용하려는 의지의 표명임과 동시에, 『삼국유사』가 갖는 한계를 보완하기 위해서, 최치원 전거자료를 적극적으로 인용하여 『삼국사기』와 구별되는 역사서를 서술하고자 한 것으로 보고 싶다.[42]

결론적으로 一然은 최치원을 當代 최고의 지식인이면서, 최고의 문장가이면서, 최고의 비문 찬술자로 인식하였음을 확인할 수 있다. 그리하여 一然은 최치원이 當代에 유명하였으므로, 그의 기록을 존중하였고 그것을 기반으로 『삼국유사』의 위상을 높이는 데 활용하였을 것으로 본다. 이것이 『삼국유사』 최치원 관계기사를 통해 분석해 본 一然의 최치원에 대한 인식이라고 해야 하겠다.

이상의 분석을 통해 『삼국유사』 찬술자인 一然의 역사서술의 태도는 크게 두 가지 방면에서 진행되었음을 알 수 있다.

첫째는 一然 당대의 현실 인식이다. 당대에 대해서는 '슥'이라는 표현으로 자신이 보고 들은 바를 서술하고 있다. 반면에 지나간 시대를 서술할 때는 가능한 한 전거자료를 제시하고 있는데, 그 가운데 하나가 바로 최치원의 자료를 활용하는 방법이었다. 一然은 『삼국유사』를 찬술하면서 기본적으로 『삼국사기』 중 자신이 선택한 기사와 『삼국사기』에서 누락된 부분

---

42) 이에 대해서 약간 다른 견해(채상식, 1991, 『고려후기불교사연구』, 146쪽)가 보인다. 그것은 "일연은 儒家書와 諸子百家에도 밝았는데, 이는 『삼국유사』가 비록 불교신앙을 표방하기 위한 저술이라 하더라도 『삼국유사』 敍의 내용이라든가, 왕력·기이편의 체제에서 반영되고 있으며, 더욱이 『삼국유사』에 인증되어 있는 방대한 史書類에서도 짐작할 수 있다. 따라서 『삼국유사』는 불교신앙을 표방하기 위한 의도로 찬술되었지만, 그 배경에는 유학이나 기타 사상체계를 광범위하게 포용하고 있던 그 자신의 사상적 경향과 깊이가 작용하고 있었다고 할 수 있다"라고 하여, 一然의 사상적 경향을 언급하고 있다. 그러나 필자는 一然의 사상적 경향도 중요하지만, 一然이 유학자였던 최치원 관계기사를 원용함으로써, 그로 인해 『삼국유사』가 더욱 신뢰성, 사실성, 논리성을 提高해 주고 있다고 보는 점에서 차이가 있다.

을 추가하는 방식을 취하였다. 그 이유는 『삼국사기』 내용 중 부족한 부분이 있다고 판단했기 때문일 것이다. 그 때문에 『삼국사기』에서는 다루지 않았던 傳說이나 說話와 같은 이야기들이 많이 편재되었다. 역사가는 종종 그러한 이야기 속에서도 당시의 사회상이나 생활상, 당시 사람들의 사고방식 등을 엿볼 수 있다. 그렇기에 『삼국유사』는 귀중한 역사서로 평가될 수 있는 것이다.

그렇다면 一然이 『삼국사기』에서는 누락된 내용을 찬술하면서 가장 주의를 기울였던 점이 무엇이었을까. 아마도 찬술하려는 내용의 신빙성 문제가 아니었을까. 『삼국사기』는 당시의 석학들이 집필을 담당하였던 관찬 사서로서 신빙성이 입증되었다고 하지만, 『삼국유사』는 어떻게 그 신빙성을 확보할 수 있었을까. 그도 그럴 것이 一然은 『삼국사기』에서는 굳이 다루지 않았던 사실들을 찬술하려는 욕구가 있었기 때문이다. 이럴 때 '崔致遠云', '致遠云' '又崔致遠云' 등을 원용함으로써 자신이 찬술할 내용의 신빙성을 확보하고자 한 것이다.

이것은 一然이 자신이 살았던 당대를 서술하면서는 '今'이라는 표현으로 역사적 사실을 적시하려던 의도와 대비된다. 자신이 직접 보고 들은 일에 대해서는 '今'으로, 이전의 일에 대해서는 '崔致遠云' 등을 이용하여 신빙성을 확보하였다고 본다. 특히, 一然은 고증이 필요한 역사적 사실을 거론할 때마다 최치원 관련 자료를 활용함으로써 그 역사적 사실에 대한 신빙성을 확보하였다고 보인다. 고구려 馬韓說이나 신라의 涿水說 기원 등이 그것이다. 一然이 역사적 사실을 서술하는 방식은 『삼국사기』나 『고기』 등 사서에서 자료를 추출하여 활용하였는데, 그 가운데 『삼국사기』에 없는 이야기나 『삼국사기』를 보완할 필요가 있는 경우에는 최치원 관련 자료를 활용하는 경우가 많았음을 확인할 수 있었다.

한편, 一然 당대의 일을 서술한 경우는 '今'이라는 표현을 사용함으로써 이 부분의 내용은 一然 자신이 보고 들은 당대의 이야기임을 밝히고 있음도 밝힐 수 있었다. 또 이러한 점은 신라 6부명을 고려의 6부명으로 고친 사례를 통해서도 볼 수 있는데, '今日', '今云'이라는 표기를 사용하여 서술한 내용을 통해서 살펴볼 수 있었다.

요컨대, 一然은 최치원 관련 자료를 활용함으로써 자칫 불교적 입장만을 내세우게 될지도 모르는 자신의 한계를 뛰어넘으려고 했던 것은 아닐까 한다. 또 一然은 『삼국유사』를 찬술하면서 스스로 역사서술에서 객관성과 신빙성을 확보하는 것이 필수였음을 자각하면서 이를 담보하려는 노력이 최치원 관련 자료의 활용으로 나타났으며, 이것이 一然으로 하여금 최치원 관계기사를 다량으로 삽입한 것이다. 一然에게 있어 최치원은 그 필수조건을 충족시켜 줄 수 있는 最適의 인물이었다. 여기서 一然의 역사 인식을 이해할 수 있다.

4. 맺음말

이상에서 살펴보았듯이, 『삼국유사』에 보이는 최치원 관계기사는 왕력, 기이, 의해 편을 합하여 총 10개이며, 이러한 내용을 『삼국사기』에 보이는 관련 자료와 비교하여 분석, 검토해 보았다. 이들 자료를 검토한 결과, 『삼국사기』에서는 해당 자료가 매우 소략하거나 누락 기재된 것이 적지 않으므로, 『삼국유사』에서는 해당 사항의 究明을 위해 최치원 관계기사를 활용하는 방법을 통해 서술한 것으로 이해하였다. 이를 정리함으로써 맺음말에 대신하고자 한다.

먼저, 『삼국유사』와 『삼국사기』를 비교·분석해 본 결과, 다섯 가지로 구분, 정리하였다. 첫째, 三韓에 대한 기사로, 『삼국사기』에서는 이를 최치원 열전에서 간단히 언급하였는데, 『삼국유사』에서는 최치원을 인용하여 자세히 언급하고 있는 것이 한 특징이다. 둘째, 진한에 관한 기사도, 『삼국사기』에서는 간단히 언급하고 있으나, 『삼국유사』에서는 최치원을 인용하여 구체적으로 고증하고 있다. 셋째, 『삼국사기』에서는 최치원의 출신부를

'王京沙梁部人'이라고 하였다면, 『삼국유사』에서는 '致遠乃本彼部人'이라고 하여, 다른 사실을 전하고 있다. 또 그 끝부분에 '殆明矣'라고 하여 최치원 출신에 대한 찬술자의 견해를 명확히 전달하고 있다. 넷째, 『제왕연대력』의 평가에 대해서는 『삼국사기』와 『삼국유사』가 별다른 차이가 없지만, 『삼국유사』 왕력의 편제와 고유한 신라 王號의 서술은 찬술자의 역사 인식을 보여주기에 충분하다. 다섯째, 원성왕 조의 기사에서 『삼국사기』의 서술방식과 『삼국유사』의 그것에 차이가 있음을 살펴볼 수 있었다.

다음으로, 『삼국유사』 속의 최치원 관계기사를 통하여 이들 기사에서 공통점을 찾아본 결과, 크게 두 가지로 정리할 수 있었다. 하나는 一然이 최치원 관련 자료를 활용한 목적을 세 가지로 구분해 보았다. 첫째는 신뢰성 확보로서, 중국 정사의 인용과 '崔致遠云' 또는 '致遠云' 그리고 '又崔致遠云'이 이를 대변해 주고 있다. 둘째는 사실성 확보로서, 『삼국시기』에서 소략하게 다루거나 누락 기재된 내용 가운데 그 출처가 불분명한 부분은 최치원 관계기사를 인용하여 사실을 확인해 주고 있다. 셋째는 논리성 확보로서, 當代 최고의 불교 승려가 『삼국유사』를 찬술하면서 신라말의 최고 유학자인 최치원의 전거자료를 활용해서 본인의 의견을 개진하는 데 그 명성을 활용하고 있다.

다른 하나는 『삼국유사』에서 一然의 '今'과 6부명의 '今日', '今云'이라는 표기가 찾아진다는 점이다. 이는 앞에서 언급한 崔致遠 '云'과 상호 대비해 볼 수 있는 자료이며, 그것은 찬술자 一然이 살았던 當代를 직접적으로 표현한 것으로, 이를 통해 찬술자의 의견을 표출하고 있음을 확인할 수 있었다. 이를 통해 一然은 崔致遠 '云'과 一然의 '今'을 적절히 활용함으로써 『삼국유사』의 신뢰성, 사실성, 논리성을 확보하였던 것이다. 이것이 『삼국유사』를 찬술한 一然의 역사 인식이라고 할 수 있다.

김부식은 『삼국사기』를 편찬하면서 유교적 합리주의에 입각하여 서술한 데 반해, 一然은 『삼국유사』를 찬술하면서 불교와 유교를 접합하려는 의도가 반영된 것으로 보인다. 최치원은 그러한 一然의 시도를 가능하게

해 주었던 인물이다. 一然이 『삼국유사』를 찬술한 내용을 볼 때는 불교사 또는 불교문화사에 치중하였다고 평가되기도 한다. 그럼에도 불구하고 최치원 관련 자료를 활용하여 『삼국유사』의 내용을 폭넓게 찬술한 것은, 一然이 불교 승려이면서 또한 儒學을 수용하려는 태도를 지니고 있었다고 볼 수 있는 대목이기도 하다. 그리고 최치원이 중국에서 공부한 유학자이지만, 귀국 후 왕명으로 불교 관련 비문, 특히 四山碑銘 등을 작성함으로써, 유학자이면서 불교사에 정통한 문장가로서 인식되기에 부족함이 없었을 것이다.

이처럼 一然이 최치원을 불교와 유교에 정통하였던 학자로서의 측면을 인정하고, 본인도 그러한 측면을 중요시한 결과, 이를 적극적으로 활용하여 남겨진 것이 『삼국유사』의 최치원 관계기사이다. 기존의 연구에서는 『삼국유사』의 성격을 유교와 상대되는 佛敎 또는 神異史觀으로 평가해 왔지만, 최치원 관계기사를 검토, 분석한 결과 『삼국유사』에 대한 새로운 이해와 폭넓은 관점에서의 접근이 필요하다는 점을 제기할 수 있었다.

『삼국유사』의 편목과 一然의 신라 불교 인식

1. 머리말

 『삼국유사』는 5권 9개의 편목으로 구성되어 있다. 권1에는「왕력」, 권2에는「기이」, 권3에는「흥법」과「탑상」, 권4에는「의해」, 권5에는「신주」,「감통」,「피은」,「효선」편이 수록되었다. 그동안 각 편목의 내용을 중심으로 여러 연구가 진행되었다.[1] 크게 살펴보면 하나는「왕력」과[2]「기이」편을[3] 역사서의 성격으로,「흥법」이하 나머지 편목들은 불교사의 성격을 지닌 것으로 이해하는 연구이다.[4] 다른 하나는「왕력」과「기이」편이「흥법」이하 불교 관계 기사의 시대적 배경을 설명하는 서론격으로 보아 이를 불교사서로 규정하는 연구이다.[5] 그러나 이에 대한 반론으로 단순한 서론으

---

1) 『삼국유사』의 편목을 다룬 논고로는, 최남선, 1927, 『삼국유사』, 계명 18호, 계명구락부 ; 김영태, 1974, 「삼국유사의 체재와 그 성격」 『동국대 논문집』 13 ; 홍윤식, 1979, 「삼국유사의 체재와 불교의례」 『불교학보』 16 ; 고익진, 1982, 「『삼국유사』 찬술고」 『한국사연구』 38 ; 이기백, 1987, 「『삼국유사』의 편목 구성」 『불교와 제과학』, 동국대학교 출판부 ; 김두진, 2000, 「삼국유사의 체제와 내용」 『한국학논총』 23 등이 있다.
2) 왕력편에 대해서는 이기백, 1985, 「『삼국유사』「왕력」편의 검토」 『역사학보』 107에서 하나의 편목으로 보는 데 비해, 김상현, 1985, 「삼국유사 왕력편 검토」 『동양학』 15에서는 이를 부록으로 이해하고 있다.
3) 기이 편에 대해서는 이기백, 1984, 「『삼국유사』「기이」편의 고찰」 『신라문화』 1이 참고된다.
4) 이기백, 1987, 앞의 논문.
5) 김영태, 1974, 앞의 논문.

로 보기에는 「왕력」과 「기이」 편의 분량이 너무 많다는 지적도 있다.[6]

그리고 「왕력」과 「기이」 편 이외의 『삼국유사』의 편목 구성에 대해서도 다양한 접근이 이루어졌다. 최남선은 「삼국유사 해제」에서 「탑상」을 제외한 편목의 의미를 설명하였으며,[7] 今西龍은 비로소 「탑상」 편을 설정하여 9개의 편목을 확정하였다.[8] 민영규는 「흥법」 이하 「효선」 편을 삼국의 불교사로 보아도 좋다고 하였다.[9] 김영태 또한 불교사로서의 체재를 다루면서 「왕력」과 「기이」 편을 포함하여 불교사서로 규정하였다.[10] 이기백은 『삼국유사』의 5권에 수록된 9개의 편목에 관한 여러 설을 하나로 집성하여 체계화하였다.[11] 그 가운데 「탑상」과 「효선」 편을 예로 들어서 중국의 『고승전』과는 다르다는 견해를 제기한 바 있다.[12]

이처럼 이전의 연구들이 편목의 전체적인 구성을 통해 『삼국유사』의 성격을 이해해 왔다면, 최근에는 개별 편목의 의미를 파악하여 『삼국유사』의 성격을 규명해 보려는 연구가 진행되었다. 즉, 일연이 『삼국유사』를 찬술하면서 중국의 고승전에서 몇 개의 편명을 취하기는 했어도 그대로 가져오지는 않고 우리 사회에 맞게 새로운 편명을 설정하였다고 하면서, 『釋門正統』과 『佛祖統紀』에 주목하거나,[13] 『法苑珠林』에 보이는 내용을 중심으로 『삼국유사』와의 연관성을 제기하거나,[14] 『후한서』의 내용을 검토하여

---

6) 이기백, 1987, 앞의 논문.
7) 최남선, 1927, 앞의 책, 3~4쪽.
8) 今西龍, 1974, 『高麗及李朝史研究』, 國書刊行會.
9) 민영규, 1969, 「삼국유사」『한국을 움직인 고전백선』, 신동아.
10) 김영태, 1974, 앞의 논문.
11) 이기백, 1987, 앞의 논문.
12) 이기백, 2004, 『한국고전연구 - 『삼국유사』와 『고려사』 병지 - 』, 일조각.
13) 김두진, 2000, 앞의 논문 ; 2014, 『삼국유사의 사학사적 연구』, 일조각, 87~88쪽. 또한 『삼국유사』는 천태종 계통의 승전을 참고하여 9편목으로 나눈 역사·승전류로 편찬하였다(위의 책, 101쪽)고 하였으나, 이는 동의하기 어렵다. 아래에서 그에 대한 문제점을 지적하고자 한다.
14) 신선혜, 2012, 「『삼국유사』 편목 구성의 의미 - 피은편을 중심으로 - 」『보조사상』 37.

『삼국유사』 편목 중 「피은」편에 주목하는[15] 등의 연구성과들이 있다. 최근의 이러한 연구들은 『삼국유사』의 개별 편목들이 어디에 근거를 두고 있는지를 밝히고자 한 것으로 보인다.

그러나 이러한 연구에서 제기하고 있는 논지가 과연 『삼국유사』의 해당 편목 내용과 어떠한 연관이 있는지 의문이다. 편목 설정의 전거로 제시되고 있는 자료가 『삼국유사』의 편목과 내용 서술에 얼마나 영향을 미쳤는지 하는 점은 명확히 밝혀지지 않았다. 위의 연구들이 『삼국유사』에서 모방하였을 것으로 주장하고 있는 전거들을 살펴보면, 대략 같은 의미로 쓰였다고는 볼 수 있겠으나, 그 전거라는 명확한 근거를 찾을 수 없으므로 설득력이 떨어진다.

실제 『삼국유사』의 편목은 『고승전』류의 편목과 일치하는 것이 많다. 또 고승 입전의 방식 면에서도 『고승전』과 유사한 것은 사실이다. 그러므로 『삼국유사』의 편목을 『고승전』류와 비교해 보는 것이 더 유효할 것이다. 『삼국유사』가 기왕의 『고승전』들과 같은 목적에서 쓰인 것인지, 『고승전』의 영향을 받아 그 체재와 의의를 계승하였는지를 밝히려면, 그 편목의 체재와 의미는 물론, 『삼국유사』 속에 인용하고 있는 『고승전』의 내용을 살펴볼 필요가 있다. 그러한 이유로 이 글에서는 『삼국유사』에 인용된 『고승전』의 전거 내용을 중심으로 분석을 시도해 보려고 한다.

이를 위해 첫째, 『삼국유사』 속에 수록된 『승전』과 『고승전』의 내용을 검토해 보고자 한다. 『삼국유사』를 찬술한 일연이 『승전』과 『고승전』의 내용을 인용한 연유가 무엇인지를 확인해 볼 수 있는 방법이기 때문이다. 둘째, 『삼국유사』의 편목 구성을 이해하는 방편으로, 우선 『해동고승전』에 수록된 인물이 『삼국사기』와 『삼국유사』에서는 어떠한 방식으로 서술되어 있는지를 분석해 보고자 한다. 지금까지 삼국의 고승에 대해서 『삼국사

---

[15] 김수태, 2017, 「『삼국유사』 피은편의 저술과 일연 – 은거와 참여의 관계를 중심으로 – 」 『신라문화』 49.

기』와 『삼국유사』에 전재된 내용을 중심으로 이해해 왔으나, 『해동고승전』을 토대로 그 전후의 맥락을 파악하는 것도 좋은 방법이기 때문이다. 셋째, 중국의 『고승전』에 수록된 한국 고대의 고승을 『삼국유사』와 대비하여 그 서술 내용을 파악해보고자 한다. 이는 중국의 『고승전』에 보이는 내용을 상호 비교하면서 일연의 편목 구성이 어떻게 이루어졌는지를 검토하기에 좋다고 생각하기 때문이다. 넷째, 이상의 과정에서 비교 분석된 내용을 근거로 『삼국유사』 편목의 설정 목적을 밝힘으로써, 일연이 신라 불교를 어떻게 인식하였으며, 『삼국유사』를 통해서 무엇을 전달하고자 하였는지를 규명해 볼 것이다.

2. 『삼국유사』 속의 『승전』과 『고승전』

주지하듯이, 『삼국유사』에는 많은 전거 자료가 수록되어 있다. 대표적으로 『삼국사기』를 인용한 부분이 많은 부분을 차지하고 있으며, 현재 전하지 않는 자료도 다수 포함되어 있다. 여기서는 『삼국유사』 속에 서술된 『승전』과 『고승전』의 관계 기사를 분석해 보고자 한다. 사실 『삼국유사』의 성격을 『고승전』과 연관하여 논의하고 있지만, 어떠한 내용이 실재하고 있는지, 그것을 인용한 일연의 의도가 무엇이었는지에 대해서는 정작 밝혀진 바가 별로 없다. 『삼국유사』 속의 『승전』과 『고승전』 관계 기사의 내용을 알기 쉽게 정리하면 〈표 1〉과 같다.

〈표 1〉을 통해서 『삼국유사』 속의 『승전』과 『고승전』 인용 기사의 내용을 분석해 보자. 우선 『승전』을 인용한 부분을 살펴보면 11개의 기사를 찾을 수 있다. 이들을 다시 구분해 보면 본문에 언급된 것이 4개이며, 7개의 기사는 細註로 인용하고 있다.

『삼국유사』의 편목과 一然의 신라 불교 인식 283

〈표 1〉『삼국유사』 속의 『승전』과 『고승전』 사례

분류	승 전	고승전	비고
1	順道肇麗 (道公之次亦有法深・義淵・曇嚴之流相繼而興教. 然古傳無文, 今亦不敢編次. 詳見僧傳.)…僧傳作二道來自魏云者誤矣. 實自前秦而來. [흥법]	(有注云, "與本碑及諸傳記殊異." 又高僧傳云, "西竺人, 或云從吳来.)" [흥법]	고승전
2	百濟本記云, 第十五(僧傳云十四, 誤) … 摩羅難陁譯云童學(其異迹詳見僧傳). [흥법]	據此, 本記與本碑二說相戾不同如此. 嘗試論之. 梁・唐二僧傳及三國本史皆載麗濟二國佛教之始在晋末大元之間. [흥법]	양・당승전
3	眞興大王即位五年甲子, 造大興輪寺.(按國史與鄕傳, 實法興十四年丁未始開, 二十一年乙卯大伐天鏡林始興工, 梁棟之材皆於其林中取足, 而階礎石龕皆有之. 至眞興王五年甲子, 寺成故云甲子. 僧傳云七年, 誤) [흥법]	高僧傳云, "惠遠聞天竺有佛影, 昔爲龍所留之影, 在北天竺月支國那竭呵城南 古仙人石室中. (云云)" [탑상]	고승전
4	前王姓金氏, 出家法雲, 字法空. (僧傳与諸說亦以王妃出家名法雲, 又眞興王爲法雲, 又以爲眞興之妃名法雲, 頗多疑混.) [흥법]	以善德王代貞觀十年丙申 (唐僧傳云十二年, 今從三國本史) 入唐. [탑상]	당승전
5	具如國史, 餘具載本傳與僧傳. 師有高弟十一人. [흥법]	唐續高僧傳 第十三卷載. 新羅皇隆寺釋圓光俗姓朴氏本住三韓. 卞韓・辰韓・馬韓, 光即辰韓人也…有弟子圓安, 神忘機穎. 性希歷覽慕仰幽求. [의해]	당 속고승전
6	僧傳云, 釋普德字智法, 前高麗龍岡縣人也. 詳見下本傳. [탑상]	後撰海東僧傳者承誤而錄之. 故時人多惑之. [의해]	해동승전
7	乃捨爲寺以龍王所施黃金餝塔像光曜殊特, 因名金光焉. (僧傳作金羽寺, 誤) [신주]	又作海東僧傳者從而潤文. 使實壤無傳而疑誤後人, 誣妄幾何? [의해]	해동승전
8	(已上鄕傳). 按僧傳, "棟梁八珎者觀音應現也. [감통]	廣函求法高僧傳云, "釋阿離那(一作耶)跋摩(一作麼) 新羅人也. 初希正教早入中華. [의해]	구법 고승전
9	(僧傳云, "憲安王封爲二朝王師号照, 咸通四年卒." 与元聖年代相述, 未知孰是.) [피은]	又以袈裟舍利等付之而滅. (藏公初匿之, 故唐僧傳不載). [의해]	당승전
10		師之行狀云是京師人從祖考也. (唐僧傳云本下湘州之人) [의해]	당승전

분류	승전	고승전	비고
11		按唐僧傳云, 開皇十三年廣州有僧行懺法, 以皮作帖子二枚書善惡兩字, 令人擲之得善者吉. [의해]	당승전
12		錚觀在曉師本傳與海東僧傳中. [감통]	해동승전
13		夫又高麗釋波若入中國天台山, 受智者敎觀以神異間山中而滅. 唐僧傳亦有章, 頗多靈範. [피은]	당승전
14		又別記云, 景德王代有直長李俊 (高僧傳作李純) 早會發願, 年至知命須出家創佛寺. [피은]	고승전

　『승전』에 대한 내용을 언급하면서 세주의 내용이 많다는 것은 찬술자인 일연이 본인의 견해를 밝히려는 의지가 반영된 것으로 보인다. 예를 들면, "僧傳云十四, 誤", "僧傳云七年, 誤", "僧傳作金羽寺, 誤", "僧傳与諸說亦…頗多疑混" 그리고 "僧傳云…与元聖年代相述, 未知孰是" 등과 같이, 잘못이라거나, 의심이 가거나, 잘 알 수가 없다고 표현하고 있음을 볼 수 있다. 그 세주의 내용을 다시 분류하면, '僧傳云'이 4개, '僧傳作'이 2개, '詳見僧傳'이 2개로 나타난다. 앞의 '僧傳云'과 '僧傳作'이 유사한 개념이라면 6개가 되며, '詳見僧傳'처럼 이들 내용보다 더 자세한 것은 '승전'을 참조하라는 의미를 담고 있는 대목도 있다. 이처럼 『삼국유사』 속에 담겨 있는 『승전』 관계 기사는 세주를 중심으로 찬술자의 견해와 다른 점을 언급하고 있음을 파악할 수 있다.
　다음으로, 『고승전』을 인용한 부분을 살펴보면 14개의 기사를 찾을 수 있다. 이들을 다시 구분해 보면 본문에 언급된 것은 9개이며, 5개의 기사는 세주에 인용하고 있다. 『고승전』이라고 분류하고 있지만, 각각의 내용에서 차이를 보인다. 『당(속)고승전』[16]이라고 표기한 것이 6개로 가장 많으며,

---

16) 『당승전』이나 『당속고승전』 등 특별한 전거 자료를 제시하지 않은 것은 『당고승

『해동승전』이라고 표기한 것은 3개이며, 『고승전』이라고 표기한 것도 3개이며, 『양·당승전』과 『구법고승전』이 각 1개씩이다. 『당고승전』이 가장 많은 부분에서 인용된 것은 해당 시기가 삼국의 불교 전래 및 수용 시기와 일치하기 때문일 것이다. 다음으로 『해동승전』과 『고승전』을 인용하고 있다. 이들 가운데 『해동승전』은 『해동고승전』을 가리키는 것으로 볼 수 있지만, 『고승전』은 어떤 고승전을 지칭하는지 구체적으로 확인하기 어렵다.

 『삼국유사』에 포함된 『승전』과 『고승전』 관계 기사에 대하여 좀 더 자세히 살펴보기로 하자. 먼저 『승전』을 인용한 부분에서 우선 검토할 것은, 『승전』의 실체가 무엇인가 하는 점이다. 위의 〈표 1〉에서 '순도조려 조'를 언급하면서, "순도 다음으로 법심, 의연, 담엄 등이 잇따라 불교를 일으켰으나, 고전에는 없으므로, 감히 그 사실을 순서에 넣지 못한다고 하였다. 또한 순도와 아도가 위에서 왔다고 되어 있으나, 이는 잘못된 것이며, 실제로는 전진에서 왔다"라는 내용을 밝히고 있다. 이 부분은 『해동고승전』에 언급되어 있으며, 일연은 이에 대한 잘못된 부분을 지적하고 있다. 이어서 "百濟本記云, 第十五(僧傳云十四, 誤)"라고 한 부분인데, 이 부분도 『해동고승전』에 언급되어 있으며, 일연은 마찬가지로 잘못된 부분임을 지적하고 있다. 이처럼 『승전』에 수록된 내용 가운데 다수는 『해동고승전』에서 채록한 것임을 확인할 수 있다.

 그런데 〈표 1〉의 6, 7, 8에 해당하는 내용은 현재의 『해동고승전』에서 찾을 수 없다는 점이다. 이를 알려주는 다른 기록으로는 위의 표 가운데 『고승전』 항목의 14에 수록된 "又別記云, 景德王代有直長李俊 (高僧傳作李純)"라는 기사인데, '이준'을 『고승전』에서는 '이순'이라고 하였다'라는 기사로, 현재로서 다른 『고승전』에서 찾을 수 없는 부분이다. 이를 살펴보기 위해서, 『고승전』이라고 하면 먼저 떠오르는 것이 『삼국사기』에 보이는 김대문의 『고승전』일 것이다. 이를 알려주는 기사를 살펴보면,

---

 전』으로 통일해서 사용하기로 한다.

A. 전(傳)과 기(記) 몇 권을 지었다. 그 가운데 『고승전(高僧傳)』・『화랑세기(花郎世記)』・『악본(樂本)』・『한산기(漢山記)』가 아직 남아 있다.[17]

라고 하여, 여러 전과 기 가운데 『고승전』이 맨 앞에 보인다. 이를 단순하게 넘길 수도 있으나, 이들 순서가 김대문의 전기 중에서 그 저술 순서를 반영하는 것이라면, 신라의 불교 수용과 관련된 여러 사실을 남기기 위한 저작이었다고 할 수 있을 것이다. 그러나 현재 어떠한 내용도 전해지지 않기 때문에 이에 대한 더 이상의 언급은 어렵다. 그러나 김대문의 생존연대가 대개 704년(성덕왕 3)에 한산주 도독(총관)에 임명되었다고 하는 기사를 근거로 하면, 앞의 『삼국유사』에 보이는 『고승전』은 김대문의 『고승전』일 수 없다는 점을 알 수가 있다.

다음으로 『삼국유사』에 포함된 『고승전』의 실체가 무엇인가 하는 점이다. 위의 〈표 1〉에서 확인하였듯이, 『당고승전』이 6개, 『해동승전』이 3개, 『고승전』이 3개, 『양・당승전』과 『구법고승전』이 1개씩이다. 그렇다면 『당고승전』과 『양・당승전』, 『구법고승전』이 모두 중국의 『고승전』을 지칭하는 것이라면, 나머지 『해동승전』과 『고승전』의 실체 파악이 필요하다고 본다. 그런데 앞에서 잠시 살펴보았듯이, 〈표 1〉의 『승전』 6과 7이 『해동고승전』이라면, 『고승전』의 14가 같은 것임을 확인하였으므로, 이제 다른 두 기사를 검토하는 일만 남는다. 『고승전』의 1과 3이 그것인데, 1은 "又髙僧傳云, 西竺人, 或云從吳来"라는 기사이며, 3은 "高僧傳云, "惠遠聞天竺有佛影, 昔爲龍所留之影, 在北天竺月支國那竭呵城南古仙人石室中"라는 기사이다. 1의 기사는 釋阿道와 관련된 내용으로 『해동고승전』에 수록된[18] 내용이며, 3의 魚山佛影 조 기사는 동진 때의 고승 廬山 惠遠(335~417)으로서,

---

17) 『삼국사기』 권46, 열전 6, 김대문 조. "作傳記若干卷. 其高僧傳・花郎世記・樂夲・漢山記猶存."
18) 『해동고승전』 권1, 유통, "釋阿道或云本天竺人, 或云從吳來, 或云自高句麗入魏後歸新羅, 未知孰是."

慧皎가 편찬한 『양고승전』에서 같은 문장을 확인할 수 있다.[19] 따라서 이 두 기사의 내용 가운데 하나는 『해동고승전』이며, 다른 하나는 『양고승전』에서 인용한 것임을 확인할 수 있다.

요컨대, 『삼국유사』 속의 『승전』과 『고승전』 관계 기사의 내용을 분석해 보았을 때, 『승전』에 기재된 내용 중 다수는 『해동고승전』에서 채록된 것임을 확인할 수 있었으며, 『고승전』이라고 기재된 내용 중 중국의 『고승전』을 특정한 것을 제외한다면, 나머지 『해동승전』과 『고승전』의 기사는 대개 『해동고승전』을 지칭하는 것임을 파악할 수 있었다. 이를 통해 일연이 『삼국유사』를 찬술하면서 『해동고승전』의 고승 내용을 다수 참조하였음을 확인할 수 있었다.

3. 『삼국유사』의 편목 구성

1) 『해동고승전』과 『삼국유사』의 편목

앞 장에서 살펴본 것처럼, 『삼국유사』 속의 『승전』과 『고승전』에서 다수의 『해동고승전』 관계 기사를 확인한 바와 같이, 『삼국유사』의 편목 내용을 구성할 때 주요한 영향을 준 것은 『해동고승전』의 내용이라고 할 수 있다. 그런데 『해동고승전』의 편목 중 현재 남아 있는 것은 「유통 편」 권1, 2 두 권밖에 없다. 이 때문인지 실상 『해동고승전』에 수록된 고승들의 전기와 『삼국유사』와 어떠한 관련이 있는지를 구체적으로 언급한 연구는 찾기 어렵다.[20]

---

19) 이에 대해서 남동신, 2007, 「『삼국유사』의 사서로서의 특성」『일연과 삼국유사』, 99쪽이 참고된다.
20) 김상현, 1984, 「『해동고승전』의 사학사적 성격」『남사정재각고희기념동양학논총』, 고려원 ; 최연식, 2007, 「고려시대 승전의 서술양상 검토」『한국사상사학』 28 등

여기서는 『해동고승전』과 『삼국유사』와의 관계를 파악하기 위하여 『삼국사기』의 내용도 함께 확인해 보고자 한다. 다시 말해, 그동안 『삼국사기』와 『삼국유사』의 불교 관계 기사를 근거로 그 차이점을 부각하는 연구는 진행되었으나, 정작 『해동고승전』과 『삼국사기』·『삼국유사』와의 연관성에 대해서는 깊이 있게 다루어지지 않았다. 이를 상호 비교하기 위하여 『해동고승전』의 고승 기사를 중심으로 『삼국사기』와 『삼국유사』의 해당 내용을 추출하는 방법으로 논의를 진행하고자 한다. 이를 알기 쉽게 정리하면 〈표 2〉와 같다.

〈표 2〉 『해동고승전』과 『삼국사기』·『삼국유사』의 내용 비교

구분	해동고승전	삼국사기	삼국유사
釋順道	釋順道不知何許人也. 邁德高標, 慈忍濟物. 誓志弘宣, 周流震旦移家就機, 誨人不倦.	二年,夏六月, 秦王符堅遣使及浮屠順道,送佛像·經文.王遣使迴謝, 以貢方物.(372) 五年春二月, 始創肖門寺, 以置順道,又創伊弗蘭寺, 以置阿道. 此海東佛法之始.(375)	順道肇麗(道公之次亦有法深·義淵·曇嚴之流相継而興教.然古傳無文, 今亦不敢編次. 詳見僧傳) 前秦符堅遣使及僧順道送佛像經文(時堅都關中即長安)
釋亡名	釋亡名句高麗人也. 志道依仁, 守眞據德. 人不知而不慍, 考鍾于內. 在邦必聞需然有餘厥聞旁馳.		
釋義淵	釋義淵句高麗人也. 世系緣致咸莫聞也. 自隷剃染善守律儀.		順道肇麗 (道公之次亦有法深·義淵·曇嚴之流相継而興教.然古傳無文, 今亦不敢編次. 詳見僧傳)
釋曇始	釋曇始關中人也, 自出家多有異跡.		又按元魏釋曇始(一云惠始) 傳云, "始關中人, 自出家已後多有異迹…

이 참고된다.

구분	해동고승전	삼국사기	삼국유사
釋摩羅難陀	釋摩羅難陀胡僧也. 神異感通莫測階位, 約志遊方不滯一隅…當百濟第十四枕流王即位九年九月, 從晋乃來王出郊迎之	九月, 胡僧摩羅難陀自晉至, 王迎之, 致宮內禮敬焉. 佛法始於此.(384)	難陀闢濟 百濟本記云, 第十五(僧傳云十四誤)枕流王即位甲申(東晉孝武帝大元九年)胡僧摩羅難陁至自晉, 迎置宮中禮敬. 明年乙酉創佛寺於新都漢山州, 度僧十人, 此百濟佛法之始. 又阿莘王即位大元十七年二月, 下教崇信佛法求福. 摩羅難陀譯云童學(其異迹詳見僧傳).
釋阿道 · 墨胡子	釋阿道或云本天竺人, 或云從吳來, 或云自高句麗未知孰是. 始新羅訥祇王時有黑胡子者從句高麗至一善郡宣化有緣, 郡人毛禮家中作窟室安置.	四年, 僧阿道來.(374) 五年, 春二月, 始創肖門寺, 以置順道. 又創伊弗蘭寺, 以置阿道. 此海東佛法之始.(375)	又四年甲戌阿道來自晉. 明年乙亥二月創肖門寺以置順道, 又創伊弗蘭寺以置阿道. (374) 阿道基羅(一作 我道 又阿頭)新羅本記第四云. 第十九訥祇王時沙門墨胡子自髙麗至一善郡.
釋法空	釋法空新羅第二十三法興王也. 名原宗, 智證王元子, 母延帝夫人…工既告畢, 王遜位爲僧改名法空念三衣瓦鉢.		前王姓金氏, 出家法雲, 字法空. (僧傳与諸說亦以王妃出家名法雲, 又真興王爲法雲, 又以爲真興之妃名法雲, 頗多疑混).
釋法雲 (卷1)	釋法雲俗名公麥宗, 諡曰眞興.而法興王弟, 葛文王之子也, 母金氏.生七歲卽位克寬克仁.		前王姓金氏, 出家法雲, 字法空.
釋覺德 · 明觀	釋覺德新羅人. 聰明廣博, 凡聖莫測也. 新羅既奉行佛教人爭歸信.…後二十六年陳遣使劉思及入學僧明觀送釋氏經論無慮二千七百餘卷.	十年, 春, 梁遣使與入學僧覺德. 逸佛舍利. 王使百官, 奉迎興輪寺前路.(549) 陳遣使劉思與僧明觀來聘, 送釋氏經論千七百餘卷.(565)	天壽六年陳使劉思并僧明觀奉內經. 真興王代天嘉六年乙酉, 陳使劉思與釋明觀載送佛経論一千七百餘卷.
釋智明 · 曇育	釋智明新羅人. 神解超悟, 行止合度…當眞平王之七年秋七月問津利往, 入陳求法.	秋七月, 高僧智明入陳求法.(585) 九月, 高僧智明隨入朝使上軍還.王尊敬明公戒行爲	

구분	해동고승전	삼국사기	삼국유사
	初師入陳後五年圓光法師入陳. 八年曇育入隋, 七年隨入朝使惠文俱還.	大德(602)十八年, 春三月, 高僧曇育入隋求法.(596) 二十七年, 春三月, 高僧曇育隨入朝使惠文還.(605)	
釋圓光·圓安	釋圓光俗姓薛氏, 或云朴, 新羅王京人年十三落髮爲僧. (續高僧傳云, 入唐利削)… 乃以眞平王十二年春三月遂入陳遊歷講肆領牒微言, 傳稟成實·涅槃·三藏數論. 高弟圓安亦新羅人, 機鋒頴銳性希歷覽, 仰慕幽求.	十一年,春三月, 圓光法師入陳求法.(589) 二十二年, 高僧圓光隨朝聘使奈麻諸文·大舍橫川還.(600) 三十年, 王患高句麗屢侵封場, 欲請隋兵以征高句麗, 命圓光修乞師表.(608)	圓光西學 唐續高僧傳第十三卷載. 新羅皇隆寺釋圓光俗姓朴氏本住三韓.卞韓·辰韓·馬韓, 光即辰韓人也. 有弟子圓安, 神忘機頴. 性希歷覽慕仰幽求. 又東京安逸戶長貞孝家在古本殊異傳載圓光法師傳曰. 又三國史列傳云."賢士貴山者沙梁部人也.
釋安含·曇和·安弘	釋安含俗姓金, 詩賦伊飱之孫也. 生而覺悟, 性乃沖虛. … 崔致遠所撰義相傳云, "相眞平建福四十二年受生, 是年東方聖人安弘法師與西國二三藏漢僧二人自至唐." …鄕僧曇和筆授.…予疑含弘二字之有一錯焉.	安弘法師入隋求法, 與胡僧毗摩羅等二僧廻, 上稜伽·勝鬘經及佛舍利.(576)	東京興輪寺金堂十聖東壁坐庚向泥塑我道·猒髑·惠宿·安含·義湘, 西壁坐甲向泥塑表訓·蛇巴·元曉·惠空·慈藏.
釋阿離耶跋摩	釋阿離耶跋摩神智獨悟, 形貌異倫. 始自新羅入于中國尋師請益無遠不參, 瞰憩冥壑凌臨諸天.		
釋惠業	是時高僧業住菩提寺, 玄恪·玄照至大覺寺, 此上四人竝於貞觀年中有此行也.		継此有惠業·玄泰·求本·玄恪·惠輪·玄遊, 復有二亡名法師等.
釋惠輪	釋惠輪新羅人, 梵名般若跋摩(唐云惠甲)		継此有惠業·玄泰·求本·玄恪·惠輪·玄遊, 復有二亡名法師等.
釋玄恪·玄照·亡名二人	釋玄恪新羅人, 疑然孤硬具大知見. 性喜講說赴感隨機, 時人指爲火中芙蓉也. 玄照者亦新羅之高士也. 與恪同科始終一揆未詳所卒. 復有新羅僧二人莫知其名.		継此有惠業·玄泰·求本·玄恪·惠輪·玄遊, 復有二亡名法師等.

구분	해동고승전	삼국사기	삼국유사
釋玄遊·僧哲	釋玄遊高句麗人. 叶性虛融, 禀質溫雅, 意存二利. 志重詢求. 乘盃泝流 考室幽壑. 入唐禮事僧哲禪師, 摳衣禀旨.		継此有惠業·玄泰·求本·玄恪·惠輪·玄遊, 復有二亡名法師等.
釋玄大梵 (卷2)	釋玄大梵新羅人, 法名薩婆愼菩提婆(唐言一切智天).		

　현재 남아 있는 『해동고승전』의 「유통 편」에 수록된 고승은 33명이다. 권1에는 고구려불교의 초전자인 순도를 비롯하여 고구려, 백제, 신라, 외국의 전래승 등 11명의 기사가 수록되어 있으며, 권2에는 구법을 목적으로 중국 및 인도에 유학한 22명 승려의 행적이 그려져 있다.[21] 물론『해동고승전』의 편목이 「유통 편」만 있었다고 보기는 어렵다. 이에 대해서는 了圓이 찬술한 『法華靈驗傳』 권하 「顯比丘尼身」의 말미에 "出海東高僧傳第五"라고 되어 있는 부분을 근거로 『해동고승전』은 적어도 5권 이상은 되었다고[22] 지적되기도 한다.

　〈표 2〉에서 『해동고승전』에 전하는 고승들의 내용을 언급하고 있지만, 이 또한 지금까지 부분적으로만 연구에 인용되었다. 저술 시기로 본다면 『삼국사기』가 먼저이고, 『해동고승전』과 『삼국유사』의 순서다. 『삼국사기』에는 고승들의 활동 내용을 사건 중심으로 편년체로 수록하였다면, 『해동고승전』에서는 인물 중심으로 서술하였다. 그렇다면 『해동고승전』이 이미 저술되어 있는데도 왜 『삼국유사』를 저술하였을까. 이러한 의문에 대해서는 아래의 몇 가지 기사를 통해 궁금증을 해소해 보고자 한다.

　먼저 위의 〈표 2〉에서 주목할 만한 부분은 법공과 법운에 관한 내용이다. 『해동고승전』에서는 "釋法空新羅第二十三法興王也.…王遜位爲僧改名

---

21) 장휘옥, 1991, 『해동고승전연구』, 민족사, 21~22쪽.
22) 장휘옥, 1991, 위의 책, 21쪽.

法空念三衣瓦鉢"라거나, "釋法雲俗名公麥宗, 諡曰眞興"라고 하여, 법공은 법흥왕으로, 법운은 진흥왕으로 서술하고 있다. 그런데『삼국유사』에서는 이에 관한 여러 기사를 다음과 같이 수록하고 있다.

- B-1. 전왕의 성은 김씨인데, 출가하여 法雲이라고 했고, 자는 法空이다(『승전』과 여러 설에서는 역시 왕비도 출가하여 이름을 법운이라고 하였고, 또 진흥왕도 법운이라고 하였고, 진흥왕의 비도 법운이라고 했다고 하니, 의심스럽고 혼동된 것이 매우 많다).[23]
- B-2. 법흥은 시호이며, 이것이 시작이다. 갑오년에 즉위하여, 26년간 다스렸다. 능은 애공사의 북쪽에 있다. 왕비는 사축부인이고, 출가한 법명은 法流이며, 영흥사에 머물렀다. 처음 율령을 시행하였으며, 처음 十行日을 시행하여 살생을 금하고, 승니가 되는 것을 허락하였다.
- B-3. 임종 때 또한 승려가 되어 죽었다. 경신년에 즉위하여 37년간 다스렸다.[24]
- B-4. 왕은 임종 때 머리를 깎고 법의를 입고 운명하였다.[25]

위와 같이 B-1에서는 법흥왕이 출가하여 법운이라 하였으며, 자는 법공이라 하였다. 그 세주에서는 왕비도 출가하여 법운이라 하였으며, 진흥왕과 왕비도 법운이라고 하였다는 내용을 전하고 있다. 말미에는 의심스럽고 혼동된 것이 매우 많다고 하였는데, 이 부분에서 『승전』과 여러 설의 오류를 지적하고 있다. 이것을 바로 잡은 부분이 B-2에서는 법흥왕 비의 출가 법명을 법류라고 기재한 것과 B-3과 B-4에서는 법흥왕과 진흥왕이 임종 때 승려가 되었다는 내용이다. 이로써 볼 때 일연은 『삼국유사』에서

---

23) 『삼국유사』권3, 흥법, 원종흥법 염촉멸신 조.
24) 『삼국유사』권1, 왕력, 법흥왕, 진흥왕 조. "法興諡, 諡始乎此. 甲午立, 理二十六年. 陵在哀公寺北. 妃巳丑夫人, 出家名法流, 住永興寺. 始行律令, 始行十行日禁殺, 度爲僧尼.", "終時亦剌髮而卒. 庚申立, 理三十七年."
25) 『삼국유사』권1, 기이, 진흥왕 조. "終時削髮被法衣而逝."

『해동고승전』의 기재 사항 가운데 문제가 있는 부분에 대해서는 오류를 지적하고 사실을 바로잡아 비판적으로 서술하고 있음을 엿볼 수 있다.[26]

다음으로 위의 〈표 2〉에서 주목할 만한 부분은 『삼국유사』에서는 『해동고승전』과 중복된 고승에 대해서는 가능한 한 중국의 『고승전』에서 인용하거나, 생략하거나, 또는 미수록하고 있음을 확인할 수 있다. 물론 현재 『삼국유사』의 미수록 부분은 실전된 『해동고승전』의 내용에 수록되어 있었을 가능성이 있지만, 현재로서는 그 구체적인 사실을 확인하기가 어렵다. 『해동고승전』의 편목 중 「유통 편」만이 확인되기 때문이다. 그런데도 『해동고승전』의 편목 구성이 『삼국유사』의 편목 설정에 영향을 주었을 것임을 밝힐 수 있는 하나의 단서가 확인되는데, 아래의 내용이 그것이다.

> C. 또한, 道는 스스로 전파되는 것이 아니라 사람에 의해 전해지는 것이다. 그러므로 「유통 편」을 지어 뒷사람들에게 보이는 것이다. 살펴보면, 옛날의 양·당·송의 세 『고승전』에는 모두 「역경 편」이 있지만, 우리 본조에서는 번역한 일이 없으므로 이 科를 두지 않는다.[27]

위의 기사는 『해동고승전』의 편목에서 「역경 편」을 두지 않았던 이유를 설명하는 것이며, 또한 「유통 편」을 둔 이유를 설명하는 대목이다. 즉, "도는 사람에 의해 전해지는 것"이기에 「유통 편」을 둔 것이며, "본조에서는 번역한 일이 없으므로" 「역경 편」을 두지 않았다는 것이다. 즉, 초기 한반도로 들어온 불경은 이미 한역을 한 상태로 들어왔기에 다시 번역할 필요가 없었다는 점을 밝히고 있는 부분이다.[28] 『삼국유사』에 「역경 편」을

---

26) 『해동고승전』에 대해서 一然이 비판적으로 보고 있다는 견해가 있는데, 이는 『삼국유사』를 찬술하면서 『해동고승전』의 서술에 대한 문제점을 비판한 것이므로, 논지의 실체를 파악할 필요가 있다.
27) 『해동고승전』 권1, 유통편, 論曰 條. "且道不自弘弘之由人. 故著流通篇以示于後. 按古梁·唐·宋三高僧傳 皆有譯經, 以我本朝無翻譯之事, 故不存此科也"

두지 않았던 이유도 바로 여기에 있다. 또한 『삼국유사』에 「유통 편」을 따로 두지 않았던 이유는 『해동고승전』에서 이미 고승에 관한 전반적인 내용이 서술되었다고 판단하였기 때문일 것이며, 그렇지만 적어도 『해동고승전』「유통 편」의 취지를 충분히 반영하여 서술하였다고 파악된다.

2) 중국의 『고승전』과 『삼국유사』의 편목

앞에서 살펴본 바와 같이, 『삼국유사』를 찬술하기 이전에 『삼국사기』에는 고승들의 활동 내용이 편년체로 수록되어 있었으며, 이를 보다 종합적으로 고승을 중심으로 서술한 것이 『해동고승전』이다. 그런데 정작 『삼국유사』에는 『해동고승전』의 해당 내용을 그대로 싣지 않았음을 확인하였다. 그렇다면 『삼국유사』에 실려 있는 편목의 근인적 출처는 어디에서 찾아볼 수 있을까 궁금하다. 이를 알려주는 대목이 바로 중국의 『고승전』이다.[29]

『삼국유사』는 그 편목으로 보아 오히려 중국의 『고승전』과 관련이 깊다. 중국의 『고승전』은 한국 고대의 『고승전』과 연관하여 크게 『양고승전』, 『당고승전』, 『송고승전』 등으로 구분하여 이해하고 있다. 그 가운데 『양고승전』은 그 체재가 『당고승전』・『송고승전』과는 달라서 이를 별도로 나누어

---

28) 이에 대해서는, "이능화의 『조선불교통사』에서 거론되고 있는 백제의 유학승 謙益의 「미륵사비문」에 의하면 인도 유학을 마치고 인도의 베달다 삼장 등 승려 3인과 함께 귀국해 「범본 아미달마장」과 「5부 율문」을 번역했다는 기록과 安含이 당나라에 유학해 농가타 등 3인과 돌아와 황룡사에서 『전단향화성광묘녀경』을 번역했다는 기록"이 있다는 지적이 있었다. 추후 새로운 연구를 기대한다.

29) 중국의 『고승전』과 관련된 연구로는, 변귀남, 2003, 「『고승전』의 지괴적 서사형식 소고」『중국학보』 47 ; 이영석・안순형, 2009, 「『고승전』 신이편에 관한 연구」 『중국사연구』 58 ; 변귀남, 2010, 「한중 승전의 신이적 서사방식 비교 - 『고승전』과 『삼국유사』를 중심으로 -」『동북아 문화연구』 24 ; 한지연, 2011, 「'고승전' 역경편으로 본 중국 초기 불교의 전개 - 『양고승전』과 『속고승전』을 중심으로 -」 『불교연구』 34 ; 김승호, 2012, 「삼국유사의 찬술 설계와 양고승전」『한국어문학연구』 59 등이 있다.

서 서술하기도 한다. 지금까지 『삼국유사』의 편목을 언급하면서 연구자의 필요에 따라서 『양고승전』을 인용하거나, 또는 『양고승전』과 『당고승전』의 편목에 「의해」와 「감통」 편이 있다는 점을 들어 『삼국유사』가 중국의 『고승전』에서 영향을 받았다고 이해하기도 한다. 물론 『당고승전』과 『송고승전』의 편목이 같으므로 이를 동일시하기도 하였다. 그러나 중국 『고승전』의 세부적인 내용을 살펴보면, 이들 『고승전』도 편목의 내용상 차이가 있음을 확인할 수 있다. 중국의 『고승전』의 체재를 알기 쉽게 정리하면 〈표 3〉과 같다.

〈표 3〉 중국의 『고승전』의 분류와 편목

분류	卷第1	卷第2	卷第3	卷第4	卷第5	卷第6	卷第7	卷第8	卷第9	卷第10
양고승전	譯經	義解	神異	習禪	明律	亡身	誦經	興福	經師	唱導
당고승전	譯經	義解	習禪	明律	護法	感通	遺身	讀誦	興福	雜科聲德
송고승전	譯經	義解	習禪	明律	護法	感通	遺身	讀誦	興福	雜科聲德

위의 〈표 3〉을 자세히 살펴보면, 『양고승전』과 『당고승전』・『송고승전』의 편목의 비교가 가능하다. 동일한 편목은 ①「역경」②「의해」③「습선」④「명률」⑤「흥복」이 일치하고 있으며, 「망신」과 「유신」, 「송경」과 「독송」은 표현상의 차이가 있으나 같은 의미로 해석할 수 있다. 이와는 달리 『양고승전』의 「신이」, 「경사」, 「창도」는 『양고승전』만의 특징을 보여준다. 3개 『고승전』의 편목은 중국 불교의 전래와 수용과정을 반영할 뿐 아니라, 해당 시대 불교의 시대적 변화를 반영하고 있는 것으로 볼 수 있다.

마찬가지로 『삼국유사』의 편목도 한국 고대 불교의 수용과 전래 및 변화를 반영하여 편목을 구성하였다고 생각해 볼 수 있다. 여기서는 『양고승전』과 『당고승전』・『송고승전』의 편목의 차이에 주목하면서, 『삼국유사』 편목의 구성과 내용을 고려해 보고자 한다. 이를 위해 중국 『고승전』의 편목 구성과 내용을 분석하고, 또한 각 『고승전』의 편목 구성의 차이를 비교하기 위하여 편목의 비중을 확인해 보고자 한다. 다시 말해, 『당고승전』과

『송고승전』이 비록 외형상 편목은 같아 보이지만, 세부적으로 살펴보면 그 구성 요소가 매우 다르다는 점을 파악할 수 있을 것이다. 이를 알기 쉽게 정리하면 〈표 4〉와 같다.

〈표 4〉 중국의 『고승전』의 편목 구성과 내용

편목	양고승전 梁慧皎(437~554) 撰		당고승전 唐道宣(596~667) 撰		송고승전 宋贊寧(919~1002)勅撰	
	구성	승려(인)	구성	승려(인)	구성	승려(인)
譯經	권1~3 (상·중·하)	35	권1~4 (初·2·3·4)	15 附見 35	권1~3 (一之一~三)	22 附見 12
義解	권4~8 (1·2·3·4·5)	101	권5~15(初·2·3·4·5·6· 7·8·9·10·11)	150 附見 77	권4~7 (二之一~四)	72 附見 22
神異	권~10(상·하)	20				
習禪	권11	21	권16~20 (初·2·3·4·5·6·六之餘)	95 附見 38	권8~13 (三之一~六)	103 附見 29
明律	권11	13	권21~23 (상·중·하·下之餘)	38 附見 25	권14~16 (四之一~三)	59 附見 10
亡身	권12	11				
誦經	권12	21				
興福	권13	14	권29	12 附見 5	권26~28 (九之一~三)	50 附見 6
經師	권13	11				
唱導	권13	10				
護法			권23~24 (상·하)	11 附見 9	권17(五)	18 附見 1
感通			권25~26 (상·중·하)	117 附見 9	권18~22 (六之一~五)	89 附見 23
遺身			권27	12 附見 2	권23(七)	22 附見 2
讀誦			권28	14 附見 7	권24~25 (八之一~二)	42 附見 8
雜科 聲德			권30	12 附見 8	권29~30 (十之一~二)	45 附見 12
계	총 13권	257	총 30권	476 附見190	총 30권	522 附見125

위의 〈표 3〉을 자세히 살펴보면, 각 『고승전』의 1에 해당하는 것이 「역경」 편이다. 인도에서 들어온 불교 경전을 중국어로 번역하는 것이 당시로서는 급선무였을 것이다. 이를 위해 『양고승전』에서는 35인, 『당고승전』에서는 15인과 부견(附見) 35인, 『송고승전』에서는 22인과 부견 12인이 중요한 승려로 수록되어 있다. 이미 지적하였듯이, 이 편목이 『삼국유사』에는 없다. 다음으로 「의해」 편이다. 『양고승전』에서는 101인, 『당고승전』에서는 150인 부견 77인, 『송고승전』에서는 72인 부견 22인이 중요한 승려로 수록되어 있다. 이는 앞에서 살펴본 「역경」 편과 비교해서 많은 인물이 수록되었음을 확인할 수 있다. 『삼국유사』의 편목에 같은 명칭이 있다. 다음으로 『양고승전』에만 보이는 것으로, 「신이」와 「경사」에 대한 것이다. 「신이」에는 20인이 수록되어 있으며, 「경사」에는 11인이 수록되어 있다. 이들 편목은 『당고승전』과 『송고승전』에는 유사한 명칭이 보이지 않으며, 다른 편목으로는 「감통」과 「잡과」로 구성되어 있다.

다음으로 「습선」에 대한 것이다. 『양고승전』에서는 21인, 『당고승전』에서는 95인 부견 38인, 『송고승전』에서는 103인 부견 29인이 중요한 승려로 수록되어 있다. 다음으로 「명률」에 대한 것이다. 『양고승전』에서는 13인, 『당고승전』에서는 38인 부견 25인, 『송고승전』에서는 59인 부견 10인이 중요한 승려로 수록되어 있다. 다음으로 「망신」과 「유신」에 대한 것이다. 『양고승전』에서는 「망신」이라 하여 11인, 『당고승전』과 『송고승전』에서는 「유신」으로, 각각 12인 부견 2인과 22인 부견 2인이 중요한 승려로 수록되어 있다. 다음으로 「송경」과 「독송」에 대한 것이다. 『양고승전』에서는 「송경」이라 하여 21인, 『당고승전』과 『송고승전』에서는 「독송」으로, 14인 부견 7인과 42인 부견 8인이 중요한 승려로 수록되어 있다. 다음으로 「흥복」에 대한 것이다. 『양고승전』에서는 14인, 『당고승전』에서는 12인 부견 5인, 『송고승전』에서는 50인 부견 6인이 중요한 승려로 수록되어 있다.

앞에서 언급하였듯이, 『양고승전』에만 보이는 「신이」와 「경사」에 관한 내용 이외에 『당고승전』과 『송고승전』에 함께 수록된 편목으로는 「호법」

과 「감통」이 있다. 『당고승전』과 『송고승전』에서는 「호법」에 11인 부견 9인, 18인 부견 1인이 있으며, 「감통」에 117인 부견 9인, 89인 부견 23인이 중요한 승려로 수록되어 있다. 다음으로 「창도」와 「잡과성덕」에 대한 것이다. 『양고승전』에서는 「창도」라 하여 10인, 『당고승전』과 『송고승전』에서는 「잡과성덕」이라 하여 12인 부견 8인, 45인 부견 12인이 중요한 승려로 수록되어 있다.

이를 종합해 보면, 『송고승전』은 『당고승전』과 비교할 때 「의해」「감통」 편의 고승이 적게 기재되고, 대신 다른 편목의 고승은 증가하고 있으며, 신라의 현광, 북위의 혜응, 송의 지일, 북주의 법성, 수의 법희, 행견, 법지 등 11명의 정관 이전의 고승들을 수록하고 있다.[30] 또한 그 내용 가운데 찬자인 찬녕이 직접 비명, 야사 등의 사료를 풍부히 조사하여 편찬하였다고 볼 수 있다.[31] 이처럼 중국 『고승전』의 편목을 검토함으로써 중국 불교의 수용과 전래과정에서 당시 고승들의 전기가 어떻게 찬술되었으며, 그러한 사실이 각 『고승전』에 어떠한 면모로 수록되었는지를 간단하게나마 살펴볼 수 있었다.

요컨대, 『삼국유사』 편목의 내용 구성에서 주요한 영향을 준 것은 『해동고승전』이라고 할 수 있다. 특히, 중국의 『고승전』과는 달리 『해동고승전』에서 「역경 편」을 두지 않았던 이유가 그것이다. 또한 중국 불교의 수용과 전래 및 변화를 반영하고 있는 중국 『고승전』의 편목과 그 내용에서 『삼국유사』의 편목과 일치하는 것이 「의해」와 「감통」 편밖에 없다는 점은 『삼국유사』의 편목 구성에 대하여 다시금 검토해 볼 필요성이 제기된다. 즉, 『삼국유사』의 편목 구성을 분석하여 일연이 신라 불교에 대하여 어떻게 인식하였는지를 살펴볼 수 있을 것이다. 이에 대해서는 다음 장에서 살펴보고자 한다.

---

30) 慧皎 外 撰, 1977, 『高僧傳』, 以文社, 8쪽 해제에서 "義解, 明律, 感通篇이 작고 다른 것은 증가되어 있으며"라고 했으나, 「의해」 「감통」 편만의 고승이 적게 기재되어 있다.
31) 慧皎 外 撰, 1977, 『高僧傳』, 以文社, 8쪽.

4. 『삼국유사』의 편목 구성을 통해 본 일연의 신라 불교 인식

앞 장에서 밝혔듯이, 이 글의 목적은 첫째는 『해동고승전』과 중국의 『고승전』으로 알려진 『양고승전』·『당고승전』·『송고승전』의 내용을 적극적으로 활용하여 『삼국유사』의 불교 관련 편목의 체재와 성격을 분석하는 것이다. 둘째는 앞의 『고승전』 자료와 함께 『삼국유사』의 내용을 상호 비교하면서, 일연의 신라 불교 인식을 추적해 보려는 것이다. 즉, 일연은 어떠한 인식을 지니면서 『삼국유사』의 편목을 구성하였으며, 그 편목에 부여된 의미는 무엇이었을까 하는 점을 밝힘으로써, 일연이 신라 불교를 어떻게 이해하고 있었는지를 알아보려는 것이다.[32]

먼저, 『삼국유사』의 편목 가운데 「흥법」, 「탑상」, 「의해」, 「신주」, 「감통」, 「피은」, 「효선」 편에 대해서는 이미 다양한 연구가 진행되고 있다.[33]

---

32) 일연의 신라 불교 인식에 대한 전제로서 이미 두 가지 사항이 언급되고 있다. 하나는 『삼국유사』에서의 삼국 불교사는 양적이나 질적으로 모두 신라 중심으로 이루어지지 않을 수 없었다는 점, 다른 하나는 일연이 출생하여 활동한 지역이 옛 신라지역에 한정되어 있었고, 나아가 그 지역 출신으로서의 地方意識을 가지고 있었음을 분석한 바 있다(최병헌, 1987, 「삼국유사에 나타난 한국고대불교사 인식」『삼국유사의 종합적 검토』, 한국정신문화연구원, 고려원, 189~190쪽). 따라서 이 글에서는 그러한 점은 별도로 언급하지 않고 논지를 전개하고자 한다.

33) 『삼국유사』의 편목과 연관해서 다양한 연구가 진행되었으나, 여기서는 본 논고의 작성과 관련한 연구 성과에 한정하여 제시하고자 한다. 먼저 흥법은 이기백, 2000, 「『삼국유사』「흥법」편의 취지」『진단학보』89 ; 이정훈, 2006, 「기원 강박과 삶, 그리고 서사-삼국사기, 해동고승전, '유통 1'과 삼국유사 '흥법' 비교-」『국어문학』41, 탑상은 홍윤식, 1980, 「삼국유사와 탑상」『불교학보』17 ; 이기백, 1987, 「『삼국유사』「탑상」편의 의의」『이병도구순기념한국사학논총』, 지식산업사 ; 장충식, 2001, 「『삼국유사』 탑상편 체재의 검토」『동익미술사학』2 ; 박인희, 2008, 「『삼국유사』 탑상편 연구-<도천수대비가> 이해를 위한 전제로-」『한국학연구』28, 의해는 이기백, 2003, 「신라 불교에서의 국가와 개인의 문제-『삼국유사』「의해」·「신주」·「감통」·「피은」 제편을 중심으로」『연세대학교 국학연구원 발표』; 정병삼, 2007, 「신라불교사상사와 『삼국유사』 의해편」『일연과 삼

그러나 이들 연구는 그 내용에 치중한 결과 편목 구성의 실체에 접근하지 못하였다. 여기서는 중국의 『고승전』에 수록된 한국 고대의 고승들을 찾아서 그들이 어떠한 편목에 수록되어 있는지 확인해 보고자 한다. 이를 알기 쉽게 정리하면 〈표 5〉와 같다.

〈표 5〉 중국 『고승전』에 수록된 고대의 高僧 내용

연번	高僧名	梁高僧傳	唐高僧傳	宋高僧傳	비고
1	道人	고승전 권4 義解 1			高麗人
2	僧朗	고승전 권8 義解 5			遼東人
3	曇始	고승전 권10 神異 下			關中人
4	道儒	고승전 권13 唱導 10			渤海人
5	圓光		속고승전 권13 義解 9		

국유사』, 신서원 ; 신태수, 2018, 「『삼국유사』〈의해편〉의 인물층위와 그 입전방법」『국학연구론총』 21 ; 이정훈, 2008, 「『삼국유사三國遺事』 의해義解의 성격 고찰 - 중국 『고승전』과의 비교를 통하여 - 」『한국문학이론과 비평』 41(12권 4호) ; 이정훈, 2011, 「삼국유사 의해의 성격 고찰 Ⅱ-중국 고승전과의 비교를 통하여」『건지인문학』 6, 신주는 홍윤식, 1980, 「삼국유사와 밀교」『동국사학』 14 ; 정병삼, 2011, 「『삼국유사』 신주편과 감통편의 이해」『신라문화제학술논문집』 32 ; 박인희, 2012, 「『삼국유사』 신주편 연구」『석당논총』 52 ; 옥나영, 2016, 「신라시대 밀교경전의 유통과 그 영향」, 숙명여대 대학원 박사학위논문, 감통은 김창원, 2004, 「『삼국유사』 「감통」의 서사적 특수성 속에서 모색해 본 향가의 접근 논리」『국제어문』 29, 피은은 김수현, 2004, 「『삼국유사』 피은편의 검토」『동국사학』 40 ; 신선혜, 2012, 「『삼국유사』 편목 구성의 의미 - 피은편을 중심으로 - 」『보조사상』 37 ; 고소진, 2012, 「『삼국유사』 피은편 신충괘관조의 분석과 그 의미」『신라사학보』 25 ; 김수태, 2017, 「『삼국유사』 피은편의 저술과 일연 - 은거와 참여의 관계를 중심으로 - 」『신라문화』 49, 효선은 이기백, 1983, 「신라 불교에서의 효 관념-『삼국유사』 「효선」 편을 중심으로」『동아연구』 2 ; 김영하, 2009, 「『삼국유사』 효선편의 이해」『신라문화제학술논문집』 30 등이 있다.

연번	高僧名	梁高僧傳	唐高僧傳	宋高僧傳	비고
6	波若		속고승전 권17 習禪 2 釋智越		高句麗人
7	智晃		속고승전 권18 習禪 3 釋曇遷		高麗沙門
8	慈藏		속고승전 권24 護法 下		
9	慧顯		속고승전 권28 讀誦 8		『三國遺事』 惠現求靜(避 隱篇)
10	圓測			송고승전 권4 義解 二之一	
11	順璟			송고승전 권4 義解 二之一	
12	義湘			송고승전 권4 義解 二之一	
13	元曉			송고승전 권4 義解 二之一	
14	眞表			송고승전 권14 明律 四之一	神僧傳 권7
15	無名			송고승전 권17 護法 五	渤海人
16	玄光			송고승전 권18 感通 六之一	神僧傳 권5
17	無相			송고승전 권19 感通 六之二	神僧傳 권7
18	地藏			송고승전 권20 感通 六之三	神僧傳 권8
19	無漏			송고승전 권21 感通 六之四	神僧傳 권8
20	道育			송고승전 권23 遺身 七	
21	元表			송고승전 권30 雜科聲德 十之二	

위의 〈표 5〉를 살펴보면 『양고승전』에는 도인, 승랑, 담시, 도유 등 4인이, 『당고승전』에는 원광, 바야[波若], 지황, 자장, 혜현 등 5인이, 『송고승전』에는 원측, 순경, 의상, 원효, 진표, 무명, 현광, 무상, 지장, 무루, 도육, 원표 등 12인이 있다. 이들 총 21명이 기록된 중국의 『고승전』은 시기순으로 수록되었기 때문에 중복되지 않게 배열되어 있다. 이들 기사에서 몇 가지 주목할 만한 점이 있다.

첫째는 각 고승의 출신국이 다양하다는 점이다. 『양고승전』에 수록된 고승으로 도인, 승랑이 있는데 이들은 고려인과 요동인으로, 담시와 도유는 각각 중국의 관중인과 발해인으로 기재되어 있다. 『당고승전』에 수록된 고승은 원광, 바야, 지황, 자장, 혜현으로, 원광과 자장은 신라인, 바야와 지황은 고(구)려인, 그리고 혜현은 백제인이다. 『송고승전』에 수록된 고승 가운데 원측, 의상, 원효, 무상, 지장, 무루, 도육은 신라인이다. 그리고 순경은 낙랑인, 진표는 백제인, 무명은 발해인, 현광은 웅주인, 원표는 삼한인이다.

둘째는 각 고승이 수록된 해당 『고승전』의 편목 명이 다양하다는 점이다. 예를 들면, 『양고승전』에 발해인으로 기재된 도유는 「창도」 편에 수록되어 있으며, 『당고승전』에 고구려인 또는 고려 사문으로 기재된 반야와 지황은 「습선」 편에 기록되어 있으며, 신라인으로 기재된 자장은 「호법」 편에, 백제인으로 기재된 혜현은 「독송」 편에 각기 수록되어 있다. 아울러 『송고승전』에는 「의해」 편에 원측, 순경, 의상, 원효 등이 수록되어 있으며, 「명률」 편에 진표, 「호법」 편에 발해인으로 무명, 「감통」 편에 현광, 무상, 지장, 무루 등이, 「유신」 편에 도육, 「잡과성덕」 편에 원표가 각각 수록되어 있다.

이를 종합해 보면, 중국의 『고승전』에 수록된 한국 고대의 고승은 「역경」 편과 「흥복」 편을 제외한 나머지 편목에서 한국 고대의 고승들이 활약하였음을 보여준다. 따라서 일연 또한 『삼국유사』를 찬술하면서 중국 『고승전』의 10개 편목 가운데 단지 두 편목에서 한국 고대의 고승들이 기록되지 않았다는 사실을 확인했을 것으로 추정된다.

앞에서 언급한 바와 같이, 『해동고승전』에서 「역경 편」을 두지 않았던 이유는 분명하다. 「흥복」 편은 「흥법」이나[34] 「효선」 편과[35] 관계가 있는 것으로 추정하고 있을 뿐이다. 이처럼 『삼국유사』를 찬술하면서 주요 전거로 활용하였을 중국 『고승전』의 편목 내용은 이미 알려져 있었을 것이며, 일연은 『삼국유사』의 찬술에 해당 편목을 적극적으로 원용하려고 하였을 것이다. 그런데 『삼국유사』의 편목과 중국 『고승전』의 편목은 상당히 다르다. 이를 어떻게 이해할 수 있을 것인가. 이를 위해서 중국 『고승전』에 수록된 고승들과 『삼국유사』에 기재된 내용을 상호 비교하여, 그 의미를 부각해 보려고 한다. 이를 알기 쉽게 정리하면 〈표 6〉과 같다.

〈표 6〉 중국 『고승전』과 『삼국유사』의 高僧 내용 비교

분류	고승전	삼국유사
道人	後 與高麗道人書云, 上座竺法深 中州劉公之弟子 體德貞峙 道俗綸綜 往在京邑 維持法網 內外具瞻弘道之匠也 頃以道業靖濟 不耐塵俗 考室山澤 修德就閑 今在剡縣之仰山 率合同遊 論道說義 高栖皓然 遐邇有詠. (『高僧傳』卷四 義解 1)	미수록 晉支遁法師貽書云, "上座竺法深中州劉公之弟子體性貞峙道俗綸綜,往在京邑雖持法綱內外具瞻, 弘道之匠也."(『海東高僧傳』권1, 流通一之一)
僧朗	釋法度, 黃龍人. 少出家, 遊學北土備綜衆經, 而專以苦節成務.…度有弟子僧朗, 繼踵先師復綱山寺. 朗本遼東人, 爲性廣學思力該普. 凡厥經律皆能講說, 華嚴·三論最所命家. 今上深見器重. 勅諸義士受業于山. (『高僧傳』卷8 義解 5)	미수록
曇始	釋曇始. 關中人. 自出家以後多有異迹. 晉孝武大元之末, 齎經律數十部往遼東宣化. 顯授三乘立以歸戒. 蓋高句驪聞道之始也. 義熙初復還關中開導三輔. 始足白於面. 雖跣涉泥水未嘗沾涅. 天下咸稱白足和上. 時長安人王胡. 其叔	又按元魏釋曇始(一云惠始) 傳云 "始關中人, 自出家已後多有異迹. 晉孝武大元九年末, 齎經律數十

---

34) 「흥법」 편에는 호법 신앙이 강하게 나타난다(김두진, 2014, 앞의 책, 127쪽)고 한다.
35) 「효선」은 「흥복」에 각각 대응되는 개념(고익진, 1982, 「『삼국유사』찬술고」 『한국사연구』 38, 32쪽)으로 보기도 한다. 필자는 『宋高僧傳』 「宋高僧傳序」에 보이는, "爲己爲他 福生罪滅 有爲之善 其利博哉"(자기를 위하고 다른 사람도 위한다면, 복은 생겨나고 죄는 없어진다. 착한 일[善]을 행하고자 하는 사람은, 그 이로움이 넓도다)에서 '착한 일[善]'을 강조하고 있다는 점에서 「효선」 편과 관련이 있다고 본다.

분류	고승전	삼국유사
	死數年忽見形還. 將胡遍遊地獄. 示諸果報. 胡辭還. 叔謂胡曰. 既已知因果但當奉事白足阿練. 胡遍訪眾僧. 唯見始足白於面. 因而事之. 晉末朔方凶奴赫連勃勃. 破攫關中斬戮無數. 時始亦遇害. 而刀不能傷. 勃勃嗟之. 普赦沙門悉皆不殺. 始之是潛遁山澤修頭陀之行. 後拓跋燾復剋長安擅威關洛. 時有博陵崔皓. 少習左道猜嫉釋教. 既位居偽輔燾所信任. 乃與天師寇氏說燾以佛教無益有傷民利. 勸令廢之. 燾既惑其言. 以偽太平七年遂毀滅佛法. 分遣軍兵燒掠寺舍. 統內僧尼悉令罷道. 其有竄逸者. 皆遣人追捕. 得必梟斬. 一境之內無復沙門. 始唯閉絕幽深軍兵所不能至. 至太平之末. 始知燾化時將及. 以元會之日忽杖錫到宮門. 有司奏云. 有一道人足白於面. 從門而入. 燾令依軍法屢斬不傷. 遽以白燾. 燾大怒自以所佩劍斫之. 體無餘異. 唯劍所著處有痕如布線焉. 時北園養虎于檻. 燾令以始餧之. 虎皆潛伏終不敢近. 試以天師近檻. 虎輒鳴吼. 燾始知佛化尊高黃老所不能及即延始上殿頂禮足下. 悔其保了言失. 始為說法明辯因果. 燾大生愧懼. 遂感癘疾. 崔寇二人次發惡病. 燾以過由於彼. 於是誅剪二家門族都盡. 宣下國中興復正教. 俄而燾卒. 孫濬襲位. 方大弘佛法盛迄于今. 始後不知所終. (『高僧傳』十四卷 卷十 神異下 釋曇始)	部件遼東宣化. 現授三乘立以歸戒. 蓋高麗聞道之始也. 義熙初復還關中開導三輔. 始足白於面, 雖涉泥水未嘗沾濕. 天下咸稱白足和尚云. 晉末朔方凶奴赫連勃勃破獲關中斬戮無數. 時始亦遇害刀不能傷. 勃勃嗟嘆之, 普赦沙門悉皆不殺. 始於是潛遁山澤修頭陀陁行. 拓拔燾復尅長安擅關・洛, 時有博陵崔皓小習左道猜嫉釋教, 既位居偽輔爲燾所信. 乃與天師冠謙之說燾, '佛教無益有傷民利.' 勸令廢之云云. 大平之末始方知燾將化時至, 乃以元會之日忽杖錫到宮門. 燾聞令斬之屢不傷, 燾自斬之亦無傷. 飼北園所養虎亦不敢近. 燾大生慚懼遂感癘疾. 崔・冠二人相次發惡病. 燾以過由於彼, 於是誅滅二家門族, 宜下國中大弘佛法." 始後不知所終. 議曰. 曇始以大元末到海東, 義熙初還關中, 則留此十餘年, 何東史無文. 始既恢詭不測之人, 而與阿道・墨胡・難陀年事相同, 三人中疑一必其變諱也.
道儒	釋 道儒 姓石. 渤海人. 寓居廣陵. 少懷清信慕樂出家. 遇宋臨川王義慶鎮南兖. 儒以事聞之. 王贊成厥志. 為啟度出家. 出家之後疏食讀誦. (『高僧傳』十四卷 卷十三 唱導釋道儒)	미수록
圓光	釋 圓光. 俗姓朴. 本住三韓. 卞韓馬韓辰韓. 光即辰韓新羅人也. 家世海東祖習綿遠. 而神器恢廓愛染篇章. 挍獵玄儒討讎子史. 文華騰翥於韓服. 博贍猶愧於中原. (『續高僧傳』三十卷 卷十三 義解篇九)	唐續高僧傳第十三卷載…

분류	고승전	삼국유사
波若	台山又有沙門波若者. 俗姓高句麗人也. 陳世歸國. 在金陵聽講. 深解義味. 開皇併陳. 遊方學業. <u>十六入天台北而智者求授禪法</u>. 其人利根上智. 即有所證. 謂曰. 汝於此有緣. 宜須閑居靜處成備妙行今天台山最高峯. 名爲華頂. 去寺將六七十里. 是吾昔頭陀之所. 彼山祇是大乘根性. 汝可往彼學道進行必有深益不須愁慮衣食. 其即遵旨. 以開皇十八年往彼山所. 曉夜行道不敢睡臥. 影不出山十有六載. 大業九年二月忽然自下. 初到佛壟上寺. 淨人見三白衣擔衣鉢從. 須臾不見. 至於國淸寺. 仍密向善友同意云. 波若自知壽命將盡非久. 今故出與大眾別耳. 不盈數日. 無疾端坐. 正念而卒于國淸. 春秋五十有二. 送龕山所. 出寺大門迴輿示別. 眼則便開至山仍閉. 是時也莫問官私道俗. 咸皆歎仰俱發道心. <u>外觀靈瑞若此. 餘則山中異人所不見. 固難詳矣</u>. (『續高僧傳』三十卷 卷十七 習禪篇 之二)	夫又高麗釋波若入中國天台山. 受智者教觀以神異間山中而滅. <u>唐僧傳亦有章. 頗多靈範</u>.
智晃	又有高麗沙門智晃. 善薩婆多部. 名扇常塗爲法城塹. 並一見而結友于. 再敘而高冲奧. 有欲以聞天子者. 遷預知情事. (『續高僧傳』三十卷 卷十八 習禪三)	미수록
慈藏	釋慈藏. 姓金氏. 新羅國人. 其先三韓之後也. 中古之時. 辰韓馬韓卞韓. 率其部屬. 各有魁長. 案梁貢職圖. 其新羅國. 魏曰斯盧. 宋曰新羅. 本東夷辰韓之國矣. 藏父名武林官至蘇判異以本王族比唐一品既鄕高位… (『續高僧傳』三十卷 卷二十四 護法下)	新羅第二十七善德王即位五年, 貞觀十年丙申慈藏法師西學, 乃於五臺感文殊授法… (唐僧傳云十二年, 今從三國本史)…
慧顯	釋慧顯. 伯濟國人也. 少出家. 苦心精專. 以誦法華爲業. 祈福請願. 所遂者多. 聞講三論便從聽受. <u>法一染神彌增其緖</u>. 初住本國北部修德寺有眾則講無便清誦. 四遠聞風造山諡接. 便往南方達挐山. 山極深險重陳巖固. <u>縱有往展登陟艱危</u>. 顯靜坐其中專業如故. 遂終於彼. 同學輿屍置石窟中. 虎噉身骨並盡. 惟餘體舌存焉. 經于三周其舌彌紅赤. <u>柔軟勝常</u>. 過後方變紫鞭如石. 道俗怪而敬焉. 俱緘閉于石塔. 時年五十有八. 即貞觀之初年也. (『續高僧傳』三十卷 卷二十八 讀誦篇)	釋惠現百濟人.小出家苦心專志誦蓮經爲業, 祈禳請福靈應良稠. 兼攻三論染指神神. 初住北部修德寺有衆則講, 無則持誦四遠欽風戶外之履滿矣. 稍猒煩擁遂徃江南達挐山居焉. 山極嵓險來徃艱稀. 現靜坐求忘終于山中. 同學轝尸置石室中, 虎啖盡遺骸唯髏舌存焉. 三周寒暑舌猶紅軟. 過後方變紫硬如石, 道俗敬之藏于石塔. 俗齡五十八即貞觀之初. <u>現不西學靜退以終, 而乃名流諸夏立傳在唐聲著矣</u>.

분류	고승전	삼국유사
圓測	釋圓測者. 未詳氏族也. 自幼明敏慧解縱橫. 三藏奘師為慈恩基師. 講新翻唯識論. 測賂守門者隱聽. 歸則緝綴義章. 將欲罷講. 測於西明寺鳴鐘召眾. 稱講唯識. 基慊其有奪人之心. 遂讓測講訓. 奘講瑜伽還同前盜聽受之. 而亦不後基也. 詔高宗之末天后之初. 應義解之選入譯經館. 眾皆推挹. 及翻大乘顯識等經. 測充證義與薄塵靈辯嘉尚攸方其駕. 所著唯識疏鈔. 詳解經論. 天下分行焉. (『宋高僧傳』三十卷 卷四 義解篇之一 唐京師西明寺圓測傳)	時圓測法師是海東高德, 以车梁里人故不授僧職.
順璟	釋順璟者. 浪郡人也. 本土之氏族. 東夷之家系. 故難詳練. 其重譯學聲教. 蓋出天然. 況乎因明之學奘師精研付受. 華僧尚未多達. 璟之克通. (『宋高僧傳』三十卷 卷四 義解篇之一 唐新羅國順璟傳)	미수록
義湘	釋義湘. 俗姓朴. 雞林府人也. 生且英奇. 長而出離. 逍遙入道性分天然. 年臨弱冠聞唐土教宗鼎盛. 與元曉法師同志西遊. 行至本國海門唐州界. 計求巨艦. 將越滄波. 倏於中塗遭其苦雨. 遂依道旁土龕間隱身, 所以遍飄濕焉. (『宋高僧傳』二十卷 卷四 義解篇之一 唐新羅國義湘傳)	按此錄義湘傳云, "永徽初入唐謁智儼", 然據浮石本碑, 湘武德八年生卅歲出家, 永徽元年庚戌與元曉同伴欲西入至高麗, 有難而廻…… …餘如崔侯所撰本傳.
元曉	釋元曉. 姓薛氏 東海湘州人也. 丱䯻之年惠然入法. 隨師稟業遊處無恒. 勇擊義圍雄橫文陣. 仡仡然桓桓然. 進無前卻. 蓋三學之淹通. 彼土謂為萬人之敵. 精義入神為若此也. … (『宋高僧傳』三十卷 卷四 義解篇之一 唐新羅國黃龍寺元曉傳)	聖師元曉俗姓薛氏. 祖仍皮公亦云赤大公. 今赤大淵側有仍皮公廟. 父談捺乃末. 初示生於押梁郡南(今章山郡)佛地村北栗谷裟羅樹下. 村名佛地或作發智村.(俚云弗等乙村).…
眞表	釋真表者. 百濟人也. 家在金山世為弋獵. 表多蹻捷弓矢最便. 當開元中逐獸之餘憩於田畎… (『宋高僧傳』三十卷 卷十四 明律篇之一 唐百濟國金山寺真表傳)	釋真表完山州(今全州牧)萬頃縣人. (或作豆乃山縣, 或那山縣今萬頃, 古名豆乃山縣也. 貫寧傳釋□之郷里云金山縣人, 以寺名及縣名混之也) 父曰真乃末, 母吉寶娘姓井氏.…
無名	釋無名. 姓高氏. 渤海人也. 祖宦今西京. 乃為洛陽人矣. 沖孺之齡舉措卓異. 口不嘩辛血性不狎諠譁. 邈矣出塵. 故難留滯. (『宋高僧傳』三十卷 卷十七護法篇, 唐洛陽同德寺無名傳)	미수록
玄光	釋玄光 者. 海東熊州人也. 少而穎悟頓averso俗塵. 決求名師專修梵行. 迨夫成長願越滄溟求中土禪法. 於是觀光陳國利往衡山. (『宋高僧傳』三十卷 卷十八 感通篇之一, 陳新羅國玄光傳)	미수록

분류	고승전	삼국유사
無相	釋無相. 本新羅國人也. 是彼土王第三子. 於本國正朔年月生. 於群南寺落髮登戒. 以開元十六年泛東溟至于中國到京. 玄宗召見隷於禪定寺. (『宋高僧傳』三十卷 卷十九 感通篇之二 唐成都淨眾寺無相傳)	미수록
地藏	釋地藏. 姓金氏. 新羅國王之支屬也. 慈心而貌惡. 穎悟天然. 七尺成軀. 頂聳奇骨. 特高才力可敵十夫. (『宋高僧傳』三十卷 卷二十 感通篇之三, 唐池州九華山化城寺地藏傳)	미수록
無漏	釋無漏. 姓金氏. 新羅國王第三子. 本土以其地嫡長將立儲副. 而漏幼募延陵之讓. 故願為釋迦法王子耳. (『宋高僧傳』三十卷 卷二十一 感通篇之四, 唐朔方靈武下院無漏傳)	미수록
道育	釋道育. 新羅國人也. 本國姓氏未所詳練. 自唐景福壬子歲來遊于天台. (『宋高僧傳』三十卷 卷二十三 遺身篇, 晉天台山平田寺道育傳)	미수록
元表	釋元表. 本三韓人也. 天寶中來遊華土. 仍往西域瞻禮聖迹. 遇心王菩薩指示支提山靈府. 遂負華嚴經八十卷. 尋訪霍童禮天冠菩薩. 至支提石室而宅焉. 先是此山不容人居. 居之必多霆震猛獸毒蟲. 不然鬼魅惑亂於人. 曾有未得道僧. 輒居一宿為山神驅斥. 明旦止見身投山下數里間. 表齎經棲泊澗飲木食. 後不知出處之蹤矣. 于時屬會昌搜毀. 表將經. 以華櫚木函盛深藏石室中. 殆宣宗大中元年丙寅. 保福慧評禪師素聞往事. 躬率信士迎出甘露都厨院. 其紙墨如新繕寫. 今貯在福州僧寺焉. 又會稽單全清. 越人也. 稷耘戒地芬然杜若. 於密藏禁呪法也能劾鬼神. 時有市儈王家之婦患邪氣. 言語狂倒或啼或笑. 如是數歲. 召清治之. 乃縛草人長尺餘. 衣以五綵置之於壇. 呪禁之良久. 婦言乞命. 遂誌之曰. 頃歲春日於禹祠前相附耳. 如師不見殺即放之遠去. 清乃取一錯以鞭驅芻靈入其中. 而呦呦有聲. 織器口以六乙泥朱書符印之瘗于桑林之下. 戒家人無動之. 婦人病差. 經五載後值劉漢宏與董昌隔江相持越城陷人. 謂此為窨藏掘打錯破見一鵰鶚然飛出. 立於桑杪而作人語曰. 今得日光矣. 時清公已卒也. (『宋高僧傳』三十卷 卷三十 雜科聲德篇之二 唐高麗國元表傳)	新羅本記第四云. 第十九訥祇王時沙門墨胡子自高麗至一善郡. 郡人毛禮 (或作毛禄) 於家中作堀室安置. 時梁遣使賜衣著香物 (高得相詠史詩云, 梁遣使僧曰元表宣送溟檀及經像). 君臣不知其香名與其所用, 遣人齎香遍問國中. 墨胡子見之曰, "此之謂香也, 焚之則香氣芬馥所以達誠於神聖. 神聖未有過於三寶, 若燒此發願則必有靈應 (訥祇在晉宋之世, 而云梁遣使恐誤)."

비록 장황하지만, 위의 〈표 6〉을 살펴보면 중국의 『고승전』에 수록된 한국 고대의 고승은 21명이다. 위의 〈표 5〉를 통해서 이미 확인하였듯이, 『양고승전』에는 4인, 『당고승전』에는 5인, 『송고승전』에는 12인이다. 그런데 이

들 총 21명 가운데 『삼국유사』에 그 내용과 유사하게나마 기록된 고승은 담시, 원광, 바야, 자장, 혜현, 원측, 의상, 원효, 진표, 원표 등 10명이다. 다시 말해, 중국의 『고승전』에 수록된 한국 고대의 고승으로 『삼국유사』에 기록된 것은 약 절반에 미치지 못한다. 이는 일연이 『삼국유사』를 찬술하면서 중국의 『고승전』을 참고하였음을 보여주는 것이기도 하지만, 한편으로는 중국 『고승전』의 내용을 취사선택하고 있음을 알려주는 자료이기도 하다.

이들 내용에서 몇 가지 주목할 만한 점이 찾아진다. 첫째, 앞에서도 언급했듯이, 고대의 고승 가운데 이들의 출신국이 눈에 띈다. 『양고승전』에 속한 4인 가운데 담시만이 『삼국유사』에서 출신국이 기재되고 있는데, 사실 담시는 중국의 관중인이다. 일연이 「흥법」편의 '아도기라 조'를 서술하는 과정에서 필요한 사항이라 판단하여 여기에 수록한 것이다. 물론 전체를 기술하였다기보다는 꼭 필요한 부분을 중심으로 언급하고, 또한 맨 끝부분에는 '議曰'이라고 해서 찬술자의 견해를 표현하고 있다. 아울러 도인에 대한 사실 가운데 『양고승전』의 내용과 유사한 것이 『해동고승전』에서는 찾아지지만, 『삼국유사』에서는 기록하지 않고 있다.

『당고승전』에 속한 5인 가운데 지황을 제외한 나머지 고승에 대해서는 『당속고승전』 또는 『당승전』이라 해서 그 출처를 분명히 밝히고 있다. 그런데 이들 가운데 바야와 지황은 단독의 전기를 가진 것이 아니라, 釋智越과 釋曇遷의 제자로 기재되어 있으며, 또한 둘 다 고구려인이라는 점이 특이하다. 그리고 혜현은 백제인이다. 『양고승전』에서는 신라인이 포함되지 않았던 데 비해서 『당고승전』에서는 원광과 자장이 찾아진다. 이를 통해 보면 『삼국유사』를 찬술하면서 「의해」편에 해당하는 고승에 대해서는 다양한 자료를 수록함으로써 각별한 관심을 지니고 있음도 알 수 있다.

『송고승전』에 기재된 12인 가운데 『삼국유사』에 그 내용이 수록되지 않은 고승은 순경, 무명, 현광, 무상, 지장, 무루, 도육 등 7인에 해당한다. 실제 수록된 고승은 원측, 의상, 원효, 진표, 원표 등이다. 이러한 상황을 어떻게 이해하면 좋을까. 미수록된 고승은 그 출신국이 순경(낙랑인), 무명

(발해인), 현광(웅주인), 무상(신라국인), 지장(신라국), 무루(신라국), 도육(신라국) 등이다. 신라인이 4인이며, 다른 고승은 각기 낙랑인, 발해인, 웅주인이다. 이러한 사실을 통해 일연이 『삼국유사』를 찬술하면서 출신국을 중시하였던 것이 아닌가 추정해 볼 수 있다.

둘째, 위의 〈표 6〉에서 파악할 수 있는 내용 가운데 중국의 『고승전』에는 수록되어 있으나, 『삼국유사』에 미수록된 고승은 총 11인 가운데 「의해」에 3인, 「창도」와 「습선」에 1인씩, 「감통」에 4인, 「유신」과 「호법」에 1인씩이다. 반대로 『삼국유사』에 수록된 고승으로는 총 10인 가운데 「의해」에 4인, 「신이」, 「습선」, 「호법」, 「독송」, 「명률」, 「잡과」에 각 1인씩이다. 이러한 사항 가운데 주목할 만한 것은 중국 『고승전』에서 「감통」 편은 4인이 보이지만, 『삼국유사』에서는 편복의 명칭만 차용되었을 뿐, 중국 『고승전』 「감통」 편의 고승들이 전혀 수록되지 않고 있다는 점이다.

다시 말해, 중국 『고승전』에 수록된 고승의 전기 중에서 「감통」 편에 수록된 내용이 『삼국유사』 「감통」 편에는 실리지 않았다는 사실이다. 즉, 중국 『고승전』의 「감통」 편의 내용을 『삼국유사』에서는 채록하지 않았다는 점이다. 『삼국유사』 「감통」 편을 찬술하면서 일연은 독자적인 기준으로 『삼국유사』만의 「감통」 편을 서술하고 있다. 따라서 일연은 중국 『고승전』의 「감통」 편의 내용은 가져오지 않으면서, 단지 편목의 명칭만이 차용되었다는 점을 확인할 수 있다.

그렇다면 『삼국유사』에 수록된 편목과 그 내용을 어떻게 이해하는 것이 합리적일까.[36] 『삼국유사』의 편목과 그 목차를 알기 쉽게 정리하면 〈표 7〉과 같다.

---

[36] 이에 대한 이해를 돕기 위해서 최남선이 제시한 견해를 언급하자면, "흥법은 佛法東流의 사실을 신라 중심으로 서술, 의해는 羅代 拔群의 학승 및 율사의 전기를 수집한 것, 신주는 밀교 神僧의 사적, 감통은 勤行 感應의 古傳, 피은은 退擧 深藏한 고승의 전기, 효선은 法俗을 통하여 효행과 顯報에 관한 미담(최남선, 1927, 『삼국유사』, 계명 18호, 계명구락부, 3쪽)으로 정리하고 있어 참고된다.

〈표 7〉『삼국유사』의 편목과 목차

편목	목차	비고
興法	順道肇麗, 難陁闢濟, 阿道基羅, 原宗興法 厭髑滅身, 法王禁殺, 寶藏奉老 普德移庵, 東京興輪寺金堂十聖	7개
塔像	迦葉佛宴坐石, 遼東城育王塔, 金官城婆娑石塔, 高麗靈塔寺, 皇龍寺丈六, 皇龍寺九層塔, 皇龍寺鍾 芬皇寺藥師 奉德寺鍾, 靈妙寺丈六, 四佛山 掘佛山 萬佛山, 生義寺石彌勒, 興輪寺壁畫普賢, 三所觀音 衆生寺 栢栗寺 敏藏寺, 前後所藏舍利, 弥勒仙花·未尸郎·眞慈師, 南白月二聖 努肹夫得 怛怛朴朴, 芬皇寺千手大悲 盲兒得眼, 洛山二大聖 觀音 正趣 調信, 魚山佛影, 臺山五萬眞身, 溟州 五臺山寶叱徒太子傳記, 臺山月精寺五類聖衆, 南月山, 天龍寺, 鍪藏寺弥陁殿, 伯嚴寺石塔舍利, 靈鷲寺, 有德寺, 五臺山文殊寺石塔記	28개
義解	圓光西學, 寶壤梨木, 良志使錫, 歸竺諸師, 二惠同塵, 慈藏定律, 元曉不羈, 義湘傳敎, 蛇福不言, 眞表傳簡, 關東楓岳鉢淵藪石記, 勝詮髑髏, 心地繼祖, 賢瑜珈海華嚴	14개
神呪	密本摧邪, 惠通降龍, 明朗神印	3개
感通	仙桃聖母隨喜佛事, 郁面婢念佛西昇, 廣德嚴莊, 憬興遇聖, 眞身受供, 月明師兜率歌, 善律還生, 金現感虎, 融天師 彗星歌 眞平王代, 正秀師救氷女	10개
避隱	朗智乘雲 普賢樹, 緣會逃名 文殊岾, 惠現求靜, 信忠掛冠, 包山二聖, 永才遇賊, 勿稽子, 迎如師, 念佛師	9개
孝善	眞定師孝善雙美, 大城孝二世父母 神文代, 向得舍知割股供親 景德王代, 孫順埋兒 興德王代, 貧女養母	5개

먼저, 위의 〈표 7〉에 보이는 『삼국유사』의 편목과 목차의 내용을 살펴보면, 대부분이 신라와 관련되는 내용이 주류를 이루고 있다는 점이다. 먼저, 「흥법」편에서는 고구려, 백제, 신라에 불교가 전래하는 과정을 보여주며, 이어서 신라의 법흥왕, 백제의 법왕, 고구려의 보장왕과 보덕을 서술하였으며, 끝으로 신라의 서울에 있는 흥륜사 금당의 10성에 대한 목차를 기술하고 있다. 불교의 전래는 고구려, 백제, 신라 순으로, 불교의 수용과 변화에 대해서는 신라, 백제, 고구려 순으로 언급하고 있다. 즉, 「흥법」편에서는 고대 삼국의 불교에 대하여 균등한 배열을 볼 수 있다.

「탑상」편에서는 '요동성육왕탑'과 '고려영탑사' 조가 고구려, '금관성파사석탑' 조가 가락국이며, 나머지는 신라에 해당하는 내용이다. 「의해」 편에서는 '진표전간', '관동풍악발연수석기' 조가 백제의 진표와 관련되는 내용이며, 나머지는 신라와 연관되는 내용이다. 「신주」 편과 「감통」 편의 내용은 모두 신라와 관련되는 내용이다. 「피은」 편에서는 '혜현구정' 조가 백제의 혜현과 연관되는 내용이며, 나머지는 신라에 해당하는 내용이다. 「효선」 편은 모두 신라와 연관되는 내용이다. 이처럼 『삼국유사』의 7개 편목에서 주류를 이루는 것이 바로 신라 중심의 목차와 내용인데, 이는 무엇을 의미하는지 궁금하다.

다음으로, 『삼국유사』의 편목을 이해하는데 두 가지 편목에 주목해 보고자 한다.[37] 하나는 「의해」 편이며, 다른 하나는 「감통」 편이다. 지금까지 이 두 편목에 관해서는 그것이 중국 『고승전』의 편목과 일치한다고 해서 관심의 대상이었다. 그런데 정작 주요한 것으로 이들 편목의 순서라고 할 수 있다. 먼저, 「의해」 편의 앞 편목에 「흥법」과 「탑상」 편의 순서로 정해진 이유가 될 것이다. 중국 『고승전』의 편목 순서를 보면 「역경」 편 다음으로 「의해」 편이 배정되어 있다. 중국 『고승전』 편목에서 불경을 번역하는 고승의 역할이 가장 중요하였다고 보았기 때문에 「역경」 편은 각 『고승전』의 배열에서 우선시 되었다. 그런데 『삼국유사』를 찬술할 때는 「역경」 편이 불필요하였으므로, 다른 편목을 설정하였다. 그것이 바로 「흥법」과 「탑상」 편이다. 중국 『고승전』에 「역경」 편이 필요하였다면 한국의 고대 불교를 말할 때는 제일 먼저 「흥법」과 「탑상」 편이 필요하다고 생각하였던 것은 아닐까. 한역된 경전을 가져와 불법을 일으키고, 그 신앙의 대상으로서 「탑상」이 전파되었음을 제일 먼저 알리고 있다. 즉, 「의해」 편의 앞 편목에 설정된 「흥법」과 「탑상」 편은 한국 고대 사회에 불교의 도입을 열어 준

---

37) 이와 연관하여 『삼국유사』 편목의 내용을 다루면서, 왕력·기이편, 흥법·탑상편, 의해·신주편, 감통·피은·효선편으로 구분한 연구(김두진, 2000, 앞의 논문 : 2014, 앞의 책, 101~175쪽)가 있어 참고된다.

편목으로써 의미를 부여한 것이다.

　이어서 「탑상」 편에 주목하게 되는데, 「탑상」 편을 이해하기 위해서는 불탑과 불상의 조성에 대한 시기가 매우 중요하다고 본다. 불상이 만들어진 시기는 석존 입멸 후 500년 이후라고 하며, 불교 내부적으로는 대승불교의 팽창에 따라 한정된 곳이 아닌 여러 지역에서도 부처의 탑과 유품을 친견하고자 하는 열망에 따라 그 모습을 형상화하여 모신 것이 그 시작이라고 한다. 흔히 불탑은 가람의 역사를 증명하는 귀중한 자료적 가치를 지닌다. 또한 조각상의 형태나 재질의 내용에 따라 시대와 신앙의 형태는 물론 불교 미술사의 여러 면을 알아볼 수 있는 귀중한 자료라고 한다.[38] 이러한 사실이 「탑상」 편을 창작하게 된 까닭이라고 할 수 있다.

　이어서 「의해」 편은 범어를 중국어로 번역한 경전을 다시 신라식으로 불교의 경전을 해설하고 불교의 이론을 수립하는 과정에서 중요한 역할을 담당하였던 고승들의 전기를 담고 있다. 이들은 중국에서 유학하거나, 불법을 구하러 오천축국에 가거나, 특이한 행적을 남겼다. 그런데 위의 〈표 6〉에서 중국 『고승전』에 수록된 고승 가운데 『당고승전』의 「의해」 편에는 원광이, 「호법」 편에는 자장이, 「독송」 편에는 혜현이 수록되었는데, 이들은 『삼국유사』에 각기 「의해」, 「의해」, 「피은」 편에 수록되었다. 또한 『송고승전』의 「의해」 편에 의상과 원효가, 「명률」 편에는 진표가 수록되었는데, 이들은 모두 『삼국유사』 「의해」 편에 편제되었다. 즉, 중국 『고승전』에 수록된 고승 중 혜현만이 「피은」 편에 수록되었을 뿐 다른 고승은 「의해」 편에 찬술되었다. 그리고 「의해」 편 다음으로 설정된 「신주」 편에서는 밀교의 고승 3인의 전기가 수록되어 있으며, 이들도 「의해」 편과 마찬가지로 고승의 편목처럼 4자의 항목으로 편제되어 있다.

　다음으로, 「감통」 편을 중심으로 한 다른 부류의 편목에 대해서 알아보

---

[38] 김은령, 2014, 「『삼국유사』의 佛法傳書적 이해」, 영남대학교 대학원 박사학위논문, 44·47쪽.

자. 앞에서 언급하였듯이, 중국『고승전』의 편목 가운데『삼국유사』의 편목과 일치하는 다른 하나가 바로「감통」편이었다. 그런데 중국『고승전』에 보이는 고승들 가운데 여러「감통」편 관련 고승들이 존재하였음에도 불구하고,『삼국유사』에서는 이들 고승, 즉 현광, 무상, 지장, 무루 등의 전기 사항을 일절 선택하지 않았다는 점이다. 그것은 이들 고승이 중국 유학으로 그 이름은 알려졌지만, 결국 신라로 돌아오지 않았기 때문에『삼국유사』에서는 이를 수록하지 않았던 것으로 보인다.[39] 이는 중국『고승전』의「감통」편과『삼국유사』「감통」편 편목의 차이를 보여주는 것이라 할 수 있다. 이어서「피은」편과「효선」편도 중국『고승전』에서는 볼 수 없는 편목 명칭이다.「피은」편은 개인의 수련, 참선, 득도를 통해서 불교를 전파하려는 불교의 내용을 담고 있다면,「효선」편은 민중에게 불교가 전파되어 나타나는 불교의 내용을 담고 있다고 이해할 수가 있다.

요컨대, 중국『고승전』에 수록된 한국 고대의 고승들이 수록된 자료와『삼국유사』에 기재된 내용을 비교해 살펴보면서, 그 편목의 실체와 의미를 파악할 수 있었다. 곧, 중국『고승전』의 각 편목은 해당 시대의 불교적 특성을 담고 있었으며, 따라서 일연도『삼국유사』의 편목을 설정하면서 중국『고승전』체재를 무조건 따르기보다는, 여기에 신라 불교의 특징을 담으려고 노력하였다. 본 장에서 파악한 일연의 신라 불교 인식으로는 첫째는 고대의 고승 가운데 이들의 출신지를 분명히 밝히면서 신라인으로 기재된 여러 인물을 폭넓게 이해할 수 있게끔 배려하였으며, 또한 중국이나 인도

---

39) 이와 관련해서 정병삼은 신라 승려들의 활동상을 망라한 것이 아니라 신라 땅에서 활동하며 신라인들의 사상과 신앙을 이끌었던 인물을 중심으로 선정(정병삼, 2007,「신라불교사상사와『삼국유사』의해편」『일연과 삼국유사』, 신서원, 133쪽) 하였을 것이라 보고 있어 공감된다. 한편 '歸竺諸師 條'에는 인도에 구법의 길을 떠났다가 대부분 신라에 돌아오지 못했음에도 항목이 설정된 것은, 아마도 신라인 고승에 대한 사항도 중요하였지만, 그다음에 언급된 천축국에서 신라를 '矩矩吒 䃜說羅' 즉, '雞貴'로 불렀다는 내용에 초점이 맞춰져 있었다고 볼 수도 있을 것이다.

에 유학한 후 돌아오지 않은 고승에 대해서는 이들을 따로 언급하지 않았음도 엿볼 수 있었다. 둘째는 한국 고대의 고승들이 중국『고승전』에 수록된 편목의 내용 비교를 통해서,『삼국유사』에서의 편목은 신라 불교의 특징을 보여주기 위해 일연에 의해 재구성되었으며, 기존 중국『고승전』의 편목과는 다른 새로운 편목이 등장하게 된 배경도 이해할 수 있게끔 되었다. 다시 말해, 중국『고승전』편목은 시대와 무관치 않게 동아시아 불교의 공통적인 요소를 담고 있는 내용이었다면,『삼국유사』의 편목은 고대 삼국, 특히 신라 불교의 전래와 수용 및 변화의 성격을 담아내려는 일연의 창작 편목이었다. 이는 신라의 불교문화를 후세에 전하려는 一然이라는 한 지성인의 고뇌의 산물이었다고 할 수 있다.

5. 맺음말

이상에서『삼국유사』편목의 구성과 의미를 파악하고, 그를 통하여 찬술자인 일연의 신라 불교에 대한 인식을 검토해 보았다. 먼저,『삼국유사』에는『승전』과『고승전』이라는 내용이 본문과 세주를 통하여 보이는데, 이는 분명 일연이『삼국유사』를 찬술하면서 인용한 전거 자료임에 틀림이 없다.『승전』과『고승전』은 실상 중국『고승전』을 제외한 나머지는『해동고승전』이었으며, 이러한 자료를 통해 삼국의 불교 전래와 문화를 담아내려는 의도가 반영되었음을 분석해 보았다. 다음으로,『승전』과『고승전』에서 다양한 자료를 제공한 것이『해동고승전』이었는데, 그동안『해동고승전』에 대해서는 다양한 연구가 진행되지 못하였다. 그것은 책 자체가 殘本이었던 까닭일 것이다. 그렇지만『해동고승전』에 수록된 고승의 명단을 중심으로『삼국사기』와『삼국유사』의 해당 내용을 비교해 보았다. 이를 통해『해동고승전』과『삼국유사』의 異同을 확인하였으며, 특히 「역경 편」의 의미를 파악할 수 있었다. 이어서 중국『고승전』에 수록된 한국 고대의 고승을 『삼국유사』에 수록된 사항과 비교해 보았으며, 이를 통해 고승들이 수록된 편목과 『삼국유사』에 서술된 편목 내용에는 차이가 있음을 밝힐 수 있었다. 그리고 중국 『고승전』 편목과는 달리 편제한 『삼국유사』 편목에서 새로이 창작된 편목과 내용을 통해서 일연의 신라 불교에 대한 인식을 검토해 보았다.

　결과적으로, 『삼국유사』의 체재는 5권 9개 편목으로 구성되어 있는데, 그 가운데 「왕력」과 「기이」 편을 제외한 다른 편목의 성격은 『고승전』류임을 확인할 수 있었다. 중국의 『양고승전』과 『당고승전』・『송고승전』의 체재와 『삼국유사』에 서술된 체재 중 「의해」와 「감통」 편만이 일치하고, 다른 편목들은 비록 유사하기는 하지만, 마땅한 연결고리를 찾는 데 어려움이 있었다. 그러한 문제가 이 글을 준비하게 된 연유이기도 하다. 『삼국유사』를 진정으로 이해하기 위해서는, 『해동고승진』의 「유통 편」 서술 내용과 『양고승전』과 『당고승전』・『송고승전』의 체재 차이의 흐름을 터득하고, 기왕의 『고승전』들이 『삼국유사』의 편제에 어떠한 영향을 주었는지를 밝혀 보아야 할 것이다. 일연은 기왕의 『고승전』을 모방하고, 일연 스스로 창안한 편목을 더하여 『삼국유사』를 찬술하였다, 이러한 사실은 일연이 중국 『고승전』의 「감통」 편목에 보이는 고승은 수록하지 않으면서도 그 편목의 체재는 따르고 있으며, 「의해」 편목에서도 중국에서의 편목 체재를 따르지 않는 방법을 추구하였다는 점에서 확인된다. 이는 일연이 『삼국유사』를 찬술하면서 『삼국유사』의 편목 구성을 어떻게 창작하였는지를 규명하는데 중요한 지표가 될 수 있다. 이러한 방법론을 근거로 『삼국유사』 편목의 실체와 그를 통한 일연의 신라 불교 인식에 접근해 볼 수 있었다.

『통전』 변방 신라조의 구성과 찬술자의 신라 인식

1. 머리말

　한국고대사를 연구하는 데 있어서 자료의 부족은 항상 직면해 온 과제였다. 신라사 연구 역시 예외가 아니다.『삼국사기』와『삼국유사』를 통해 역사의 큰 틀은 마련되었지만, 세세한 부분에 관한 연구를 진행하는 데는 자료의 한계에 다다르게 된다. 그런 측면에서 새로운 자료를 통한 역사 연구는 항상 기대해서 좋다고 본다. 이 글에서는『통전』「변방」 신라 조에 주목하여 그 구성과 내용 및 찬술자의 신라 인식에 대해서 살펴보고자 한다.
　주지하듯이,『통전』의 내용 중에는 唐의 주변에 대한 인식을 담고 있는 「변방」條가 있다. 동이, 서융, 남만, 북적이라는 사방의 국가나 민족을 서술하는 부분이 卷185~卷200에 이를 만큼 많은 양을 차지하고 있다. 더욱이 『통전』의「변방」조에는 한국의 고대 국가들이 언급되어 있어서 한국고대사 연구에도 중요한 실마리를 제공해 줄 수 있다. 특히, 「변방」 조의 첫 번째가 東夷에 관한 기록인 점도 주목된다. 조선, 예, 마한, 진한, 변한, 백제, 신라 등을 1편에, 고구려, 동옥저, 읍루, 물길 등을 2편에 두고 있는데 이러한 편성 또한 의미가 있다.
　그동안『통전』에 대한 연구는 사학사적 의의와 관련된 부분에서 주로 연구해 왔다. 중국학계에서는 주로 唐代 사학의 발전과정에서 찬술자인 杜佑나『통전』이 갖는 의미를 찾아내고,『통전』과『政典』의 연원이나 관계를 밝힘으로써 당대에『통전』과 같은 類書가 출현하게 되는 배경, 그리고 吐蕃 조의 사료적 가치를 강조하거나 변방전이나 고구려에 관한 연구 등을 분석하는 연구[1]들이 제출되었다. 일본학계에서도『양서』나『한원』등을 연구하거나,『통전』과 杜佑에 대한 논의를 중심으로 다양한 연구가 이루어지고 있다.[2] 한국학계에서도『통전』은 사학사 분야에서 주로 관심을 표명해 왔다.[3] 최근 한국고대사와 관련하여『통전』에 주목한 연구들이 발표되

---

1) 趙楊, 2012,『《通典·邊防典》研究』, 安徽大學碩士學位論文 ; 許佳, 2014,『《通典·高句麗》研究』, 福建師範大學碩士學位論文 ; 李之勤, 1978, 「論杜佑《通典》與劉秩《政典》」『西北大學學報』(哲學社會科學版), 1978年 3期 ; 郝潤華, 1993, 「簡論《通典》的産生與唐中葉的著政典之風」『甘肅理論學刊』, 1993年 第1期 ; 姚華, 1993, 「《通典》産生的社會歷史條件」『歷史教學問題』, 1993年 4期 ; 張雲, 2002, 「《通典·吐蕃傳》的史料價値」『中國邊疆史地研究』, 2002年 3期 ; 張軻風, 2017, 「《通典》與《政典》關係考辨」『云南人學學報』(社會科學版) 第16卷 第6期.

2) 末松保和, 1954, 「梁書新羅傳考」『新羅史の諸問題』, 東京, 東洋文庫 ; 宮崎市定, 1959, 「三韓時代の位階制について」『朝鮮學報』14 ; 吉田光男, 1977, 「『翰苑』註所引『高麗記』について-特に筆者と作成年次」『朝鮮學報』85 ; 尾崎 康, 1980, 「天理図書館蔵宋刊本通典について」『天理図書館報』75 ; 田中俊明, 1982, 「'三國史記'中國史書引用記事の再檢討」『朝鮮學報』104 ; 島一, 1987, 「『通典』における杜佑の議論について-食貨·刑法を中心として」『立命館文學』(通号502) ; 島一, 1987, 「『通典』における杜佑らの議論について-食貨·選擧·職官を中心として」『立命館文學』(通号500) ; 島一, 1988, 「中唐期の天人論と杜佑の『通典』」『立命館文學』(通号506) ; 清木場 東, 1989, 「唐天宝初期の辺資料について-3-通典·図志の歴史記述」産業經濟研究』31(4) ; いき 一郎, 「本州の二王と九州倭国の五王-『梁書』『通典』の倭方面5国と5世紀の仏教伝来」『市民の古代』(通号17), 1996 ; 北川 俊昭, 1998, 「『通典』編纂始末考:とくにその上獻の時期をめぐって」『東洋史研究』57(1), 池田 知正, 1999, 「「西突厥」起源説再考:前近代における漢文史書を中心として」『史学雜誌』108巻 11号 ; 石野 智大, 2015, 「『通典』郷官条の唐代村落制度記事について:法制史料との関わりを中心に」『法史学研究会会報』19 ; 高橋 未来, 2016, 「杜牧撰『注孫子』の故事と杜佑撰『通典』に関する一考察」『学芸国語国文学』48 ; 石野 智大, 2019, 「唐代の里正·坊正·村正の任用規定とその内実:『通典』郷党条所引唐戸令逸文を手がかりとして」『明大アジア史論集』23.

3) 진광숭 저, 김유철 역, 1985, 「통전의 역사사상」『중국의 역사인식』(상), 창작과비평사 ; 탁용국, 1986, 「당대의 사학」『중국사학사대요』, 탐구당 ; 하계군 저,

었다. 『통전』 동이편의 구조와 찬술 목적,[4] 『통전』 「변방전」 고구려 조[5]와 백제절의 서술과 인식[6] 등과 같은 논문들이 발표된 바 있다. 이후 『삼국사기』와 『삼국유사』 찬자의 『통전』 활용과 인식, 『통전』에 기재된 '東夷之地'의 의미, 『통전』의 한국고대사 인식과 杜佑의 중화사상, 그리고 이를 포함하여 작성한 「『通典』「邊防門」 東夷目의 구성과 한국고대사 인식 硏究」라는 학위논문이 제출되었다.[7] 그 가운데 신라 조에 대한 검토도 '新羅節'이라는 항목에서 부분적으로 다루어지고 있다.[8]

『통전』 신라 조에 관한 내용은 비록 그 양이 많다고는 할 수 없으나, 찬술자인 杜佑가 각종 사서를 섭렵하고 의도적인 加減을 하여 기술한 내용으로 이루어져 있다. 이러한 사항을 私撰書인 『통전』 신라 조의 내용을 통하여 접근해 보고자 한다. 그것은 중국 정사인 『삼국지』 위서 동이전과 그 후 『양서』・『남사』・『북사』・『수서』・『구당서』・『신당서』 등에 보이는 다양한 관계 기사가 이 『통전』을 통해 집중되었다가 다시 확산하는 모습을 확인

  조관희 역, 1989, 「중국의 사서」 『중국사학입문』, 고려원 ; 신승하, 1996, 『중국사학사』, 고려대학교 출판부 ; 고국항 저, 오상훈・이개석・조병한 역, 1998, 「두우의 통전」 『중국사학사』(하), 풀빛 ; 김동애 옮김, 1998, 「당초 사관의 설치와 전대사의 편수」 『중국사학사 - 선진 한 당 편』, 간대서원 ; 유절 저, 신태갑 역, 2000, 「수・당・오대 사학개관」 『중국사학사 강의』, 신서원 ; 이종동 저, 조성을 역, 2009, 『중국사학사』, 혜안.
4) 송영대, 2016, 「『통전』「변방문」 동이편의 구조 및 찬술 목적」 『사림』 57.
5) 김지현, 2016, 「『통전』「변방전」 고구려 조의 고찰」 『동아시아고대학』 43.
6) 송영대, 2019, 「『통전』 백제절의 서술과 인식」 『사학연구』 133.
7) 송영대, 2019, 「『삼국사기』・『삼국유사』 찬자의 『통전』 활용과 인식 고찰」 『한국사연구』 186 ; 2019, 「『통전』에 기재된 '東夷之地' 의미 분석」 『한국동양정치사상사연구』 18-2 ; 2020, 「『通典』「邊防門」 東夷目의 구성과 한국고대사 인식 硏究」, 한국전통문화대학교 박사학위논문 ; 2020, 「『通典』의 한국고대사 인식과 杜佑의 중화사상」 『한국고대사탐구』 35.
8) 이 新羅節에서 서술한 내용과 본 연구는 몇 가지 점에서 차이가 있는데, 첫째는 단락 구성에 있어서 3개와 5개의 차이, 둘째는 전거자료에 대한 분석 차이, 셋째는 찬술자인 杜佑의 신라 인식에 대한 차이 등이다. 이러한 차이를 중심으로 본 연구를 진행할 것이며, 필요한 경우 해당 부분에서 이를 언급해 나가고자 한다.

할 수 있으며, 그 변화과정도 담겨 있기 때문이다. 또한 이 관계 기사가 『삼국사기』나 『삼국유사』 내용에 부분적으로 著錄9)되어 있으므로, 『통전』을 통한 신라사 연구는 새로운 시야의 확보가 가능하다고 보기 때문이다.

이 글에서는 그동안 주목받지 못했던 『통전』 동이전에 대한 이해의 提高뿐만 아니라, 그를 통해서 중국 사서에 반영된 신라 인식을 검토하고, 이에 더하여 중국 정사와 정사 이외의 私撰書에 대한 비교 검토도 가능하리라 보인다. 『통전』이 그동안 소외되었던 이유는 아마도 그것이 정사가 아니라 典章制度를 주로 서술한 杜佑의 私撰書라는 평가가 작용하였을 것이다. 『통전』은 그 자체로서 사학사적으로 새로운 역사서술의 序章을 연 역사서로 평가를 받고 있지만, 정사의 기전체 방식과는 달리 典章制度의 연원을 시대순으로 기술한 통사적인 서술로 인해 한 시대를 精緻하게 모두 서술할 수는 없었다.

그러나 통사적인 관점 또한 역사를 탐구하는데 필수적인 연구 방법의 하나라는 점에서 『통전』의 기록에 천착할 필요가 있다. 본 연구에서는 『통전』의 성립 이전과 『통전』 이후 사서의 기록을 면밀하게 검토해 봄으로써, 『통전』이 인용한 기존 사서의 내용과 『통전』 이후 서술된 사서의 내용이 어느 정도의 출입이 발생하였는지 살펴볼 것이다. 중국 사서 속의 '동이전'

---

9) 『삼국사기』나 『삼국유사』에는 『통전』 관계 기사가 여럿 기술되어 있다. 특히, 『삼국사기』 잡지의 '高句麗樂, 通典云', '百濟樂, 通典云' 관계 기사, 지리지의 '新羅疆界, 古傳記不同. 杜佑通典云'와 '按通典云, "朱蒙以漢建昭二年, 自北扶餘東南行, 渡普述水, 至紇升骨城居焉, 號曰句麗, 以高爲氏"', '通典云, "百濟南接新羅, 北距高麗, 西限大海"' 등의 기사와, 『삼국유사』 기이편의 '"唐裵矩傳云, 高麗本孤竹國 今海州, 周以封箕子爲朝鮮. 漢分置三郡謂玄菟·樂浪·帶方(北帶方), 通典亦同此說"', '通典云"朝鮮之遺民分爲七十餘國, 皆地方百里"', '通典云"渤海本栗末靺鞨至其酋祚榮立國自號震旦"', '通典云, "百濟南接新羅, 北距高麗, 西限大海"' 등의 기사는 『통전』의 사용례로서 주목해도 좋다고 본다. 이에 대한 전반적 검토는, 송영대, 2019, 「『삼국사기』·『삼국유사』찬자의 『통전』 활용과 인식 고찰」, 앞의 책 ; 2020, 「『通典』「邊防門」東夷目의 구성과 한국고대사 인식 研究」, 앞의 박사학위논문, 260~290쪽에 자세히 언급하고 있어서 참고된다.

들은 모두 유사한 내용이 동어 반복적으로 기술되어 있는 것으로 보이지만, 사실 모든 사서의 기록은 시대에 따라 加減이 더해져 시대성을 반영하고 있다. 따라서 『통전』을 중심으로 그 전후를 비교 검토한다면 『통전』의 사료적 가치를 입증할 수 있을 뿐만 아니라, 東夷 관련 사료들이 어떻게 인용, 재인용, 또는 재생산되었는지 추적할 수 있는 기초를 마련할 수 있다고 본다. 그것은 이 책의 분석을 통해서 검증해 볼 수 있을 것이다.

또한 중국 정사 가운데 『남사』 신라 조는 『양서』 신라 조를 거의 그대로 전재하였으며, 『북사』 신라 조는 『수서』 신라 조를 많이 참조[10]하였으므로, 여기서는 『양서』와 『수서』 신라 조를 중심으로, 『통전』 신라 조의 관계 기사가 어떻게 서술되었는지 점검해 보고자 한다. 그리고 『한원』의 내용이 어떻게 반영되었는지, 『통전』 이후 편찬된 『태평환우기』와 『태평어람』에는 어떠한 내용이 반영되었으며, 『구당서』와 『신당서』의 편찬, 그리고 『책부원구』와 『자치통감』 등에는 『통전』 신라 조의 관계 기사가 어떻게 투영되었는지에 대한 검토도 필요하다고 본다. 이러한 점에서 이 글은 『통전』의 사학사적 이해뿐만 아니라, 「변방」 신라 조의 내용을 통하여 신라사 연구의 자료 확보라는 측면에서도 이를 구체화할 필요성이 제기된다고 하겠다.

2. 신라 條의 구성과 내용

이 글에서는 『통전』 「변방」 신라 條(이하에서는 『통전』 신라 조라 약함)의 내용이 어떻게 구성되어 있으며, 그 전거자료는 무엇이었는지를 살펴보고자 한다. 이를 위해 『통전』 신라 조를 구성하고 있는 5개의 단락을

---

10) 이용현, 2006, 「≪양서≫·≪수서≫·≪남사≫·≪북사≫의 신라전 비교 검토-통일 이전 신라 서술 중국 사료의 성격」 『신라사학보』 8.

검토하고, 이들 자료의 출처를 모색해보려고 한다.

우선, 『통전』 신라 조의 내용은 5개의 단락으로 구성되어 있다.[11] 각 단락은 '新羅國', '苻堅時', '至隋文帝時', '官有十六等', '大唐貞觀二十二年' 등이며, 이에 대한 전거자료 찾기는 『통전』의 내용 이해에서 매우 중요한 부분이다. 여기서는 『통전』 신라 조의 내용을 순서대로 나누어 검토해 보고자 한다. 그것은 단락마다 시기적으로 분별할 수 있도록 나누어 기록하고 있기 때문이다. 이를 통해 『통전』 신라 조의 구성과 그 전거자료가 무엇이었는지를 구체적으로 살펴보고자 한다.

먼저 '新羅國'으로 시작하는 부분이다. 이 단락은 신라 조의 기본 사항을 담고 있으며, 이와 유사한 내용이 다른 사서에서도 찾아진다. 아래 사료는 번역하지 않는 편이 더 이해하기 좋을 것으로 판단하여 원문을 그대로 싣는다.

   A. 新羅[12]

      新羅國, 魏時新盧國焉, 其先本辰韓種也. 辰韓始有六國, 稍分爲十二, 新羅則其一也. (初曰 新盧, 宋時曰新羅, 或曰斯羅) 其國在百濟東南五百餘里, (亦在高麗東南, 兼有漢時樂浪郡之地) 東濱大海. 魏將毌丘儉討高麗, 破之, 奔沃沮. 其後復歸故國, 留者遂爲新羅焉, 故其人雜有華夏·高麗·百濟之屬, 兼有沃沮·不耐·韓·濊之地. 其王本百濟人, 自海逃入新羅, 遂王其國. 其國小, 不能自通使聘.

---

11) 이에 대해서는 이미 新羅節이라는 항목에서 신라의 국가 기원, 前秦·梁과의 통교, 관직 체계 및 隋·唐代의 연혁 등 셋으로 구분하여 분석을 시도한 연구(송영대, 2020, 앞의 박사학위논문, 106쪽)가 있는데, 필자는 이를 좀 더 세분하여 '官有十六等'과 '大唐貞觀二十二年' 등 5개의 항목으로 언급하고자 한다. 이것은 그 내용이 별개의 항목으로 보이기 때문이며, 또한 『通典』(校點本 5, 1988, 中華書局, 4993쪽)에서도 이를 구분하여 수록하고 있는 점은, 이 글의 논지 전개에도 참고가 된다.

12) 『통전』 권185, 변방 동이 상 조.

먼저 이와 관련해서 『진서』 진한 조에는 '秦韓初有六國, 後稍分爲十二' 라는 내용이 보이는데, 이는 위의 기사에서 '辰韓始有六國, 稍分爲十二'라 는 내용과 매우 유사하다. 그러나 이것만으로 『진서』 진한 조에서 『통전』 신라 조의 내용이 전적으로 차용되었다고 보기는 어렵다. 그런데 『양서』 신라 조의 내용은 그 상황의 대체적인 변화를 짐작해 볼 수 있다.

B. <u>新羅者, 其先本辰韓種也</u>. 辰韓亦曰秦韓, 相去萬里, 傳言秦世亡人避役來適馬韓, 馬韓亦割其東界居之, 以秦人, 故名之曰秦韓. 其言語名物有似中國人, 名國爲邦, 弓爲弧, 賊爲寇, 行酒爲行觴. 相呼皆爲徒, 不與馬韓同. 又辰韓王常用馬韓人作之, 世相係, 辰韓不得自立爲王, 明其流移之人故也, 恒爲馬韓所制. <u>辰韓始有六國, 稍分爲十二, 新羅則其一也. 其國在百濟東南五千餘里. 其地東濱大海, 南北與句驪·百濟接. 魏時曰新盧, 宋時曰新羅, 或曰斯羅. 其國小, 不能自通使聘.</u>[13]

위의 A 사료의 『통전』 신라 조에 보이는 내용과 사료 B의 『양서』 신 라 조의 내용을 대비해 보면, 그 내용이 매우 유사함을 알 수 있다. 다만 그 서술에 있어서 『양서』의 내용 중 어떤 부분에서는 『통전』에서 細註 처 리를 하고 있다. 이와 비슷한 내용이 『남사』 신라 조에도 보이는데, "新羅, 其先事詳北史, 在百濟東南五千餘里. 其地東濱大海, 南北與句麗·百濟接. 魏 時曰新盧, 宋時曰新羅, 或曰斯羅. 其國小, 不能自通使聘"라는 부분이 그것 이다. 즉, 『양서』 신라 조의 내용을 거의 그대로 차용하고 있음을 엿볼 수 있다. 단지 『양서』에서는 '五千餘里'로 되어 있는 것을 『통전』에서는 '五百 餘里'로 수정하고 있다.

그런데 여기서 의문이 생기는 것은 『통전』 신라 조에 보이는 내용과 『양서』 신라 조의 내용 가운데 그 접점이 찾아지지 않는 부분이 있다는

---

13) 『양서』 동이열전, 신라 조.

점이다. 이들 내용의 間隙은 어떻게 이해할 수 있을까. 이를 이해하기 위해서는 『수서』와 『북사』의 신라 조를 살펴볼 필요가 있다. 그것은 이 두 사서가 『통전』 이전에 편찬되었다는 점 때문이다. 해당 부분을 찾아서 그 이해를 모색해보기로 하자.

C. 新羅者, 其先本辰韓種也. 地在高麗東南, 居漢時樂浪地. 辰韓亦曰秦韓. 相傳言秦世亡人避役來適, 馬韓割其東界居之, 以秦人, 故名之曰秦韓. 其言語名物, 有似中國人, 名國爲邦, 弓爲弧, 賊爲寇, 行酒爲行觴, 相呼皆爲徒, 不與馬韓同. 又辰韓王常用馬韓人作之, 世世相傳, 辰韓不得自立王, 明其流移之人故也. 恒爲馬韓所制. 辰韓之始, 有六國, 稍分爲十二, 新羅則其一也. 或稱魏將毌丘儉討高麗破之, 奔沃沮, 其後復歸故國, 有留者, 遂爲新羅, 亦曰斯盧. 其人雜有華夏·高麗·百濟之屬 其人雜有華夏高麗百濟之屬, 兼有沃沮·不耐·韓·濊之地. 其王本百濟人, 自海逃入新羅, 遂王其國. 初附庸于百濟, 百濟征高麗, 不堪戎役, 後相率歸之, 遂致強盛. 因襲百濟, 附庸於迦羅國焉.[14]

D. 新羅國, 在高麗東南, 居漢時樂浪之地, 或稱斯羅. 魏將毌丘儉討高麗, 破之, 奔沃沮, 其後復歸故國, 留者遂爲新羅焉. 故其人雜有華夏·高麗·百濟之屬, 兼有沃沮·不耐·韓·濊之地. 其王本百濟人, 自海逃入新羅, 遂王其國.[15]

위의 사료 C와 D에 보이는 두 사서 내용 가운데 『통전』의 내용과 『양서』와 『남사』 신라 조에 보이지 않는 내용이 있음을 확인할 수 있다. 특히, 『북사』의 다양한 내용보다 『수서』의 내용이 세밀하게 수정, 보완되고 있다. 다시 말해, 『양서』와 『남사』의 편찬과 『북사』와 『수서』 편찬의 차이에 대한 이해를 『통전』을 통해 살펴볼 수 있다는 점이 나름 흥미로운 부분이다.

다음으로, '苻堅時'로 시작하는 부분이다. 이 단락은 前秦의 '苻堅'과 관

---

14) 『북사』 열전, 신라 조.
15) 『수서』 동이열전, 신라 조.

『통전』 변방 신라조의 구성과 찬술자의 신라 인식   325

련된 사항을 담고 있으며, 이와 유사한 내용이 다른 사서에서도 찾아진다. 아래 사료는 번역하지 않는 편이 더 이해하기 좋을 것으로 판단하여 원문을 그대로 싣는다.

> E. 苻堅時, 其王樓寒遣使衛頭朝貢. 堅曰:「卿言海東之事與古不同, 何也」 答曰:「亦猶中國, 時代變革, 名號改易, 今焉得同」 梁武帝普通二年, 王姓慕名秦, 始使人隨百濟獻方物. 其俗呼城曰健牟羅, 其邑在內曰啄評, (啄, 呼穢反) 在外曰邑勒, 亦中國之言郡縣也. 國有六啄評·五十二邑勒. 土地肥美, 宜植五穀, 多桑麻, 果菜鳥獸, 物産略與華同.[16]

먼저 『삼국사기』 나물이사금 또는 마립간에 해당하는 기사로, ""遣衛頭入苻秦, 貢方物. 苻堅問衛頭曰:"卿言海東之事, 與古不同, 何耶." 答曰:"亦猶中國, 時代變革, 名號改易, 今焉得同""[17]이다. 자세히 살펴보면, 『통전』과 『삼국사기』는 그 서술 주체가 다를 뿐 내용에서는 별반 차이가 나타나지 않는다.

이와 유사한 내용이 하나 더 찾아지는데 그것이 바로 『태평어람』에 보인다.

> F. 秦書曰 苻堅建元十八年 新羅國王樓寒, 遣使衛頭, 獻美女. 國在百濟東, 其人多美髮, 髮長丈餘. 又曰:「苻堅時, 新羅國王樓寒, 遣使衛頭朝貢, 堅曰:「鄕言, 海東之事, 與古不同, 何也」, 苔曰:「亦猶中國, 時代變革, 名號改易」.[18]

위에서 살펴본 내용과 대비해 보면, 『태평어람』에서는 '秦書曰 苻堅建

---

16) 『통전』 권185, 변방 동이 상 조.
17) 『삼국사기』 권3, 신라본기 나물이사금 26년 조.
18) 『태평어람』 권781, 四夷部 2 동이 신라 조.

元十八年'과 '獻美女. 國在百濟東, 其人多美髮, 髮長丈餘. 又曰'이라는 부분이 삽입되어 있으며, 대신 끝부분에 해당하는 '今焉得同'라는 내용이 빠져 있다. 여기서 주목되는 것은 '秦書曰 苻堅建元十八年'이라는 부분이다. 지금까지 『통전』의 내용이 『태평어람』보다 시기적으로 이르다는 점을 부각하여 이해해 온 것이 사실이다. 그러나 비록 후대의 기록으로 보이지만, '秦書曰 苻堅建元十八年'이라는 내용으로 보아 『통전』의 서술도 『태평어람』에서 언급한 '秦書曰'의 부분에서 발췌한 것으로 보는 것이 타당하다고 본다. 그런데 현재 『秦書』가 전해지지 않는 관계로 그 殘片만으로 활용하고 있을 뿐이다.

이에 이어서 '梁武帝普通二年'에 해당하는 기사가 보인다. 이에 대한 다른 사서의 기록을 찾아보면, 『양서』와 『남사』에서 찾아지고 있다.

G. 普通二年, 王姓募名秦, 始使使隨百濟奉獻方物.
其俗呼城曰健牟羅, 其邑在內曰啄評, 在外曰邑勒, 亦中國之言郡縣也. 國有六啄評, 五十二邑勒. 土地肥美, 宜植五穀. 多桑麻, 作縑布. 服牛乘馬. 男女有別.[19]

梁普通二年, 王姓募名秦, 始使使隨百濟奉獻方物. 王姓募名泰始使使隨百濟奉獻方物.
其俗呼城曰健牟羅, 其邑在內曰啄評, 在外曰邑勒, 亦中國之言郡縣也. 國有六啄評·五十二邑勒. 土地肥美, 宜植五穀, 多桑麻, 作縑布, 服牛乘馬, 男女有別.[20]

이 두 사서에 보이는 내용과 『통전』에 보이는 내용을 대비해 보면, '梁武帝普通二年'에 해당하는 내용에 차이가 있으며, 또한 '喙評'과 '啄評'·'六喙評'과 '六啄評'의 차이, 그리고 '多桑麻, 果菜鳥獸, 物産略與華同'과 '多桑

---

19) 『양서』 동이열전, 신라 조.
20) 『남사』 동이열전, 신라 조.

麻, 作縑布. 服牛乘馬. 男女有別'에서 '多桑麻' 이하에서 차이를 보인다. '梁武帝普通二年'에 해당하는 내용에는 별문제가 없으나, 나머지 두 기사는 꼼꼼히 살펴볼 필요성이 제기된다.

먼저, '㖨評'과 '啄評'·'六㖨評'과 '六啄評'의 차이에 대해서는 그 음가에 대한 논의가 활발하게 전개되고 있어서 특히 주목을 받아 왔다.[21] 그런데 『통전』의 기사에 의하면 '㖨評(㖨, 呼穢反)'에서 細註 처리가 있어서 눈길을 끈다. 그것은 '㖨'의 음가가 '呼穢反'이라고 하여 '혜' 정도의 음으로 설정할 수 있기 때문이다. 여기서 문제는 '㖨評'과 '啄評'·'六㖨評'과 '六啄評'의 차이를 어떻게 이해할 수 있는가 하는 점이다.[22]

그런데 미세하나마 하나의 단서가 포착된다. 그것은 『양서』와 『남사』에 보이는 내용이 『통전』의 기사보다 앞선다는 것이다. 다시 말해, 앞의 두 사서에 보이는 '啄評'·'六啄評'이 '㖨評'·'六㖨評'으로 수정되었을 가능성 또한 배제하기 어렵다는 점이다. 이는 찬술자인 杜佑가 『통전』을 작성할 당시 『양서』와 『남사』에 보이는 '啄評'·'六啄評'이 잘못 서술되었다는 점을

---

21) 이에 대해서는 동북아역사재단 한국고중세사연구소 편, 2020, 『역주 중국정사 동이전 4 晉書~新五代史 신라』, 서울, 동북아역사재단, 42~44쪽에 정리되어 있어 참고된다.
22) 필자는 이 㖨 자에 관심을 표명한 이후 여러 의견을 검토한 결과, 㖨 자는 바로 啄 자의 異體字라는 사실(김희만, 2022, 「신라의 한자 전래·수용과 표기 양상」 『한국고대사탐구』 40)을 제기한 바 있다. 이에 대한 근거로는, 邢澍·楊紹廉 原著, 北川博邦 閱·佐野光一 編, 1980, 『金石異體字典』, 東京, 雄山閣出版, 62쪽에서 "東魏中岳嵩陽寺碑' 飮㖨相鳴案啄作㖨"라고 하여, 啄과 㖨 자가 이체자라는 사실을 알려주고 있다. 그런데 일본학계에서는 이미 이 부분에 대해서 일찍이 언급(宮崎道三郎, 1906, 「啄評의 原義」 『史學雜誌』 第17編 第1號 ; 末松保和, 1954, 『新羅史の諸問題』, 東京, 東洋文庫, 525쪽)하고 있다. 그 내용을 기재해 보면, 狩谷棭齋, 『日本靈異記考證』 上, 不㖨 條에, "卽啄字 『新撰字鏡』云 㖨丁角反 食也 歠也 口也 久不 又 波牟 又 須不 「後魏中岳嵩陽寺碑」 云 異禽巡獸飲㖨相鳴 並啄字作㖨 又 『素問』 「玉機眞藏論」云 如鳥之㖨 『新校正』云 別本㖨作啄 『難經』如雀之啄 『素問新校正引』作㖨 『聖惠方』 同 蓋古通用"라고 하였다. 이로써 볼 때 啄과 㖨 자는 이체자이며, 그 음은 본 글자인 啄, 즉 탁의 音價가 타당하다고 본다.

지적하고 있다고 보이기 때문이다. 이에 관해서는 다양한 연구가 진행되어 있으므로, 추후 이 부분만을 다루어 보고자 한다.[23]

그리고 '多桑麻' 이하에서의 차이를 살펴볼 차례가 되었다. 이 또한 하나의 단서가 찾아진다. 즉,『양서』와『남사』에는 '多桑麻, 作縑布. 服牛乘馬. 男女有別'라는 기사가 같이 서술되어 있는데,『통전』에는 이 부분이 '多桑麻, 果菜鳥獸, 物産略與華同'라고 하여, 또한 차이를 보인다. 그런데 이 부분은『수서』신라 조의, '果菜·鳥獸物産, 略與華同'라는 기사와 일치하고 있다. 이를 보면 앞부분은『양서』와『남사』에서, 뒷부분은『수서』신라 조에서 부분적으로 차용하였음을 파악할 수 있다.

여기서 궁금한 것은『양서』와『남사』에 보이는 '多桑麻, 作縑布. 服牛乘馬. 男女有別'라는 기사가『통전』에서도 찾아진다는 점이다. 이를 이해하기 위해서 다시『통전』의 다른 부분을 검토해 보면, 그 진한 조에 "土地肥美, 宜五穀. 知蠶桑, 作縑布, 乘駕牛馬. 嫁娶以禮. 其俗男女有別"[24]라고 하여, 앞에서 살펴본『양서』와『남사』의 "土地肥美, 宜植五穀. 多桑麻, 作縑布. 服牛乘馬. 男女有別"라는 내용과 거의 흡사하다.

이러한 점을 어떻게 이해해야 할 것인가 하는 문제가 제기된다.『통전』신라 조의 내용을 자세히 검토해 보면 두 가지 특성이 찾아진다. 하나는『양서』와『남사』를 중심으로 기술된 내용, 다른 하나는『북사』와『수서』의 편찬 내용이다. 여기서『통전』은 그 중립적인 위치에 있으면서 한편으로는『양서』와『남사』의 기사를 차용하고, 다른 한편으로는『북사』와『수서』의 기사에서 활용하고 있다는 점이다. 이 점 또한『통전』의 사학사적

---

23) 사실『양서』의 㖨과『통전』의 喙 자의 본질적인 차이에 대한 규명이 필요하다. 이는 사서와 금석문에 보이는 글자의 의미에 관해서도 다양한 연구가 요구되기 때문이다. 그것은『통전』의 喙 자 細註 처리가 중요한 이유이기도 하다. 그러나 이에 대해서는 이미 㖨, 즉 탁의 音價가 타당하다고 여겨지기 때문에 추후 그 구체적인 연구를 진행할 예정이다.
24)『통전』권185, 변방1 동이 상 진한 조.

의의를 잘 보여준다고 하겠다.

다음으로, '至隋文帝時'로 시작하는 부분이다. 이 단락은 '王姓金名眞平'에 관련된 사항을 담고 있으며, 이와 유사한 내용이 다른 사서에서도 찾아진다. 아래 사료는 번역하지 않는 편이 더 이해하기 좋을 것으로 판단하여 원문을 그대로 싣는다.

> H. 至隋文帝時, 遣使來貢. 其王姓金名眞平, (隋東蕃風俗記云:「金姓相承三十餘葉」) 文帝拜爲樂 浪郡公·新羅王. (其王至今亦姓金. 按梁史云姓慕, 未詳中間易姓之由) 其先附屬於百濟, 後因百濟征高麗, 人不堪戎役, 相率歸之, 遂致强盛, 因襲加羅·任那諸國, 滅之. (並三韓之地) 其西北界犬牙出高麗·百濟之間.[25]

위의 사료와 관련된 기사를 찾아보면 『북사』와 『수서』에 보인다. 우선 『북사』에서는 "初附庸于百濟, 百濟征高麗, 不堪戎役, 後相率歸之, 遂致强盛. 因襲百濟, 附庸於迦羅國焉"과 "傳世三十, 至眞平. 傳世三十至眞平"에 대한 내용이 찾아진다. 다음 『수서』에서는 "傳祚至金眞平, 開皇十四年, 遣使貢方物. 高祖拜眞平爲上開府·樂浪郡公·新羅王. 其先附庸於百濟, 後因百濟征高麗, 高麗人不堪戎役, 相率歸之, 遂致强盛, 因襲百濟附庸於迦羅國. 因襲百濟附庸於迦羅國"라는 내용이 찾아진다.

또한, 『한원』에서도 『북사』에 보이는 내용과 유사한 기록이 찾아진다. 그것은 "擁叛卒以稱强, 承附金而得姓 括地志曰, 新羅王姓金氏, 其先所出, 未之詳也. 隨[隋]東藩風俗記云, 金姓相承卅餘代"로, 그 선후관계를 살필 수 있는 자료이기도 하다. 이러한 사항이 『통전』에는 '隋東蕃風俗記云:「金姓相承三十餘葉」'라고 하여 細註로 기재되어 있다.

'至隋文帝時'의 기사에서, 『북사』에 보이는 내용은 『통전』과 『수서』의 기사와 그 앞뒤 순서에 차이를 보인다. 이는 『통전』의 찬자가 『북사』의

---

25) 『통전』 권185, 변방 동이 상 조.

내용을 전범으로 하되, 어떠한 연유로 그 순서를 바꾸어서 편찬한 것으로 보이며, 이에 반해 『통전』의 내용은 『수서』의 기록을 거의 그대로 따르고 있다. 단지 그 끝부분에 보이는 "其西北界犬牙出高麗·百濟之間"라는 기사는 『구당서』 백제국 조와 『신당서』 백제 조에 唐 高宗의 詔書에서 확인[26]이 된다.

다음으로, '官有十六等'에 해당하는 기사가 보인다. 이는 『북사』와 『수서』에서 이와 거의 유사한 내용이 찾아지고 있다. 아래 사료는 번역하지 않는 편이 더 이해하기 좋을 것으로 판단하여 원문을 그대로 싣는다.

  I. 官有十六等, 其一曰伊罰干, 貴如相, 次伊尺干, 次迎干, 次破彌干·次大河尺干, 次河尺干, 次乙吉干, 次沙咄干, (咄, 都骨反) 次及伏干, 次大奈摩, 次大舍, 次小舍, 次吉土, 次大烏, 次小烏, 次達位. 外有郡縣. 文字·甲兵同於中國. 選人壯健者悉入軍, 烽·戍·邏(郞佐反). 俱有屯營部伍. 風俗·刑政·衣服略與高麗·百濟同.[27]

먼저 『북사』에서는, "其官有十七等 一曰伊罰干, 貴如相國, 次伊尺干, 次迎干, 次破彌干, 次大阿尺干, 次阿尺干, 次乙吉干, 次沙咄干, 次及伏干, 次大奈摩干, 次奈摩, 次大舍, 次小舍, 次吉土, 次大烏, 次小烏, 次造位. 外有郡縣. 其文字·甲兵, 同於中國. 選人壯健者悉入軍, 烽·戍·邏俱有屯營部伍. 風俗·刑政·衣服略與高麗·百濟同"라고 서술되어 있다.

다음 『수서』에서는, "其官有十七等 其一曰伊罰干, 貴如相國, 次伊尺干, 次迎干, 次破彌干, 次大阿尺干, 次阿尺干, 次乙吉干, 次沙咄干, 次及伏干, 次大奈摩干, 次奈摩, 次大舍, 次小舍, 次吉土, 次大烏, 次小烏, 次造位. 外有郡縣. 其文字·甲兵同於中國. 選人壯健者悉入軍, 烽·戍·邏俱有屯管部伍. 風

---

26) 송영대, 앞의 박사학위논문, 2020, p.114.
27) 『통전』 권185, 변방 동이 상 조.

俗·刑政·衣服, 略與高麗·百濟同"라고 기술되어 있다.

위의 두 사서에 보이는 '官有十六等'에 해당하는 기사는 거의 유사한 형태로 기술되어 있다. 단지 '官有十六等'이 아니라 '其官有十七等'이라는 차이를 보일 뿐이다. 이에 대해서는 이미 여러 연구에서 그 문제가 제기되어 있다. 특히, 『통전』에는 次大奈摩 다음에 次奈摩가 빠져 있으며, 그런 관계로 17등이 아니라 16등만으로 서술한 것이라 하고 있다. 또 하나 빠뜨릴 수 없는 것이 바로 伊罰于, 伊尺于 등에서 干이 아니라 于로 표기되어 있다는 점이다.

여기에서 주목할 내용이 바로 『한원』에 보이는 기록이다. 이를 살펴보면, "其官有七十[十七]等, 一曰伊代[伐]于, 二百[曰]伊尺于, 三曰迊干, (西)四曰波珍于, 五曰大阿于, 六曰何[阿]于, 七曰乙吉于, 八曰沙咄干, 九曰級代[伐]干, 〈十〉曰人奈麻, 十一曰佘〈麻〉, 十二曰大舍, 十三曰小舍, 十四〈曰〉吉士, 十五曰大烏, 十六曰小烏, 十七曰造位之"라고 서술되어 있다.

이로써 볼 때, 『통전』의 '官有十六等'에 해당하는 기사가 크게는 『북사』와 『수서』의 체제를 그대로 따르고 있지만, 다른 한편으로 『한원』에서 줄곧 사용한 '于'자의 사용례에서 알 수 있듯이, 『통전』에서도 '一曰伊代于'라고 해서 '于'라는 글자를 그대로 사용하고 있다. 이 부분에 있어서는 아마도 『한원』의 기록을 참조한 것으로 볼 수가 있다.

그런데 『통전』에서 인용하고 있는 '官有十六等'에 해당하는 기사와는 별개로 주목되는 부분이 있다. 그것은 『양서』와 『남사』에서의 기록이다. 즉, 『양서』에서는, "其官名, 有子賁旱支·齊旱支·謁旱支·壹告支·奇貝旱支"라는 내용이 보이며, 『남사』에서는, "其官名, 有子賁旱支·壹旱支·齊旱支·謁旱支·壹吉支·奇貝旱支"라는 내용이 찾아진다. 물론 두 사서에서는 '壹旱支'와 '壹吉支'의 차이가 나타나고 있다. 여기서 간과할 수 없는 것은 『양서』와 『남사』에서의 기록과 『북사』와 『수서』에서의 기록 차이는 지금까지의 연구에서처럼 단순히 그 개수를 기준으로 파악해서는 안 된다는 점이다. 다시 말해, 이 기록의 차이는 당시 사료에 대한 선후관계, 즉 진한과 신라의 관등 체계를 살펴볼 수 있는 자료가 아닌가 하는 점이다.

다음으로, 唐의 貞觀 22년(648), 즉 신라의 진덕여왕 2년에 해당하는 내용이다.

 J. 大唐貞觀二十二年, 其王金春秋來朝, 拜爲特進, 請改章服以從華制.[28]

이 기사에는 '其王金春秋來朝'라 하여 사실과 맞지 않은 내용이 확인된다[29]고 한다. 다시 말해, "大唐貞觀二十二年, 其王金春秋來朝, 拜爲特進, 請改章服以從華制"라는 기사에서 '其王'이 문제이다. 이와 관련하여 자세한 검토는 다음 장에서 서술하고자 한다. 그것은 『통전』 신라 조와 연관된 이 부분이 『통전』 이전의 다른 사서에서는 찾아볼 수 없으며, 이 부분과 관련된 기사는 『통전』 이후의 기사에서만 찾아지고 있기 때문이다. 또한 이 부분이 『통전』 신라 조의 찬술자인 杜佑의 신라 인식을 살펴보는 데 중요하다고 여겨지기 때문이다.

3. 찬술자의 신라 인식

 唐의 杜佑(735~812)[30]가 편찬한 『통전』에서 「변방」東夷의 신라 조를

---

28) 『통전』 권185, 변방 동이 상 조.
29) 송영대, 앞의 박사학위논문, 2020, p.114에서, 당시 王이 아니었던 金春秋를 왕으로 기술하였다는 점에서 의문의 여지가 있다고 하였다. 그러나 이 부분은 '遣' 자의 탈락으로 생긴 사실이며, 이에 대해서는 다음 장에서 자세히 서술하고자 한다.
30) 杜佑는 字가 君卿이고, 京兆의 萬年에서 당 玄宗 開元 23년(735)에 출생하여 憲宗 元和 7년(812)에 사망하였다. 그가 편찬한 『통전』 200권은 大曆 원년(766)부터 여러 서적에서 자료를 널리 수집하고 확충 정리를 시작하여, 貞元 17년(801)에 완성하여 황제에게 올린 책으로, 모두 36년의 기간이 걸린 셈이다. 順宗(805년)이 즉위하자 冢宰로서 檢校司徒에 올라 度支鹽鐵等使를 맡았으며, 憲宗 元和

이해하는데 있어서 중요한 관점 가운데 하나는 찬술자의 신라 인식이라고 할 수 있다. 신라와 관련된 다양한 자료 중에서 어떠한 기준으로 내용을 선별·서술하고, 다른 사서의 신라 조와 어떻게 차별성을 부각하려고 했는 지를 살펴본다면, 찬술자의 신라 인식에 대해서 보다 구체적으로 검토해 볼 수 있을 것이다.

여기서는 신라 조를 크게 네 가지 내용으로 분석하여 찬술자의 신라 인식을 살펴보고자 한다. 첫째는 『통전』 신라 조의 내용을 왜 5개의 단락으로 구성하였는지에 대한 이유일 것이며, 둘째는 신라 조에 부분적으로 언급된 각 기사에 달린 細註의 의미이며, 셋째는 "大唐貞觀二十二年, 其王金春秋來朝, 拜爲特進, 請改章服以從華制"라는 기사의 분석이며, 넷째는 『통전』 신라 조의 내용이 위의 기사를 끝으로 그 이후 다른 내용이 기재되어 있지 않다.

그런데 『구당서』나 『신당서』의 내용을 검토해 보면, 찬술자의 생애에 해당하는 시기의 신라 관계 기사가 다양하게 기록되어 있다는 점이다. 본 장에서는 이러한 내용을 중심으로 분석해 보고자 한다.

첫째, 『통전』 신라 조의 내용은 5개의 단락으로 구성되어 있다. 각 단락은 '新羅國', '苻堅時', '至隋文帝時', '官有十六等', '大唐貞觀二十二年' 등이며, 이에 대한 전거자료 찾기는 『통전』의 내용 이해에서 매우 중요한 부분임을 확인하였다. 여기서는 『통전』 신라 조의 내용을 다른 사서와 비교하여 5개로 구성한 단락의 의미를 검토해 보고자 한다. 그것은 단락마다 찬술자가 어떠한 의도를 가지고 이를 구분하였는지에 대한 연유를 살펴보게 될 것이다. 그 내용을 정리하여 표로 만들어 보면 다음과 같다.

(806~820) 초에 岐國公으로 봉해졌다. 이로써 볼 때 杜佑의 『통전』은 그가 재상에 오르기 전에 완성한 것이다. 이 점 또한 『통전』을 이해하는데 중요한 사항이라 하겠다.

〈표 1〉『梁書』『隋書』『通典』新羅 기사 비교

내용 분류	『梁書』	『隋書』	『通典』
선조	新羅者, 其先本辰韓種也. 辰韓亦曰秦韓, 相去萬里, 傳言秦世亡人避役來適馬韓, 馬韓亦割其東界居之, 以秦人, 故名之曰秦韓.	新羅國, 在高麗東南, 居漢時樂浪之地, 或稱斯羅. 魏將毌丘儉討高麗, 破之, 奔沃沮. 其後復歸故國, 留者遂為新羅焉. 故其人雜有華夏·高麗·百濟之屬, 兼有沃沮·不耐·韓·獩之地.	新羅國, 魏時新盧國焉, 其先本辰韓種也. 魏將毌丘儉討高麗, 破之, 奔沃沮. 其後複歸故國, 留者遂爲新羅焉, 故其人雜有華夏·高麗·百濟之屬, 兼有沃沮·不耐·韓·濊之地.
언어	其言語名物有似中國人, 名國為邦, 弓為弧, 賊為寇, 行酒為行觴. 相呼皆為徒, 不與馬韓同.		
정치	又辰韓王常用馬韓人作之, 世相係, 辰韓不得自立為王, 明其流移之人故也；恒為馬韓所制. 辰韓始有六國, 稍分為十二, 新羅則其一也.	其王本百濟人, 自海逃入新羅, 遂王其國. 其有大事, 則聚羣官詳議而定之.	其王本百濟人, 自海逃入新羅, 遂王其國. 辰韓始有六國, 稍分爲十二, 新羅則其一也.
인접국과의 관계	其國在百濟東南五千餘里. 其地東濱大海, 南北與句驪·百濟接.	其先附庸於百濟, 後因百濟征高麗, 高麗人不堪戎役, 相率歸之, 遂致強盛, 因襲百濟附庸於迦羅國. 新羅地多山險, 雖與百濟構隙, 百濟亦不能圖之.	其國在百濟東南五百餘裏, (亦在高麗東南, 兼有漢時樂浪郡之地) 東濱大海. 其先附屬於百濟, 後因百濟征高麗, 人不堪戎役, 相率歸之, 遂致強盛, 因襲加羅·任那諸國, 滅之. (並三韓之地) 其西北界犬牙出高麗·百濟之間.
국호	魏時曰新盧, 宋時曰新羅, 或曰斯羅.		(初曰新盧, 宋時曰新羅, 或曰斯羅)

『통전』 변방 신라조의 구성과 찬술자의 신라 인식 335

내용 분류	『梁書』	『隋書』	『通典』
중국과의 관계	其國小, 不能自通使聘. 普通二年, 王姓募名秦, 〔二八王姓募名秦「姓」各本皆脫. 據南史補.〕 始使使隨百濟奉獻方物.		其國小, 不能自通使聘. (梁武帝普通二年, 王姓慕名秦, 始使人隨百濟獻方物)
		傳祚至金眞平, 開皇十四年, 遣使貢方物. 高祖拜眞平爲上開府·樂浪郡公·新羅王. 大業以來, 歲遣朝貢.	至隋文帝時, 遣使來貢. 其王姓金名眞平, (隋東蕃風俗記云:「金姓相承三十餘葉」) 文帝拜爲樂浪郡公·新羅王. (其王至今亦姓金. 按梁史云姓慕, 未詳中間易姓之由)
			苻堅時, 其王樓寒遣使衛頭朝貢. 堅曰:"卿言海東之事與古不同, 何也?" 答曰:"亦猶中國, 時代變革, 名號改易, 今焉得同.
지방행정	其俗呼城曰健牟羅, 其邑在內曰啄評, 在外曰邑勒, 亦中國之言郡縣也. 國有六啄評, 五十二邑勒.		其俗呼城曰"健牟羅", 其邑在內曰"啄評", (喙, 呼穢反) 在外曰"邑勒", 亦中國之言郡縣也. 國有六啄評·五十二邑勒.
		外有郡縣.選人壯健者悉入軍, 烽·戍·邏俱有屯管部伍.	外有郡縣. 選人壯健者悉入軍, 烽·戍·邏(郎佐反) 俱有屯營部伍.
산업	土地肥美, 宜植五穀. 多桑麻, 作縑布.	田甚良沃, 水陸兼種. 其五穀·果菜·鳥獸物產, 略與華同	土地肥美, 宜植五穀, 多桑麻果菜鳥獸, 物產略與華同.
풍습	服牛乘馬. 男女有別.	風俗·刑政·衣服, 略與高麗·百濟同.	風俗·刑政·衣服略與高麗·百濟同.
		每正月旦相賀, 王設宴會, 班賚羣官. 其日拜日月神. 至八月十五日, 設樂, 令官人射, 賞以馬布.	

내용 분류	『梁書』	『隋書』	『通典』
관등 제도	其官名, 有子賁旱支·齊旱支·謁旱支·壹告支·奇貝旱支.	其官有十七等 其一曰伊罰干, 貴如相國, 次伊尺干, 次迎干, 次破彌干, 次大阿尺干, 次阿尺干, 次乙吉干, 次沙咄干, 次及伏干, 次大奈摩干, 次奈摩, 次大舍, 次小舍, 次吉土, 次大烏, 次小烏, 次造位.	官有十六等, 其一曰伊罰干, 貴如相, 次伊尺干, 次迎干, 次破彌干, 次大河尺干, 次河尺干, 次乙吉干, 次沙咄干, (咄, 都骨反) 次及伏干, 次大奈摩, 次大舍, 次小舍, 次吉土, 次大烏, 次小烏, 次達位.
예제 (복식) 및 의례	其冠曰遺子禮, 襦曰尉解, 袴曰柯半, 靴曰洗. 其拜及行與高驪相類.	服色尙素. 婦人辮髮繞頭, 以雜綵及珠爲飾. 婚嫁之禮, 唯酒食而已, 輕重隨貧富. 新婚之夕, 女先拜舅姑, 次卽拜夫. 死有棺斂, 葬起墳陵. 王及父母妻子喪, 持服一年.	
문자	無文字, 刻木爲信. 語言待百濟而後通焉.	其文字·甲兵同於中國.	文字·甲兵同於中國.
대당 외교			大唐貞觀二十二年, 其王金春秋來朝, 拜爲特進, 請改章服以從華制.

둘째, 『통전』 신라 조에 부분적으로 언급된 細註[31]를 통하여 찬술자인 杜佑의 신라 인식을 살펴볼 수 있을 것이다. 이해를 돕기 위하여 관련 자료를 간단히 언급해 보고자 한다.

먼저 '新羅國'에서는 "新羅則其一也. (初曰 新盧, 宋時曰新羅, 或曰斯羅)

---

31) 진광숭 저, 김유철 역, 1985, 「통전의 역사사상」『중국의 역사인식』(상), 374쪽에서, "『통전』중에 특히 주목해야 할 것은 세주(細註)의 운영이다. 그의 주는 대체로 다섯 종류로 나눌 수 있다. (중략) 釋音義, 擧故典, 補史事, 明互見, 考史料이다. 이러한 세주는 본문의 부족을 보충할 뿐만 아니라 자료의 출처를 지적하여, 비교 고찰하기에 편리한 것으로 특히 사료의 고찰에 있어서 杜佑의 엄격한 학문 정신을 보여주었다"라고 하고 있으므로, 『통전』 찬술자의 역사 인식을 이해하는 데 참고가 된다.

其國在百濟東南五百餘里. (亦在高麗東南, 兼有漢時樂浪郡之地)"라고 하여, '新羅'의 다른 명칭과 그 위치 및 영역을 세주로 언급하고 있다.

   K. 新羅國, 魏時新盧國焉, 其先本辰韓種也. 辰韓始有六國, 稍分爲十二, 新羅則
      其一也. (初曰 新盧, 宋時曰新羅, 或曰斯羅) 其國在百濟東南五百餘里. (亦在
      高麗東南, 兼有漢時樂浪郡之地)[32]

다음으로 '其俗呼城曰健牟羅'에서는 "其邑在內曰喙評(喙, 呼穢反)"라고 하여, '喙評'에서 '喙'에 대해서 세주를 부기하고 있다. 이는 "國有六喙評・五十二邑勒"에서 '六喙評'의 내용 이해에도 참고가 되는 부분이다. 이에 대한 자세한 검토는 뒤에서 다시 언급하고자 한다.

   L. 其俗呼城曰健牟羅, 其邑在內曰喙評, (喙, 呼穢反) 在外曰邑勒, 亦中國之言
      郡縣也. 國有六喙評・五十二邑勒.[33]

다음으로 '至隋文帝時'에서는 세 부분에 걸쳐서 언급하고 있는 바, "其王姓金名眞平, (隋東蕃風俗記云 : 「金姓相承三十餘葉」)", "文帝拜爲樂 浪郡公・新羅王. (其王至今亦姓金. 按梁史云姓慕, 未詳中間易姓之由)", "因襲加羅・任那諸國, 滅之. (並三韓之地)"라고 하여, 현재 전하지 않는 '隋東蕃風俗記'의 기사(隋東蕃風俗記云 : 「金姓相承三十餘葉」)를 인용하는가 하면, 신라왕의 성씨라든가, 신라국의 영역에 대해서 자세히 세주를 부기함으로써 신라사 연구에 새로운 정보를 제공하고 있다.

M. 至隋文帝時, 遣使來貢. 其王姓金名眞平, (隋東蕃風俗記云 : 「金姓相承三十餘葉」)
   文帝拜爲樂 浪郡公・新羅王. (其王至今亦姓金. 按梁史云姓慕, 未詳中間易姓之由)

---

32) 『통전』 권185, 변방 동이 상 조.
33) 『통전』 권185, 변방 동이 상 조.

其先附屬於百濟, 後因百濟征高麗, 人不堪戎役, 相率歸之, 遂致强盛, 因襲加羅·任那諸國, 滅之. (並三韓之地) 其西北界犬牙出高麗·百濟之間.[34]

다음으로 '官有十六等'에서는 두 부분에 대해서 언급하고 있는 바, "次沙咄干 (咄, 都骨反)", "邏 (郎佐反)"라고 하여 '咄'과 '邏'에 대한 反切音을 표시하고 있다. 이는 당시 唐의 한자음을 표기함과 동시에 신라의 音價를 표시해 줌으로써, 찬술자의 신라 인식을 반영하는 하나의 사례로 보인다. 이는 그 음가를 알려주려는 방편이었음을 확인할 수 있다.

N. 官有十六等, 其一曰伊罰干, 貴如相, 次伊尺干, 次迎干, 次破彌干·次大河尺干, 次河尺干, 次乙吉干, 次沙咄干, (咄, 都骨反) 次及伏干, 次大奈摩, 次大舍, 次小舍, 次吉士, 次大烏, 次小烏, 次達位. 外有郡縣. 文字·甲兵同於中國. 選人壯健者悉入軍, 烽·戍·邏(郎佐反), 俱有屯營部伍. 風俗·刑政·衣服略與高麗·百濟同.[35]

위에서 살펴본 4개의 細註는 각 단락에서 신라 조를 이해시키기 위해 찬술자가 나름 세심하게 배려한 산물이다. 『통전』 변방 조에 보이는 신라사 연구뿐만 아니라 다른 고대국가의 細註를 충실히 검토한다면, 이를 통해 새로운 정보도 확보할 수 있을 것이다.

셋째, 『통전』 신라 조에 보이는 "大唐貞觀二十二年, 其王金春秋來朝, 拜爲特進, 請改章服以從華制"라는 기사의 내용을 통하여 찬술자의 또 다른 신라 인식을 살펴보고자 한다. 사실 『통전』 신라 조에 보이는 다른 기사는 대체로 그 출처를 찾아볼 수 있다. 그런데 위의 기사에 보이는 내용은 앞에서 서술한 다른 사서에서는 그 내용을 전혀 알 수 없으며, 단지 『통전』의 찬술자가 당대의 사실을 기록한 것으로 여겨질 뿐이다. 그것은 다른 사서보

---

34) 『통전』 권185, 변방 동이 상 조.
35) 『통전』 권185, 변방 동이 상 조.

다 『통전』의 기록이 앞서기 때문이다. 여기서는 『통전』 신라 조에 보이는 金春秋의 來朝와 관련된 내용이 그 이후 어떻게 변화되어 갔는지에 대하여 각 史書에 보이는 내용을 정리하여 다음과 같이 표로 작성해 보고자 한다.

〈표 2〉 金春秋의 來朝와 관련된 각 史書 기록 비교[36]

순서	史書	기록 내용
1	『通典』 卷185 「邊防門」 1, 東夷 上 新羅	大唐貞觀二十二年, 其王金春秋來朝, 拜爲特進, 請改章服以從華制.
2	『舊唐書』 卷3 「太宗紀」 下, 貞觀 22년 閏月 癸未	新羅王遣其相伊贊干金春秋及其子文王來朝.
3	『舊唐書』 卷199 上 「東夷傳」, 新羅國	二十二年, 眞德遣其弟國相伊贊干金春秋及其子文王來朝. 詔授春秋爲特進, 文王爲左武衛將軍.
4	『新唐書』 卷220 「東夷傳」, 新羅	明年, 遣子文王及弟伊贊子春秋來朝, 拜文王左武衛將軍, 春秋特進, 因請改章服, 從中國制, 內出珍服賜之.
5	『冊府元龜』 卷974 「外臣部」 19, 褒異	二十三年 十二月 新羅國其相伊贊於金春秋, 及其子文王來朝, 帝遣光祿卿柳亨, 持節郊勞之. 旣至, 以春秋爲特進, 文王爲左武衛將軍. 春秋仍請改其章服, 以從中製. 於是, 內出珍服, 賜春秋等, 令府給其將從.
6	『資治通鑑』 卷199 「唐紀」 15, 太宗 貞觀 22년	新羅相金春秋及其子文王入見. 春秋, 眞德之弟也. 上以春秋爲特進, 文王爲左武衛將軍. 春秋請改章服從中國, 內出多服賜之.
7	『三國史記』 卷5 「新羅本紀」 5, 眞德王 2년	遣伊湌金春秋及其子文王朝唐. (中略) 春秋又請改其章服, 以從中華制, 於是, 內出珍服, 賜春秋及其從者. 詔授春秋爲特進, 文王爲左武衛將軍.

이로써 볼 때, 『구당서』의 "眞德遣其弟國相伊贊干金春秋及其子文王來朝"라든가, 『삼국사기』의 "遣伊湌金春秋及其子文王朝唐" 등에서는 '遣'의 의미를 살펴볼 수 있는데, 다른 기사에서는 그러한 내용을 파악하기가 어렵다. 이에 대한 구체적인 검토는 아래에 보이는 『태평환우기』를 통해서 그 내막을 확인할 수 있을 것이다.

---

36) 송영대, 2016, 앞의 논문, 157쪽의 표를 참고로 하여 작성하였다.

넷째, 『통전』 신라 조의 내용이 위의 기사를 끝으로 그 이후의 내용이 기재되어 있지 않다. 그런데 『구당서』나 『신당서』에는 찬술자인 杜佑의 생애 기간에 해당하는 신라 관계 기사가 다양하게 기록되어 있다. 따라서 그 내용을 구체적으로 살펴볼 필요성이 제기되며, 그 연유에 대해서도 앞으로 검토가 필요하다고 본다.

이를 위해 우선 『太平寰宇記』에 보이는 다음의 기사를 살펴보도록 하자. 이 기사들은 『통전』 신라 조의 내용 이후에 해당하는 부분이다. 그 대강을 이해하기 위하여 시대순으로 나열해 보기로 한다.

① 唐貞觀二十一年(647), 其王遣金春秋來朝, 拜爲特進, 請改章服, 以從華制.
② 永徽元年(650), 其王金眞德大破百濟, 遣春秋子法敏以聞. 又使獻織錦作五言大平頌 原本訛, 詩據舊唐書改正
③ 龍朔三年(663), 詔新羅置鷄林大都督.
④ 麟德二年(665), 其王法敏與龍津都督夫餘隆, 盟於百濟之熊津城, 其盟書藏於百濟之廟. 於是, 帶方州刺史劉仁軌, 領新羅·百濟·儋羅·倭人四國, 使浮海而還, 以赴泰山之下.
⑤ 上元元年(674), 法敏納高麗叛亡之衆, 又略百濟故地, 遣兵守之, 帝大怒下詔, 削法敏官爵, 遣宰臣劉仁軌討之, 仍以法敏弟左驍衛員外大將軍臨海郡公金仁問爲新羅王. 時仁問在京, 師詔令歸國以代其兄, 仁問行至中路, 聞新羅降, 仁問乃還.
⑥ 二年(675), 鷄林道行軍大總管劉仁軌, 大破新羅之衆於七重城而還.
⑦ 新羅於是遣使入朝, 伏罪拜首, 貢方物, 前後相屬, 後加敏官爵, 旣盡有百濟之地, 及高麗南境. 東西約九百里, 南北約一千八百里, 於界內, 置尙·良·康·熊·金·武·漢·朔·溟等九州. 其武州所輸物産, 爲新羅之最, 自開耀元年(681), 至於會昌元年(841), 朝貢不絶.[37]

---

37) 『太平寰宇記』 卷174, 四夷3, 東夷 新羅 條.

다시 말해, 위의 기사는 『통전』 신라 조에 보이는 "大唐貞觀二十二年, 其王金春秋來朝, 拜爲特進, 請改章服以從華制"라는 기사 이후 신라의 역사적 사실을 보여주고 있다. 해당 기사는 北宋의 태평흥국 4년(979) 樂史에 의해 편찬된 『태평환우기』의 신라 관계 기사 내용을 서술한 것이다. 이를 보면, 『통전』 신라 조의 마지막 구절에서 '遣' 자의 출입만 있을 뿐,[38] 그 내용이 유사하다는 점을 파악할 수 있다. 그렇다면 그 다음에 보이는 사료는 신라 관계 기사로서 일정한 의미를 부여할 수 있을 것이다. 『태평환우기』가 편찬된 시점이 979년인 반해, 그 기사의 내용은 841년에 한정되고 있기 때문이다.[39] 이를 통해서 볼 때, 『통전』 신라 조의 기사를 '大唐貞觀二十二年'까지 서술한 것은 당시 찬술자인 杜佑가 수집한 자료의 성격과 밀접한 관련이 있을 것으로 보인다.

이처럼 『통전』의 찬술자는 신라 조에 서술한 내용을 당시 중국의 사서에서 기왕의 자료를 최대한 인용 또는 활용하고 있을 뿐만 아니라, 사료상의 차이 또는 오류를 지적함과 더불어 이를 최대한 수정·보완하고 있다. 이러한 점은 다른 사서에서 찾아볼 수 없다는 점에서 나름 그 의미가 있다고 여겨진다. 그러한 부분에 대해서는 추후 『통전』의 사학사적 의의에 대해서 검토해 볼 수 있는 기회가 있다면 이를 고증해 보고자 한다.

---

38) 이를 근거로 『통전』에 고의적인 목적성, 즉 중국의 권위를 높이기 위한 목적이 개입된 기록으로 보려는 경향(송영대, 2016, 「『통전』 「변방문」 동이편의 구조 및 찬술 목적」 『사림』 57, 158~159쪽 ; 2020, 「『通典』 「邊防門」 東夷目의 구성과 한국고대사 인식 研究」, 앞의 박사학위 논문, 115쪽)이 있다. 그러나 이는 지나친 추측에서 빚어진 것이다. 이에 대해서는 해당 자료, 즉 『太平寰宇記』의 본 기사를 통해서 그 진위 가부를 확인할 수가 있다. 사실 이 '遣' 자의 출입은 『통전』 신라 조에 보이는 김춘추 관계 기사를 이해하는 데 중요하다. 이미 이에 대해서는 井上秀雄 他 譯註, 1976, 『東アジア民族史 - 正史東夷伝』, 東京, 平凡社, 346쪽에서 '遣' 자가 탈락한 것으로 교열하고 있으므로, 본고의 서술에 참고가 된다.
39) 이 부분에 대해서는 『구당서』와 『신당서』에 보이는 그 이후 기사를 중심으로 성격을 추출해서, '『태평환우기』의 구성과 찬술자의 역사 인식'을 다룰 때 자세히 언급해 보고자 한다.

4. 맺음말

이상에서 『통전』「변방」신라 조의 구성과 내용 및 찬술자인 杜佑의 신라 인식에 대해서 살펴보았다. 앞에서 서술한 내용을 요약함과 동시에 구체적인 사항으로 다루지 못한 한계 등을 포함하여, 기대 효과 등을 언급함으로써, 『통전』「변방」신라 조의 과제를 맺음말로 대신하고자 한다.

첫째로, 신라사 연구에 새로운 자료를 확보할 수 있었다. 그동안『통전』신라 조에 관한 연구가 소홀하게 취급되었다. 그것은 중국 정사들이 내포하고 있는 신라 관계 기사에 더 집중한 결과이며, 상대적으로 『통전』자료에 그다지 집중하지 않았기 때문이다. 이 연구를 통해서 『통전』자료에 대한 새로운 접근방법과 자료를 확보할 수 있었으며, 사료가 부족한 신라사 연구에 도움이 될 수 있는 자료를 확충할 수 있었다고 본다.

둘째로, 신라 관계 기사에 대한 오류의 수정 및 보완을 할 수 있었다. 『통전』신라 조에 의하면 다른 사서와 차이가 나는 내용이 부분적으로 수록되어 있으며, 또한 찬술자의 세심한 細註가 단락마다 여러 개씩 언급되어 있는데, 이는 기왕의 사서에 보이는 내용과 차별을 강조하기 위해 찬술자가 굳이 마련한 것으로 보인다. 따라서 이를 통한 신라 관계 기사의 상호 대비가 가능하며, 『통전』「변방」의 다른 細註와 관련하여 폭넓은 연구가 가능하다고 본다.

셋째로, 한국고대사 연구에 새로운 시각을 확보할 수 있었다. 앞에서 서술한『통전』신라 조 관련 연구를 통해서 마련된 시각을 「변방」동이전 전체에 확대 적용하여 이해할 수 있을 것으로 본다. 이러한 연구는 새로운 시각에서의 접근방법이며, 사료가 부족한 한국고대사 연구에 다양한 자료를 제공할 수 있다. 특히, 고구려와 백제뿐만 아니라 마한, 진한, 변진, 부여 등에 대한 접근을 시도함으로써 사료의 원초적 성격과 변화과정도 검토해 볼 수 있을 것이다.

넷째로, 『통전』「변방」조에 대한 새로운 인식을 提高할 수 있으리라고 본다. 「변방」에는 東夷 上과 下로 구분하여, 上에는 조선, 예, 마한, 진한, 변진, 백제, 신라, 왜, 부여, 하이 등이 수록되어 있으며, 下에는 고구려, 동옥저, 읍루, 물길, 부상, 여국, 문신, 대한, 유구, 민월 등이 수록되어 있다. 이는 『삼국지』 위서 동이전의 국가 구성과는 다른 분류방식이다. 이러한 분류방식을 선택한 찬술자의 인식과 「변방」에 대한 새로운 접근이 더욱 필요하다고 본다.

다섯째로, 중국 정사 이외의 사료에 대한 중요성을 부각할 수 있었다. 『통전』을 비롯해서 『한원』 『태평어람』 『책부원구』 『자치통감』 등은 그동안 類書로 인식하여 중국 정사를 보완하는 용도로써만 주로 활용해 왔으나, 이번 연구를 통해서 유서류도 사료적 가치가 있을 뿐만 아니라, 오히려 正史의 오류를 수정할 수 있는 새로운 기록이라는 점을 확인할 수 있었다.

여섯째, 8~9세기 동아시아의 국세관계 연구에 기여될 수 있을 것이다. 『통전』 「변방」의 기록은 『통전』이 찬술될 당시의 唐을 중심으로 세계를 파악했던 찬술자인 杜佑의 세계관이 반영되어 있다. 동이, 서융, 남만, 북적으로 분류되는 국가와 민족들은 찬술자의 의도에 의해서 편성되었는데, 그 자체가 唐과의 국제관계를 반영하고 있는 기록이라고 볼 수 있기 때문이다.

비록 이 글에서는 이러한 동아시아의 국제관계를 전반적으로 다루지는 못했지만, 『통전』 「변방」 신라 조의 연구가 초석이 되어, 향후 『통전』 「변방」의 기록에 깊이 천착할 수 있다면, 당시 동아시아사의 국제관계, 특히 唐과 다국가 간의 국제관계, 또는 唐과 고구려, 백제, 신라 등과의 관계를 밀접하게 살펴볼 수 있는 관점을 제공할 수 있으리라고 본다.

한국사 디지털 자료의 활용 현황과 과제

1. 머리말

역사연구에 있어서 주요한 요소는 자료의 활용과 역사가의 해석일 것이다. 한국사를 이해하기 위해서도 두 가지 사항은 필수적이다. 특히, 최근 붐(boom)이 일고 있는 역사자료의 디지털화 작업은 갈수록 진화를 거듭하면서 역사를 연구하는 데 있어서 빼놓을 수 없는 과정이 되고 있다. 역사자료의 디지털화는 자료의 보편화와 대중화를 가져왔다는 측면에서 볼 때 역사연구에서 한 획을 그었다고 인정할 만하다. 또한, 대량의 역사자료를 일시에 구동하여 활용할 수 있다는 점에서 역사연구의 양적인 진전을 가져온 것은 분명해 보인다.

그러나 디지털 자료의 활용이 역사연구의 질을 향상하였는지에 대해서는 의문이 든다. 한꺼번에 많은 양의 자료를 디지털 방식으로 처리할 수 있다는 점은 디지털 자료화의 순기능이라고 할 수 있다. 그렇지만 그 과정에서 미처 검토하지 못했던 많은 事狀들을 드러내지 못하는 한계 또한 지적하지 않을 수 없다. 이 점은 디지털 자료화의 역기능이라고 할 수 있겠다. 그럼에도 불구하고 현재 우리 역사학계에서 디지털 자료의 활용은 거스를 수 없는 추세다. 이 글에서는 한국사 연구에서 디지털 자료 활용의 과거와 현재 그리고 미래에 관하여 생각해 보고자 한다.

먼저, 한국사 자료를 어떻게 디지털 시스템화해서 활용했는지를 살펴보고, 그를 통해서 한국사 자료의 보편화와 대중화가 어느 정도로 진행되었는지 확인해 보고자 한다. 前近代 한국사 자료는 대개 漢字로 구성되어 있을 뿐 아니라, 관련 자료를 직접 활용하는 데는 여러모로 한계가 있다. 그럴 즈음에 등장한 한국사 자료의 디지털화는 해당 자료를 손쉽게 만날 수 있는 획기적인 작업이었으며, 연구자에게도 작업의 편리성을 도모할 수 있었으므로 새로운 연구에 활력을 불어넣는 촉진제 역할을 하였다. 여기서는 기왕에 제공하고 있는 한국사 역사자료들의 디지털화 현황과 활용 정도를 살펴볼 것이다.[1)]

다음으로, 한국사 디지털 자료의 활용에 있어서 문제점을 추려 보고 향후 해결해야 할 과제에 관하여 생각해 보려고 한다. 한국사 자료의 디지털화는 그 자료 전반에 걸친 이용을 향상하여 연구자들에게는 방대한 자료의 활용을 통한 새로운 역사 글쓰기를 가능하게 하였다. 대중들에게는 디지털 자료를 공유함으로써 한국사 정보 지식을 통한 역사 인식의 확대를 提高하는 데 큰 역할을 하였다.[2)]

---

1) 이와 관련한 여러 연구 성과들이 제출되어 있는데, 이 글에서 참고한 내용은 다음과 같다. 이남희, 2000, 「조선시대 자료의 전산화 – 데이터베이스 구축의 현단계와 과제 –」 『조선시대사학보』 12, 조선시대사학회 : 한상구, 2001, 「한국역사 정보화의 방향과 과제」 『역사학과 지식정보사회』, 역사학회 편, 서울대학교 출판부 : 주성지, 2008, 「디지털 역사자료의 구축과 표준」 『역사민속학』 26, 역사민속학회 : 최희수, 2011, 「디지털 인문학의 현황과 과제」 『소통과 인문학』 13, 한성대학교 인문과학연구원 : 류준범, 2016, 「역사자료 정보화의 현황과 전망」 『사학연구』 121, 한국사학회 : 이상국, 2016, 「'빅데이터' 분석 기반 한국사 연구의 현황과 가능성 : 디지털 역사학의 시작」 『응용통계연구』 29-6, 응용통계연구학회 : 샹제·천리화, 2017, 「디지털 인문학 시야에서 본 역사연구. 역사 데이터베이스 구축과 맥락 분석」 『디지털 시대 인문학의 미래』, 푸른역사 : 주성지, 2018, 「역사 대중화와 디지털 역사자료 – 역사소비의 변곡 –」 『역사민속학』 55, 역사민속학회 : 주성지, 2019, 「디지털시대 한국사 연구의 확장과 과제」, 동국대학교 박사학위논문 : 이상동·박충식, 2020, 「From Data to Agents – 한국 디지털 역사학의 현주소와 AI 시대의 역사학 –」 『Homo Migrans』 22, 이주사학회 : 노명환, 2021, 「디지털 아카이브와 큐레이션에 기초한 디지털 역사학, 공공역사, 트랜스내셔널 역사 : 다양성 속의 통일 원리에 기초한 세계의 평화·상생을 향하여」 『역사문화연구』 79, 역사문화연구회 : 이상국, 2022, 「한국사 연구와 디지털역사학 연구방법론 – 양적 분석을 중심으로 –」 『한국사연구』 197, 한국사연구회.

그런데 디지털 자료의 활용 능력만으로 역사 이해가 마냥 증진되지는 않을 것이다. 관련 자료의 활용도와 편리성은 대폭 확장되었다고 할 수 있지만, 그에 따른 역기능 또한 없지 않다. 다시 말해, 한국사 자료의 디지털화가 많은 관련 자료를 디지털 방식으로 응용할 수 있게 함으로써 역사자료 활용의 편리성과 底邊化는 도모할 수 있었다. 그렇지만 검색되지 않는 자료는 이용할 수 없는 한계와 또는 검색된 자료의 오류 또한 적지 않으므로 디지털 자료의 작성과 이용과정에서 나타나는 문제점에 대하여 주의를 기울여야 할 것이다.

이와 같은 내용을 중심으로, 이 글에서는 한국사 디지털 자료의 활용과 관련해서 순기능은 어떤 것인지, 그에 따른 문제점은 무엇이고, 이를 보완할 수 있는 대안은 무엇이 있는지 등을 史學史的 관점에서 접근해 보고자 한다.

2. 한국사 자료의 디지털화 推移

한국사 자료의 디지털 시스템화의 시작은 1990년대 초반이었다. 소수의 선진적인 인문학자들과 소프트웨어 기술자들에 의해 디지털 기술에 의한 한국사 자료의 체계화가 이루어지기 시작한 것이다. 물론 초기에는 대중적이고 기술적인 논의보다는 인문학 연구에 활용할 수 있는 기술들에 대한 논의가 집중되었다. 수많은 연구대상 자료들을 어떻게 디지털화할 것인가에 대한 것과 방대한 분량의 연구대상 자료를 어떻게 쉽게 연구자들이 검색하고 열람할 수 있을 것인가에 관한 논의가 그것이었다.

---

2) 김정인, 2019, 「역사소비시대, 대중역사에서 시민역사로」『역사학보』 241, 역사학회 : 오항녕, 2019, 「'사이비 역사학'의 평범성에 대하여-역사학의 전문성을 위한 단상」『역사학보』 241, 역사학회.

사실 이러한 한국사 자료 디지털화의 萌芽는 역사 관련 書冊의 색인 (appendix) 작업과 해당 자료의 國譯 사업, 그리고 연구 성과의 목록화 작업 등과 무관하지 않다. 일찍이 많은 연구자의 필요에 따라 한국사 자료를 손쉽게 활용할 수 있는 방안이 요구되었고, 따라서 이에 대한 모색이 시작되었다. 다시 말해, 단순한 자료 또는 연구자가 이용 가능한 몇 가지 자료를 토대로 연구가 진행되었으며,[3] 이러한 작업이 점차 기술의 발달과 어울려 자료를 디지털화하는 데 주요한 밑거름이 되었다.[4]

먼저, 이를 알려주는 사항 가운데 하나인 색인 작업부터 잠시 살펴보기로 하자. 한국사 자료의 색인으로서 그 첫 작업이라고 할 수 있는 것으로는, 1953년 7월에 간행된 『역사학보』 5집에 실린 李弘稙의 『삼국유사』 색인이다. 『삼국유사』 자체가 분량이 많거나 내용 파악이 어렵지 않은 관계로 이를 시도한 것이겠지만, 어쨌든 자료의 디지털화라는 측면에서 볼 때 중요한 작업이었다고 할 수 있다.[5] 이를 이어 1956년 6월 연희대학교 농방학연구소 편의 방대한 『삼국사기』 색인, 1972년 10월 연세대학교 동방학연구소의 『고려사』 영인과 색인 작업, 그리고 1970년~1973년에 걸쳐 국사편찬위원회·탐구당에서 간행한 『조선왕조실록』 영인과 색인 작업 등은 한국사 자료의 디지털화라는 측면에서 그 의미를 되짚어 볼 필요성이 제기된다.

---

3) 이러한 연구 가운데 대표적인 성과로는, 정두희, 1989, 『조선 성종대의 대간연구』, 한국연구원, 7~8쪽에서 개인용 컴퓨터를 활용한 자료의 분석, 즉 『성종실록』에 나타난 대간의 탄핵 활동 사료 3,280건의 정리와 통계 및 이용 사례를 거명할 수 있을 것이다.

4) 한국사 연구와 관련해서 기왕의 여러 연구 성과를 기반으로 하여 디지털화하려는 엄두를 내었고, 그것이 연구자와 대중들에게 환영을 받게 됨으로써 그 이상의 자료들에도 디지털 작업에 박차를 가하게 되었다고 본다. 다시 말해, 디지털에 의한 역사화라기보다는 역사학에 기초한 디지털화를 강조할 수 있지 않을까 한다.

5) 이를 대변하듯이, 최남선의 『증보 삼국유사』에는 부록으로 색인을 싣고 있는데, 이 색인 내용은 李弘稙의 『삼국유사』 색인을 참고해서 작성(최남선, 1954, 『증보 삼국유사』, 민중서관)한 것이라 밝히고 있다. 이후 한국정신문화연구원에서 주제별 및 가나다 색인인 『삼국유사 색인』(1980년)을 만들어서 보급하기도 하였다.

다음으로, 색인 작업이 단순한 자료 검색의 효과를 지향한 것이라면, 國譯 사업은 전문 연구 인력을 통해 나올 수 있었던 결과물이라고 할 수 있다. 1940년 博文書館에서 출간한 李丙燾 역주의 『삼국사기』가 국역으로는 가장 앞선다. 이 국역본은 비록 완간하지 못한 채 세월이 흘러 1982년 을유문화사에서 국역 완성본을 마무리하지만[6] 그 시작이라는 의미에서 주목된다. 『삼국유사』의 국역은 史書演繹會에서 1946년에 펴낸 『삼국유사』(고려문화사)가 있지만, 그 번역이 초역인 관계로 정교한 번역을 기다리게 되었으며, 李丙燾에 의해서 1956년 全譯의 『譯註幷原文 三國遺事』(東國文化社)가 출간되었으며, 1967년 李載浩 역주의 『삼국유사』(廣文出版社)가 발행되었다. 이후 많은 역주본이 출간됨으로써[7] 『삼국유사』를 통한 다양한 글쓰기 작업이 활력을 받기도 하였다.

『고려사』 역주 작업은 1982년 동아대학교 고전연구실에서 시작하였으며, 전 11책이 『역주 고려사』(太學社)라는 제목으로 간행되었다. 그리고 『조선왕조실록』을 비롯한 『승정원일기』, 『일성록』, 『비변사등록』 등은 그 자체 방대한 규모이며, 이를 개인이나 소규모 연구 인력을 통해서 작업을 수행할 수 없었으므로, 국가사업의 일환으로 역주 사업이 발주되었으며, 그 결과가 향상적으로 완성되어 현재는 국사편찬위원회 웹사이트를 통해서 누구나 활용할 수 있는 계기가 되었다. 이러한 國譯 작업은 규모가 작은 書冊을 중심으로 비롯되었으며, 현재는 正史와 관련된 대부분 내용뿐만 아니라 개인 문집들의 역주 사업도 한창 진행 중이다. 이는 한국사 자료의 디지털 시스템화를 촉발하는 하나의 因子로서의 의미를 부여해도 좋지 않을까 생각한다.

---

6) 국역 『삼국사기』는 한국정신문화연구원에서 1997년 펴낸 정구복 외, 『역주 삼국사기』가 자세하며, 이를 2012년에 개정 증보한 정구복 외, 『역주 삼국사기』, 한국학중앙연구원이 참고된다.
7) 대표적으로 강인구 외, 한국정신문화연구원, 2003, 『역주 삼국유사』, 이회문화사에서 출간한 역주본이 그 이전까지의 연구 성과를 반영하면서 다양한 내용을 수록하고 있으므로 참고된다.

이에 더하여, 연구 성과의 목록화도 한국사 자료의 디지털화를 이행하는데 중요한 작업이었다고 할 수 있다. 그동안 다양한 연구자의 성과물을 하나로 집적함으로써 자료의 디지털 시스템화하는 데 일조하는 계기가 되었다고 본다. 그 가운데 李基白은 1960년에 처음으로 펴낸 『국사신론』(태성사)과 1967년에 발행된 『한국사신론』(1975년 개정판, 1990년 신수판, 1999년 한글판, 일조각)에서 각각 장마다 해당 연구 성과를 부기함으로써 연구자에게 편의를 제공하는 동시에 전문성을 높이는 계기가 되었다. 아울러 1973년에 국회도서관에서 펴낸 『한국사연구논저목록(1900~1960)(부:3·1운동관계문헌목록)』과, 1983년에 역사학회에서 펴낸 『현대 한국 역사학 논저목록(1945-1980)』, 그리고 1985년에 발행된 『한국사논저총목록』(장득진 편, 민족문화사) 3권은 당시까지의 연구 성과를 고고학·고대·고려, 조선·민속학, 총류·근현대 등으로 망라함으로써, 한국사 자료를 디지털화하는데 주요한 매개체 역할을 담당하였다고 해도 과언이 아닐 것이다.

그런 가운데 1995년 국역 조선왕조실록 CD-ROM의 개발은 획기적인 사업이었다. 지금은 사라진 민간기업 서울시스템(주)에서 정부의 지원 없이 순수 민간의 힘으로 구축된 이 CD-ROM은 대한민국 인문학 정보화의 효시이자 가장 커다란 파급효과를 가져다주었다.[8] 국역 조선왕조실록 CD-ROM은 총 413권이라는 방대한 분량의 조선왕조실록을 전산입력하고 이를 연구자들이 쉽게 검색하고 열람할 수 있게 하는 데 초점이 맞추어져 있었으며, 이를 통해 전문 연구자들은 물론 일반인들도 자유롭게 접근할 수 있게 되었다. 그 결과 수많은 역사 대중서와 방송 다큐멘터리, 사극, 소설 및 새로운 콘텐츠 개발 등 다양한 문화산업 분야에 지대한 파급효과를 가져온 게 사실이다.

---

8) 최희수, 2011, 「디지털 인문학의 현황과 과제」, 『소통과 인문학』 13, 70쪽. 특히 현재의 디지털 인문학은 이 국역 조선왕조실록 CD-ROM의 제작에서부터 비롯되었다고 해도 과언이 아니라고 하였다.

한편, 국역 조선왕조실록 CD-ROM의 개발 이후 역사자료 전산화에 대한 민간과 공공부문의 사업이 뒤를 이었다. 『삼국사기』와 『고려사』 등은 민간에서, 『승정원일기』와 『일성록』 등은 공공부문에서 전산화와 데이터베이스를 구축하였다. 그 과정에서 1990년대 말 IMF 이후 침체된 경기를 회복하기 위한 고용 창출을 위해서 추진된 '국가지식정보자원관리사업'은 큰 역할을 담당하였다.[9] 이 사업은 1998년 IMF 이후 고용 창출을 위해 당시의 정보통신부에서 추진되었으며, 1999년부터 시작된 이 사업은 행정안전부 산하 한국정보화진흥원에서 주관하였으며, '국가DB구축사업'으로 명칭을 변경하였다.[10] 2010년까지 약 3,500억 원의 예산이 투입되어 약 2억 7천만 건의 자료가 구축되어 서비스되었다.[11] 이후 한국사 디지털 자료는 한국역사정보통합시스템에서 2023년 9월까지 12,000,000~13,000,000여 건이 제공되었나 현재 운영을 종료하였고, 한국학자료통합플랫폼에서 13,000,000여 건이 넘는 데이터가 제공되고 있다.

요컨대, 한국사 자료를 보다 효율적으로 활용할 수 있는 순수한 자료의 디지털화 작업으로서는 자료의 색인 작업과 國譯 사업, 그리고 연구 성과의 목록화 등이 기반이 되었다고 할 수 있다. 실제 국역 조선왕조실록 CD-ROM의 개발 등은 새로운 첨단 디지털 기술과 접맥하면서 한국사 연구를 활성화함과 동시에 역사의 대중화를 선도하는 출발점이 되었다. 위와 같은 작업은 이용자들에게 자료에 대한 접근성을 최대한 높이고, 해당 관련 자료를 손쉽게 제공하자는 것이 그 목적이었다. 그렇다면 이후 한국사

---

9) '국가지식정보자원관리사업'은 2000년 9월부터 시작되었으며, 당시 주관하는 공공기관은 한국전산원(한국정보사회진흥원, 한국정보화진흥원 등의 이름을 거쳐 현재 한국지능정보사회진흥원)이었다.
10) '국가DB구축사업'은 2016년까지 진행되었으나, 3,500억 원의 예산 중에서 한국사 디지털화 작업에 소요된 예산이 어느 정도 규모였는지, 또는 지식정보자원관리사업, 국가DB구축사업에서 한국사 디지털화의 비중이 어느 정도였는지는 확인할 수 없다.
11) 최희수, 앞의 논문, 71쪽.

디지털 자료의 활용은 어떻게 진행되었는지 궁금하지 않을 수 없다. 이에 대해서는 다음 장에서 다루어 보고자 한다.

3. 한국사 디지털 자료의 활용 現況

앞 장에서 언급한 바와 같이, 한국사 자료를 디지털화함으로써 그 자료 전반에 걸친 활용 능력을 통해서 새로운 역사 글쓰기가 가능하였으며, 다양한 방면에서의 접근이 수월하게 됨으로써 한국사 정보 지식을 공유할 수 있게 되어 역사 인식을 提高하는 데 큰 역할을 하였다. 특히, 역사 대중서와 방송 다큐멘터리, 사극, 소설 및 새로운 콘텐츠 개발 등 다양한 문화 사업 분야에서 디지털 자료가 폭넓게 활용되면서 대중과 소통하는 한국사를 만들어 가고 있으며, 그를 통한 역사 이해의 진전은 현재진행형이다.[12]

위에서 한국사 자료의 디지털화 과정을 살펴보면서 그런 자료의 집적은 결국 디지털 자료로써 활용할 수 있는 단계를 고대하게 하였다. 2000년대에 들어서면서 컴퓨터의 보급과 다양한 디지털 기술의 발전에 힘입어 한국사 디지털 자료를 적극적으로 활용할 수 있도록 폭넓은 데이터베이스가 구축되었다. 이러한 작업은 앞으로도 지속적인 사업으로 시행할 것이므로, 여기서는 현재까지 국가기관에서 진행하고 있는 한국사 디지털 자료의 활용 현황을 사례로 들어보고자 한다.[13]

---

12) 이와 관련하여 역사학의 새로운 진전을 위한 모색이 언급되고 있는데, 메타 역사학적 상상력과 역사 이야기의 개발, 즉 역사학과 역사업에 해당하는, 이 두 가지의 과업을 제시하고 있다. 다시 말해, 각기 역사학에 정체성 및 실용성을 부여함으로써, 도구주의적 차원의 대중적 극복방안으로는 감당할 수 없는 학문적 위기 상황을 넘어서서 역사학의 르네상스를 재현시킬 가능성을 내포한 활동(역사학회 편, 2001, 『역사학과 지식정보사회』, 역사학회 편, 서울대학교 출판부, 216~217쪽) 모색을 제안하고 있다.
13) 한국고전번역원의 한국고전종합DB의 경우, 고전번역서, 조선왕조실록, 신역 조

특히, 한국사 디지털 자료의 활용과 관련해서,[14] 다른 국가기관보다 다양한 내용을 구축하고 있는, 국사편찬위원회의 한국사 데이터베이스를 중심으로 논의를 진행해 보려고 한다.[15] 해당 사이트에 접속하면, 시대별 일람, 형태별 일람, 가나다 일람, 국사편찬위원회 자료 등으로 구분하고 있으며, 그를 통하여 자료의 현황을 일목요연하게 확인할 수 있다.

이 글에서는 국사편찬위원회의 한국사 데이터베이스에서 시대별 일람과 형태별 일람을 중심으로 한국사 디지털 자료의 활용에 관한 몇 가지 사항을 언급하고자 한다.

먼저, 시대별 일람을 살펴보면, 크게 통사, 고대, 고려시대, 조선시대, 대한제국, 일제강점기, 대한민국으로 구분되어 있으며, 이들 항목에는 다시 디지털화된 해당 자료를 세분하고 있다. 예를 들면, 통사에 수록된 내용을 살펴보면, 한국사·신편한국사·한국사론·국사관논총·한국사료총서·해

선왕조실록, 승정원일기, 일성록, 고전원문, 한국문집총간, 한국고전총간, 한문고전자동번역 등의 내용으로 구성되어 있다. 세종대왕기념사업회의 고전국역사업의 경우, 세종고전 국역사업, 과학기술고전 국역사업, 세종한글고전 DB구축사업 등을 수행하고 있다. 한국학중앙연구원의 국학자료기초사업의 경우, 장서각 왕실문헌 연구기반 조성사업, 한국고문서 기초연구 사업, 기록문화유산의 '보존관리시스템' 구축사업 등을 진행하고 있다. 그리고 규장각한국학연구원의 규장각 원문검색서비스의 경우, 고도서, 고문서, 고지도, 편년사, 의궤, 근대정부 기록류, 해제 등에서 자료의 목록, 해제와 원문 이미지, 텍스트를 열람할 수 있도록 진행하고 있다. 이처럼 다양한 한국사 디지털 자료의 활용에 대해서는, 다른 국가기관에서 수행하고 있는 것도 많으므로, 그 모든 현황을 파악하기에는 한계가 있다. 여기서는 이와 같은 기본 사항만을 제시하는 것으로 그치고자 한다.

14) 실제 한국사 디지털 자료는 국사편찬위원회 한국사 데이터베이스뿐만 아니라, 한국고전번역원, 한국학중앙연구원, 한국국학진흥원, 서울대학교 규장각한국학연구원, 경상대학교 고문헌도서관, 동북아역사재단, 국립중앙도서관, 국립중앙박물관 등에서 제공하는 다양한 디지털 자료가 있으나, 여기서는 편의상 국사편찬위원회 한국사 데이터베이스 관련 내용을 중심으로 논지를 전개하고자 한다.

15) 이 글에서는 디지털 자료의 활용과 관련하여 연구 성과 및 문화콘텐츠 개발 등에 대해서는 전혀 언급하지 않았다. 그것은 디지털 자료의 현황만을 주로 파악하였기 때문이다.

외사료총서·중국정사조선전·한국사연구휘보·동학농민혁명사논저목록·재외동포사총서·학술회의총서·주제별연표·재외동포사연표 등 한국사 전체를 이해할 수 있는 내용을 망라하고 있음을 파악할 수 있다. 이에 대한 이해를 돕기 위하여 시대별 일람을 정리하면, 〈표 1〉과 같다.

〈표 1〉 국사편찬위원회의 한국사 데이터베이스 시대별 일람

구 분	내 용
통사	한국사·신편한국사·한국사론·국사관논총·한국사료총서·해외사료총서·중국정사조선전·한국사연구휘보·동학농민혁명사논저목록·재외동포사총서·학술회의총서·주제별연표·재외동포사연표
고대	삼국사기·삼국유사·해동고승전·한국고대금석문·한국목간자료·한국고대사료집성 중국편·중국정사조선전·일본육국사 한국관계기사·입당구법순례행기·고대사연표
고려시대	고려사·고려사절요·동인지문사륙·동인지문오칠·제왕운기·보한집·파한집·선화봉사고려도경·원고려기사·중국사서 고려·발해유민 기사·고려관련 일본사료·고려시대 금석문·문자자료·개경기초자료·개경지리정보
조선시대	조선왕조실록·비변사등록·승정원일기·각사등록·각사등록 근대편·사료 고종시대사·고종시대사·주한일본공사관기록 통감부문서·동학농민혁명 자료총서·동학농민혁명사 일지·동학농민혁명 연표·대마도종가문서자료집·한국고지도목록·명실록·청실록·조선시대 법령자료·수집사료해제집·한국고문서입문
대한제국	사료 고종시대사·고종시대사·각사등록 근대편·주한일본공사관기록 통감부문서·한국근대사자료집성·한국근대사기초자료집·직원록자료·한국근현대잡지자료·근대사연표·역사지리정보데이터베이스·조선·대한제국관보·통감부 공보
일제강점기	삼일운동 데이터베이스·일제감시대상인물카드·일제침략하한국36년사·한민족독립운동사·한국독립운동사자료·한민족독립운동사자료집·대한민국임시정부자료집·국내 항일운동 자료 경성지방법원 검사국 문서·소요사건에 관한 도장관 보고철·조선소요사건관계서류·국외 항일운동 자료 일본 외무성 기록·중추원조사자료·한국근대사자료집성·한국근대사기초자료집·직원록자료·한국근현대인물자료·한국근현대회사조합자료·한국근대지도자료·한국근대지리정보·한국근대지지자료·일제시기 희귀자료·근대 한일외교자료·한국근현대잡지자료·동아일보·시대일보·중외일보·중앙일보·조선중앙일보·공립신보·신한민보·부산일보·조선시보·신문스크랩자료·사진유리필름자료·근대사연표·수집사료해제집·일본군'위안부'·전쟁범죄자료집·역사지리데이터베이스·조선총독부 관보·일제강점기 경성지방법원 기록 해제

구 분	내 용
대한민국	자료대한민국사·헌정사 자료 DB·FRUS·반민특위조사기록·친일파관련문헌·미군정기군정단·군정중대문서·유엔의 한국문제처리에 관한 미국무부의 문서·유엔한국임시위원단 관계 문서·미군정기 자료 주한미군사·SWNCC·이승만서한철·포로신문보고서·휴전회담회의록·유태하 보고서·한국근현대인물자료·동아일보·자유신문·경남신문계열·대한민국사연표·동학농민혁명증언록·북한관계사료집·북한 공보

* 위의 항목에 ─로 표시된 것은, 2019년 이전에 작성된 디지털 자료이고, 나머지는 이후 추가로 작성된 디지털 자료 목록이다. '한국사 디지털 역사자료 현황'(주성지, 2019, 「디지털시대 한국사 연구의 확장과 과제」, 동국대학교 박사학위논문, 306~323쪽) 참조.

위의 〈표 1〉에서는 통사를 기본으로 하면서 각기 시대별 자료를 보여주고 있다. 고대의 경우, 문헌 자료로는 『삼국사기』·『삼국유사』·『해동고승전』·『한국고대사료집성』·『중국정사조선진』·『일본육국사 – 한국관계기사』·『입당구법순례행기』 등을 포함하고 있으며, 비문헌 자료로는 『한국고대금석문』·한국목간자료·고대사연표 등을 전재함으로써 한국 고대사 연구에 참고로 할 수 있다.

고려시대의 경우도 마찬가지라고 할 수 있는데, 문헌 자료로는 『고려사』·『고려사절요』·『동인지문사륙』·『동인지문오칠』·『제왕운기』·『보한집』·『파한집』·『선화봉사고려도경』·『원고려기사』·『중국사서 고려·발해유민 기사』·『고려관련 일본사료』 등을 포함하고 있으며, 비문헌 자료로는 『고려시대금석문』·문자자료·개경기초자료·개경지리정보 등을 전재함으로써 고려시대 연구에 참고로 할 수 있다. 그 가운데 개경기초자료나 개경지리정보 등은 고대의 자료에서는 볼 수 없는 내용이다. 특히, 개경지리정보와 같은 경우는 한국사 디지털 자료의 미래 대안으로서 주목된다.

조선시대의 경우도 마찬가지라고 할 수 있는데, 문헌 자료로는 『조선왕조실록』·『비변사등록』·『승정원일기』·『각사등록』·『각사등록 근대편』·『사료 고종시대사』·『고종시대사』·『주한일본공사관기록 통감부문서』·『동학농민혁명 자료총서』·『동학농민혁명사 일지』·『동학농민혁명 연표』·『대마도종가문서자료집』·『한국고지도목록』·『명실록』·『청실록』·『조선시대법령자료』·『수집사료해제집』·『한국고문서입문』 등을 포함하고 있다. 그런데 고대와 고려시대의 경우 수록되어 있는 '금석문 자료'나 '지리정보' 등은 빠져 있으므로, 이에 대한 보완이 요구된다. 물론 조선시대의 경우 비문헌 자료의 수량이 많은 관계로 어려움이 있을 수 있다. 그러나 조선시대가 현대와 비교적 가까운 관계로 실물 자료를 열람할 수도 있지만, 시간이 지나면서 해당 자료의 훼손이나 분실 등을 감안해 보면, 조선시대 비문헌 자료의 디지털화도 시급한 과제의 하나일 수 있을 것이다.

대한제국이나 일제강점기 그리고 대한민국의 경우도 마찬가지라고 할 수 있는데, 특히 각 부분에서 주목해야 할 점이 있다. 먼저 대한제국에 보이는 '역사지리정보데이터베이스'와 일제강점기에 보이는 '한국근대지도자료'·'한국근대지리정보'·'한국근대지지자료'와 대한민국에 보이는 '동아일보'·'자유신문'·'경남신문계열' 등은 그 이전 자료와는 맥락을 달리하는 것이다. 다시 말해, '역사지리정보'와 '한국근대지도자료'·'한국근대지리정보'·'한국근대지지자료' 등의 '지도자료'·'지리정보'·'지지자료' 등은 향후 다른 시대에서도 모색되어야 할 사항이다. 또한 '동아일보'·'자유신문'·'경남신문계열' 등에서 보이는 것처럼 다양한 신문 관련 자료도 추가로 진행되어야 할 사항이다.

다음으로, 형태별 일람을 살펴보면, 크게 도서·문서·편년 자료·연속간행물·인물·연표·지도·멀티미디어자료·목록·연구논저 등으로 구분되어 있으며, 이들 항목에는 앞에서 언급한 디지털화된 해당 자료를 세분하고 있다. 예를 들면, 편년 자료에 수록된 내용을 보면, 고려사절요·고종시대사·동학농민운동사 일지·명실록·비변사등록·사료 고종시대사·승정원일기·일제침략하 한국36년사·자료 대한민국사·조선왕조실록·청실록 등 편년 자료 전체를 살펴볼 수 있는 내용을 망라하고 있음을 확인할 수 있다. 이에 대한 이해를 돕기 위하여 시대별 일람을 정리하면, 다음의 〈표 2〉와 같다.

〈표 2〉 국사편찬위원회의 한국사 데이터베이스 형태별 일람

구 분	내 용
도서	개경기초자료·고려사·동인지문사륙·동인지문오칠·동학농민혁명 자료총서·동학농민혁명 증언록·미군정기 자료 주한미군사·보한집·삼국사기·삼국유사·선화봉사고려도경·수집사료해제집·원고려기사·고려관련일본사료·일본육국사 한국관계기사·일제강점기 경성지방법원 기록 해제·일제시기 희귀자료·입당구법순례행기·재외동포사총서·제왕운기·조선시대 법령자료·중국사서 고려·발해유민 기사·중국정사조선전·친일파관련문헌·파한집·한국고대사료집성 중국편·한국고문서입문·한국근대사기초자료집·한국근대지지자료·한국근현대회사조합자료·한국사료총서·한민족독립운동사·해동고승전·해외사료총서·헌정사 자료 DB
문서	각사등록·각사등록 근대편·국내 항일운동 자료 경성지방법원 검사국문서·국외 항일운동 자료 일본 외무성 기록·근대 한일외교자료·대마도종가문서자료집·대한민국임시정부자료집·미군정기군정단·군정중대문서·반민특위조사기록·북한관계사료집·삼일운동 데이터베이스·소요사건에 관한 도장관 보고철·유엔의 한국문제처리에 관한 미국무부의 문서·유엔한국임시위원단 관계 문서·유태하 보고서·이승만 서한철·일본군'위안부'·전쟁범죄자료집·일제감시대상인물카드·조선소요사건관계서류·주한일본공사관기록 통감부문서·중추원조사자료·포로신문보고서·한국근대사자료집성·한국독립운동사자료·한민족독립운동사자료집·휴전회담회의록·FRUS·SWNCC
편년자료	고려사절요·고종시대사·동학농민혁명사 일지·명실록·비변사등록·사료 고종시대사·승정원일기·일제침략하한국36년사·자료대한민국사·조선왕조실록·청실록
연속간행물	경남신문계열·공립신보·조선·대한제국관보·동아일보·부산일보·북한공보·시대일보·신문스크랩자료·신한민보·자유신문·조선시보·조선중앙일보·조선총독부 관보·중앙일보·중외일보·통감부 공보·한국근현대잡지자료
인물	직원록자료·한국근현대인물자료
연표	고대사연표·근대사연표·대한민국사연표·동학농민혁명 연표·재외동포사 연표·주제별 연표
지도	한국근대지도자료·한국근대지리정보·개경지리정보·역사지리정보데이터베이스
멀티미디어자료	고려시대 금석문·문자자료·사진유리필름·한국고대금석문·한국목간자료
목록·연구논저	국사관논총·동학농민혁명사논저목록·신편한국사·학술회의총서·한국고지도목록·한국사·한국사론·한국사연구휘보

위의 〈표 2〉에서는 도서를 기본으로 하면서 각기 형태별 자료를 보여주고 있다. 이 분류에서 주목되는 부분은 연표와 지도 그리고 멀티미디어 자료라고 할 수 있겠다. 연표의 경우, 고대사연표·근대사연표·대한민국사연표·동학농민혁명 연표·재외동포사 연표·주제별 연표 등을 포함하고 있지만, 고려시대 연표나 조선시대 연표는 수록되어 있지 않다. 실제 고려시대의 경우 기전체인『고려사』나 편년체인『고려사절요』가 있으므로, 이에 대한 작업을 통해서 그를 보충할 수 있을 것이다. 또한 조선시대의 경우도『조선왕조실록』을 통해서 그 연표 작업은 어렵지 않을 것이며, 이에 대한 적극적인 보완이 필요하다고 본다.

지도의 경우, 한국근대지도자료·한국근대지리정보·개경지리정보·역사지리정보데이터베이스 등이 탑재되어 있는데, 이 부분은 앞으로도 지속적인 작업을 통해서 현존하는 다양한 정보를 발굴해서 수록하고 또한 기존의 자료는 보충할 필요성이 제기된다. 이와 관련하여 지리정보시스템(GIS)을 활용한 '역사 전자지도'에 관한 역사연구가 진행되고 있으므로, 상호 보완 작업이 기대된다.

멀티미디어 자료의 경우, 고려시대 금석문·문자자료·사진유리필름·한국고대금석문·한국목간자료 등을 탑재하고 있으나, 앞에서도 언급한 바와 같이 조선시대의 금석문 자료의 수록은 역사연구나 참고자료 차원에서도 긴급함이 요구되는 상황이라고 할 수 있다. 이에 대한 적극적인 작업과 탑재는 한국사 디지털 자료의 활용과 관련해서 주요한 과제라고 하겠다.

이상에서 국사편찬위원회의 한국사 데이터베이스를 중심으로 한국사 디지털 자료의 활용 현황을 살펴보았으며, 그러한 내용을 중심으로 자료의 활용 현황은 크게 세 가지로 나누어 볼 수 있을 것이다. 첫째는 原本을 가공한 원문 제공이고, 둘째는 원문과 함께 역주본을 제공하는 경우이며, 셋째는 가공한 원문과 함께 원본의 이미지(image) 자료를 제공하는 경우 등이다. 이 가운데 자료의 활용도 측면에서 볼 때 둘째가 다른 것보다 더 높은 편이라고 할 수 있을 것이다. 한국사 디지털 자료의 활용과 연관해서 앞으로도 다양한 형태의 정보 제공이 필요한 시점이라고 할 수 있겠다.

요컨대, 한국사 디지털 자료의 활용과 관련해서, 다른 국가기관보다 다양한 내용을 구축하고 있다고 보이는, 국사편찬위원회의 한국사 데이터베이스를 중심으로 논의를 진행하였다. 특히, 한국사 데이터베이스에 구축된 용례를 시대별 일람과 형태별 일람을 중심으로 몇 가지 사항을 간단히 살펴보면서, 그를 통해 한국사 디지털 자료의 활용 측면에서 꼭 필요하다고 생각되는 사항도 언급해 보았다. 아울러 한국사 디지털 자료의 활용 현황을 분석해서 크게 세 가지로 나누어 보았다. 첫째는 原本을 가공한 원문 제공이고, 둘째는 원문과 함께 역주본을 제공하는 경우이며, 셋째는 가공한 원문과 함께 원본의 이미지 자료를 제공하는 경우 등이다.

4. 한국사 디지털 자료의 확장을 위한 提言

앞에서 살펴본 바와 같이, 한국사 자료의 디지털화는 민간 부문과 공공 부문의 협력에 힘입어 한국사 자료를 활용하는 데 기여되었다. 그런데 급속한 디지털시대를 맞이하여 한국사 디지털 자료의 활용 측면에서 문제가 제기되었는데, 그것이 바로 자료 활용의 변화 가능성에 대한 도전이며, 새로운 모색이 필요한 시점이 다가온 것이다.

특히, 역사연구에서 디지털 자료의 활용은 역사의 대중화를 불러일으켰으며, 그 결과 디지털 인문학(Humanities)이라는 새로운 장르가 탄생하게 된다. 디지털 자료화로 인해 새로운 학문 분야가 창출된 것이다. 이로 인해, 디지털 역사가 우리 역사에서 차지하는 비중을 실감하며, 더욱이 그 역할 수행은 짐차로 확대 재생산되고 있다. 이러한 원인을 제공한 것으로 손에 꼽을 수 있는 것은 바로 첨단 기술의 발달과 무관하지 않은 것이다.

실제 2000년대에 들어서면서 사회 전반적으로 첨단 기술의 개발로 인해 디지털화가 진행되면서 각종 방송(인터넷 TV, 케이블 TV, 디지털 TV,

IP TV)과 휴대용 디바이스 기기(MP3, PMP, 휴대폰, PSP 등)들이 일반인에게 폭넓게 사용되기 시작하였다. 다시 말해, 단순히 자료의 디지털화가 아니라 디지털 자료의 활용 문제가 급부상하게 된 것이다.[16] 소위 콘텐츠의 개발과 연관된 것이며, 이를 위해 새로운 사업이 필요하였다. 이는 1990년대 말부터 불기 시작한 '韓流'와 맞물려 우리의 역사와 문화에 대한 국민적 관심을 불러일으켰으며, 역사문화의 대중화라는 기대감을 낳게 되었다.[17]

이에 대한 대안으로 제시된 것이 한국문화콘텐츠진흥원(현 한국콘텐츠진흥원)의 '우리문화원형사업'이었다. 이 사업은 2002년부터 2010년까지 총 206개의 과제가 수행되었으며, 인문학이 단순히 학문 영역으로서 머무르기보다는 인문학의 연구 성과를 토대로 우리 문화를 다양한 콘텐츠 속에 담아냄으로써 문화산업에 기여되기 위한 목적으로 마련되었다. 그 결과 영화로는 '왕의 남자', 드라마로는 '허준', '대장금', '별순검' 등이 제작되어 대중의 인기를 끌면서 주목을 받았다.[18] 이러한 성과는 역사 분야와 문학 분야 결합의 토대 위에 영상 분야의 디지털 기술들이 접목되어 성공을 견인하였다. 한국사 디지털 자료 활용의 다변화와 문화콘텐츠 개발을 향한 다양성의 시작이었다.

특히, 2000년대 들어서 급속도로 발전한 디지털 기술은 인문학의 방법론에 지대한 영향을 끼쳤다. 디지털 기술의 발전은 단지 물리적으로 방대한 분량을 극복하는 데 그치지 않았다. 문자 자료를 기반으로 연구하던 전통적인 연구방법론이 인터넷에 기반한 다양한 연구방법론으로 진화하였다. 디지털 기술이 인터넷의 발전과 더불어 동반 성장하면서 디지털 인문

---

16) 이와 관련하여 디바이스를 비롯한 네트워크, 특히 유무선 인터넷의 급속한 전개가 온라인 디지털 자료의 열람으로 이어졌다는 점도 간과할 수 없다.
17) 역사대중화는 대하사극, 역사 소재 문학작품, 역사스페셜, 시민강좌, 무크운동 등 다양한 형태로 진행되었다는 연구 성과도 있으며, 특히 최근에는 공공역사와 관련하여 적극적인 활동이 전개되기도 하였다. 이러한 점도 참고된다.
18) 최희수, 앞의 논문, 73쪽.

학의 성과 또한 기술의 발전과 함께 확장되었다. 그것은 다양한 인문학의 방법론은 물론 새로운 학문 연구 영역의 개척으로 표출되었다.[19]

그런데 이러한 디지털 자료의 활용을 통한 시대적 요구가 마냥 확장되는 것은 아니라고 본다. 따라서 여기서는 앞으로 한국사 디지털 자료가 역사연구에 확장되어 활용될 수 있는지의 방안에 관하여 생각해 보고자 한다. 앞에서도 언급하였듯이, 한국사 자료를 디지털화는 그 자료 전반에 걸친 활용 능력을 증강함으로써 새로운 역사 글쓰기가 가능하였으며, 다양한 방면에서의 접근을 수월하게 하여 한국사 정보 지식을 통한 역사 인식의 확대를 提高하는 데 큰 역할을 하였다. 디지털 자료가 폭넓게 활용되면서 대중과 소통하는 한국사를 만들어 가고 있으며, 그를 통한 역사 이해의 진전은 점차 확대되고 있다.

그렇지만 디지털 자료의 활용 능력만으로 역사 이해가 무리 없이 증진되리라고는 낙관할 수 없다. 다시 말해, 관련 자료의 활용도와 편리성은 대폭 확장되었다고 할 수는 있지만, 그에 따른 역기능과 문제점도 보인다.

이와 관련하여 다음과 같은 문제 제기는 아직도 유효하다고 본다. 다시 말해, 정보화의 발전이 역사학에 미치는 영향으로 크게 두 가지를 들고 있다. 하나는 기술적으로 새로운 정보매체의 등장이 역사 연구의 방법상 혁신을 가져온 것은 사실이며, 자료의 검색이나 취득을 놀랄 만큼 빠르고 용이하게 해 주었다는 점에서 여러 가지 긍정적인 측면이 있다는 것이다. 다만 인덱스(index) 기능에의 의존도가 심화되면서 전체 사료를 이해하고 조망하는 능력이 현저히 부실해지고, 또 이에 따라 부분에 근거한, 왜곡된 픽션(fiction) 쓰기 경향이 더욱 늘어나지 않을까 하는 우려가 제기하였다. 다른 하나는 문자매체의 쇠퇴와 시각 매체의 대두인데, 덕분에 새로운 매체와 정보체계를 활용하면서 더 많은 사람에게 접근하고, 정보를 재해석하고 전달하는 것이 가능해졌지만, 문제는 새로운 변화에 자신 있고 능동적

---

19) 최희수, 앞의 논문, 74쪽.

으로 대처하고 참여할 수 있는 실력이 갖추어져 있는가 하는 점이다. 역사가들이 영상 언어와 그 밖에 이와 관련된 다양하고 풍부한 콘텐츠를 만들고 창출하는데 기여할 수 있는 방안이나 여지가 있을 것인가에 관한 비판적인 의견도 제시하였다.[20]

위와 같은 문제를 해결하기 위한 대안으로서, 먼저, 자료의 '偏食的' 접근에 대한 우려를 불식시켜야 할 것이다. 이를 위해서는 인덱스 기능의 확충뿐만 아니라 전체 사료를 활용할 수 있는 점진적 대응 마련이 요구된다. 물론 이것은 불가능한 것이 아니라, 연구자들의 자료 활용에 대한 접근 방식과 태도를 수정하여야 할 문제이다. 이에 관해서 필자는 현재로서 뚜렷한 대응 방안을 마련할 길이 없으므로, 향후 새로운 연구와 적절한 대응 방안을 기다려 보는 것이 좋을 듯하다.

다음으로, 문자매체의 쇠퇴와 시각 매체의 대두에 관해서는 '擴張的' 참여를 그 대안의 하나로 提言하고자 한다. 사실 한자화된 한국사 자료는 原本을 활자화하면서 연구자나 대중들이 이를 편리하게 활용할 수 있었다. 이러한 활자본은 점차 디지털 자료화됨으로써 수월하게 역사연구나 역사 콘텐츠로 활용하는 데 도움이 되었다. 그러나 활자화된 자료를 무조건 신뢰하여도 좋은가라는 의문과 함께, 다른 한편으로는 연구에 일정한 지장이 초래되는 경우도 확인됨으로써 그에 대한 경각심을 환기하고 있다.[21] 따라서 앞으로의 디지털 자료화는 기존의 디지털 자료를 적극적으로 활용함과 아울러 古文獻에 대한 정보도 주요한 요소로 작용할 수 있다.[22] 그러므로 디지털 자료를 보다 적극적으로 활용하기 위해서는 다양한 측면에서의 접

---

20) 역사학회 편, 2001, 『역사학과 지식정보사회』, 역사학회 편, 서울대학교 출판부, 210~211쪽.
21) 이에 대해서는 古文獻 자료의 활용과 연관하여 아래에서 언급하고자 한다. 특히, 판본에 따른 문자의 異同이 대표적이라고 할 수 있다.
22) 이와 관련하여 박나연, 2023, 「한국국학진흥원 개발 고문헌 AI 자동번역 프로그램과 활용 전망」『인문콘텐츠』 69는 참고된다.

근이 필요하다는 점을 강조하고자 한다.

디지털 자료의 다양한 활용을 위해서는 기존에 제시된 연구 성과를 충분히 검토하면서 새로운 해법 마련을 시도해 볼 수 있는 방안의 모색이 필요하다. 이와 관련하여 기존 연구에서 제안된 해당 내용을 간단히 소개함과 동시에, 필자 나름의 다른 대안을 제시해 보고자 한다. 우선 기왕의 역사연구에서 제시한 디지털 자료의 활용 사례를 몇 가지 언급해 보고자 한다.

첫째로는, 전산화된 역사 정보를 바탕으로 한 '역사 전자지도' 분야이다. 이에 대해서는 2002~2007년 조선시대 전자문화 지도 연구사업을 진행하였고, 그 결과물을 조선시대 전자문화 시스템으로 제공하고 있다.[23] 그리고 한국학자료센터에서도 「東輿圖」를 전자화하여 각종 문헌상의 지리정보와 연결하여 보여주는 서비스를 제공하고 있다. 또한 지리정보시스템(GIS)의 성과에 기반한[24] '역사 전자지도' 제작은[25] 한국사 디지털 자료의 확충을 위해서 주요한 작업이라고 말할 수 있다.

둘째로는, 한국 古典籍 전산화를 통해서 고전 문집의 지식정보 시스템의 개발 전략을 제시[26]한 것이다. 즉, 고문서 내용을 데이터로 전환하여 기계적 可讀性을 부여하는 것은 일차적으로 과거의 생활사에 관한 인문학적 연구에 기여하고, 향후 이러한 데이터의 광범위한 축적으로 만들어질

---

23) 김종혁, 2003, 「조선시대 행정구역 복원과 베이스맵 작성」『민족문화연구』38, 고려대 민족문화연구원 : 김종혁, 2003, 「조선시대 행정구역의 변동과 복원」『문화역사지리』15(2), 문화역사지리학회 : 김종혁, 2008, 「디지털시대 인문학의 새 방법론으로서의 전자문화지도」『국학연구』12, 한국국학진흥원.
24) 정요근, 2014, 「GIS기법의 활용을 통한 조선후기 越境地의 복원」『역사학보』224, 역사학회.
25) 류준범, 2008, 앞의 논문, 106쪽.
26) 김현, 1995, 「한국 古典籍의 전산화의 성과와 과제 -《조선왕조실록 CD-ROM》개발 사업의 경과와 발전 방향」『민족문화』18, 한국고전번역원 : 2005, 「한국 고전적 전산화의 발전 방향 - 고전 문집 지식 정보 시스템 개발 전략」『민족문화』28, 한국고전번역원.

인문학 빅데이터는 현대에 발생하는 사회과학적, 산업적 빅데이터와 엮여서 현대사회에 대한 이해와 과거 역사의 탐구 사이의 연결고리를 만들어내는 것도 가능[27]하다는 것이다. 따라서 고문서의 디지털화는 앞으로도 지속적인 사업이 될 것이며, 이는 인문학의 외연을 확장해 나갈 수 있을 것으로 보인다.

셋째로는, 디지털 자료를 컴퓨터의 도움으로 다룬 연구 성과, 곧 빅데이터 작업을 제시한 것이다. 즉, "식민지 시기 동아일보 기사 제목을 대상으로 집합적 주체를 의미하는 국민, 인민, 민중, 대중의 네 가지 개념의 빈도와 용례를 분석한 연구[28], 독립신문과 대한매일신보 논설을 대상으로 저자 판별을 위해 텍스트 유사도 분석을 수행한 연구[29], 독립신문과 대한매일신보 논설을 대상으로 언론 관련 개념들의 빈도와 용례를 분석한 연구[30], 한국 근대잡지 19종을 대상으로 어휘의 표준용례를 추출·분석하는 방법으로 '제국'과 '제국주의' 어휘 사용의 맥락과 시계열적 변화를 추적한 연구[31]" 등이 그것이다. 물론 이러한 연구들은 구조화된 텍스트를 사용하여 연구에 맞는 정보를 추출·정리하고 그에 기반하여 지식을 확장하고 있다.[32]

---

[27] 김현·안승준·류인태, 2018, 「데이터 기반 인문학 연구 방법의 모색 : 문중 고문서 아카이브와 디지털 인문학의 만남」 『횡단인문학』 창간호, 횡단인문학회.
[28] 허수, 2010, 「식민지기 '집합적 주체'에 관한 개념사적 접근 - 『동아일보』 기사 제목 분석을 중심으로」 『역사문제연구』 23, 역사문제연구소.
[29] 허수, 2018, 「언어연결망 분석으로 본 20세기 초 한국의 '문명'과 '문화' - 주요 언론 기사에서의 논의 맥락을 중심으로 -」 『개념과 소통』 22, 한림과학원.
[30] 허수, 2016, 「네트워크분석을 통해 본 1980년대 '민중'-『동아일보』의 용례를 중심으로 -」 『개념과 소통』 18, 한림과학원.
[31] 허수, 2014, 「어휘 연결망을 통해 본 "제국"의 의미 - "제국주의"와 "제국"을 중심으로 -」 『대동문화연구』 87, 대동문화연구원.
[32] 빅데이터는 말 그대로 몇몇 예외를 무시해도 될 정도인 엄청난 양의 데이터로 경향을 읽어내는 것이며, 특정 시기의 거대한 흐름과 경향을 읽어내는 데에 빅데이터는 큰 도움을 줄 것이지만, 이것이 만능통치약이라고 하면 큰 함정에 빠질 수 있다(정일영, 2016, 「빅데이터를 '다루는' 역사학을 위하여」 『역사연구』 31, 한국역사연구회, 353쪽)라는 언급은 빅데이터를 통한 역사연구에 참고된다.

넷째로는, 전통 역사학의 응용적 측면을 강조하거나, 미디어 자료를 통해 문헌 자료의 공백을 보완하려는 시도를 제시한 것이다. 즉, 문헌 자료 활용의 한계를 넘어서는 작업으로서 '인문 정보학'·'영상 역사학'·'문화콘텐츠' 등을 다루거나,[33] 영상 역사학을 통해서 역사학의 확장과 책무에 대해서 논의하거나,[34] 풍부한 사진과 영상 자료를 통해 문헌 자료의 공백을 보완하려는 연구[35] 등이 그 대안으로 제기되고 있다. 이러한 폭넓은 자료의 활용에 대한 문제 제기는 디지털 자료의 활용 측면에서 경청해야 할 내용이다.

한편, 한국사 관련 디지털 자료를 활용하는 데 있어서 기존의 검색 기능뿐 아니라 해당 이미지(image) 자료를 이용하는 빈도가 높아지고 있다. 이는 해당 자료의 자료로서의 정확성을 확보하기 위한 노력의 일환으로서 작업하는 것이며, 이를 통한 지속적인 디지털 사료의 공급이 원활해져 가고 있기 때문이다. 다시 말해, 지금까지의 이미지 자료는 金石文이나 木簡 및 草書 등 간단히 판독하기 어려운 글자를 제대로 확인하시 위해서 제공되는 경우가 많았다.

그러나 디지털 자료를 활용하는 데 있어서, 이미지 자료의 활용은 심도 있는 연구가 필요하다고 본다. 즉, 書冊 또는 해당 텍스트의 내용 파악도 중요하지만, 문헌 자료에서도 텍스트의 이미지 자료를 활용함으로써 지금까지 간과했던 전체적인 맥락을 이해하여야 할 것이다. 다시 말해, 활자화된 자료를 디지털 자료로 변환해서 활용하는 것만이 만능이라고 생각했으나, 특히 古代史 자료의 경우 활자화된 자료를 디지털 자료로 변환하는 과

---

33) 김기덕, 「전통 역사학의 응용적 측면의 새로운 흐름과 과제 - '인문정보학'·'영상 역사학'·'문화콘텐츠' 관련 성과를 중심으로 - 」『역사와 현실』 58, 2005, 한국역사연구회.
34) 김기덕, 「영상 역사학 : 역사학의 확장과 책무」『역사학보』 200, 2008, 역사학회.
35) 박환, 2021, 「사진역사분석학의 제창 - 독립운동사 서술에서 나타나는 미디어자료의 활용 - 」『역사교육』 158.

정에서 중요한 부분이 漏落되거나, 또는 제대로 반영이 되지 못한 부분도 없지 않다. 예를 들면, 서책의 형태, 책의 版心, 글자의 판각 상태, 異體字의 유무 등 다양한 상태를 통해서 해당 자료를 살펴볼 수 있어야 하는데, 이런 부분이 경시되고 있다.

여기서는 해당 사항을 한국사 자료 전반에 걸쳐서 언급하기에는 한계가 있으므로, 그 가운데 고대사 관련 자료[36], 특히 문헌 자료인 『삼국사기』와 『삼국유사』를 중심으로 몇 가지 사항을 언급해 보려고 한다. 다시 말해, 디지털 자료의 함정이라고 할 수 있는 이미지 자료를 중심으로 서술하려고 한다. 그것은 디지털 자료가 갖는 인식의 한계를 극복하기 위한 하나의 새로운 대안, 곧 '板本書誌學'의 시도를 提言해 보려고 한다.[37]

첫째는, 현존『삼국사기』와 『삼국유사』 板本의 상호 비교를 통한 디지털 자료화의 실상을 파악할 필요성이 제기된다. 최근 새로운 『삼국유사』의 판본이 제공되면서 연구에 활력을 제공하고 있으며, 이를 통해 기존 자료와의 비교 및 한계 등을 파악함으로써 판본 연구의 중요성과 함께 기존 연구의 한계를 체득하게 되었다. 다시 말해, 『파른본 삼국유사』[38]와 『범어사본 삼국유사』[39]의 경우 기존의 서울대학교 중앙도서관 소장 판본[40]보다

---

36) 고대사 관련 자료를 중심으로 언급한 연구 내용으로는, 조법종, 2000, 「인터넷을 이용한 한국고대사 관련사료의 검색과 활용 - 중국의 25사를 중심으로 - 」『한국고대사연구』18, 한국고대사학회, 정순일, 2015, 「일본고대사연구와 데이터베이스(DB)의 활용」『인문학연구』29, 경희대학교 인문학연구원, 주성지, 2016, 「한국 고대사 관련 디지털 역사자료 구축의 성과와 과제」『한국고대사연구』84, 한국고대사학회 등이 참고된다.

37) 한국 고대사 관련 디지털 자료의 활용도 측면에서 볼 때, 이미지 자료의 활성화는 앞으로도 더욱 필요하다고 본다. 그것은 지금까지 남아 있는 자료의 原本, 즉 板本의 활용이 역사연구의 효용성 측면에서 주요한 요소이기 때문이다. 이에 대해서는 추후 다른 기회에 상세히 언급하고자 한다.

38) 연세대학교 박물관, 2016, 『파른본 삼국유사』, 혜안.

39) 범어사 성보박물관, 2010, 『삼국유사 원문』, 문화재청·금정구청.

40) 민족문화추진회, 1973, 『삼국유사』(한국고전총서 1), 서울신문사.

는 그 시기가 이른 것으로 판단됨으로써 그 자체 새로운 연구 성과를 기대하게 하고 있다.

그 가운데 몇 가지 사항을 예로 든다면, 전자는 「王曆」과 「紀異」 편에 보이는 내용의 차이 등으로 인해 여러 연구가 진행되고 있으며,[41] 앞으로도 다양한 성과가 제출될 것으로 보인다. 후자는 「義解」를 시작으로 나머지 내용이 거의 빠짐없이 수록되어 있으며, 이를 통해서 기존 판본과의 절대적 비교가 가능할 뿐 아니라 그 내용의 차이에 관해서도 연구가 진행되고 있다.[42]

둘째는, 각 판본의 비교뿐만 아니라 서책에 보이는 내용의 다양성을 추구하는 방안으로, 서책의 형태, 책의 版心, 글자의 판각 상태, 異體字의 유무 등을 통해 디지털 자료화의 실상을 파악할 필요성이 제기된다.[43] 다시 말해, 『삼국사기』와 『삼국유사』의 판본이라고 해서 그 자체 역사연구에 곧바로 활용하는 데는 한계가 있음을 확인하였으므로, 최근 발견된 판본 자료와 기존의 판본에 힘입어 그 자체 문제점을 발견하게 되었다. 이러한 사항을 토대로 디지털 자료의 다양화를 추구하면서 새로운 자료의 出現을 기대하는 것은, 앞으로의 역사학 발전에 기여된다는 점에서 의미하는 바 크다고 본다.

셋째는, 판본의 중요성을 새삼 인식하는 계기가 마련되었으므로, 해당 자료의 공개 및 대내외적으로 자료를 공유할 수 있게 함으로써 역사연구에

---

41) 연세대 국학연구원, 2013, 『동방학지』 162집에 실린 '파른본 『삼국유사』의 가치와 의의'라는 특집은 『파른본 삼국유사』를 이해하는 데 참고된다. 이와 아울러 신라사학회, 2014, 『신라사학보』 30호에 시린 《삼국유사》 '왕력' 연구-파른본의 異種記事와 관련하여-'라는 기획논문도 『파른본 삼국유사』를 이해하는 데 참고된다.
42) 채상식, 2010, 「삼국유사 해제」, 범어사 성보박물관·문화재청·금정구청 ; 2017, 「『삼국유사』의 간행과 범어사본의 자료적 가치」 『일연 그의 생애와 사상』, 혜안.
43) 이와 관련하여 다음 논문이 참고된다. 전재동·남권희, 2016, 「삼국유사 파른본과 중종임신본 비교 검토」 『국학연구』 31, 한국국학진흥원.

이바지할 필요성이 제기된다. 특히, 『삼국사기』의 경우 성암고서박물관 소장 목판본 자료의 공개 및 공유화는 현재 시점에서 주요한 사항이라고 생각한다. 이 고문헌은 『삼국사기』 판본 가운데 가장 오래된 책으로 평가를 받고 있지만, 이 서책 자체의 공개는 이루어지지 않고 있다.

물론 서울대학교 규장각 소장본 『삼국사기』를[44] 底本으로 한 상태에서 趙炳淳의 增修 補註 『삼국사기』[45] 내용을 확인할 수 있지만, 해당 판본을 대조할 수 없는 관계로 책 사이의 차이, 즉 서책의 형태, 책의 版心, 글자의 판각 상태, 異體字의 유무 등을 명료하게 인지할 수 없다. 따라서 고문헌의 공개 및 공유화는 역사연구에 있어서 선결되어야 할 과제이며, 이를 통한 디지털 자료화는 역사 발전을 이루는 데 중요한 작업임을 직시할 필요가 있다. 이는 비단 한국 고대사만의 현실은 아니며, 다른 시대 고문헌 자료의 공개 및 공유화 작업 또한 한국사 디지털 자료의 활용과 관련해서 적극적으로 추신되어야 할 주요한 요소임을 강조하고 싶다.

5. 맺음말

이상에서 한국사 디지털 자료의 활용 현황과 과제라는 주제를 중심으로 몇 가지 사항을 검토해 보았다. 디지털 자료의 활용과 연관해서 앞으로도 다양한 주제와 방안들이 모색될 것이다. 이 글에서는 한국사 자료에 국한해서 디지털 자료화의 推移와 활용 現況 그리고 새로운 확장을 위한 提言 등을 史學史的 관점으로 살펴보았다. 이를 요약·정리함으로써 맺음말에 대신하고자 한다.

2장에서는 한국사 자료를 디지털화하는데 기존의 역사연구는 어떠한

---

44) 민족문화추진회, 1973, 『삼국사기』(한국고전총서 2), 서울신문사.
45) 조병순 편, 1984, 『增修 補註 三國史記』, 성암고서박물관.

역할을 할 수 있었으며, 그것이 갖는 史學史的 의미는 무엇인지를 다루었다. 이에 대해서는 한국사 자료 디지털화의 萌芽는 역사 관련 書冊의 색인(appendix) 작업과 해당 자료의 國譯 사업, 그리고 연구 성과의 목록화 등을 언급함으로써, 디지털에 의한 역사화라기보다는 역사학에 기초한 디지털화를 강조해 보았다.

 3장에서는 한국사 디지털 자료의 활용 現況을 확인해 보기 위해서 현재까지 다양한 콘텐츠를 제공하고 있는 국사편찬위원회의 한국사 데이터베이스 관련 내용을 활용하여 분석해 보았다. 그 내용은 크게 시대별 일람과 형태별 일람을 통해서 살펴보고자 하였는데, 시대별 일람은 통사, 고대, 고려시대, 조선시대, 대한제국, 일제강점기, 대한민국으로 구분하여 정보를 제공하고 있으며, 형태별 일람은 도서·문서·편년 자료·연속간행물·인물·연표·지도·멀티미디어자료·목록·연구논저 등으로 구분하여 정보를 제공하고 있음을 확인할 수 있었다. 이는 기존의 한국사 데이터베이스 자료를 최대한 확장하고 있으며, 또한 문헌 자료보다는 비문헌 자료의 확대 현상을 엿볼 수 있었다.

 4장에서는 한국사 디지털 자료의 확장을 위한 提言으로써 기존의 연구 성과를 충분히 검토하면서 새로운 해법 모색이 필요함을 제기해 보았다. 그 가운데 전산화된 역사 정보를 바탕으로 한 '역사 전자지도' 분야나, 한국 古典籍 전산화를 통한 고전 문집 시스템의 개발 전략이나, 디지털 자료를 컴퓨터의 도움으로 활용하는 빅데이터 작업이나, 시각 자료나 미디어 자료를 통한 문헌 자료의 공백을 보완하려는 시도 등이 있음을 살펴보았다. 이에 더하여 필자는 『삼국사기』와 『삼국유사』 등을 중심으로 한 古文獻의 이미지 자료 활용 문제, 곧 '板本書誌學'을 하나의 대안으로 제시해 보았다.

참고문헌

1-1. 한자의 전래와 수용과정

〈저서〉.
이기백, 1974, 『신라정치사회사연구』, 일조각
이기동, 1980 ; 1984, 『신라 골품제사회와 화랑도』, 한국연구원 ; 일조각.
문경현, 1983, 『신라사연구』, 경북대학교 출판부.
이기백, 1986, 『신라사상사연구』, 일조각.
전덕재, 1996, 『신라육부체제연구』, 일조각.
하일식, 2006, 『신라 집권 관료제 연구』, 혜안.
동북아역사재단 엮음, 2011, 『고대 동아시아의 문자교류와 소통』, 동북아역사재단.
이기동 외, 2012, 『신라 최고의 금석문 포항 중성리비와 냉수리비』, 주류성.
장창은, 2014, 『고구려 남방 진출사』, 경인문화사.
이동주, 2019, 『신라 왕경 형성과정 연구』, 경인문화사.

末松保和, 1954, 『新羅史の諸問題』, 東洋文庫.
井上秀雄, 1974, 『新羅史基礎研究』, 東出版.
邢澍·楊紹廉 原著, 北川博邦 閱·佐野光一 編, 1980, 『金石異體字典』, 雄山閣出版.

〈논문〉
이기동, 1978, 「신라 금입택고」 『진단학보』 45.
井上秀雄, 1994, 「한국고대초기의 금석문자」 『한일고대문화의 연계』, 서울프레스.
신형석, 2000, 「신라 자비왕대 방리명의 설정과 그 의미」 『경북사학』 23.
서영일, 2002, 「광개토태왕대 고구려와 신라의 관계」 『광개토태왕과 고구려 남진정책』, 학연문화사.
주보돈, 2006, 「5~6세기 중엽 고구려와 신라의 관계」 『북방사논총』 11.
여호규, 2011, 「고구려의 한자문화 수용과 변용」 『고대 동아시아의 문자교류와 소통』, 동북아역사재단.
윤선태, 2011, 「백제와 신라의 한자·한문 수용과 변용」 『고대 동아시아의 문자교류와 소통』, 동북아역사재단.
김희만, 2014, 「포항중성리신라비에 보이는 '喙部'와 6부의 성격」『한국고대사탐구』 16.
주보돈, 2015, 「신라 금입택과 재매정택」『신라문화』 46.
서영교, 2015, 「『삼국지』『위략』의 '사라국'과 『위서』의 '사라'」『역사학연구』 59.
조범환, 2016, 「신라 지증왕대 북위에 사신 파견과 목적」『서강인문논총』 46.
조범환, 2017, 「신라 나물왕대 전진과의 교섭과 그 정치적 배경」『신라사학보』 41.

金澤庄三郞, 1902, 「郡村の語源に就きて」『史學雜誌』 第13編 第11號.
宮崎道三郎, 1906, 「啄評の原義」『史學雜誌』 第17編.

1-2. 가뭄과 홍수 그리고 국가의 대응 전략

〈저서〉
김석우, 2006, 『자연재해와 유교국가 - 漢代의 災害와 荒政 硏究』, 일조각.
신형식, 1981, 『삼국사기 연구』, 일조각.
이기백, 1974, 『신라정치사회사연구』, 일조각.
이문기, 1997, 『신라병제사연구』, 일조각.
이병도, 1977, 『국역 삼국사기』, 을유문화사.
이희덕, 1999, 『한국고대 자연관과 왕도정치』, 혜안.
전덕재, 1996, 『신라육부체제연구』, 일조각.
전덕재, 2021, 『삼국사기 잡지·열전의 원전과 편찬』, 주류성.
P.E. 빌 지음, 정철웅 옮김, 1995, 『18세기 중국의 관료제도와 자연재해』, 민음사.

鄭肇經, 1966, 『中國水利史』, 臺灣商務印書館.
鄧雲特, 1970, 『中國救荒史』, 臺灣商務印書館.
顧頡剛 著, 小倉芳彦 外 共譯, 1978, 『中國古代の學術と政治』, 大修館書店.
井上秀雄, 1978, 『古代朝鮮史序說 - 王者と宗敎 - 』, 寧樂社.
中國水利史研究會 編, 1984, 『佐藤博士退官記念 中國水利史論叢』, 國書刊行會.
王禎 撰, 繆啓愉 譯注, 1994, 『東魯王氏農書譯注』, 上海古籍出版社.

〈논문〉

강철성, 2011, 「고대 한국의 자연재해 분석」 『한국지형학회지』 18-4.
강철성, 2012, 「통일 신라 왕조의 자연재해 인식」 『한국지형학회지』 19-4.
김병인, 2010, 「고려시대 물의 이용 양상과 관념의 유형」 『역사에서의 물과 문화』, 북엔터.
김석우, 2004, 「한대 황정사의 연구 현황과 과제」 『중국사연구』 30.
김석우, 2004, 「황정 연구의 대상 - 한대 황정사 연구를 위한 예비적 검토 - 」 『중국사연구』 32.
김영관, 2020, 「삼국 및 통일신라시대 자연재해와 민간의 대응」 『백산학보』 118.
김희만, 2022, 「신라의 한자 전래·수용과정과 표기 양상」 『한국고대사탐구』 40.
武田幸男, 1990, 「新羅六部와 그 展開」 『民族史의 展開와 그 文化』 상, 창작과비평사.
윤순옥·황상일, 2009, 「삼국사기를 통해 본 한국 고대의 자연재해와 가뭄주기」 『대한지리지학회지』 44-4.
이강래, 2010, 「한국 고대사회의 물, 그 문화석 백락」 『역사에서의 물과 문화』, 북 엔터.
이기동, 2007, 「한국고대의 국가권력과 수리시설」 『한·중·일의 고대 수리시설 비교연구』, 계명대학교 출판부.
이기봉, 2016, 「통일신라시대 재이와 정치·사회 변동」, 충남대학교 국사학과 박사학위논문.
이기봉, 2021, 「『삼국유사』 재이 관련 기사의 기초적 검토」 『사림』 77.
이호영, 1971, 「한국 고대사회의 재해와 구빈책」 『사학지』 5.
전덕재, 2013, 「삼국과 통일신라시대 가뭄 발생 현황과 정부의 대책」 『한국사연구』 160.
한영화, 2022, 「8세기 신라의 재이 양상과 성덕왕대 전사서의 설치」 『한국사학보』 89.

影山輝國, 1981, 「漢代における災異と政治-宰相の災異責任を中心に-」 『史學雜誌』 90-8.
佐藤武敏, 1961, 「殷周時代の水利問題」 『大阪市立大學人文學紀要 人文研究』 12-8.
佐藤武敏, 1981, 「春秋時代の水旱災」 『大阪市立大學人文學紀要 人文研究』 33-12.
佐藤武敏, 1983, 「秦漢時代の水旱災」 『大阪市立大學人文學紀要 人文研究』 35-5.
牧秀明, 1985, 「前漢時代の水旱災に對する救濟策について」 『立命館史學』 6.
牧秀明, 1986, 「後漢時代の江淮地方に關する一試論-水旱對策をもとにして-」 『立命館史學』 7.

1-3. 上代의 왕위계승과 政變

〈저서〉

강종훈, 2000, 『신라상고사연구』, 서울대학교 출판부
김덕원, 2007, 『신라중고정치사연구』, 경인문화사
김철준, 1990, 『한국고대사회연구』, 서울대학교 출판부
이근직, 2012, 『신라왕릉연구』, 학연문화사
이기동, 1980, 1984, 『신라 골품제사회와 화랑도』, 한국연구원 : 일조각
이기백, 1974, 『신라정치사회사연구』, 일조각
이기백·이기동 공저, 1982, 『한국사강좌Ⅰ』 [고대편], 일조각
이정숙, 2012, 『신라 중고기 정치사회 연구』, 혜안
이종욱, 1980, 『신라상대왕위계승연구』, 영남대학교 출판부
선석열, 2001, 『신라국가성립과정연구』, 혜안
선석열, 2015, 『신라 왕위계승 원리 연구』, 혜안
장창은, 2008, 『신라 상고기 정치변동과 고구려 관계』, 신서원
한준수, 2012, 『신라중대 율령정치사 연구』, 서경문화사

今西龍, 1933, 『新羅史研究』, 近澤書店
末松保和, 1954, 『新羅史の諸問題』, 東洋文庫
井上秀雄, 1974, 『新羅史基礎研究』, 東出版
池內宏, 1960, 『滿鮮史研究』(上世第二冊), 吉川弘文館

〈논문〉

강종훈, 1991, 「신라 상고기년의 재검토」 『한국사론』 26.
강종훈, 1999, 「《삼국사기》 신라본기 초기기록의 기년문제 재론」 『역사학보』 162.
고현아, 2016, 「신라 상고기 진흥왕계 왕실의 구축과 정치이념 연구」, 가톨릭대 박사학위논문
김광수, 1973, 「신라 상고세계의 재구성 시도」 『동양학』 3.
김기흥, 1999, 「도화녀·비형랑 설화의 역사적 진실」 『한국사론』 42.
김철준, 1962, 「신라 상고세계와 그 기년」 『역사학보』 17·18.
김철준, 1952, 「신라 상대사회의 Dual Organization(상), (하)」 『역사학보』 1, 2.
김희만, 1996, 「신라 상고기의 왕권과 관등」 『동국사학』 30.

김희만, 2012, 「신라의 『국사』 편찬과 그 성격」 『한국고대사탐구』 12.
남재우, 1992, 「신라상고기의 '국인'층」 『한국상고사학보』 10.
이기동, 1972, 「신라 나물왕계의 혈연의식」 『역사학보』 53·54.
이부오, 1999, 「신라초기 기년문제에 대한 재고찰」 『선사와 고대』 13.
이순근, 1980, 「신라시대 성씨취득과 그 의미」 『한국사론』 6.
이종서, 1997, 「나말여초 성씨 사용의 확대와 그 배경」 『한국사론』 37.
이희진, 1998, 「《삼국사기》 초기기사에 대한 최근 기년조정안의 문제점」 『역사학보』 160.
이희진, 1999, 「《삼국사기》 초기기사에 대한 최근 기년조정 논쟁」 『한국사연구』 106.
전덕재, 2019, 「도화녀비형랑 설화의 형성 배경과 역사적 의미」 『신라문화제학술논문집』 40.
조범환, 2015, 「삼국의 국사편찬과 왕권」 『한국사연구』 168.
최의광, 2005, 「'삼국사기' '삼국유사'에 보이는 신라의 '국인' 기사 검토」 『신라문화』 25.
최의광, 2016, 「신라 국인의 의미」 『한국동북아논총』 79.
최희준, 2024, 「신라 하대의 쿠데타와 대외교섭」 『한국고대사탐구』 46.

今西龍, 1922, 「新羅骨品考」 『史林』 第7卷 1號.
前間恭作, 1925, 「新羅王の世次と其の名つきて」 『東洋學報』 第15卷 2號.
末松保和, 1936, 「新羅上古世系考」 『京城帝國大學創立十周年紀念 論文集(史學篇)』.
池內宏, 1941, 「新羅の骨品制と王統」 『東洋學報』 第28卷 3號.
三品彰英, 1963, 「新羅の姓氏に就いて」 『史林』 第15卷 4號.
三品彰英, 1963, 「骨品制社會」 『古代史講座』 7.
井上秀雄, 1965, 「新羅の骨品制度」 『歷史學研究』 304.

1-4. 사회통합과 외교전략의 리더, 태종무열왕

〈저서〉
권덕영, 1997, 『고대한중외교사 - 견당사연구 - 』, 일조각.
김현구, 2002, 『백제는 일본의 기원인가』, 창비.
나카무라 슈야 지음·박재용 옮김, 2013, 『고대 최고의 외교전략가 김춘추』, 역사공간.
박순교, 2006, 『김춘추 외교의 승부사』, 푸른역사.

박순교, 2018, 『김춘추의 집권과정 연구』, 지성인.
신형식, 1984, 『한국고대사의 신연구』, 일조각.
이기백·이기동 공저, 1982, 『한국사강좌 - 고대편 - 』, 일조각.
이도학, 1997, 『새로 쓰는 백제사』, 푸른역사.
이문기, 1991, 『신라병제사연구』, 일조각.
이종욱, 2009, 『춘추, 신라의 피, 한국·한국인을 만들다』, 효형출판.
조범환, 2022, 『신라 중대 혼인 정치사』, 일조각.
주보돈, 2018, 『김춘추와 그의 사람들』, 지식산업사.
한준수, 2012, 『신라중대 율령정치사 연구』, 서경문화사.

末松保和, 1954, 『新羅史の諸問題』, 東洋文庫.
山尾幸久, 198, 『古代の日朝關係』, 塙書房9.
中村修也, 2010, 『白村江の眞實新羅王·金春秋の策略』, 吉川弘文館歷史文化ライブラリ.

〈논문〉
김병곤, 2012, 「왜 개신 정권의 출현과 김춘추의 사행」 『신라사학보』 25.
김병남, 2002, 「백제 무왕대의 영역 확대와 그 의의」 『한국상고사학보』 38.
김현구, 1983, 「일당관계의 성립과 나일동맹 -『일본서기』 "김춘추의 도일"기사를 중심으로 - 」 『김준엽교수화갑기념중국학논총』.
나행주, 1993, 「古代 朝·日關係에 있어서의 '質'의 意味」 『建大史學』 8.
나행주, 1996, 「古代朝日關係における「質」の意味」 『史觀』 134.
문경현, 2007, 「김유신의 혼인과 가족」 『문화사학』 27.
선석열, 2001, 「신라사 속의 가야인들」 『한국 고대사 속의 가야』, 혜안.
송완범, 2009, 「김춘추의 외교와 동아시아 - 640년대 쿠데타의 도미노와 관련하여 - 」 『동아시아고대학』 19.
양기석, 1981, 「삼국시대 인질의 성격에 대하여」 『사학지』 15.
이영호, 1986, 「신라 문무왕릉비의 재검토」 『역사교육논집』 8.
주보돈, 1993, 「김춘추의 외교활동과 신라내정」 『한국학논집(계명대)』 20.
황선영, 1985, 「신라 무열왕가와 김유신가의 嫡庶문제」 『부산사학』 9.
三池賢一, 1968, 「金春秋の王位繼承」 『法政史學』 20.
三池賢一, 1974, 「金春秋小傳」 『古代の朝鮮』, 學生社.
三池賢一, 1974, 「日本書紀"金春秋の來朝"記事について」 『古代の日本と朝鮮』, 學生社.

1-5. 고대 청송 지역의 역사적 변천과 領域

〈저서〉
노중, 2002국 외, 『진·변한사연구』, 경상북도·계명대학교 한국학연구원.
강종훈, 2000, 『신라상고사연구』, 서울대학교 출판부.
김희만, 2019, 『신라사의 재구성』, 경인문화사.
김희만, 2019, 『신라의 왕권과 관료제』, 경인문화사.
문창로, 2000, 『삼한시대의 읍락과 사회』, 신서원.
서영일, 1999, 『신라 육상 교통로 연구』, 학연문화사.
선석열, 2001, 『신라국가성립과정연구』, 혜안.
신태현, 1958, 『삼국사기 지리지의 연구』, 우종사.
이문기, 1997, 『신라병제사연구』, 일조각.
이종욱, 1982, 『신라국가형성사연구』, 일조각.
이현혜, 1984, 『삼한사회형성과정연구』, 일조각.
이형우, 2000, 『신라초기국가성장사연구』, 영남대 출판부.
장창은, 2014, 『고구려 남방 진출사』, 경인문화사.
전덕재, 2021, 『삼국사기 잡지·열전의 원전과 편찬』, 주류성.
주보돈, 1998, 『신라지방통치체제의 정비과정과 촌락』, 신서원.
천관우, 1989, 『고조선사·삼한사연구』, 일조각.

〈논문〉
김정배, 1988, 「고구려와 신라의 영역문제 - 순흥지역의 고고학 자료와 관련하여 - 」 『한국사연구』 61.
김지현, 2023, 「진한의 대외교역과 사로국의 성장」 『한국고대사연구』 109.
김태식, 한국정신문화연구원, 「『삼국사기』 지리지 신라조의 사료적 검토」 『삼국사기의 원전 검토』, 1995.
김태식, 1997, 「《삼국사기》 지리지 고구려조의 사료적 검토」 『역사학보』 154.
김현숙, 2002, 「4~6세기경 소백산맥 이동지역의 영역향방 - 삼국사기 지리지의 경북지역 '高句麗郡縣'을 중심으로 - 」 『한국고대사연구』 26.
김희만, 2014, 「『화랑세기』 雲帽公主 기사와 조문국의 친족집단」 『조문국의 지배세력과 친족집단』, 의성조문국박물관·한국고대사탐구학회.
김희만, 2022, 「신라의 한자 전래·수용과정과 표기 양상」 『한국고대사탐구』 40.

남혜민, 2018, 「삼한 소국 네트워크의 위계 구조와 사로국」 『한국고대사연구』 92.
박대재, 1997, 「진한 제국의 규모와 정치발전단계」 『한국사학보』 2.
박현숙, 2010, 「5~6세기 삼국의 접경에 대한 역사지리적 접근」 『한국고대사연구』 58.
변동명, 2006, 「성황신 김홍술과 의성」 『역사학보』 188.
서영일, 1991, 「5~6세기의 고구려 東南境 고찰」 『사학지』 24.
서영일, 2013, 「신라시대 청송 지역의 역사와 문화」 『신라사학보』 29.
선석열, 2011, 「조문국의 소멸과 신라 속에서의 의성」 『조문국의 성쇠와 지배세력의 동향』, 경북 의성군·한국고대사탐구학회.
윤경진, 2018, 「신라말 고려초 義城府·甫城府 연혁에 대한 재검토」 『신라문화』 51.
윤희면, 1982, 「신라하대의 성주·장군 - 진보성주 홍술과 재암성장군 선필을 중심으로 -」 『한국사연구』 39.
이경섭, 2018, 「신라 삼천당의 성격과 추이」 『탐라문화』 59.
이부오, 2008, 「『삼국사기』 지리지에 기재된 삼국 지명 분포의 역사적 배경 - 한산주, 웅천주, 상주를 중심으로 -」 『지명학』 14.
이부오, 2011, 「사로국의 팽창과 김문국의 지배세력」 『조문국의 성쇠와 지배세력의 동향』, 경북 의성군·한국고대사탐구학회.
이정빈, 2019, 「임진강·한탄강 유역의 고구려 지명과 그 의미 - 경기도 연천 지역을 중심으로 -」 『사학연구』 134.
임기환, 「『삼국사기』 지리지에 나타난 고구려 군현의 성격」 『한성백제사』 2, 서울특별시사편찬위원회.
장창은, 2010, 「『삼국사기』 지리지 '高句麗故地'의 이해방향」 『한국학논총』 33.
장창은, 2010, 「4~5세기 고구려의 남하와 삼국의 영역향방 - 『삼국사기』 지리지 '高句麗故地'의 실제(Ⅰ)」 『한국학논총』 34.
전덕재, 1990, 「신라 주군제의 성립배경 연구」 『한국사론』 22.
전덕재, 2012, 「고대 의성지역의 역사적 변천에 관한 고찰」 『신라문화』 39.
전진국, 2018, 「진한의 범위에 대한 재검토」 『한국고대사연구』 91.
정동락, 2013, 「신라말 고려초 청송 지역의 호족」 『신라사학보』 29.
정요근, 2009, 「후삼국시기 고려의 '주(州)'·'부(府)' 분포와 그 설치 의미」 『역사와 현실』 73.
정운용, 1989, 「5세기 고구려 세력권의 南限」 『사총』 35.
정호섭, 2019, 「고구려의 주·군·현에 대한 재검토」 『사학연구』 133.
조범환, 2011, 「조문국과 사로국과의 관계 변화과정과 그 영향」 『조문국의 성쇠와 지배세력의 동향』, 경북 의성군·한국고대사탐구학회.
천관우, 1976, 「진·변한제국의 위치 시론」 『백산학보』 26.
최해룡, 1997, 「진한연맹의 형성과 변천」 『대구사학』 53.
한준수, 2005, 「신라 신문왕대 10정의 설치와 체제정비」 『한국고대사연구』 38.
한준수, 2009, 「신라 중·하대 鎭·道·府의 설치와 체제 정비」 『한국학논총』 31.

前間恭作, 1931, 「眞興碑につきて」 『東洋學報』 19-2.
末松保和, 1954, 「新羅幢停考」 『新羅史の諸問題』, 東洋文庫.
旗田巍, 1972, 「高麗王朝成立期の「府」と豪族」 『朝鮮中世社會史の硏究』, 法政大學出版局.
井上秀雄, 1974, 「『三國史記』地理志の史料批判」 『新羅史基礎研究』, 東出版.

2-1. 『삼국사기』 직관지 武官條를 통해 본 신라의 군사 조직

〈저서〉

이기동, 1980, 『신라 골품제사회와 화랑도』, 한국연구원(1984, 일조각).
이기백, 1974, 『신라정치사회사연구』, 일조각.
이문기, 1997, 『신라병제사연구』, 일조각.
이인철, 1993, 『신라정치제도사연구』, 일지사.
전덕재, 2021, 『삼국사기 잡지·열전의 원전과 편찬』, 주류성.

末松保和, 1954, 『新羅史の諸問題』, 東洋文庫.
武田幸男, 2020, 『新羅中古期の史的研究』, 勉誠出版.
前間恭作, 1974, 『前間恭作著作集』 上·下, 京都大學文學部·國語學國文學研究室 編.
井上秀雄, 1974, 『新羅史基礎研究』, 東出版.

〈논문〉

강봉룡, 1990, 「6~7세기 신라의 병제와 지방통치조직의 재편」 『역사와 현실』 4.
김희만, 1992, 「신라 신문왕대의 정치상황과 병제」 『신라문화』 9.
김희만, 2023, 「고대 청송지역의 역사적 변천과 領域」 『청송군의 역사와 문화 발표자료집』, 청송문화원·한국고대사탐구학회.
박수정, 2017, 「삼국사기 직관지 연구」, 고려대학교 박사학위논문.

이문기, 1986.,「신라 시위부의 성립과 성격」『역사교육론집』 9
이문기, 1999,「7세기 후반 신라의 군제개편과 그 성격에 대한 일시론」『한국고대사연구』 16.
이문기, 1990,「『삼국사기』 직관지 무관조의 사료적 검토」『역사교육론집』 15.
이문기, 2016,「『삼국사기』 '法幢 冠稱 軍官' 기사의 새로운 이해 – 신라 法幢의 재검토를 위하여 – 」『역사교육론집』 60.
이문기, 2018,「신라 法幢 연구의 진전을 위한 기초적 검토」『신라사학보』 42.
이문기, 2018,「신라 法幢의 신고찰」『대구사학』 131.
이인철, 1988,「신라 법당군단과 그 성격」『한국사연구』 61·62합.
전덕재, 2019,「『삼국사기』 직관지 무관조의 원전과 찬술에 대한 고찰 – 제군관·범군호 기록을 중심으로 – 」『한국문화』 86.
최상기, 2020,「신라 장군제 연구」, 서울대학교 박사학위논문.
홍승우, 2015,「『삼국사기』 직관지 무관조의 기재방식과 전거자료」『사학연구』 117.

前間恭作, 1931,「眞興碑につきて」『東洋學報』 19 – 2.
末松保和, 1932,「新羅の軍號「幢」について」『史學雜誌』 43 – 12.
武田幸男, 1981,「中古新羅의 軍事的 基盤」『民族文化論叢』 1 ; 1984,「中古新羅の軍事的基盤 – 法幢軍團とその展開」『東アジアにおける國家と農民』, 岩波書店.
井上秀雄, 1958,「新羅軍制考 上·下」『朝鮮學報』 11, 12, 1957.

2-2. 『삼국유사』와 최치원

〈저서〉
강인구 외, 2003,『역주 삼국유사』, 이회문화사.
곽승훈, 2005,『최치원의 중국사탐구와 사산비명 찬술』, 한국사학.
국립경주박물관, 2012,『고운 최치원』, 국립경주박물관.
김두진, 2014,『삼국유사의 사학사적 연구』, 일조각.
김복순, 2002,『한국 고대불교사 연구』, 민족사.
김복순, 2016,『최치원의 역사인식과 신라문화』, 경인문화사.
불교사학연구소, 1995,『(증보) 삼국유사연구논저목록』, 중앙승가대학.
신종원, 2019,『삼국유사 깊이 읽기』, 주류성.
연세대학교 박물관, 2016,『파른본 삼국유사』, 혜안.

이기백, 1986, 『신라사상사연구』, 일조각.
이우성·강만길 편, 1976, 『한국의 역사인식』, 창작과비평사.
일연학연구원 편, 2005, 『삼국유사연구』, 창간호.
일연학연구원 편, 2007, 『일연과 삼국유사』, 신서원.
장일규, 2008, 『최치원의 사회사상 연구』, 신서원.
전덕재, 1996, 『신라육부체제연구』, 일조각.
최광식 편저, 2018, 『삼국유사의 세계』, 세창출판사.
최영성, 1990, 『최치원의 사상연구』, 아세아문화사.
최영성, 2000, 『최치원의 철학사상』, 아세아문화사.
채상식, 1991, 『고려후기불교사연구』, 일조각.
채상식, 2017, 『일연 그의 생애와 사상』, 혜안.
하정룡, 2005, 『삼국유사 사료비판』, 민족사.
한국사연구회 편, 1985, 『한국사학사의 연구』, 을유문화사.
한국사학회 외 편, 2001, 『신라 최고의 사상가 최치원 탐구』, 주류성.
한국정신문화연구원, 1987, 『삼국유사의 종합적 검토』, 한국정신문화연구원.
한기문, 2020, 『일연과 그의 시대』, 역락.
한종만 외, 1989, 『고운 최치원』, 민음사.

〈논문〉
강종훈, 2011, 「금석문 자료 활용 방식을 통해 본 《삼국유사》 수록 사료의 성격」 『역사와 담론』 60 ; 2017, 『한국고대사 사료비판론』, 교육과학사.
고익진, 1982, 「삼국유사 찬술고」 『한국사연구』 39.
김두진, 2002, 「일연의 생애와 저술」 『전남사학』 19.
김병곤, 2005, 「최치원의 삼한관에 대한 인식과 평가」 『한국고대사연구』 40.
김복순, 1998, 「《삼국유사》에 보이는 유교사관」 『월운스님고희기념 불교학논총』, 논총간행위원회.
김상현, 1978, 「『삼국유사』에 나타난 일연의 불교사관」 『한국사연구』 20.
김상현, 1985, 「고려후기의 역사인식」 『한국사학사의 연구』, 을유문화사.
김성준, 1990, 「제왕연대력과 최치원의 역사의식」 『이종욱총장고희기념논문집』.
김창겸, 2004, 「최치원의 '제왕연대력'에 대한 검토」 『고운학보』 2.
김태영, 1974, 「삼국유사에 보이는 일연의 역사인식에 대하여」 『경희사학』 5.
남동신, 2007, 「삼국유사의 사서로서의 성격」 『불교학연구』 16.

노태돈, 1982, 「삼한에 대한 인식의 변천」 『한국사연구』 38.
박대재, 2018, 「『삼국유사』의 고조선·삼한 인식」 『삼국유사의 세계』, 세창출판사.
박미선, 2008, 「일연의 신라사 시기구분 인식 -『삼국유사』 기이편을 중심으로 - 」 『역사와 현실』 70.
윤선태, 2015, 「삼국유사의 후인협주에 대한 재검토」 『한국고대사연구』 78.
이강래, 2004, 「최치원의 고대 인식과 그 함의 - '일통삼한'을 매개로 - 」 『고운학보』 2.
이강래, 2005, 「삼국유사의 사서적 성격」 『한국고대사연구』 40.
이기동, 1979, 「고대국가의 역사인식」 『한국사론』 6.
이기백, 1970, 「신라통일기 및 고려 초기의 유교적 정치이념」 『대동문화연구』 6·7 합집.
이기백, 1973, 「삼국유사의 사학사적 의의」 『진단학보』 36.
이문기, 1992, 「육부」 『역주 한국고대금석문』 Ⅱ (신라1·가야 편), 가락국사적개발연구원.
이재운, 1998, 「『제왕연대력』을 통해본 최치원의 역사인식」 『전주사학』 6.
이현숙, 2004, 「나말여초 최치원과 최언위」 『고운학보』 2.
이현혜, 1983, 「최치원의 역사인식」 『명지사론』 1.
장일규, 1999, 「최치원 찬 〈부석존자전〉의 복원 시론」 『북악사론』 6.
장일규, 2002, 「최치원의 신라전통 인식과 제왕연대력의 찬술」 『한국사학사학보』 6.
정구복, 1987, 「삼국유사의 사학사적 고찰」 『삼국유사의 종합적 검토』, 한국정신문화연구원.
조경철, 2016, 「연세대 소장 해인사 사간본 『역대연표』와 『삼국유사』 「왕력」의 비교연구」 『동방학지』 173.
조범환, 2004, 「최치원의 불교인식과 승전의 저술」 『고운학보』 2.
조범환, 2020, 「신라말 지식인 최치원의 진성여왕 인식」 『탐라문화』 63.
조범환, 2020, 「최치원의 『보덕화상전』 복원과 김부식의 보덕전 저술」 『신라사학보』 50.
조인성, 1985, 「삼국 및 통일신라시대의 역사서술」 『한국사학사의 연구』, 을유문화사.
주보돈, 2017, 「『삼국유사』를 통해본 일연의 역사 인식」 『영남학』 63.
최남선, 1927, 「삼국유사해제」 『계명』 18 ; 1973, 『증보 삼국유사』, 민중서관.
최병헌, 1987, 「삼국유사에 나타난 한국고대불교인식」 『삼국유사의 종합적 검토』, 한국정신문화연구원.
최영성, 2000, 「최치원의 승전찬술과 그 사상적 함의 -『법장화상전』과 『보덕화상전』

을 중심으로-」『한국의 철학』 28.
채상식, 1979, 「보각국존 일연에 대한 연구」『한국사연구』 26
채상식, 1986, 「지원15년(1278) 인흥사간『역대연표』와『삼국유사』의 찬술기반」『고려사의 제문제』, 삼영사.
허흥식, 2002, 「삼국유사를 저술한 시기와 사관」『삼국유사의 찬술과 판각』, 일연학연구원.

2-3. 『삼국유사』의 편목과 一然의 신라 불교 인식

〈저서〉

김두진, 2014, 『삼국유사의 사학사적 연구』, 일조각.
김영태, 1979, 『삼국유사 소전의 신라불교사상연구』, 신흥출판사.
이기백, 2004, 『한국고전연구-『삼국유사』와『고려사』병지-』, 일조각.
장휘옥, 1991, 『해동고승전연구』, 민족사.
최남선, 1927, 『삼국유사』, 계명 18호, 계명구락부.
키무라 키요타카 저, 장휘옥 옮김, 1989, 『중국불교사상사』, 민족사.
한국정신문화연구원, 1987, 『삼국유사의 종합적 검토』, 고려원.
홍윤식, 1985, 『삼국유사와 한국고대문화』, 원광대학교 출판국.

東京帝國大學 文科大學史誌叢書, 1904, 『三國遺事』, 西江大學校 圖書館 所藏本.
今西龍, 1974, 『高麗及李朝史研究』, 國書刊行會.
三品彰英遺著, 1975, 『三國遺事考証 上』, 稿書房.
慧皎 外 撰, 1977, 『高僧傳』, 以文社.
慧皎 外 撰, 1989, 『歷代高僧傳』, 上海書店.
王雲五 編, 1979, 『法苑珠林』, 臺灣商務印書館.

〈논문〉

고소진, 2012, 「『삼국유사』 피은편 신충괘관조의 분석과 그 의미」『신라사학보』 25.
고익진, 1982, 「『삼국유사』 찬술고」『한국사연구』 38.
김두진, 2000, 「삼국유사의 체제와 내용」『한국학논총』 23.
김상현, 1978, 「『삼국유사』에 나타난 일연의 불교사관」『한국사연구』 20.
김상현, 1984, 「『해동고승전』의 사학사적 성격」『남사정재각고희기념동양학논총』,

고려원.

김상현, 1985, 「삼국유사 왕력편 검토」『동양학』 15.
김수태, 2017, 「『삼국유사』 피은편의 저술과 일연 - 은거와 참여의 관계를 중심으로 -」『신라문화』 49.
김수현, 2004, 「『삼국유사』 피은편의 검토」『동국사학』 40.
김승호, 2012, 「삼국유사의 찬술 설계와 양고승전」『한국어문학연구』 59.
김영태, 1974, 「삼국유사의 체재와 그 성격」『동국대 논문집』 13.
김영하, 2009, 「『삼국유사』 효선편의 이해」『신라문화제학술논문집』 30.
김은령, 2014, 「『삼국유사』의 佛法傳書적 이해」, 영남대 대학원 박사학위논문.
김창원, 2004, 「『삼국유사』「감통」의 서사적 특수성 속에서 모색해 본 향가의 접근논리」『국제어문』 29.
남동신, 2007, 「『삼국유사』의 사서로서의 특성」『일연과 삼국유사』, 신서원.
명계환, 2021, 「『삼국유사』「감통」편 연구:일연의 대중교화관을 중심으로」『역사민속학』 60.
민영규, 1969, 「삼국유사」『한국을 움직인 고전백선』, 신동아.
박윤진, 2010, 「『삼국유사』 피은편의 의미와 '영여사'·'포천산 오비구'」『신라문화제학술논문집』 31.
박인희, 2008, 「『삼국유사』 탑상편 연구 - 〈도천수대비가〉 이해를 위한 전제로 -」『한국학연구』 28.
박인희, 2012, 「『삼국유사』 신주편 연구」『석당논총』 52.
변귀남, 2003, 「『고승전』의 지괴적 서사형식 소고」『중국학보』 47.
변귀남, 2010, 「한중 승전의 신이적 서사방식 비교 - 「고승전」과 「삼국유사」를 중심으로 -」『동북아 문화연구』 24.
신선혜, 2012, 「『삼국유사』 편목 구성의 의미 - 피은편을 중심으로 -」『보조사상』 37.
신태수, 2018, 「『삼국유사』〈의해편〉의 인물층위와 그 입전방법」『국학연구론총』 21.
옥나영, 2016, 「신라시대 밀교경전의 유통과 그 영향」, 숙명여대 대학원 박사학위논문.
이기백, 1987, 「『삼국유사』의 편목구성」『불교와 제과학』, 동국대학교 출판부.
이영석·안순형, 2009, 「『고승전』 신이편에 관한 연구」『중국사연구』 58.
이재호, 1983, 「삼국유사에 나타난 민족자주의식」『삼국유사연구』 상, 영남대출판부.
이정훈, 2006, 「기원 강박과 삶, 그리고 서사 - 삼국사기, 해동고승전, '유통 1'과 삼국유사 '흥법' 비교 -」『국어문학』 41.
이정훈, 2008, 「『삼국유사』 의해의 성격 고찰 - 중국『고승전』과의 비교를 통하여 -」

『한국문학이론과 비평』 41(12권 4호).
이정훈, 2011, 「삼국유사 의해의 성격 고찰 Ⅱ - 중국 고승전과의 비교를 통하여」 『건지인문학』 6.
장충식, 2001, 「『삼국유사』 탑상편 체재의 검토」 『동악미술사학』 2.
정병삼, 2007, 「신라불교사상사와 『삼국유사』 의해편」 『일연과 삼국유사』, 신서원.
정병삼, 2011, 「『삼국유사』 신주편과 감통편의 이해」 『신라문화제학술논문집』 32.
조경철, 2021, 「일연 사상의 고유성과 독특성 - 일연의 생애와 『삼국유사』를 중심으로 -」 『불교철학』 9.
최병헌, 1987, 「삼국유사에 나타난 한국고대불교사 인식」 『삼국유사의 종합적 검토』, 한국정신문화연구원, 고려원.
최병헌, 2012, 「『삼국유사』 「의해」 편과 신라불교사」 『신라문화제학술논문집』 33.
최연식, 2007, 「고려시대 승전의 서술양상 검토」 『한국사상사학』 28.
한지연, 2011, 「'고승전' 역경편으로 본 중국 초기 불교의 전개 - 『양고승전』과 『속고승전』을 중심으로 -」 『불교연구』 34.

2-4. 『통전』 변방 신라조의 구성과 찬술자의 신라 인식

〈저서〉
동북아역사재단 한국고중세사연구소, 2018, 『역주 한원』, 서울, 동북아역사재단.
동북아역사재단 한국고중세사연구소, 2018, 『중국 정사 동이전 교감』, 서울, 동북아역사재단.
동북아역사재단 한국고중세사연구소 편, 2020, 『역주 중국정사 동이전 4 晉書~新五代史 신라』, 동북아역사재단.
신승하, 1996, 『중국사학사』, 고려대학교 출판부.
이종동 저, 조성을 역, 2009, 『중국사학사』, 혜안.
전해종, 1980, 『동이전의 문헌적 연구』, 일조각.

末松保和, 1954, 『新羅史の諸問題』, 東京, 東洋文庫.
井上秀雄 他 譯註, 1976, 『東アジア民族史 - 正史東夷伝 - 』, 東京, 平凡社.
湯淺幸孫 校釋, 1983, 『翰苑校釋』, 東京, 國書刊行會.
『通典』 校點本, 1988, 上海, 中華書局.

〈논문〉

고국항 저, 오상훈·이개석·조병한 역, 1998, 「두우의 통전」 『중국사학사』(하), 풀빛.
곽승훈, 2006, 「『한원』 신라전 연구」 『한국고대사연구』 43.
김동애 옮김, 1998, 「당초 사관의 설치와 전대사의 편수」 『중국사학사 - 선진 한 당 편』, 간대서원.
김지현, 2016, 「『통전』 「변방전」 고구려 조의 고찰」 『동아시아고대학』 43.
김희만 2022, 「신라의 한자 전래·수용과정과 표기 양상」 『한국고대사탐구』 40..
송영대, 2016, 「『통전』 「변방문」 동이편의 구조 및 찬술 목적」 『사림』 57.
송영대, 2019, 「『통전』 백제절의 서술과 인식」 『사학연구』 133.
송영대, 2019, 「『삼국사기』·『삼국유사』 찬자의 『통전』 활용과 인식 고찰」 『한국사연구』 186.
송영대, 2019, 「『통전』에 기재된 '東夷之地' 의미 분석」 『한국동양정치사상사연구』 18 - 2.
송영대, 2020, 「『通典』 「邊防門」 東夷目의 구성과 한국고대사 인식 硏究」, 한국전통문화대학교 박사학위논문.
송영대, 2020, 「『통전』의 한국고대사 인식과 두우의 중화사상」 『한국고대사탐구』 35.
신승하, 1996, 『중국사학사』, 고려대학교 출판부.
오상훈·이개석·조병한 역, 1998, 「두우의 통전」 『중국사학사』(하), 풀빛.
유절 저, 신태갑 역, 2000, 「수·당·오대 사학개관」 『중국사학사 강의』, 신서원.
이용현, 2006, 「≪양서≫·≪수서≫·≪남사≫·≪북사≫의 신라전 비교 검토 - 통일이전 신라 서술 중국 사료의 성격」 『신라사학보』 8.
이종동 저, 조성을 역, 2009, 『중국사학사』, 혜안.
진광숭 저, 김유철 역, 1985, 「통전의 역사사상」 『중국의 역사인식』(상), 창작과비평사.
탁용국, 1986, 「당대의 사학」 『중국사학사대요』, 탐구당.
하계군 저, 조관희 역, 1989, 「중국의 사서」 『중국사학입문』, 고려원.

趙楊, 2012, 『《通典·邊防典》硏究』, 安徽大學碩士學位論文.
許佳 2014, 『《通典·高句麗》硏究』, 福建師範大學碩士學位論文,.
李之勤, 1978, 「論杜佑《通典》與劉秩《政典》」 『西北大學學報』(哲學社會科學版), 1978年 3期.
郝潤華, 1993, 「簡論《通典》的産生與唐中葉的著政典之風」 『甘肅理論學刊』, 1993年 第1期.

姚華, 1993, 「《通典》産生的社會歷史條件」『歷史教學問題』, 1993年 4期.
張雲, 2002, 「《通典·吐蕃傳》的史料價値」『中國邊疆史地研究』, 2002年 3期.
張軻風, 2017, 「《通典》與《政典》淵源考辨」『云南大學學報』(社會科學版) 第16卷 第6期.

吉田光男, 1977, 「『翰苑』註所引『高麗記』について-特に筆者と作成年次」『朝鮮學報』85.
尾崎 康, 1980, 「天理図書館蔵宋刊本通典について」『天理図書館報』75.
田中俊明, 1982, 「'三國史記'中國史書引用記事の再檢討」『朝鮮學報』104.
島一, 1987, 「『通典』における杜佑の議論について-食貨・刑法を中心として」『立命館文學』(通号502).
島一, 1987, 「『通典』における杜佑らの議論について-食貨・選挙・職官を中心として」『立命館文學』(通号500).
島一, 1988, 「中唐期の天人論と杜佑の『通典』」『立命館文學』(通号506).
清木場 東, 1991, 「唐天宝初期の辺軍資料について-3-通典・図志の歴史記述」『産業経済研究』31(4).
いき 一郎, 1996, 「本州の二王と九州倭国の五王―『梁書』『通典』の倭方面5国と5世紀の仏教伝来」『市民の古代』(通号17).
北川 俊昭), 1998, 「『通典』編纂始末考:とくにその上獻の時期をめぐって」『東洋史研究』57(1.
池田 知正, 1999, 「「西突厥」起源説再考:前近代における漢文史書を中心として」『史学雑誌』108巻 11号.
高橋 未来, 2016, 「杜牧撰『注孫子』の故事と杜佑撰『通典』に関する一考察」『学芸国語国文学』48.
石野 智大, 2015, 「『通典』郷官条の唐代村落制度記事について:法制史料との関わりを中心に」『法史学研究会会報』19.
石野 智大, 2019, 「唐代の里正・坊正・村正の任用規定とその内実:『通典』郷党条所引唐戸令逸文を手がかりとして」『明大アジア史論集』23.

2-5. 한국사 디지털 자료의 활용 현황과 과제

〈저서〉
고려대학교 한국사연구소 저, 이진한 편, 2019, 『4차 산업혁명과 한국사 연구』, 역사인.
역사학회 편, 2001, 『역사학과 지식정보사회』, 역사학회 편, 서울대학교 출판부.

이재연 외, 2019, 『세계 디지털 인문학의 현황과 전망』, 커뮤니케이션북스.
정두희, 1989, 『조선 성종대의 대간연구』, 한국연구원.
조병순 편, 1984, 『增修 補註 三國史記』, 성암고서박물관.

〈논문〉
김기덕8, 2005, 「전통 역사학의 응용적 측면의 새로운 흐름과 과제 - '인문정보학'·'영상역사학'·'문화콘텐츠' 관련 성과를 중심으로 -」『역사와 현실』 5, 한국역사연구회.
김기덕, 2008, 「영상 역사학 : 역사학의 확장과 책무」『역사학보』 200, 역사학회.
김정인, 2019, 「역사소비시대, 대중역사에서 시민역사로」『역사학보』 241, 역사학회.
김종혁, 2003, 「조선시대 행정구역 복원과 베이스맵 작성」『민족문화연구』 38, 고려대 민족문화연구원.
김종혁, 2003, 「조선시대 행정구역의 변동과 복원」『문화역사지리』 15(2), 문화역사지리학회.
김종혁, 2008, 「디지털시대 인문학의 새 빙빕톤으로서의 전자문화지도」『국학연구』 12, 한국국학진흥원.
김현, 1995, 「한국 古典籍의 전산화의 성과와 과제 -《조선왕조실록 CD - ROM》 개발 사업의 경과와 발전 방향」『민족문화』 18, 한국고전번역원.
김현, 2005, 「한국 고전적 전산화의 발전 방향 - 고전 문집 지식 정보 시스템 개발 전략」『민족문화』 28, 한국고전번역원.
김현·안승준·류인태, 2018, 「데이터 기반 인문학 연구 방법의 모색 : 문중 고문서 아카이브와 디지털 인문학의 만남」『횡단인문학』 창간호, 횡단인문학회.
노명환, 2021, 「디지털 아카이브와 큐레이션에 기초한 디지털 역사학, 공공역사, 트랜스내셔널 역사: 다양성 속의 통일 원리에 기초한 세계의 평화·상생을 향하여」『역사문화연구』 79, 역사문화연구회.
류준범, 2016, 「역사자료 정보화의 현황과 전망」『사학연구』 121, 한국사학회.
박나연, 2023, 「한국국학진흥원 개발 고문헌 AI 자동번역 프로그램과 활용 전망」『인문콘텐츠』 69.
박환, 2021, 「사진역사분석학의 제창 - 독립운동사 서술에서 나타나는 미디어자료의 활용 -」『역사교육』 158, 역사교육학회.
샹제·천리화, 2017, 「디지털 인문학 시야에서 본 역사연구. 역사 데이터베이스 구축과 맥락 분석」『디지털 시대 인문학의 미래』, 푸른역사.

오항녕, 2019, 「'사이비 역사학'의 평범성에 대하여 - 역사학의 전문성을 위한 단상」 『역사학보』 241, 역사학회.
윤해동, 2008, 「트랜스내셔널 히스토리(Transnational History)의 가능성 : 한국근대사를 중심으로」 『역사학보』 200, 역사학회.
이남희, 2000, 「조선시대 자료의 전산화 - 데이터베이스 구축의 현단계와 과제 - 」 『조선시대사학보』 12, 조선시대사학회.
이상국, 2016, 「'빅데이터' 분석 기반 한국사 연구의 현황과 가능성 : 디지털 역사학의 시작」 『응용통계연구』 29 - 6, 응용통계연구학회.
이상국, 2022, 「한국사 연구와 디지털역사학 연구방법론 - 양적분석을 중심으로 - 」 『한국사연구』 197, 한국사연구회.
이상동·박충식, 2020, 「From Data to Agents-한국 디지털 역사학의 현주소와 AI 시대의 역사학 - 」 『Homo Migrans』 22, 이주사학회.
전재동·남권희, 2016, 「삼국유사 파른본과 중종임신본 비교 검토」 『국학연구』 31, 한국국학진흥원.
정순일, 2015, 「일본고대사연구와 데이터베이스(DB)의 활용」 『인문학연구』 29, 경희대학교 인문학연구원.
정요근, 2014, 「GIS기법의 활용을 통한 조선후기 越境地의 복원」 『역사학보』 224, 역사학회.
정일영, 2016, 「빅데이터를 '다루는' 역사학을 위하여」 『역사연구』 31, 한국역사연구회.
조법종, 2000, 「인터넷을 이용한 한국고대사 관련사료의 검색과 활용 - 중국의 25사를 중심으로 - 」 『한국고대연구』 18, 한국고대사학회.
주성지, 2008, 「디지털 역사자료의 구축과 표준」 『역사민속학』 26, 역사민속학회.
주성지, 2016, 「한국 고대사 관련 디지털 역사자료 구축의 성과와 과제」 『한국고대사연구』 84, 한국고대사학회.
주성지, 2018, 「역사대중화와 디지털 역사자료 - 역사소비의 변곡 - 」 『역사민속학』 55, 역사민속학회.
수성시, 2019, 「디지털시대 한국사 연구의 확상과 과제」, 동국대학교 박사학위논문.
채상식, 2010, 「삼국유사 해제」, 범어사 성보박물관·문화재청·금정구청 ; 2017, 「『삼국유사』의 간행과 범어사본의 자료적 가치」 『일연 그의 생애와 사상』, 혜안.
최희수, 2011, 「디지털 인문학의 현황과 과제」 『소통과 인문학』 13, 한성대학교 인문과학연구원.

한상구, 2001, 「한국역사 정보화의 방향과 과제」 『역사학과 지식정보사회』, 역사학회 편, 서울대학교 출판부.
허수, 2010, 「식민지기 '집합적 주체'에 관한 개념사적 접근 - 『동아일보』 기사 제목 분석을 중심으로」 『역사문제연구』 23, 역사문제연구소.
허수, 2014, 「어휘 연결망을 통해 본 "제국"의 의미 - "제국주의"와 "제국"을 중심으로 - 」 『대동문화연구』 87, 대동문화연구원.
허수, 2016, 「네트워크분석을 통해 본 1980년대 '민중' - 『동아일보』의 용례를 중심으로 - 」 『개념과 소통』 18, 한림과학원.
허수, 2018, 「언어연결망 분석으로 본 20세기 초 한국의 '문명'과 '문화' - 주요 언론 기사에서의 논의 맥락을 중심으로 - 」 『개념과 소통』 22, 한림과학원.

초출일람

제1장 신라 국가의 발전

1. 신라의 한자 전래·수용과정과 표기 양상(『한국고대사탐구』 40, 2022.)
2. 신라의 '水旱之災'와 국가의 대응 전략(『신라사학보』 56, 2022)
3. 신라 上代의 왕위계승과 政變(『고대사회에도 쿠데타가 있었는가?』, 2025)
4. 신라의 사회통합과 외교전략의 리더, 태종무열왕(『한국고대사탐구』 49, 2025)
5. 고대 청송 지역의 역사적 변천과 領域(『청송군의 역사와 문화』, 2023 : 신라말·고려초 '府'의 설치와 '甫城府', 『한국고대사탐구』 45, 2023)

제2장 신라 문화의 발달

1. 『삼국사기』 직관지 武官條를 통해 본 신라의 군사 조직(『풍석 이종학 교수 추모 논문집』, 2023)
2. 『삼국유사』와 최치원(『한국사상사학』 68, 2021)
3. 『삼국유사』의 편목과 一然의 신라 불교 인식(『한국사상사학』 73, 2023)
4. 『통전』 변방 신라조의 구성과 찬술자의 신라 인식(『신라문화』 60, 2022)
5. 한국사 디지털 자료의 활용 현황과 과제(『한국사학사학보』 48, 2023)

찾아보기

가

가뭄 49
加耶 160
각사등록 355
減常膳 68, 70
講經 68
개경지리정보 358
開雞立嶺路 158
開竹嶺 158
擧才 70
거칠부 94
견훤 249
견훤답신설 263, 269
鷄立嶺路 161
高句麗故地 4, 30, 31
고려관련 일본사료 355
고려사 87, 355
고려사절요 355
고려시대 금석문 355
고려영탑사 310
高仙寺 誓幢和上碑 186
고승전 281, 284, 285, 287, 295
고종시대 355
古陁炤娘 126
古陀炤娘 137
곡성군 195
관동풍악발연수석기 311

官有十六等 330, 333, 331
광개토왕비 4, 24, 29, 40
舊唐書 114, 321, 330, 333, 339, 340
구법고승전 285, 286
9誓幢 179, 207, 230, 242
久雨 50, 53
救恤 68
국가DB구축사업 351
國史 90, 94
국사신론 350
국사편찬위원회 348, 353
國譯 사업 351, 349
國人 89, 104
國人廢之 106
軍師幢主 222
軍主 164
권농 정책 77, 79
貴幢 178, 230
衿·花·鈴 208, 209, 235, 247
금관성파사석탑 310
今甫城 203
今義城 203
金大問 271, 272
金法敏 148
金舒玄 133
김유신 130
金眞興 96
김춘추 123
金評 40

나

나물왕　59
낙랑군　7
남사　321, 328, 331
南朝　21, 22
郎幢　179, 230
內省私臣　133, 212
綠武縣　154, 165, 167, 175
錄囚　68
농업생산력　76
漏刻博士　85
漏刻典　85
尼師今　272
尼叱今　262

다

單密縣　190
담육　117
당고승전　284, 285, 286, 294, 295, 297, 298, 299, 302, 307, 308, 315
幢主　217, 220, 222
大監　220, 222
大官大監　222
大奈麻　183, 184
大幢　178, 230
大唐貞觀二十二年　333
大道暑 大　212
대마도종가문서자료집　356
대민구제책　86
대민정책　75
大舍　184

大水　50, 53
大耶城　123
大雨　50, 53
大旱　50
東國地理志　255
銅輪系　105
동방학연구소　348
東輿圖　363
東夷　317
東夷之地　319
동인지문사륙　355
동인지문오칠　355
동학농민혁명사 일지　355
동학농민혁명 연표　355
동학농민혁명 자료총서　355
頭上　245
杜佑　318, 319, 327, 332, 341, 342, 343
디지털 인문학(Humanities)　359

마

馬頭城主　160
마립간　272
馬韓說　275
寐錦　24, 28, 29, 45
寐錦王　29
免租調　68
명실록　356
牟旦伐喙　40
牟梁部　34
武官條　208, 209, 214, 232, 235, 236, 247
無子　104

문무왕릉비편　136
聞韶郡　190
文姬　123, 125, 127, 128, 130, 133, 135
物藏庫　10, 11

바

博文書館　349
發使賑恤　63
發倉賑給　63
방울[鐸]　235
坊制　37
白衿武幢　189
凡軍號　208
범어사본 삼국유사　366
법공　291
法幢　217, 247
法幢監　224
法幢頭上　224
法幢主　224
法幢辟主　224, 245
法幢火尺　224
法敏　128
법운　291, 292
法苑珠林　280
法華靈驗傳　291
법흥왕　117
辟主　245
邊鄙之警　47
別館　141
幷女五人　129, 130
兵部　207
兵部大監　212

兵部令　207
甫城府　154, 191, 192, 193, 194, 196, 200, 202, 203
보한집　355
本高句麗郡縣　165, 167, 168, 170, 171, 173, 174
本波喙　40
苻堅時　324, 333
不雨　50
북사　24, 321, 328, 330, 331
북제서　96
北朝　20, 22
焚修僧과 宮主 설화　125
佛經　18
佛祖統紀　280
毗曇　143
비변사등록　349, 355
比屋縣　190

사

斯羅　13, 22, 24
斯盧　13
斯盧國　24, 153
사료 고종시대사　355
舍輪系　105
四山碑銘　278
史書演繹會　349
사지리성보데이터베이스　358
沙湌　183
沙涿　257
沙喙　40
삼국사기　4, 13

삼국유사 10
삼국지 8, 24
三徒 210
35金入宅 5, 32, 34, 35
三千監 182, 183
三千幢主 182, 183
三千卒 182, 216, 217, 225
三韓 261
賞賜署 大 212
誓幢 179, 230
徐羅伐 12
瑞鳳家 15
西岳 113
徐耶伐 13
庶子 128
釋曇遷 308
釋門正統 280
釋智越 308
선덕여왕 113
善德王 115, 127, 134
禪讓 104
先沮知 184
善弼 199, 203
선화봉사고려도경 355
설계두 118, 119
聖骨 118
聖骨男盡 120, 121
少監 239
송고승전 294, 295, 297, 298, 299, 302, 308, 315
수리 시설 확충 77
수서 24, 321, 331
수재 48

水災 49, 66
수집사료해제집 356
水旱之災 47, 48, 68, 69, 71, 87
宿衛 124, 139
順道 15
巡狩 63
崇福寺 260, 262
習比部 34
승정원일기 349, 355
侍衛監 211
侍衛府 184, 208, 209, 210, 212, 225, 236, 246, 247
신당서 321, 330, 333, 340
新羅國 322, 333
新羅寐錦 25
新羅節 319
新盧 24
신묘년 16
新三千幢 185
悉直谷國 160
十幢 177, 176
10停 177, 179, 180, 187, 207

아

阿道 15
安賢縣 190
押督 160
압독주 148
野城郡 167, 191
也尸忽郡 170
梁 18
양고승전 287, 294, 297, 299, 302, 308,

315
양당승전 285, 286
梁書 22, 43, 321, 328, 331
양직공도 22, 24
역사 전자지도 358
역사지리정보데이터베이스 356
역사학보 348
延壽 16
廉宗 143
領騎兵 182, 187
領步兵 187
五行志 86
王減常膳 63
요동성육왕탑 310
了圓 291
龍華香徒 133
右武衛將軍 148
又四節遊宅 32
울진봉평리신라비 29, 30
원고려기사 355
원광 117
위화부령 215
遺命 110
遺言 108, 110
遺詔 108
六啄評 327
六喙評 327, 337
6부감전 83
6부소감전 83
6停 179, 187, 207, 230, 242, 243
銀盒 15, 16
義湘傳敎 264
義城府 154, 193, 202

李基白 350
李丙燾 349
이사부 94
移市 68
李載浩 349
里制 37
異體字 43, 44
伊火兮停 175, 189, 204
伊火兮縣 154, 173, 174, 175, 180, 189, 204
李弘稙 348
仁政 69
인질[質] 124, 139, 142, 143, 148, 150, 151
日本書紀 141, 142
일본육국사-한국관계기사 355
일성록 349
一然 250, 251, 256, 258, 262, 264, 265, 266, 269, 271, 274, 276, 277, 314
一統三韓論 255
입당구법순례행기 355
臨河郡 167

자

자치통감 13, 321, 343
將軍 217, 220
葬地 112
長槍幢 186
載巖城 199
載巖城將軍善弼 200
災異說 70
赤衿武幢 189

積善縣　154, 165, 167, 191,195
典京府　82
典祀署　84
典邑署　82, 83
典章制度　320
前秦　14
定京都坊里名　4, 32
政亂荒淫　106
政變　97
弟監　239
諸軍官　208
제왕연대력　258, 259, 271
제왕운기　355
助攬郡　165
助攬縣　174, 191, 192, 0, 202
召文國　164, 165, 193, 204
조선시대법령자료　356
조선왕조실록　348, 355
조선왕조실록 CD-ROM　350, 351
左理方府令　213
左武衛將軍　128
柱國樂浪郡公新羅王　212
주한일본공사관기록 통감부문서　355
竹嶺　161
중국사서 고려·발해유민 기사　355
중국정사조선전　355
지리정보시스템(GIS)　358, 363
智炤夫人　131
至隋文帝時　329, 333, 337
地震　75
직관지　208
賑給　68
진덕여왕　113

眞寶城將軍　195
眞寶城主　195
眞寶縣　190, 192, 193, 194
眞安縣　154, 165, 167, 191, 192, 200, 202
진지왕　105, 106, 123
진지왕과 桃花女 설화　125
眞平王　105, 106, 113, 114, 115, 117, 119, 120, 127
진표전간　311
秦韓　158, 256
辰韓　256
辰韓 12국　153, 155, 156
진흥왕　117
執事部　213

차

차차웅　272
冊府元龜　114,321, 343
薦擧　68
薦擧制　20
天文博士　85
天文學　85
天人感應說　70, 88
靑鳧縣　195
청실록　356
靑已縣　165, 174
崔致遠　44, 260, 263, 265, 266, 270, 273, 276, 278
충주고구려비　27, 28, 40
柒巴火縣　190, 192, 200, 202

타

涿　257
涿水說　275
啄評(六啄評)　43, 327
탐구당　348
태종대왕　131
태종무열왕　113, 135, 150
태평어람　321, 325, 343
太平寰宇記　321, 339, 340, 341
吐藩　318
通典　41, 43, 317, 319, 321, 327, 328, 331, 332, 342, 343

파

破戒婚　151
파른본 삼국유사　366
파한집　355
板本書誌學　366
評　327
포항중성리신라비　40
품석　126
避正殿　68, 70

하

河西良　172
何瑟羅　172
旱　50
한국고대사료집성　355

한국고문서입문　356
한국고지도목록　356
한국근대지도자료　356, 358
한국근대지리정보　356, 358
한국근대지지자료　356
한국사 데이터베이스　353
한국사신론　350
한국역사정보통합시스템　351
한국학자료통합플랫폼　351
韓百謙　255
한사군　6
한원　321, 343
한자　3
한자문화권　3
旱災　48, 49, 66
해동고승전　281, 287, 291, 293, 294, 298, 299, 314
해동승전　285
顯比丘尼身　291
혜현구정　311
壺杅　15
壺杅塚　17
홍수　49
洪術　197
洪述　203
黃衿武幢　189
후백제　249
후한서　8
喙　5
喙部　40
喙評(六喙評)　40, 43, 327, 337